中國社會科學院歷史研究所專刊

劉琴麗 編著

漢魏六朝隋碑誌索引 第二冊

中國社會科學出版社

東漢・無年號

東漢無年號001

左伯豪碑

又名：左伯桃碑、左雄碑。東漢（25—220）。在安肅軍安肅縣西十五里墓前。隸書。《隸辨》云：按《天下碑錄》作左伯桃碑，云在安肅軍安肅縣，故左伯豪碑、左伯桃碑當是一碑。

碑目題跋著錄：

《隸釋》20/25b 引《水經注》，《新編》1/9/6959 上。

《隸釋》27/3a 引《天下碑錄》，《新編》1/9/7037 上。

《中州金石考》8/8a，《新編》1/18/13738 下。

《通志・金石略》卷上/12a，《新編》1/24/18025 上。

《寶刻叢編》6/62a，《新編》1/24/18194 下。

《金石彙目分編》3（1）/2b、9（4）/62b，《新編》1/27/20686 下、1/28/21066 下。

《石刻題跋索引》24 頁右，《新編》1/30/22362。

《天下金石志》5/14，《新編》2/2/829 下。

（光緒）《畿輔通志・金石五》142/13b – 14a，《新編》2/11/8310 上—下。

《京畿金石考》卷上/34a，《新編》2/12/8762 下。

《隸辨》8/61a，《新編》2/17/13105 上。

《中州金石目錄》1/9a，《新編》2/20/14690 上。

《畿輔待訪碑目》卷上/1b，《新編》2/20/14801 上。

《佩文齋書畫譜・金石》61/17a 下，《新編》3/2/38 上。

（道光）《保定府志・藝文錄》46/2a – b，《新編》3/23/241 下。

（光緒）《南陽縣志・藝文下》10/5b，《新編》3/30/189 上。

《紅藕齋漢碑彙鈔集跋》，《新編》3/38/564 上。

《金石備攷・南陽府》，《新編》4/1/62 下。

《古今書刻》下編/25a，《新編》4/1/147 上。

《六藝之一錄》51/13a，《新編》4/4/759 上。
《水經注碑錄》卷八編號 224，《北山金石錄》上冊 188—189 頁。
《漢魏石刻文學考釋》中冊 830 頁。
《漢魏石刻文字繫年》109 頁。
《漢魏六朝碑刻校注·總目提要》編號 0676。
備考：左雄，字伯豪，《後漢書》卷六一有傳。

東漢無年號 002

防東尉司馬李德碑

又名：山陽府卒史司馬留碑。東漢□年（25—220）九月廿九日。隸書。額題：漢山陽守卒史防東守尉司馬君碑。

錄文著錄：
《隸續》1/6b‐7a，《新編》1/10/7092 下—7093 上。
《漢碑錄文》4/41b‐42a，《新編》2/8/6213 上—下。
《濟州金石志》6/6a‐b，《新編》2/13/9623 下。
《全後漢文》106/7b，《全文》1 冊 1045 上。
《漢魏石刻文學考釋》中冊 809 頁。

碑目題跋著錄：
《隸續》1/7a‐9a，《新編》1/10/7093 上—7094 上。
《金石錄》2/3b，《新編》1/12/8807 上。
《寶刻叢編》20/9b，《新編》1/24/18377 上。
《石刻題跋索引》23 頁右，《新編》1/30/22361。
《天下金石志》16/3、4，《新編》2/2/871 下、872 上。
《漢碑錄文》4/42a‐b，《新編》2/8/6213 下。
（宣統）《山東通志·藝文志》卷 152，《新編》2/12/9368 下。
《濟州金石志》6/7a，《新編》2/13/9624 上。
《碑藪》，《新編》2/16/11830 上。
《隸辨》8/11a，《新編》2/17/13080 上。
《佩文齋書畫譜·金石》61/18b 下，《新編》3/2/38 下。
（民國）《濟寧直隸州續志·藝文志》19/73b，《新編》3/26/83 上。

《寒山堂金石林時地玫》卷上/13b，《新編》3/34/496 上。

《碑版廣例》6/9a，《新編》3/40/306 上。

《漢魏六朝墓銘纂例》2/12a，《新編》3/40/447 下。

《金石備玫》附錄，《新編》4/1/91 上・下。

《六藝之一錄》52/13b，《新編》4/4/774 上。

《漢隸字源》104—105 頁。

《漢魏石刻文字繫年》109 頁。

《漢魏六朝碑刻校注・總目提要》編號 0677。

東漢無年號 003

上庸長司馬孟臺神道

又名：上庸長闕。東漢（25—220）。在四川省德陽縣靈龕鎮，一云在德陽縣黃許鎮，羅江縣李氏舊藏。拓本高 47、寬 19 釐米。隸書。題云：故上庸長司馬君孟臺神道。

圖版著錄：

《二銘草堂金石聚》12/70a – b，《新編》2/3/2181 下。

《古石抱守錄》，《新編》3/1/202。

《北京圖書館藏中國歷代石刻拓本匯編》1 冊 203 頁。

《漢碑全集》6 冊 2214—2215 頁。

錄文著錄：

《八瓊室金石補正》7/12a，《新編》1/6/4113 下。

《隸釋》13/8a，《新編》1/9/6897 下。

《碑版廣例》6/2b，《新編》3/40/302 下。

《六藝之一錄》54/14a，《新編》4/5/9 下。

《漢魏石刻文學考釋》上冊 241 頁。

《漢碑全集》6 冊 2215 頁。

碑目題跋著錄：

《八瓊室金石補正》7/12b – 13a，《新編》1/6/4113 下—4114 上。

《隸釋》13/8a，《新編》1/9/6897 下。

《隸釋》27/10a 引《天下碑錄》，《新編》1/9/7040 下。

《金石錄補》25/15a，《新編》1/12/9122 上。

《藝風堂金石文字目》1/14b，《新編》1/26/19529 下。

《金石彙目分編》16（1）/38b、16（補遺）/11b，《新編》1/28/21467 下、21522 上。

《石刻題跋索引》23 頁左—右，《新編》1/30/22361。

《天下金石志》7/3，《新編》2/2/843 上。

《石刻名彙》1/2a，《新編》2/2/1025 下。

《二銘草堂金石聚》12/70b，《新編》2/3/2181 下。

《崇雅堂碑錄補》1/2b，《新編》2/6/4551 下。

《蜀碑記補》10/51，《新編》2/12/8740 下。

《語石》5/38b，《新編》2/16/11957 下。

《隸辨》8/20a，《新編》2/17/13084 下。

《蒿里遺文目錄》6/1a，《新編》2/20/14994 上。

《古石抱守錄》，《新編》3/1/202。

《佩文齋書畫譜·金石》61/20b 下、21a 下，《新編》3/2/39 下、40 上。

（嘉慶）《四川通志·輿地志》60/22a，《新編》3/14/529 下。

《燕庭金石叢稿》，《新編》3/32/505 下。

《寒山堂金石林時地攷》卷下/16b，《新編》3/34/509 下。

《石目》，《新編》3/36/80 上。

《漢石存目》卷上/8a，《新編》3/37/524 下。

《紅藕齋漢碑彙鈔集跋》，《新編》3/38/528 下、572 下。

《中國金石學講義·正編》11b，《新編》3/39/140。

《漢魏六朝墓銘纂例》3/4b，《新編》3/40/451 下。

《金石備攷·成都府》，《新編》4/1/74 上。

《古今書刻》下編/43a，《新編》4/1/156 上。

《六藝之一錄》54/10b，《新編》4/5/7 下。

《漢隸字源》78—79 頁。

《再續寰宇訪碑錄》卷上，《羅振玉學術論著集》第五集，408 頁。

《北山集古錄》卷三"殘石題跋"，《北山金石錄》上冊 420 頁。

《增補校碑隨筆》（修訂本）102—103 頁。

《碑帖鑒定》81 頁。

《漢魏石刻文學考釋》上冊 239—241 頁。

《漢魏石刻文字繫年》109—110 頁。

《漢魏六朝碑刻校注·總目提要》編號 0566。

淑德大學《中國石刻拓本目錄》"碑碣等刻石"編號 217。

論文：

陳明達：《漢代的石闕》，《文物》1961 年第 12 期。

東漢無年號 004

司空□□殘碑

東漢（25—220）。在河南府洛陽縣。存 45 字。有碑陰。

錄文著錄：

《隸續》1/10b，《新編》1/10/7094 下。

《漢魏石刻文學考釋》中冊 799 頁。

碑目題跋著錄：

《隸續》1/11a，《新編》1/10/7095 上。

《金石錄》2/2a、19/5a–b，《新編》1/12/8806 下、8913 上。

《中州金石考》6/1b，《新編》1/18/13707 上。

《金石彙目分編》9（3）/63a，《新編》1/28/21022 上。

《石刻題跋索引》22 頁右，《新編》1/30/22360。

《天下金石志》16/3，《新編》2/2/871 下。

《隸辨》8/12a，《新編》2/17/13080 下。

《中州金石目錄》1/7b，《新編》2/20/14689 上。

《佩文齋書畫譜·金石》61/18a 上，《新編》3/2/38 下。

（乾隆）《河南府志·金石志》108/5a，《新編》3/28/117 上。

《紅藕齋漢碑彙鈔集跋》，《新編》3/38/520 下。

《金石備攷》附錄，《新編》4/1/91 上。

《六藝之一錄》52/5a，《新編》4/4/770 上。

《漢隸字源》105—106、125 頁。

《漢魏石刻文字繫年》110 頁。

《漢魏六朝碑刻校注・總目提要》編號0681。

東漢無年號005

司馬城鐵碑

東漢（25—220）。在濟州金鄉縣東南四十里。

碑目題跋著錄：

《隸釋》27/7a 引《天下碑錄》，《新編》1/9/7039 上。

《通志・金石略》卷上/15a，《新編》1/24/18026 下。

《金石彙目分編》10（2）/56b，《新編》1/28/21168 下。

《天下金石志》3/6，《新編》2/2/816 下。

（宣統）《山東通志・藝文志》卷152，《新編》2/12/9368 下。

《濟州金石志》6/9a，《新編》2/13/9625 上。

《碑藪》，《新編》2/16/11832 下。

《山左碑目》2/23b，《新編》2/20/14850 上。

《佩文齋書畫譜・金石》61/20a 上，《新編》3/2/39 下。

（同治）《徐州府志・碑碣攷》20/6a，《新編》3/6/551 下。

《寒山堂金石林時地攷》卷上/14b，《新編》3/34/496 下。

《金石備攷・兗州府》，《新編》4/1/47 下。

《六藝之一錄》53/20a，《新編》4/4/792 下。

《漢魏石刻文字繫年》110 頁。

《漢魏六朝碑刻校注・總目提要》編號0682。

東漢無年號006

博士孔志碑

東漢（25—220）。在山東仙源縣孔子墓東。

碑目題跋著錄：

《隸釋》27/6a 引《天下碑錄》，《新編》1/9/7038 下。

《通志・金石略》卷上/14b，《新編》1/24/18026 上。

《金石彙目分編》10（2）/21a，《新編》1/28/21151 上。

《天下金石志》3/3，《新編》2/2/815 上。

《墨華通考》卷 8,《新編》2/6/4390 上。

《碑藪》,《新編》2/16/11832 上。

《佩文齋書畫譜‧金石》61/19b 下,《新編》3/2/39 上。

《寒山堂金石林時地攷》卷上/14a,《新編》3/34/496 下。

《金石備攷‧兗州府》,《新編》4/1/46 上。

《六藝之一錄》42/26a,《新編》4/4/605 下。

《漢魏石刻文字繫年》110 頁。

備考:《天下金石志》所載"博士孔吉碑"當是此碑,故附此。

東漢無年號 007

孔乘碑

東漢(25—220)。在兗州孔子墓林中。僅存 11 字。

碑目題跋著錄:

《寶刻叢編》2/17a,《新編》1/24/18113 上。(節文)

《金石彙目分編》10(2)/21a,《新編》1/28/21151 上。

《石刻題跋索引》24 頁左,《新編》1/30/22362。

《六藝之一錄》42/26a,《新編》4/4/605 下。

《漢魏石刻文學考釋》中冊 819 頁。(節文)

《漢魏石刻文字繫年》110 頁。

《漢魏六朝碑刻校注‧總目提要》編號 0684。

東漢無年號 008

司農公□□碑額

東漢(25—220)。文篆書,行數不可計,可識者 6 字:廣平侯□司農公。

圖版著錄:

《望堂金石初集》,《新編》2/4/2890 下—2891 上。

《金石屑》2/41a–44a,《新編》2/6/4659 下—4661 上。

錄文著錄:

《十二硯齋金石過眼錄》2/15b,《新編》1/10/7809 上。

《漢魏石刻文學考釋》中冊 838 頁。

碑目題跋著錄：

《十二硯齋金石過眼錄》2/15b – 16b，《新編》1/10/7809 上—下。

《補寰宇訪碑錄》1/7a，《新編》1/27/20198 上。

《石刻題跋索引》25 頁左，《新編》1/30/22363。

《金石屑》2/45a – b，《新編》2/6/4661 下。

《漢魏石刻文字繫年》111 頁。

《漢魏六朝碑刻校注·總目提要》編號 0685。

東漢無年號 009

豫州從事孔褎碑

又名：孔文禮碑。東漢（25—220）。清雍正三年出土於山東曲阜縣東周公廟側廢田間，後移曲阜，今存山東省曲阜市漢魏碑刻陳列館。碑高 235、寬 101、厚 27 釐米。文隸書，20 行，滿行 30 字，年月泐，碑字剝落已甚。額隸書，1 行 10 字，額題：漢故豫州從事孔君之碑。

圖版著錄：

《金石圖說》甲下/77a，《新編》2/2/975。

《二銘草堂金石聚》10/39a – 47b，《新編》2/3/2087 上—2091 上。

《漢碑大觀》第三集，《新編》2/8/6266 上—6267 上。（局部）

《金石經眼錄》32a – b，《新編》4/10/506 下。

《金石圖》，《新編》4/10/546 下左。

《北京圖書館藏中國歷代石刻拓本匯編》1 冊 146 頁。

《漢碑全集》5 冊 1755—1756、1758—1770 頁。

《漢魏六朝碑刻校注》1 冊 323 頁。

《山東石刻分類全集·秦漢碑刻》337 頁。

錄文著錄：

《金石萃編》14/18a – 19a，《新編》1/1/245 下—246 上。

《兩漢金石記》7/1a – 2a，《新編》1/10/7298 上—下。

《宜祿堂收藏金石記》卷 7，《新編》2/5/3364 上。

《漢碑錄文》4/34a – 35a，《新編》2/8/6209 下—6210 上。

《紅藕齋漢碑彙鈔集跋》，《新編》3/38/477 上—下。

《魯迅輯校石刻手稿‧碑銘》上冊 308—309 頁。
《漢魏石刻文學考釋》中冊 629—630 頁。
《漢碑全集》5 冊 1757 頁。
《漢碑集釋》468—469 頁。
《漢魏六朝碑刻校注》1 冊 324 頁。
碑目題跋著錄：
《金石存》7/7a–b,《新編》1/9/6656 上。
《兩漢金石記》7/2a–3a,《新編》1/10/7298 下—7299 上。
《集古求真》9/6a–b,《新編》1/11/8564 下。
《山左金石志》8/7b,《新編》1/19/14447 上。
《潛研堂金石文字目錄》1/4b,《新編》1/25/19008 下。
《授堂金石三跋‧一跋》2/7b,《新編》1/25/19097 上。
《平津讀碑記》1/20a–b,《新編》1/26/19358 下。
《藝風堂金石文字目》1/14a,《新編》1/26/19529 下。
《寰宇訪碑錄》1/7a,《新編》1/26/19855 上。
《寰宇訪碑錄校勘記》1/5a,《新編》1/27/20104 上。
《金石彙目分編》10（2）/4b,《新編》1/28/21142 下。
《石刻題跋索引》12 頁左,《新編》1/30/22350。
《續語堂碑錄》,《新編》2/1/69 下。
《金石圖說》甲下/77b–79b,《新編》2/2/976–977 下。
《二銘草堂金石聚》10/47b–48b,《新編》2/3/2091 上—下。
《平津館金石萃編》2/30b,《新編》2/4/2445 下。
《宜祿堂收藏金石記》卷 7,《新編》2/5/3364 下。
《宜祿堂金石記》1/16b,《新編》2/6/4213 下。
《崇雅堂碑錄》1/6a,《新編》2/6/4486 下。
《漢碑錄文》4/35a–36a,《新編》2/8/6210 上—下。
《山左訪碑錄》6/3b,《新編》2/12/9083 下。
（宣統）《山東通志‧藝文志》卷 152,《新編》2/12/9353 下。
《曲阜碑碣考》1/3a,《新編》2/13/9748 上。
《獨笑齋金石文玫》第二集 8/5b,《新編》2/16/11810 上。

《語石》2/6b、3/3a，《新編》2/16/11878 下、11899 上。

《平安館藏碑目》，《新編》2/18/13384 下。

《清儀閣題跋》64a–b，《新編》2/19/13910 下。

《古墨齋金石跋》1/29a–b，《新編》2/19/14077 上。

《竹崦盦金石目錄》6b，《新編》2/20/14549 下。

《寰宇貞石圖目錄》卷上/3b、卷下/2b，《新編》2/20/14672 下、14678 上。

《山左碑目》2/4b，《新編》2/20/14840 下。

《蒿里遺文目錄》1 上/2a，《新編》2/20/14938 上。

《漢隸拾遺》16a–b，《新編》3/2/604 下。

（乾隆）《曲阜縣志·金石》51/13b–14a，《新編》3/26/109 上—下。

《漢魏碑考》7a–b，《新編》3/35/84 上。

《石目》，《新編》3/36/45 下。

《話雨樓碑帖目錄》1/4b，《新編》3/36/534。

《竹崦盦金石目錄》1/6b，《新編》3/37/342 下。

《漢石存目》卷上/7b，《新編》3/37/524 上。

《佛金山館秦漢碑跋》8a–b，《新編》3/38/135 上。

《碑帖跋》37 頁，《新編》3/38/185、4/7/424 上。

《漢石經室金石跋尾》，《新編》3/38/259 上。

《紅藕齋漢碑彙鈔集跋》，《新編》3/38/476 下—477 上、477 下。

《中國金石學講義·正編》10b，《新編》3/39/138。

《漢魏六朝墓銘纂例》2/9b–10a，《新編》3/40/446 上—下。

《讀碑小識》，《新編》3/40/479。

《激素飛清閣平碑記》1/73，《新編》4/1/198 下。

《分隸偶存》卷上/26a–b，《新編》4/1/606 下。

《清儀閣金石題識》2/8b–9b，《新編》4/7/45 下—46 上。

《雪堂所藏金石文字簿錄》41b–43b，《新編》4/7/390 上—391 上。

《金石圖》，《新編》4/10/547 上—下。

《增補校碑隨筆》（修訂本）66 頁。

《碑帖鑒定》60 頁。

《善本碑帖錄》1/28。

《齊魯碑刻墓誌研究》"附表" 346 頁。

《碑帖敘錄》37 頁。

《漢魏石刻文學考釋》中冊 628—629 頁。

《漢魏石刻文字繫年》111 頁。

《漢魏六朝碑刻校注·總目提要》編號 0316。

淑德大學《中國石刻拓本目錄》"碑碣等刻石" 編號 129。

備考：孔褒，其事見《後漢書》卷七〇《孔融傳》。《漢魏六朝碑刻校注》作"建寧四年"，不知何據？

東漢無年號 010

議郎□□殘碑

又名：蘭臺令史等字殘碑。東漢（25—220）。清光緒十六年山東益都出土，端方舊藏，後歸周季木，今存故宮博物院。碑上下斜斷，前後亦斷缺，僅存中段。拓片高 25、寬 52 釐米。文篆書，9 行，行 1 至 4、5 字不等。

圖版著錄：

《北京圖書館藏中國歷代石刻拓本匯編》1 冊 227 頁。

《漢碑全集》6 冊 2154—2155 頁。

《山東石刻分類全集·秦漢碑刻》349 頁。

錄文著錄：

《希古樓金石萃編》6/18a – b，《新編》1/5/3879 下。

《匋齋藏石記》2/8a – b，《新編》1/11/8002 下。

《增補校碑隨筆》（修訂本）89—90 頁。

《魯迅輯校石刻手稿·碑銘》上冊 352 頁。

《漢魏石刻文學考釋》中冊 840 頁。

《漢碑全集》6 冊 2155 頁。

碑目題跋著錄：

《希古樓金石萃編》6/19a – b，《新編》1/5/3880 上。

《匋齋藏石記》2/8b－9a，《新編》1/11/8002下—8003上。
《續補寰宇訪碑錄》1/5a，《新編》1/27/20305上。
《石刻題跋索引》25頁左，《新編》1/30/22363。
《蒿里遺文目錄》1上/2b，《新編》2/20/14938上。
《漢石存目》卷上/9a，《新編》3/37/525上。
《增補校碑隨筆》（修訂本）89—90頁。
《碑帖鑒定》86頁。
《漢魏石刻文字繫年》111頁。
《漢魏六朝碑刻校注・總目提要》編號0768。
淑德大學《中國石刻拓本目錄》"碑碣等刻石"編號274。

東漢無年號011

郎中尹君闕

東漢（25—220）。原在四川省廣元市東南山中，石早年已毀。高七尺五寸，寬二尺，厚一尺五寸。2行，共16字，隸書。

圖版著錄：
《金石圖說》甲下/85a，《新編》2/2/983下。
《金石屑》2/46－53，《新編》2/6/4662上—4665下。
《金石經眼錄》63a－b，《新編》4/10/522上。
《金石圖》，《新編》4/10/559下右。
《四川歷代碑刻》61頁。

錄文著錄：
《函青閣金石記》4/1a，《新編》2/6/5046下。
《石墨餘馨》，《新編》3/35/340。
《話雨樓碑帖目錄》1/7a－b，《新編》3/36/539－540。
《四川歷代碑刻》61頁。
《漢魏石刻文學考釋》上冊249頁。

碑目題跋：
《寰宇訪碑錄》1/7a，《新編》1/26/19855上。
《金石彙目分編》16（1）/47a，《新編》1/28/21472上。

《石刻題跋索引》25 頁左，《新編》1/30/22363。

《金石圖說》甲下/85b，《新編》2/2/983 下。

《石刻名彙》1/2b，《新編》2/2/1025 下。

《金石屑》2/54a-55a，《新編》2/6/4666 上—下。

《函青閣金石記》4/1a-b，《新編》2/6/5046 下。

《兩浙金石別錄》卷上/8a，《新編》3/10/457 上。

《燕庭金石叢稿》，《新編》3/32/610 上。

《竹崦盦金石目錄》1/8a，《新編》3/37/343 下。

《清儀閣金石題識》2/21b-22a，《新編》4/7/52 上—下。

《金石圖》，《新編》4/10/559 下左。

《漢魏石刻文學考釋》上冊 247—249 頁。

東漢無年號 012

尹武孫崖墓題記

東漢（25—220）。鑿刻於四川省樂山市麻浩崖墓一前堂單室墓之後室墓門額。高 130、寬 30 釐米。文隸書，1 行 4 字。

著錄：

《四川歷代碑刻》40 頁。（圖、文）

《漢碑全集》6 冊 2069—2070 頁。（圖、文）

《漢魏石刻文字繫年》111—112 頁。（目）

東漢無年號 013

琅邪相劉君殘墓表

又名：琅邪相劉君殘闕。東漢（25—220）。發現於山東濟南東平陵故城西，尹彭壽考為劉衡兄，現藏山東省博物館。高約 200 釐米，實為一石柱。上部刻篆書 3 行，現僅剩 1 行，殘存 3 字；石柱下刻尹彭壽的跋語，高 40、寬 28 釐米，隸書 7 行。

圖版著錄：

《漢碑全集》6 冊 2131—2132 頁。

錄文著錄：

（民國）《續修歷城縣志·金石考一》31/8b，《新編》3/25/390 下。

《漢碑全集》6 冊 2132 頁。

碑目題跋著錄：

《藝風堂金石文字目》1/15a,《新編》1/26/19530 上。

《唐風樓金石文字跋尾》,《新編》1/26/19841 上。

《續補寰宇訪碑錄》1/5a,《新編》1/27/20305 上。

《金石彙目分編》10（補遺）/1a,《新編》1/28/21214 上。

《石刻題跋索引》25 頁左,《新編》1/30/22363。

《石刻名彙》1/2b,《新編》2/2/1025 下。

《蒿里遺文目錄》6/1b,《新編》2/20/14994 上。

（民國）《續修歷城縣志·金石考一》31/8b－9a,《新編》3/25/390 下—391 上。附尹彭壽記、羅振玉《漢晉石刻墨影》。

《漢石存目》卷上/9a,《新編》3/37/525 上。

《雪堂金石文字跋尾》2/6b,《新編》3/38/290 下。

《石交錄》1/23b－24a,《新編》4/6/441 上—下。

《增補校碑隨筆》（修訂本）89 頁。

《碑帖鑒定》83 頁。

《漢魏石刻文學考釋》中冊 996 頁。

《漢魏石刻文字繫年》112 頁。

《漢魏六朝碑刻校注·總目提要》編號 0699。

東漢無年號 014

朝侯小子殘碑并陰

別稱：漢殘碑、小子殘碑。東漢（25—220）。清宣統三年出土於陝西西安長安縣西北鄉漢故城中，后歸閻甘園，民國初年歸周進，今藏故宮博物院。拓本高 70、寬 74 釐米。文隸書，殘碑存下截 15 行，滿行 15 字；碑陰漫漶，有"種樹"等字數行。

圖版（碑陽）著錄：

《古石抱守錄》,《新編》3/1/136。

《北京圖書館藏中國歷代石刻拓本匯編》1 冊 204 頁。

《中國西北地區歷代石刻匯編》1 冊 28 頁。

《漢碑全集》6冊2020—2033頁。

《漢魏六朝碑刻校注》2冊157頁。

錄文著錄：

《希古樓金石萃編》7/1a–2a，《新編》1/5/3885上—下。

《陝西金石志》5/7b–8a，《新編》1/22/16418上—下。（碑陽）

《夢碧簃石言》1/14b–15a，《新編》3/2/161上—下。（碑陽）

《魯迅輯校石刻手稿·碑銘》上冊333—335頁。

《漢魏石刻文學考釋》中冊856—857頁。（碑陽）

《漢碑全集》6冊2021頁。（碑陽）

《漢魏六朝碑刻校注》2冊158頁。（碑陽）

碑目題跋著錄：

《希古樓金石萃編》7/2a，《新編》1/5/3885下。

《集古求真續編》6/8b–9b，《新編》1/11/8764下—8765上。（疑偽）

《陝西金石志》5/8a–9a，《新編》1/22/16418下—16419上。

《石刻題跋索引》25頁左，《新編》1/30/22363。

《蒿里遺文目錄》1上/2b，《新編》2/20/14938上。

《夢碧簃石言》1/14b，《新編》3/2/161上。

（民國）《咸寧長安兩縣續志·金石考下》13/5b，《新編》3/31/542上。

《漢石存目》卷上/8b，《新編》3/37/524下。

《石交錄》1/17a–b，《新編》4/6/438上。

《增補校碑隨筆》（修訂本）92—93頁。

《碑帖鑒定》83頁。

《碑帖敘錄》15頁。

《善本碑帖錄》1/9。

《漢魏石刻文學考釋》中冊855—856頁。

《漢魏石刻文字繫年》112頁。

《漢魏六朝碑刻校注·總目提要》編號0694。

淑德大學《中國石刻拓本目錄》"碑碣等刻石"編號223。

論文：

楊樹達：《漢朝侯小子殘碑跋》，《積微居小學金石論叢》，第 307 頁。

葉其峰：《故宮藏石兩種》，《故宮博物院院刊》1992 年第 3 期。

備考：碑文脫字嚴重。《集古求真續編》卷六認為，此碑其八分難佳，殊不類漢隸，"恐是學唐人者所偽造"，然僅此一說，故附此。

東漢無年號 015

王氏殘石

東漢（25—220）。高約五寸八分，廣約四寸五分。文隸書，存 5 行，完者 16 字，殘缺存其半者 4 字。

錄文著錄：

《匋齋藏石記》2/10b，《新編》1/11/8003 下。

《漢魏石刻文學考釋》中冊 865 頁。

碑目著錄：

《石刻題跋索引》499 頁左，《新編》1/30/22837。

《漢魏石刻文字繫年》112 頁。

《漢魏六朝碑刻校注·總目提要》編號 0797。

淑德大學《中國石刻拓本目錄》"碑碣等刻石" 編號 239。

東漢無年號 016

蜀郡屬國都尉王子雅神道

又名：王子雅石闕銘、蜀郡太守王子雅碑。東漢（25—220）。在南陽。隸書題：漢故蜀郡屬國都尉王君神道封陌。

碑目題跋著錄：

《隸釋》20/28b – 29a 引《水經注》，《新編》1/9/6960 下—6961 上。（節文）

《金石錄》2/2a、19/5a，《新編》1/12/8806 下、8913 上。（節文）

《中州金石考》8/8a，《新編》1/18/13738 下。

《寶刻叢編》3/28b，《新編》1/24/18127 下。

《金石彙目分編》9（4）/60b，《新編》1/28/21065 下。

《石刻題跋索引》22 頁右，《新編》1/30/22360。

《天下金石志》16/2，《新編》2/2/871 上。

《墨華通考》卷7，《新編》2/6/4385 下。

《中州金石目錄》1/9a，《新編》2/20/14690 上。

《佩文齋書畫譜·金石》61/21a 上，《新編》3/2/40 上。

（光緒）《南陽縣志·藝文下》10/24a，《新編》3/30/198 下。

《金石備攷》附錄，《新編》4/1/91 上。

《六藝之一錄》54/11b，《新編》4/5/8 上。

《水經注碑錄》卷九編號 242，《北山金石錄》上冊 205 頁。

《漢魏石刻文學考釋》上冊 462—463 頁。（節文）

《漢魏石刻文字繫年》112—113 頁。

《漢魏六朝碑刻校注·總目提要》編號 0688。

東漢無年號 017

諫議大夫王襃墓碑

東漢（25—220）。在資州資陽縣北二十五里墓前。

碑目題跋著錄：

《隸釋》27/10b 引《天下碑錄》，《新編》1/9/7040 下。

《隸釋刊誤》81b，《新編》1/9/7085 上。

《通志·金石略》卷上/17b，《新編》1/24/18027 下。

《輿地碑記目·資州碑記》4/14a，《新編》1/24/18566 下。

《金石彙目分編》16（1）/33a，《新編》1/28/21465 上。

《天下金石志》7/2，《新編》2/2/842 下。

《墨華通考》卷11，《新編》2/6/4422 下。

《佩文齋書畫譜·金石》61/20b 上，《新編》3/2/39 下。

（嘉慶）《四川通志·輿地志》60/18a，《新編》3/14/527 下。

（光緒）《資州直隸州志·金石志》39/43a，《新編》3/16/50 上。

（咸豐）《資陽縣志·金石考》13/2a，《新編》3/16/77 下。

《蜀碑記》9/3b、辨偽考異 1/2b，《新編》3/16/336 上、340 下。

《燕庭金石叢稿》，《新編》3/32/500 下。

《寒山堂金石林時地攷》卷下/17a，《新編》3/34/510 上。

《金石備攷·成都府》,《新編》4/1/73 下。
《古今書刻》下編/39b,《新編》4/1/154 上。
《六藝之一錄》52/20a,《新編》4/4/777 下。
《太平寰宇記碑錄》編號 129,《北山金石錄》上冊 289 頁。
《漢魏石刻文字繫年》113 頁。
《漢魏六朝碑刻校注·總目提要》編號 0689。
備考：王褒,《漢書》卷六四下有傳。

東漢無年號 018

琅琊相王君神道

又名：琅邪相王君墓闕銘。東漢（25—220）。在山東濰縣。篆書 9 字,題云：漢故琅琊相王君神道。
碑目題跋著錄：
《金石錄》2/1a,《新編》1/12/8806 上。
《通志·金石略》卷上/22a,《新編》1/24/18030 上。
《寶刻叢編》1/42b,《新編》1/24/18100 下。
《金石彙目分編》10（3）/66a,《新編》1/28/21211 下。
《石刻題跋索引》24 頁左,《新編》1/30/22362。
《天下金石志》16/2,《新編》2/2/871 上。
《石刻名彙》1/2b,《新編》2/2/1025 下。
（宣統）《山東通志·藝文志》卷 152,《新編》2/12/9376 上。
《金石備攷》附錄,《新編》4/1/90 下。
《六藝之一錄》54/10a,《新編》4/5/7 下。
《漢魏石刻文學考釋》上冊 245—246 頁。
《漢魏石刻文字繫年》113 頁。
《漢魏六朝碑刻校注·總目提要》編號 0648、0656。

東漢無年號 019

王章碑

東漢（25—220）。在安丘縣西南四十里墓前。
碑目題跋著錄：

《通志・金石略》卷上/14b,《新編》1/24/18026 上。

《寶刻叢編》1/33a,《新編》1/24/18096 上。

《金石彙目分編》10（3）/48b,《新編》1/28/21202 下。

《石刻題跋索引》24 頁左,《新編》1/30/22362。

《墨華通考》1/4b,《新編》2/6/4292 下。

（宣統）《山東通志・藝文志》卷152,《新編》2/12/9381 上。

《漢魏石刻文學考釋》中冊 817—818 頁。

《漢魏石刻文字繫年》113 頁。

《漢魏六朝碑刻校注・總目提要》編號0654。

備考:《漢書》卷七六有《王章傳》,《後漢書》卷六七《黨錮列傳》亦有"王章",因未見碑文,不知孰是,待考。

東漢無年號020

侍中王逸碑

東漢（25—220）。在襄陽府宜城縣南三里。

碑目題跋著錄:

《隸釋》27/8a 引《天下碑錄》,《新編》1/9/7039 下。

（民國）《湖北通志・金石志》2/33b,《新編》1/16/11967 上。

《通志・金石略》卷上/15b,《新編》1/24/18026 下。

《寶刻叢編》3/2a,《新編》1/24/18114 下。

《金石彙目分編》14/24b,《新編》1/28/21394 下。

《石刻題跋索引》24 頁左,《新編》1/30/22362。

《墨華通考》卷6,《新編》2/6/4355 下。

《佩文齋書畫譜・金石》61/20a 下,《新編》3/2/39 下。

（嘉慶）《湖北通志・金石一》88/4b,《新編》3/13/4 下。

（光緒）《襄陽府治・金石》18/1b,《新編》3/13/391 上。

《六藝之一錄》52/19b,《新編》4/4/777 上。

《漢魏石刻文學考釋》中冊 821—822 頁。

《漢魏石刻文字繫年》113 頁。

《漢魏六朝碑刻校注・總目提要》編號0647。

備考：王逸，《後漢書》卷八〇上有傳。

東漢無年號 021

綿竹令王君神道

東漢（25—220）。在涪州。文隸書，9 字，題云：廣漢綿竹令王君神道。《隸釋》云：《金石錄》誤著為《廣漢縣令王君神道》。

錄文著錄：

《隸釋》13/7b，《新編》1/9/6897 上。

《碑版廣例》6/2b，《新編》3/40/302 下。

《六藝之一錄》54/10b–11a，《新編》4/5/7 下—8 上。

《漢魏石刻文學考釋》上冊 230 頁。

碑目題跋著錄：

《隸釋》13/7b，《新編》1/9/6897 上。

《隸釋刊誤》13/61b，《新編》1/9/7075 上。

《金石錄》1/6a、16/3b，《新編》1/12/8802 下、8895 上。

《金石錄補》25/10b，《新編》1/12/9119 下。

《通志·金石略》卷上/20a，《新編》1/24/18029 上。

《寶刻叢編》19/11a，《新編》1/24/18357 上。

《金石彙目分編》16（2）/7b，《新編》1/28/21486 上。

《石刻題跋索引》9 頁左，《新編》1/30/22347。

《天下金石志》16/1、3，《新編》2/2/870 下、871 下。

《蜀碑記補》2/18，《新編》2/12/8732 上。

《隸韻·碑目》7b，《新編》2/17/12518 上。

《隸辨》8/19b–20a，《新編》2/17/13084 上—下。

《佩文齋書畫譜·金石》61/9b 上、21a 上，《新編》3/2/34 上、40 上。

（嘉慶）《四川通志·輿地志》58/32a，《新編》3/14/488 下。

（同治）《重修涪州志·輿地志》2/6b，《新編》3/15/298 上。

《燕庭金石叢稿》，《新編》3/32/523 下。

汪本《隸釋刊誤》61b，《新編》3/37/580 下。

《紅藕齋漢碑彙鈔集跋》，《新編》3/38/525 下。

《漢魏六朝墓銘纂例》3/4a，《新編》3/40/451 下。
《金石備攷》附錄，《新編》4/1/86 上、91 上。
《漢隸字源》78 頁。
《漢魏石刻文學考釋》上冊 230 頁。
《漢魏石刻文字繫年》113 頁。

東漢無年號 022

山陽太守□□碑

東漢（25—220）。在襄陽府穀城縣西一里古筑城東。

碑目題跋著錄：

《隸釋》27/8a 引《天下碑錄》，《新編》1/9/7039 下。
（民國）《湖北通志·金石志》2/34a，《新編》1/16/11967 下。
《通志·金石略》卷上/15b，《新編》1/24/18026 下。
《寶刻叢編》3/2b，《新編》1/24/18114 下。
《金石彙目分編》14/26a，《新編》1/28/21395 下。
《石刻題跋索引》24 頁左，《新編》1/30/22362。
《墨華通考》6/6a，《新編》2/6/4355 下。
《佩文齋書畫譜·金石》61/20a 上，《新編》3/2/39 下。
（嘉慶）《湖北通志·金石一》88/15b，《新編》3/13/10 上。
（光緒）《襄陽府治·金石》18/7a，《新編》3/13/394 上。
《六藝之一錄》52/19a，《新編》4/4/777 上。
《漢魏石刻文學考釋》中冊 822 頁。
《漢魏石刻文字繫年》114 頁。
《漢魏六朝碑刻校注·總目提要》編號 0665。

東漢無年號 023

兗州從事丁仲禮碑

東漢（25—220）。在楚丘縣北三里。

碑目題跋著錄：

《隸釋》27/4b 引《天下碑錄》，《新編》1/9/7037 下。
《隸釋刊誤》81b，《新編》1/9/7085 上。

《通志・金石略》卷上/12b，《新編》1/24/18025 上。
《金石彙目分編》10（3）/3a，《新編》1/28/21180 上。
《墨華通考》2/4a，《新編》2/6/4304 下。
《佩文齋書畫譜・金石》61/19b 下，《新編》3/2/39 上。
《六藝之一錄》52/18a，《新編》4/4/776 下。
《漢魏石刻文字繫年》114 頁。
《漢魏六朝碑刻校注・總目提要》編號 0572。
備考：《金石彙目分編》誤將"兗州從事"著錄為"兗州刺史"。

東漢無年號 024

丁儀碑

又名：丁議碑。東漢（25—220）。《中州金石考》、《中州金石目錄》以為魏碑，《通志・金石略》以為晉碑，《隸釋》作漢碑，暫從《隸釋》。在南京虞城縣墓前。

碑目題跋著錄：

《隸釋》27/4b 引《天下碑錄》，《新編》1/9/7037 下。
《中州金石考》3/9b，《新編》1/18/13690 上。
《通志・金石略》卷上/25a，《新編》1/24/18031 下。
《金石彙目分編》9（1）/57a，《新編》1/28/20952 上。
《墨華通考》2/4a，《新編》2/6/4304 下。
《中州金石目錄》1/10a，《新編》2/20/14690 下。
《佩文齋書畫譜・金石》61/19b 下、62/5b 上，《新編》3/2/39 上、53 下。
《六藝之一錄》52/18a、57/33a，《新編》4/4/776 下、4/5/66 上。
《漢魏石刻文字繫年》114 頁。
《漢魏六朝碑刻校注・總目提要》編號 0669。
備考：丁儀，《三國志》卷一九附《曹植傳》。

東漢無年號 025

御史大夫卜式碑

東漢（25—220）。在兗州，一說在奉符縣北二十五里。

碑目題跋著錄：

《通志·金石略》卷上/13b，《新編》1/24/18025 下。

《寶刻叢編》2/17a，《新編》1/24/18113 上。

《金石彙目分編》10（1）/54b，《新編》1/28/21127 下。

《石刻題跋索引》24 頁左，《新編》1/30/22362。

《墨華通考》卷 8，《新編》2/6/4389 下。

（宣統）《山東通志·藝文志》卷 152，《新編》2/12/9353 下。

《漢魏石刻文學考釋》中冊 820 頁。

《漢魏石刻文字繫年》114 頁。

《漢魏六朝碑刻校注·總目提要》編號 0606。

備考：卜式，其事見《三國志》卷一四《程曉傳》、卷六五《韋曜傳》。

東漢無年號 026

外黃令澂試博士闕

東漢（25—220）。在山東濰縣。文篆書，題云：漢故外黃令徵試博士（下缺）。

碑目題跋著錄：

《金石錄》2/2a，《新編》1/12/8806 下。

《寶刻叢編》1/42b，《新編》1/24/18100 下。

《金石彙目分編》10（3）/66a，《新編》1/28/21211 下。

《石刻題跋索引》24 頁左，《新編》1/30/22362。

《天下金石志》16/2，《新編》2/2/871 上。

《石刻名彙》1/2b，《新編》2/2/1025 下。

（宣統）《山東通志·藝文志》卷 152，《新編》2/12/9376 上。

《金石備攷》附錄，《新編》4/1/91 上。

《六藝之一錄》54/10a，《新編》4/5/7 下。

《漢魏石刻文學考釋》中冊 818 頁。

《漢魏石刻文字繫年》114 頁。

《漢魏六朝碑刻校注·總目提要》編號 0524。

東漢無年號 027

汝南上蔡令神道

又名：汝南令闕。東漢（25—220）。在閬中縣。文 13 字，題云：□故汝南上蔡令□□父□神道。

錄文著錄：

《隸續》20/7a，《新編》1/10/7198 上。

《漢魏石刻文學考釋》上冊 245 頁。

碑目題跋：

《隸續》20/7a－b，《新編》1/10/7198 上。

《金石錄補》25/16a，《新編》1/12/9122 下。

《金石彙目分編》16（1）/44a－b，《新編》1/28/21470 下。

《石刻題跋索引》23 頁右，《新編》1/30/22361。

《蜀碑記補》3/23，《新編》2/12/8733 下。

《隸辨》8/21b－22a，《新編》2/17/13085 上—下。

《佩文齋書畫譜·金石》61/21a 下，《新編》3/2/40 上。

《燕庭金石叢稿》，《新編》3/32/606 上。

《紅藕齋漢碑彙鈔集跋》，《新編》3/38/526 上—下。

《漢魏六朝墓銘纂例》3/4b，《新編》3/40/451 下。

《六藝之一錄》54/15b，《新編》4/5/10 上。

《漢隸字源》146—147 頁。

《漢魏石刻文學考釋》上冊 244 頁。

《漢魏石刻文字繫年》114—115 頁。

《漢魏六朝碑刻校注·總目提要》編號 0525。

東漢無年號 028

光武皇帝劉秀碑

又名：光武帝廟碑。東漢（25—220）。漢章帝建，在汝州汝墳鎮，或云在趙州高邑縣。

碑目題跋著錄：

《隸釋》27/8b 引《天下碑錄》，《新編》1/9/7039 下。

漢　代　485

《中州金石考》8/20a，《新編》1/18/13744 下。

《寶刻叢編》6/59b，《新編》1/24/18193 上。

《金石彙目分編》3（2）/42a、9（4）/80a，《新編》1/27/20713 下、1/28/21075 下。

《石刻題跋索引》24 頁右，《新編》1/30/22362。

《天下金石志》5/15，《新編》2/2/830 上。

《墨華通考》卷 7，《新編》2/6/4378 下、4381 下、4386 上。

（光緒）《畿輔通志·金石十五》152/29a，《新編》2/11/8658 上。

《京畿金石考》卷下/17b，《新編》2/12/8776 上。

《碑藪》，《新編》2/16/11827 上。

《中州金石目錄》1/9a，《新編》2/20/14690 上。

《畿輔待訪碑目》卷上/2a，《新編》2/20/14801 下。

《佩文齋書畫譜·金石》61/20a 下，《新編》3/2/39 下。

《寒山堂金石林時地玫》卷上/20a，《新編》3/34/499 下。

《金石備玫·汝寧府》，《新編》4/1/63 上。

《古今書刻》下編/25b，《新編》4/1/147 上。

《六藝之一錄》39/23b–24a，《新編》4/4/551 上—下。

《太平寰宇記碑錄》編號 111，《北山金石錄》上冊 284 頁。

《漢魏石刻文學考釋》上冊 357—358 頁。

《漢魏石刻文字繫年》115 頁。

《漢魏六朝碑刻校注·總目提要》編號 0526。

備考：劉秀，《後漢書》卷一上·下有本紀。

東漢無年號 029

臨朐長仲雄碑

又名：臨朐長仲君碑。東漢（25—220）。額題：故臨朐長仲君碑。

碑目題跋著錄：

《金石錄》2/2a、19/4b，《新編》1/12/8806 下、8912 下。（節文）

《通志·金石略》卷上/22a，《新編》1/24/18030 上。

《石刻題跋索引》22 頁右，《新編》1/30/22360。

《天下金石志》16/2，《新編》2/2/871 上。

《佩文齋書畫譜·金石》61/18a 下，《新編》3/2/38 下。

《金石備攷》附錄，《新編》4/1/91 上。

《六藝之一錄》52/2b，《新編》4/4/768 下。

《漢魏石刻文學考釋》中冊 797—798 頁。（節文）

《漢魏石刻文字繫年》115 頁。

《漢魏六朝碑刻校注·總目提要》編號 0527、0755。

東漢無年號 030

亳縣曹□殘碑

東漢（25—220）。殘石出土於安徽亳縣袁牌坊村二號墓。高 36、寬 25、厚 4.2 釐米。文隸書，存 6 行共 31 字。

著錄：

《漢魏石刻文字繫年》115 頁。（文）

《漢魏六朝碑刻校注·總目提要》編號 0528。（目）

論文：

安徽省亳縣博物館：《亳縣曹操宗族墓葬》，《文物》1978 年第 8 期。（圖 22—4、文）

備考：發掘報告以為碑主乃曹操從弟曹仁的父親曹熾，然《長水校尉曹熾碑》云：曹熾墓在譙縣城南，待考。

東漢無年號 031

甘陵相尚博殘碑

又名：甘陵相殘碑、甘陵相尚府君碑、袁博殘碑、漢諱博殘碑。東漢（25—220）刻。1922 年陰曆十一月十四日洛陽城北十六里張陽村北嶺出土，偃師孫氏舊藏，今石藏偃師縣文管會。碑存兩截，一高 140、寬 23、厚 17 釐米；一高 185、寬 26、厚 17 釐米。文隸書，一存 5 行，行 29 字；一存 6 行，行 30 字。篆書額題：甘陵相尚府君之碑。

圖版著錄：

《北京圖書館藏中國歷代石刻拓本匯編》1 冊 42 頁。

《漢碑全集》2 冊 465—475 頁。

《漢魏六朝碑刻校注》2 冊 153 頁。

錄文著錄：

《希古樓金石萃編》6/5b－6b，《新編》1/5/3873 上—下。

《石交錄》1/12b－13a，《新編》4/6/435 下—436 上。

《漢魏石刻文學考釋》中冊 508—509 頁。

《漢碑全集》2 冊 466 頁。

《漢魏六朝碑刻校注》2 冊 154 頁。

碑目題跋著錄：

《希古樓金石萃編》6/6b－7a，《新編》1/5/3873 下—3874 上。

《石刻題跋索引》2 頁右，《新編》1/30/22340。

《蒿里遺文目錄》1 上/2a，《新編》2/20/14938 上。

《石交錄》1/12a－b，《新編》4/6/435 下。

《增補校碑隨筆》（修訂本）92 頁。

《碑帖鑒定》78 頁。

《碑帖敘錄》94 頁。

《善本碑帖錄》1/16。

《漢魏石刻文學考釋》中冊 508 頁。

《漢魏石刻文字繫年》115—116 頁。

《洛陽出土石刻時地記》漢代 005，4 頁。

《漢魏六朝碑刻校注・總目提要》編號 0712。

淑德大學《中國石刻拓本目錄》"碑碣等刻石"編號 231。

論文：

河南省文化局文物工作隊：《河南現存的漢碑》，《文物》1964 年第 5 期。

劉治中、梅麗君、邵丹：《漢碑檔案——東漢〈甘陵相尚府君之碑〉解讀》，《檔案管理》2016 年第 6 期。

備考：《漢魏六朝碑刻校注・總目提要》云："或以為偽刻"，不知"偽刻"觀點出自哪本著作？暫存疑，附此。

東漢無年號 032

蜀郡太守任君神道

東漢（25—220）。神道九字：漢蜀郡太守任君神道。《漢魏石刻文字繫年》云：《通志·金石略》所載"蜀郡屬國都尉任君神道"與"蜀郡太守任君神道"恐是一石。

碑目題跋著錄：

《金石錄》2/2a、19/4b – 5a，《新編》1/12/8806 下、8912 下—8913 上。

《通志·金石略》卷上/22a，《新編》1/24/18030 上。

《寶刻叢編》20/12a，《新編》1/24/18378 下。

《石刻題跋索引》22 頁右，《新編》1/30/22360。

《佩文齋書畫譜·金石》61/21a 上，《新編》3/2/40 上。

《六藝之一錄》54/11b，《新編》4/5/8 上。

《漢魏石刻文學考釋》上冊 234 頁。

《漢魏石刻文字繫年》116 頁。

《漢魏六朝碑刻校注·總目提要》編號 0530。

東漢無年號 033

宋國縣繹幕令匡碑

東漢（25—220）。在蒙縣、或云在平原縣、或宋城縣東、或南京、或永城縣、或商邱縣等地。施蟄存在《水經注碑錄》中認為："蒙縣、宋城、南京，皆即其處，古今地名不同爾。"

碑目題跋著錄：

《隸釋》20/17b 引《水經注》，《新編》1/9/6955 上。

《隸釋》27/4b 引《天下碑錄》，《新編》1/9/7037 下。

《通志·金石略》卷上/13a，《新編》1/24/18025 下。

《金石彙目分編》9（1）/50b，《新編》1/28/20948 下。

《天下金石志》3/2、5/4，《新編》2/2/814 下、824 下。

《墨華通考》2/4a、卷 8，《新編》2/6/4304 下、4387 下。

《碑藪》，《新編》2/16/11827 下。

《隸辨》8/59a，《新編》2/17/13104 上。

《佩文齋書畫譜·金石》61/17b 下，《新編》3/2/38 上。

《寒山堂金石林時地攷》卷上/20a，《新編》3/34/499 下。

《紅藕齋漢碑彙鈔集跋》，《新編》3/38/493 上。

《金石備攷》，《新編》4/1/45 下、56 下。

《古今書刻》下編/27a，《新編》4/1/148 上。

《六藝之一錄》51/9a – b，《新編》4/4/757 上。

《水經注碑錄》卷六編號 163，《北山金石錄》上冊 138—139 頁。

《漢魏石刻文字繫年》116 頁。

《漢魏六朝碑刻校注·總目提要》編號 0531。

東漢無年號 034

頻陽令宋君殘碑

東漢（25—220）。《天下金石志》作"穎陽令宋君殘碑"。文隸書，10 行，行 7 字。篆額二行，額題：漢故頻陽令宋君表。

碑目題跋著錄：

《兩漢金石記》19/3b – 4a，《新編》1/10/7468 上—下。

《金石錄》2/2a，《新編》1/12/8806 下。

《寶刻叢編》20/9a，《新編》1/24/18377 上。（節文）

《石刻題跋索引》23 頁，《新編》1/30/22361。

《天下金石志》16/2，《新編》2/2/871 上。

《金石備攷》附錄，《新編》4/1/91 上。

《六藝之一錄》52/13a，《新編》4/4/774 上。

《漢隸字源》116 頁。

《漢魏石刻文學考釋》中冊 995—996 頁。（節文）

《漢魏石刻文字繫年》116—117 頁。

《漢魏六朝碑刻校注·總目提要》編號 0532。

東漢無年號 035

沈君神道二闕

又名：雙石闕、交趾都尉沈君二神道、沈君左右闕。東漢（25—

220)。在大竹縣北一里，今在四川渠縣漢碑鄉漢亭村。左闕銘文高222、右闕銘文高191釐米。文隸書，左闕云：漢新豐令交阯都尉沈府君神道；右闕云：漢謁者北屯司馬左都候沈府君神道。

　　圖版著錄：

　　《金石苑》卷1，《新編》1/9/6266下—6267下、6268下—6270上。

　　《隸續》5/23a－b，《新編》1/10/7122上。

　　《二銘草堂金石聚》12/65b－69a，《新編》2/3/2179上—2181上。

　　《草隸存》卷2，《新編》4/3/44。

　　《北京圖書館藏中國歷代石刻拓本匯編》1冊195頁。（左闕）

　　《四川歷代碑刻》63—64頁。

　　《漢碑全集》6冊2038—2040頁。

　　錄文著錄：

　　《八瓊室金石補正》7/8a－b，《新編》1/6/4111下。

　　《金石苑》卷1，《新編》1/9/6266上、6268上。

　　《隸釋》13/2a，《新編》1/9/6894下。

　　《金石錄補》4/9a－b，《新編》1/12/9009上。

　　《函青閣金石記》3/2a，《新編》2/6/5035下。

　　《碑版廣例》6/3a，《新編》3/40/303上。

　　《六藝之一錄》54/12a－b，《新編》4/5/8下。

　　《魯迅輯校石刻手稿·碑銘》上冊345頁。

　　《四川歷代碑刻》65頁。

　　《漢魏石刻文學考釋》上冊239頁。

　　《漢碑全集》6冊2040頁。

　　碑目題跋著錄：

　　《八瓊室金石補正》7/9a－b引《三巴䎞古志》，《新編》1/6/4112上。

　　《金石苑》卷1，《新編》1/9/6266上、6268上。

　　《隸釋》13/2a－b，《新編》1/9/6894下。

　　《隸釋刊誤》61a，《新編》1/9/7075上。

　　《寶刻叢編》19/14b，《新編》1/24/18358下。

漢 代 491

《輿地碑記目·渠州碑記》4/17b，《新編》1/24/18568 上。

《藝風堂金石文字目》1/15a，《新編》1/26/19530 上。

《補寰宇訪碑錄》1/6b-7a，《新編》1/27/20197 下—20198 上。

《補寰宇訪碑錄校勘記》1/2a-b，《新編》1/27/20286 下。

《金石彙目分編》16（2）/26b，《新編》1/28/21495 下。

《石刻題跋索引》23 頁左、25 頁左，《新編》1/30/22361、22363。

《績語堂碑錄》，《新編》2/1/71 上。

《天下金石志》16/3，《新編》2/2/871 下。

《石刻名彙》1/2a，《新編》2/2/1025 下。

《二銘草堂金石聚》12/69b，《新編》2/3/2181 上。

《崇雅堂碑錄》1/6a，《新編》2/6/4486 下。

《函青閣金石記》3/2a-3a，《新編》2/6/5035 下—5036 上。

《蜀碑記補》4/28，《新編》2/12/8734 下。

《語石》2/16b、5/22a，《新編》2/16/11883 下、11949 下。

《隸辨》8/17b，《新編》2/17/13083 上。

《平安館藏碑目》，《新編》2/18/13378 上。

《寶鴨齋題跋》卷上/9b-10a，《新編》2/19/14339 上—下。

《金石苑目》，《新編》2/20/14652 下。

《寰宇貞石圖目錄》卷上/3b、卷下/2a，《新編》2/20/14672 下、14678 上。

《蒿里遺文目錄》6/1b，《新編》2/20/14994 上。

《佩文齋書畫譜·金石》61/21a 下，《新編》3/2/40 上。

《求恕齋碑錄》，《新編》3/2/524 上。

（嘉慶）《四川通志·輿地志》59/43a、44b，《新編》3/14/517 上、下。

（同治）《渠縣志·金石》47/9b-10b，《新編》3/15/429 上—下。

（道光）《大竹縣志·金石》38/4a-b，《新編》3/15/448 下。

《燕庭金石叢稿》，《新編》3/32/550 下。

《石目》，《新編》3/36/63 下。

《漢石存目》卷上/8a，《新編》3/37/524 下。

汪本《隸釋刊誤》61a，《新編》3/37/580 下。

《紅藕齋漢碑彙鈔集跋》，《新編》3/38/527 上、577 上。

《中國金石學講義・正編》11b，《新編》3/39/140。

《漢石例》1/24a，《新編》3/40/136 下。

《碑版廣例》6/3a，《新編》3/40/303 上。

《漢魏六朝墓銘纂例》3/4a，《新編》3/40/451 下。

《激素飛清閣平碑記》卷 1，《新編》4/1/198 下。

《漢隸字源》74 頁。

《魯迅輯校石刻手稿・碑銘》上冊 346—347 頁。

《北山集古錄》卷一，《北山金石錄》上冊 375—376 頁。

《碑帖鑒定》81 頁。

《碑帖敘錄》83 頁。

《漢魏石刻文學考釋》上冊 237—239 頁。

《漢魏石刻文字繫年》117 頁。

《漢魏六朝碑刻校注・總目提要》編號 0533。

淑德大學《中國石刻拓本目錄》"碑碣等刻石" 編號 215—216。

論文：

陳明達：《漢代的石闕》，《文物》1961 年第 12 期。

孫華：《試論四川渠縣石闕的年代和風格》，《中國國家博物館館刊》2015 年第 8 期。

東漢無年號 036

李翊夫人碑

東漢（25—220），具體年代不詳。據《隸續》卷七《碑式》：文十二行，行三十六字。在四川渠縣，今佚。《輿地碑記目》《金石錄補》《漢魏石刻文學考釋》皆認為其夫人為臧氏。

錄文著錄：

《隸釋》12/16a－17a，《新編》1/9/6892 下—6893 上。

《碑版廣例》5/19a－20b，《新編》3/40/299 下—300 上。

《六藝之一錄》45/35a－36b，《新編》4/4/663 上—下。

《全後漢文》106/6a－7a，《全文》1 冊 1044 下—1045 上。

《漢魏石刻文學考釋》中冊 663—664 頁。

碑目題跋著錄：

《隸釋》12/17a－b，《新編》1/9/6893 上。

《隸釋刊誤》60a－61a，《新編》1/9/7074 下—7075 上。

《隸續》7/10b，《新編》1/10/7137 下。

《金石錄補》4/8b－9a，《新編》1/12/9008 下—9009 上。

《寶刻叢編》18/6a，《新編》1/24/18347 下。

《輿地碑記目·達州碑記》4/22b，《新編》1/24/18570 下。

《金石彙目分編》16（2）/25b、27b，《新編》1/28/21495 上、21496 上。

《石刻題跋索引》14 頁右，《新編》1/30/22352。

《天下金石志》16/3，《新編》2/2/871 下。

《蜀碑記補》4/26，《新編》2/12/8734 上。

《隸辨》7/39b，《新編》2/17/13055 上。

《佩文齋書畫譜·金石》61/11a 下，《新編》3/2/35 上。

（嘉慶）《四川通志·輿地志》59/42b，《新編》3/14/516 下。

（同治）《渠縣志·金石》47/11a，《新編》3/15/430 上。

《燕庭金石叢稿》，《新編》3/32/551 上。

汪本《隸釋刊誤》60a－61a，《新編》3/37/580 上—下。

《紅藕齋漢碑彙鈔集跋》，《新編》3/38/526 下。

《金石小箋》14b－15a，《新編》3/39/501 下—502 上。

《漢石例》2/17b，《新編》3/40/152 上。

《漢魏六朝志墓金石例》1/13b，《新編》3/40/402 上。

《漢魏六朝墓銘纂例》2/11a，《新編》3/40/447 上。

《金石備攷》附錄，《新編》4/1/91 上。

《漢隸字源》73 頁。

《漢魏石刻文學考釋》中冊 662—663 頁。

《漢魏石刻文字繫年》117 頁。

《漢魏六朝碑刻校注·總目提要》編號 0409、0547。

備考：《漢魏六朝碑刻校注》作"光和六年"，不知何據？

東漢無年號 037

刺史李頊碣

東漢（25—220）。在綿州巴西縣，今佚。

碑目題跋著錄：

《隸釋》27/10a 引《天下碑錄》，《新編》1/9/7040 下。

《通志・金石略》卷上/17a，《新編》1/24/18027 下。

《金石彙目分編》16（1）/36b，《新編》1/28/21466 下。

《天下金石志》7/3，《新編》2/2/843 上。

《蜀碑記補》10/49，《新編》2/12/8740 上。

《佩文齋書畫譜・金石》61/20b 上，《新編》3/2/39 下。

（嘉慶）《四川通志・輿地志》60/21a，《新編》3/14/529 上。

（民國）《緜陽縣志・金石》9/1a，《新編》3/15/167 上。

《燕庭金石叢稿》，《新編》3/32/503 下。

《紅藕齋漢碑彙鈔集跋》，《新編》3/38/528 上。

《金石備攷・成都府》，《新編》4/1/74 上。

《六藝之一錄》54/18a，《新編》4/5/11 下。

《漢魏石刻文字繫年》118 頁。

《漢魏六朝碑刻校注・總目提要》編號 0535。

東漢無年號 038

少傅何君碑

東漢（25—220）。在任城縣墓下。

碑目題跋著錄：

《隸釋》27/6b 引《天下碑錄》，《新編》1/9/7038 下。

《金石彙目分編》10（2）/54b，《新編》1/28/21167 下。

《天下金石志》16/5，《新編》2/2/872 下。

（宣統）《山東通志・藝文志》卷 152，《新編》2/12/9368 下。

《濟州金石志》2/53b，《新編》2/13/9491 上。

《佩文齋書畫譜・金石》61/20a 上，《新編》3/2/39 下。

《金石備攷》附錄，《新編》4/1/92 上。

《六藝之一錄》52/19a，《新編》4/4/777 上。

《漢魏石刻文字繫年》118 頁。

《漢魏六朝碑刻校注·總目提要》編號 0537。

東漢無年號 039

南昌太守谷昕碑

又作"谷所碑。"東漢（25—220），一云漢延康五年。在衡州府耒陽縣。

碑目題跋著錄：

《隸釋》27/9b 引《天下碑錄》，《新編》1/9/7040 上。

《通志·金石略》卷上/16b，《新編》1/24/18027 上。

《輿地碑記目》2/17a，《新編》1/24/18545 上。

《金石彙目分編》15/26a，《新編》1/28/21419 下。

《墨華通考》卷 6，《新編》2/6/4363 下。

（光緒）《湖南通志·金石二》260/7a-b，《新編》2/11/7753 上。附《嘉慶通志》。

《佩文齋書畫譜·金石》61/20b 上、62/4a 下，《新編》3/2/39 下、53 上。

（同治）《桂陽直隸州志·藝文》24/17b，《新編》3/14/373 上。

《六藝之一錄》52/20b，《新編》4/4/777 下。

《漢魏石刻文字繫年》118 頁。

《漢魏六朝碑刻校注·總目提要》編號 0538。

東漢無年號 040

趙王武臣陳勝碑

東漢（25—220）。在宿州。趙王武臣即陳勝。

碑目題跋著錄：

《安徽金石略》7/1b，《新編》1/16/11736 上。附趙紹祖識。

《通志·金石略》卷上/16b，《新編》1/24/18027 上。

《墨華通考》卷 2，《新編》2/6/4318 下。

《漢魏石刻文字繫年》119 頁。

備考：陳勝，《史記》卷四八、《漢書》卷三一有傳。

東漢無年號 041

鉅鹿太守金君闕

東漢（25—220）。在夔州府雲陽縣。隸書，闕題云：鉅鹿太守金君闕。今佚。

錄文著錄：

《隸釋》13/5a，《新編》1/9/6896 上。

《碑版廣例》6/2a，《新編》3/40/302 下。

《漢魏石刻文學考釋》上冊 239 頁。

碑目題跋著錄：

《隸釋》13/5a，《新編》1/9/6896 上。

《隸續》7/10a，《新編》1/10/7137 下。

《寶刻叢編》19/16a，《新編》1/24/18359 下。

《金石彙目分編》16（2）/22a，《新編》1/28/21493 下。

《石刻題跋索引》23 頁左，《新編》1/30/22361。

《天下金石志》16/3，《新編》2/2/871 下。

《蜀碑記補》5/33，《新編》2/12/8736 上。

《隸辨》8/18a，《新編》2/17/13083 下。

《佩文齋書畫譜・金石》61/20b 下，《新編》3/2/39 下。

（嘉慶）《四川通志・輿地志》59/11a，《新編》3/14/501 上。

（道光）《夔州府志・金石》34/22a，《新編》3/15/403 下。

（咸豐）《雲陽縣志・輿地》1/66b，《新編》3/15/418 上。

《燕庭金石叢稿》，《新編》3/32/542 上。

《漢魏六朝墓銘纂例》3/2b，《新編》3/40/450 下。

《金石備攷》附錄，《新編》4/1/91 上。

《六藝之一錄》54/8a，《新編》4/5/6 下。

《漢隸字源》76 頁。

《漢魏石刻文學考釋》上冊 239 頁。

《漢魏石刻文字繫年》119 頁。

《漢魏六朝碑刻校注·總目提要》編號 0541。

東漢無年號 042

胡騰墓碑

東漢（25—220）。在衡州耒陽縣南四里，今佚。

碑目題跋著錄：

《隸釋》27/9b 引《天下碑錄》，《新編》1/9/7040 上。

《通志·金石略》卷上/17a，《新編》1/24/18027 下。

《金石彙目分編》15/26a，《新編》1/28/21419 下。

《墨華通考》卷 6，《新編》2/6/4363 下

（光緒）《湖南通志·金石二》260/9a，《新編》2/11/7754 上。附《嘉慶通志》。

《佩文齋書畫譜·金石》61/20b 上，《新編》3/2/39 下。

（同治）《桂陽直隸州志·藝文》24/17b，《新編》3/14/373 上。

《六藝之一錄》52/20b，《新編》4/4/777 下。

《漢魏石刻文字繫年》119 頁。

《漢魏六朝碑刻校注·總目提要》編號 0542。

備考：《後漢書》卷六九《竇武傳》有"府掾桂陽胡騰"，從地域判斷，可能是碑主。

東漢無年號 043

沛相范皮闕

又名：沛國范伯友墓石闕、沛相范君闕。東漢（25—220）。在劍州梓潼縣東墓前。文隸書，3 段，周回 16 字。

錄文著錄：

《隸續》13/8a–b，《新編》1/10/7164 下。

《漢魏石刻文學考釋》上冊 255—256 頁。

碑目題跋著錄：

《隸釋》27/10b 引《天下碑錄》，《新編》1/9/7040 下。

《隸續》13/9a–10a，《新編》1/10/7165 上—下。

《金石錄補》25/16a，《新編》1/12/9122 下。

《通志‧金石略》卷上/17b，《新編》1/24/18027 下。

《輿地碑記目‧隆慶府碑記》4/31a，《新編》1/24/18575 上。

《金石彙目分編》16（1）/40a-b，《新編》1/28/21468 下。

《天下金石志》7/4，《新編》2/2/843 下。

《墨華通考》卷 11，《新編》2/6/4426 上。

《蜀碑記補》10/50，《新編》2/12/8740 上。

《隸辨》8/21a-b，《新編》2/17/13085 上。

《佩文齋書畫譜‧金石》61/20b 下，《新編》3/2/39 下。

（嘉慶）《四川通志‧輿地志》60/24a，《新編》3/14/530 下。

《蜀碑記》10/1b，《新編》3/16/338 上。

《燕庭金石叢稿》，《新編》3/32/508 下。

《寒山堂金石林時地攷》卷下/17b，《新編》3/34/510 上。

《紅藕齋漢碑彙鈔集跋》，《新編》3/38/528 下、569 下—570 上。

《漢魏六朝墓銘纂例》3/3a，《新編》3/40/451 上。

《金石備攷‧保寧府》，《新編》4/1/74 下。

《古今書刻》下編/39b，《新編》4/1/154 上。

《六藝之一錄》54/10b，《新編》4/5/7 下。

《漢魏石刻文學考釋》上冊 254—255 頁。

《漢隸字源》126 頁。

《漢魏石刻文字繫年》120 頁。

《漢魏六朝碑刻校注‧總目提要》編號 0544、0774。

備考：《通志‧金石略》所載"范史"恐是"范皮"之誤寫。《輿地碑記目》作"范伯友"。

東漢無年號 044

荊州從事苑鎮碑

東漢（25—220）。在襄陽府襄陽縣，今佚。文隸書，《隸續‧碑式》載：十五行，行二十四字。篆書額題：漢故荊州從事苑君之碑。

錄文著錄：

《隸釋》12/6a-7a，《新編》1/9/6887下—6888上。

（民國）《湖北通志·金石志》2/24a-25a，《新編》1/16/11962下—11963上。

（嘉慶）《湖北通志·金石一》88/9b-10a，《新編》3/13/7上—下。

（光緒）《襄陽府治·金石》18/3b-4a，《新編》3/13/392上—下。

《碑版廣例》4/26b-27a，《新編》3/40/286下—287上。

《六藝之一錄》50/17b-18b，《新編》4/4/745上—下。

《全後漢文》106/4a-b，《全文》1冊1043下。

《漢魏石刻文學考釋》上冊439頁。

碑目題跋著錄：

《隸釋》12/7a-b，《新編》1/9/6888上。

《隸釋刊誤》58b，《新編》1/9/7073下。

《隸續》7/8a，《新編》1/10/7136下。

《金石錄》2/1b、19/2b，《新編》1/12/8806上、8911下。

（民國）《湖北通志·金石志》2/26a，《新編》1/16/11963下。附張澍《養素堂文集》。

《寶刻叢編》3/2a，《新編》1/24/18114下。

《授堂金石三跋·一跋》2/5a-b，《新編》1/25/19096上。

《金石彙目分編》14/17b，《新編》1/28/21391上。

《石刻題跋索引》22頁右，《新編》1/30/22360。

《天下金石志》16/2，《新編》2/2/871上。

《隸辨》8/7a-b，《新編》2/17/13078上。

《佩文齋書畫譜·金石》61/18b上，《新編》3/2/38下。

汪本《隸釋刊誤》58b，《新編》3/37/579上。

《紅藕齋漢碑彙鈔集跋》，《新編》3/38/515下。

《漢石例》1/19a，《新編》3/40/134上。

《漢魏六朝墓銘纂例》2/9b，《新編》3/40/446上。

《金石備攷》附錄，《新編》4/1/90下。

《漢隸字源》69—70頁。

《漢魏石刻文學考釋》上冊437頁。

《漢魏石刻文字繫年》120 頁。
《漢魏六朝碑刻校注·總目提要》編號 0545。

東漢無年號 045

北海苑孟興碑

東漢（25—220）。在魏州臨清縣東南十五里貝丘城。

碑目題跋著錄：

《寶刻叢編》6/2a，《新編》1/24/18164 下。

《金石彙目分編》10（3）/20b，《新編》1/28/21188 下。

《石刻題跋索引》24 頁左，《新編》1/30/22362。

《六藝之一錄》51/28b，《新編》4/4/766 下。

《太平寰宇記碑錄》編號 94，《北山金石錄》上冊 280 頁。

《漢魏石刻文學考釋》中冊 824—825 頁。

《漢魏石刻文字繫年》120 頁。

《漢魏六朝碑刻校注·總目提要》編號 0546。

備考：《北山金石錄》作"范孟興"，恐有誤。

東漢無年號 046

封觀碑

東漢（25—220）。在陳州項城縣墓前。

碑目題跋著錄：

《隸釋》27/8b 引《天下碑錄》，《新編》1/9/7039 下。

《中州金石考》2/2a-b，《新編》1/18/13678 下。

《通志·金石略》卷上/16a，《新編》1/24/18027 上。

《寶刻叢編》5/31a，《新編》1/24/18158 上。

《金石彙目分編》9（1）/39b，《新編》1/28/20943 上。

《石刻題跋索引》24 頁左，《新編》1/30/22362。

《墨華通考》卷 7，《新編》2/6/4369 上。

《碑藪》，《新編》2/16/11832 上。

《中州金石目錄》1/6b，《新編》2/20/14688 下。

《佩文齋書畫譜·金石》61/20a 下，《新編》3/2/39 下。

《寒山堂金石林時地攷》卷上/14a，《新編》3/34/496 下。

《紅藕齋漢碑彙鈔集跋》，《新編》3/38/519 下。

《六藝之一錄》52/19b，《新編》4/4/777 上。

《漢魏石刻文學考釋》中冊 823 頁。

《漢魏石刻文字繫年》120 頁。

《漢魏六朝碑刻校注·總目提要》編號 0511。

備考：封觀，《後漢書》卷四五附《張俊傳》。

東漢無年號 047

高直闕

東漢（25—220）。在雅州府雅安縣。今佚。

錄文著錄：

《隸釋》13/8b，《新編》1/9/6897 下。

《碑版廣例》6/2b，《新編》3/40/302 下。

《六藝之一錄》54/9b，《新編》4/5/7 上。

《漢魏石刻文學考釋》上冊 242—243 頁。

碑目題跋著錄：

《隸釋》13/8b，《新編》1/9/6897 下。

《金石錄補》4/9b，《新編》1/12/9009 上。

《金石彙目分編》16（2）/63b，《新編》1/28/21514 上。

《石刻題跋索引》23 頁右，《新編》1/30/22361。

《蜀碑記補》6/35－36，《新編》2/12/8736 下。

《隸辨》8/20a，《新編》2/17/13084 下。

《佩文齋書畫譜·金石》61/20b 下，《新編》3/2/39 下。

（嘉慶）《四川通志·輿地志》59/18a，《新編》3/14/504 下。

《燕庭金石叢稿》，《新編》3/32/593 上。

《紅藕齋漢碑彙鈔集跋》，《新編》3/38/572 下。

《漢隸字源》79 頁。

《漢魏石刻文學考釋》上冊 242 頁。

《漢魏石刻文字繫年》120 頁。

《漢魏六朝碑刻校注·總目提要》編號0509。

東漢無年號048

原武典農高府君神道

東漢（25—220）。《河朔金石待訪目》歸入後魏，與諸書有別，暫從它書。在汲縣東北五十里二石柱上。

碑目題跋著錄：

《寶刻叢編》6/47b，《新編》1/24/18187 上。

《金石彙目分編》9（2）/22a，《新編》1/28/20964 下。

《石刻題跋索引》24 頁左，《新編》1/30/22362。

《河朔金石待訪目》1a，《新編》2/12/9013 上。

《中州金石目錄》1/7a，《新編》2/20/14689 上。

《六藝之一錄》54/15a，《新編》4/5/10 上。

《太平寰宇記碑錄》編號99，《北山金石錄》上冊281 頁。

《漢魏石刻文學考釋》上冊246 頁。

《漢魏石刻文字繫年》121 頁。

《漢魏六朝碑刻校注·總目提要》編號0534。

東漢無年號049

執金吾高褒碑

東漢（25—220）。碑在雍丘縣南五十里善鄉墓下。

碑目題跋著錄：

《隸釋》27/1a 引《天下碑錄》，《新編》1/9/7036 上。

《中州金石考》1/7b，《新編》1/18/13672 上。

《通志·金石略》卷上/10b，《新編》1/24/18024 上。

《寶刻叢編》1/19a，《新編》1/24/18089 上。

《金石彙目分編》9（1）/11b，《新編》1/28/20929 上。

《石刻題跋索引》24 頁左，《新編》1/30/22362。

《墨華通考》卷7，《新編》2/6/4368 上。

《中州金石目錄》1/6a，《新編》2/20/14688 下。

《佩文齋書畫譜·金石》61/19b 下，《新編》3/2/39 上。

《紅藕齋漢碑彙鈔集跋》，《新編》3/38/518 下。

《六藝之一錄》52/18b，《新編》4/4/776 下。

《漢魏石刻文學考釋》中冊 815 頁。

《漢魏石刻文字繫年》121 頁。

《漢魏六朝碑刻校注・總目提要》編號 0501。

東漢無年號 050

相府小史夏堪碑

東漢（25—220）。在亳縣。隸書額題：故相府小史夏堪碑。

錄文著錄：

《隸釋》12/14b – 15a，《新編》1/9/6891 下—6892 上。

（民國）《安徽通志稿・金石古物考二》15b – 16a，《新編》3/11/72 下—73 上。

《碑版廣例》5/6b – 7a，《新編》3/40/293 上—下。

《六藝之一錄》50/25a – 26a，《新編》4/4/749 上—下。

《全後漢文》106/6a，《全文》1 冊 1044 下。

《漢魏石刻文學考釋》中冊 985 頁。

碑目題跋著錄：

《隸釋》12/15a – b，《新編》1/9/6892 上。

《隸釋刊誤》12/60a，《新編》1/9/7074 下。

《金石錄》2/3b、19/9a，《新編》1/12/8807 上、8915 上。

《金石錄補續跋》4/16b – 17b，《新編》1/12/9165 下—9166 上。

《安徽金石略》8/7a，《新編》1/16/11748 上。

《中州金石考》3/8a，《新編》1/18/13689 下。

《金石彙目分編》9（1）/56a，《新編》1/28/20951 下。

《石刻題跋索引》23 頁左，《新編》1/30/22361。

《隸辨》8/13b，《新編》2/17/13081 上。

《金石錄續跋》53 – 54，《新編》2/18/13221 上—下。

《中州金石目錄》1/7a，《新編》2/20/14689 上。

《佩文齋書畫譜・金石》61/18a 下，《新編》3/2/38 下。

汪本《隸釋刊誤》60a，《新編》3/37/580 上。

《紅藕齋漢碑彙鈔集跋》，《新編》3/38/520 上。

《漢石例》1/32b、2/20a，《新編》3/40/140 下、153 下。

《碑版廣例》6/8b，《新編》3/40/305 下。

《漢魏六朝墓銘纂例》2/11a，《新編》3/40/447 上。

《漢隸字源》73 頁。

《漢魏石刻文學考釋》中冊 983 頁。

《漢魏石刻文字繫年》121 頁。

《漢魏六朝碑刻校注・總目提要》編號 0502。

論文：

楊樹達：《漢相府小史夏堪碑跋》，《積微居小學金石論叢》，第 307 頁。

東漢無年號 051

奉車都尉耿君碑

東漢（25—220）。在建康府。隸書。

碑目題跋著錄：

《江寧金石待訪目》1/1b，《新編》1/13/10130 上。

《寶刻叢編》15/1b－2a，《新編》1/24/18322 上—下。

《石刻題跋索引》24 頁右，《新編》1/30/22362。

（嘉慶）《重刊江寧府志・金石》53/1a，《新編》3/5/27 下。

《江寧金石待訪錄》1/2a，《新編》3/5/83 下。

《漢魏石刻文學考釋》中冊 832 頁。

《漢魏石刻文字繫年》121 頁。

《漢魏六朝碑刻校注・總目提要》編號 0503。

東漢無年號 052

秦始皇嬴政碑

又名：東海廟碑陰。東漢（25—220）。非獨立之碑，附《漢東海廟碑》下，《隸釋》卷二云："別有數句，載秦東門事，乃頌所謂倚傾之闕者"。東海相任恭刻於朐山。長一丈八尺，廣五尺，厚三尺八寸。一行

17 字。

錄文著錄：

《函青閣金石記》3/4a，《新編》2/6/5036 下。

碑目題跋著錄：

《隸釋》2/11b，《新編》1/9/6776 上。

《隸釋》27/9a 引《天下碑錄》，《新編》1/9/7040 上。

《佩文齋書畫譜·金石》61/20a 下，《新編》3/2/39 下。

《水經注碑錄》卷八編號 235，《北山金石錄》上冊 196—197 頁。

《漢魏石刻文字繫年》121—122 頁。

《漢魏六朝碑刻校注·總目提要》編號 0504。

東漢無年號 053

馬融墓碣

東漢（25—220）。在成都府什邡縣。

碑目題跋著錄：

《隸釋》27/10a 引《天下碑錄》，《新編》1/9/7040 下。

《金石彙目分編》16（1）/27a，《新編》1/28/21462 上。

《蜀碑記補》1/9，《新編》2/12/8730 上。

《佩文齋書畫譜·金石》61/20b 下，《新編》3/2/39 下。

（嘉慶）《四川通志·輿地志》58/23b，《新編》3/14/484 上。

《燕庭金石叢稿》，《新編》3/32/495 下。

《六藝之一錄》54/18a，《新編》4/5/11 下。

《太平寰宇記碑錄》編號 123，《北山金石錄》上冊 287 頁。

《漢魏石刻文字繫年》122 頁。

《漢魏六朝碑刻校注·總目提要》編號 0505。

備考：馬融，《後漢書》卷六〇上有傳。

東漢無年號 054

青州刺史孫嵩碑

又名：孫賓碩碑。東漢（25—220）。在密州安丘縣西四十里塚前。據楊守敬《水經注疏》卷二六（第 2260 頁）考證，孫嵩，字賓石，古代

"石、碩通用",故孫嵩、孫賓碩當爲一人。

　　碑目題跋著錄：

　　《隸釋》20/22b 引《水經注》,《新編》1/9/6957 下。

　　《隸釋》27/7b 引《天下碑錄》,《新編》1/9/7039 上。

　　《通志·金石略》卷上/14b,《新編》1/24/18026 上。

　　《寶刻叢編》1/33a,《新編》1/24/18096 上。

　　《金石彙目分編》10（3）/48a-b,《新編》1/28/21202 下。

　　《石刻題跋索引》24 頁左,《新編》1/30/22362。

　　《墨華通考》1/4b,《新編》2/6/4292 下。

　　（宣統）《山東通志·藝文志》卷 152,《新編》2/12/9381 上。

　　《碑藪》,《新編》2/16/11832 下。

　　《隸辨》8/60a,《新編》2/17/13104 下。

　　《佩文齋書畫譜·金石》61/17a 下,《新編》3/2/38 上。

　　《寒山堂金石林時地攷》卷上/14b,《新編》3/34/496 下。

　　《紅藕齋漢碑彙鈔集跋》,《新編》3/38/575 上—下。

　　《六藝之一錄》51/12b,《新編》4/4/758 下。

　　《水經注碑錄》卷七編號 193,《北山金石錄》上冊 166 頁。

　　《漢魏石刻文學考釋》中冊 816—817 頁。

　　《漢魏石刻文字繫年》122 頁。

　　《漢魏六朝碑刻校注·總目提要》編號 0766。

　　備考：孫嵩,字賓石,其事見《後漢書》卷三五《鄭玄傳》、卷六四《趙岐傳》；其事又見於《三國志》卷一八《閻溫傳》"父子著稱於西州"條注。

東漢無年號 055

韋氏神道

　　東漢（25—220）。《輿地碑記目·均州碑記》將之歸入為隋朝,暫從東漢。在均州。

　　錄文著錄：

　　《隸釋》13/9b,《新編》1/9/6898 上。

《碑版廣例》6/3a，《新編》3/40/303 上。

《六藝之一錄》54/14a–b，《新編》4/5/9 下。

《漢魏石刻文學考釋》上冊 243 頁。

碑目題跋著錄：

《隸釋》13/9b，《新編》1/9/6898 上。

《隸釋刊誤》13/61b–62a，《新編》1/9/7075 上—下。

《隸續》5/28b，《新編》1/10/7124 下。

（民國）《湖北通志·金石志》2/33a，《新編》1/16/11967 上。

《輿地碑記目·均州碑記》3/9b–10a，《新編》1/24/18552 上—下。

《金石彙目分編》14/27b，《新編》1/28/21396 上。

《石刻題跋索引》23 頁右，《新編》1/30/22361。

《隸辨》8/20b，《新編》2/17/13084 下。

《佩文齋書畫譜·金石》61/21a 下，《新編》3/2/40 上。

（嘉慶）《湖北通志·金石一》88/13b，《新編》3/13/9 上。

（光緒）《襄陽府治·金石》18/6a，《新編》3/13/393 下。

（光緒）《續輯均州志·藝文志》15/2a，《新編》3/13/509 下。

汪本《隸釋刊誤》61b–62a，《新編》3/37/580 下—581 上。

《紅藕齋漢碑彙鈔集跋》，《新編》3/38/573 上。

《漢魏六朝墓銘纂例》3/4b–5a，《新編》3/40/451 下—452 上。

《漢隸字源》80 頁。

《漢魏石刻文學考釋》上冊 243 頁。

《漢魏石刻文字繫年》122 頁。

《漢魏六朝碑刻校注·總目提要》編號 0508。

東漢無年號 056

僕射荀公碑

又名：潁川荀淑碑。東漢（25—220）。在許州長社縣東北十里墓前。

碑目題跋著錄：

《隸釋》27/8b 引《天下碑錄》，《新編》1/9/7039 下。

《中州金石考》2/4b，《新編》1/18/13679 下。

《寶刻叢編》5/5a，《新編》1/24/18145 上。
《金石彙目分編》9（1）/44a，《新編》1/28/20945 下。
《石刻題跋索引》24 頁左，《新編》1/30/22362。
《天下金石志》5/2，《新編》2/2/823 下。
《墨華通考》卷2，《新編》2/6/4321 上。
《碑藪》，《新編》2/16/11828 上。
《中州金石目錄》1/6b，《新編》2/20/14688 下。
《佩文齋書畫譜・金石》61/20a 下，《新編》3/2/39 下。
《寒山堂金石林時地攷》卷上/4a、20b，《新編》3/34/491 下、499 下。
《紅藕齋漢碑彙鈔集跋》，《新編》3/38/519 下。
《金石備攷・開封府》，《新編》4/1/56 上。
《古今書刻》下編/9a，《新編》4/1/139 上。
《六藝之一錄》52/19b，《新編》4/4/777 上。
《漢魏石刻文學考釋》中冊 822—823 頁。
《漢魏石刻文字繫年》122 頁。

東漢無年號 057

陽都長涂君家闕

東漢（25—220）。

碑目題跋著錄：

《金石錄》2/2a，《新編》1/12/8806 下。
《寶刻叢編》20/14a，《新編》1/24/18379 下。
《石刻題跋索引》23 頁左，《新編》1/30/22361。
《天下金石志》16/2，《新編》2/2/871 上。
《隸辨》8/62b，《新編》2/17/13105 下。
《古誌彙目》1/1a，《新編》3/37/5。
《紅藕齋漢碑彙鈔集跋》，《新編》3/38/578 上。
《金石備攷》附錄，《新編》4/1/91 上。
《六藝之一錄》54/10a，《新編》4/5/7 下。
《漢魏石刻文學考釋》上冊 236—237 頁。

《漢魏石刻文字繫年》122頁。

《漢魏六朝碑刻校注·總目提要》編號0514。

東漢無年號058

尊士倪壽碑

東漢（25—220）。在仙源縣南七十步魯城內，或云在兗州府曲阜縣。

碑目題跋著錄：

《隸釋》27/6b引《天下碑錄》，《新編》1/9/7038下。

《金石彙目分編》10（2）/21a，《新編》1/28/21151上。

《天下金石志》3/5，《新編》2/2/816上。

《碑藪》，《新編》2/16/11832上—下。

《佩文齋書畫譜·金石》61/20a上，《新編》3/2/39下。

《寒山堂金石林時地攷》卷上/14b，《新編》3/34/496下。

《金石備攷·兗州府》，《新編》4/1/47上。

《古今書刻》下編/27b，《新編》4/1/148上。

《六藝之一錄》52/19a，《新編》4/4/777上。

《漢魏石刻文字繫年》123頁。

《漢魏六朝碑刻校注·總目提要》編號0515。

東漢無年號059

郎中郭君碑

東漢（25—220）。懷慶府濟源縣。碑隸額，額題：漢郎中郭君之碑。

錄文著錄：

《隸釋》17/4b–5a，《新編》1/9/6923下—6924上。

《六藝之一錄》50/28b–29b，《新編》4/4/750下—751上。

《漢魏石刻文學考釋》中冊807—808頁。

碑目題跋著錄：

《隸釋》17/5a–b，《新編》1/9/6924上。

《寶刻叢編》5/21b，《新編》1/24/18153上。

《金石彙目分編》9（2）/57b，《新編》1/28/20982上。

《石刻題跋索引》23頁右，《新編》1/30/22361。

《天下金石志》16/5,《新編》2/2/872 下。

《隸辨》8/9b－10a,《新編》2/17/13079 上—下。

《中州金石目錄》1/6a,《新編》2/20/14688 下。

《佩文齋書畫譜・金石》61/18b 上,《新編》3/2/38 下。

《漢魏六朝志墓金石例》1/8a－b,《新編》3/40/399 下。

《漢魏六朝墓銘纂例》2/11b,《新編》3/40/447 上。

《金石備攷》附錄,《新編》4/1/92 上。

《漢隸字源》92 頁。

《漢魏石刻文字繫年》123 頁。

《漢魏六朝碑刻校注・總目提要》編號 0324。

東漢無年號 060

郭輔碑

東漢（25—220）。《集古錄跋尾》以為漢碑,《金石錄》以字畫驗之,以為魏晉間人刻,《隸釋》以為魏刻,暫從東漢。在襄州穀城縣界中。文隸書, 11 行, 足行 30 字。隸書額題：郭先生之碑。

圖版著錄：

《隸續》5/16b,《新編》1/10/7118 下。（碑額）

（民國）《湖北通志・金石志》2/26b－27b,《新編》1/16/11963 下—11964 上。（碑額及殘字）

錄文著錄：

《隸釋》12/13b－14a,《新編》1/9/6891 上—下。

（民國）《湖北通志・金石志》2/27b－28a,《新編》1/16/11964 上—下。

（嘉慶）《湖北通志・金石一》88/11a－b,《新編》3/13/8 上。

（光緒）《襄陽府治・金石》18/4b－5a,《新編》3/13/392 下—393 上。

《碑版廣例》5/20b－21a,《新編》3/40/300 上—下。

《六藝之一錄》51/21a－22a,《新編》4/4/763 上—下。

《全後漢文》106/5b,《全文》1 冊 1044 上。

《漢魏石刻文學考釋》中冊 795—796 頁。

碑目題跋著錄：

《隸釋》12/14a–b，《新編》1/9/6891 下。

《隸釋》20/24b 引《水經注》，《新編》1/9/6958 下。

《隸釋》21/4b–5a 引《集古錄》，《新編》1/9/6964 下—6965 上。

《隸釋》23/2b 引《集古錄目》，《新編》1/9/6990 下。

《隸釋》27/8a 引《天下碑錄》，《新編》1/9/7039 下。

《隸釋刊誤》59b，《新編》1/9/7074 上。

《金石錄》2/3b、19/9a–b，《新編》1/12/8807 上、8915 上。

《集古錄跋尾》2/2a–b，《新編》1/24/17844 下。

《集古錄目》2/7b–8a，《新編》1/24/17954 上—下。

《寶刻叢編》3/3a，《新編》1/24/18115 上。

《輿地碑記目・襄陽府碑記》3/6b，《新編》1/24/18550 下。

《授堂金石三跋・一跋》2/9b–10b，《新編》1/25/19098 上—下。

《金石彙目分編》14/26a，《新編》1/28/21395 下。

《石刻題跋索引》21 頁右，《新編》1/30/22359。

《天下金石志》9/4，《新編》2/2/853 下。

《隸辨》8/14b–15a，《新編》2/17/13081 下—13082 上。

《古今碑帖考》7a，《新編》2/18/13166 上。

《集古錄補目補》卷上/16a–b，《新編》2/20/14517 上。

《佩文齋書畫譜・金石》61/22b 上，《新編》3/2/40 下。

（乾隆）《安吉州志・碑版》15/6a，《新編》3/8/321 上。附《胡府志》。

汪本《隸釋刊誤》59b，《新編》3/37/579 下。

《紅藕齋漢碑彙鈔集跋》，《新編》3/38/515 下—516 上。

《漢石例》1/17a、2/6a、2/32b，《新編》3/40/133 上、146 下、159 下。

《碑版廣例》6/10b，《新編》3/40/306 下。

《漢魏六朝志墓金石例》1/13a，《新編》3/40/402 上。

《漢魏六朝墓銘纂例》2/10b，《新編》3/40/446 下。

《金石備攷・襄陽府》，《新編》4/1/21 下。

《六藝之一錄》51/16a、20a,《新編》4/4/760下、762下。
《墨池篇》6/2a,《新編》4/9/667下。
《水經注碑錄》卷七編號204,《北山金石錄》上冊175—176頁。
《漢隸字源》72—73頁。
《漢魏石刻文學考釋》中冊793、795頁。
《漢魏石刻文字繫年》123頁。
《漢魏六朝碑刻校注‧總目提要》編號0516。

東漢無年號061

丞相陳平碑

東漢(25—220)。在陳留縣北二十里。額題:漢丞相陳平之碑。
碑目題跋著錄:
《中州金石考‧陳留縣》1/7a,《新編》1/18/13672上。
《通志‧金石略》卷上/11a,《新編》1/24/18024下。
《寶刻叢編》1/18b,《新編》1/24/18088下。
《金石彙目分編》9(1)/10b,《新編》1/28/20928下。
《石刻題跋索引》24頁左,《新編》1/30/22362。
《墨華通考》卷7,《新編》2/6/4368上。
《中州金石目錄》1/6a,《新編》2/20/14688下。
《紅藕齋漢碑彙鈔集跋》,《新編》3/38/518下。
《六藝之一錄》52/21a,《新編》4/4/778上。
《漢魏石刻文學考釋》中冊814頁。
《漢魏石刻文字繫年》123頁。
《漢魏六朝碑刻校注‧總目提要》編號0584。
備考:陳平,《漢書》卷四〇有傳。

東漢無年號062

清河相弘農太守張君碑

又名:河相宏農碑、清河相張君墓道。東漢(25—220)。在四川資陽縣。《隸續‧碑式》載:碑長八尺餘,闊三尺餘;1行11字。題云:清河相弘農太守張君墓□。

錄文著錄：

《隸釋》13/5b，《新編》1/9/6896 上。

《碑版廣例》6/3b，《新編》3/40/303 上。

《六藝之一錄》54/13a，《新編》4/5/9 上。

《漢魏石刻文學考釋》上冊 242 頁。

碑目題跋著錄：

《隸釋》13/5b－6a，《新編》1/9/6896 上—下。

《隸續》7/6a，《新編》1/10/7135 下。

《輿地碑記目・資州碑記》4/14a，《新編》1/24/18566 下。

《補寰宇訪碑錄》1/7b，《新編》1/27/20198 上。

《金石彙目分編》16（1）/33a，《新編》1/28/21465 上。

《石刻題跋索引》23 頁右，《新編》1/30/22361。

《天下金石志》16/3，《新編》2/2/871 下。

《隸辨》8/18b，《新編》2/17/13083 下。

《佩文齋書畫譜・金石》61/21a 下，《新編》3/2/40 上。

（嘉慶）《四川通志・輿地志》60/18a，《新編》3/14/527 下。

（光緒）《資州直隸州志・金石志》39/43a，《新編》3/16/50 上。

（咸豐）《資陽縣志・金石考》13/1b，《新編》3/16/77 上。

《蜀碑記》9/3b，《新編》3/16/336 上。

《燕庭金石叢稿》，《新編》3/32/500 下。

《紅藕齋漢碑彙鈔集跋》，《新編》3/38/568 上。

《漢魏六朝墓銘纂例》3/5a，《新編》3/40/452 上。

《金石備攷》附錄，《新編》4/1/91 下。

《漢隸字源》77 頁。

《漢魏石刻文學考釋》上冊 241—242 頁。

《漢魏石刻文字繫年》123 頁。

《漢魏六朝碑刻校注・總目提要》編號 0567。

東漢無年號 063

富春丞張滇（湛）碑

東漢（25—220）。《隸釋》、《字源》皆作滇，又云或作"湛"。在亳州。篆書額題：漢故富春丞張君碑。

錄文著錄：

《隸釋》17/3a－4a，《新編》1/9/6923 上—下。

（民國）《安徽通志稿·金石古物考二》14b－15a，《新編》3/11/72 上—下。

《六藝之一錄》50/27a－b，《新編》4/4/750 上。

《漢魏石刻文學考釋》中冊 806—807 頁。

碑目題跋著錄：

《隸釋》17/4a－b，《新編》1/9/6923 下。

《隸釋刊誤》68b－69a，《新編》1/9/7078 下—7079 上。

《金石錄》2/2a，《新編》1/12/8806 下。

《金石錄補》25/14a，《新編》1/12/9121 下。

《金石錄補續跋》4/14b－15a，《新編》1/12/9164 下—9165 上。

《安徽金石略》8/7a，《新編》1/16/11748 上。

《通志·金石略》卷上/22a，《新編》1/24/18030 上。

《金石彙目分編》5/49b，《新編》1/27/20814 上。

《石刻題跋索引》23 頁右，《新編》1/30/22361。

《天下金石志》16/2，《新編》2/2/871 上。

《隸辨》8/9b，《新編》2/17/13079 上。

《金石錄續跋》50－51，《新編》2/18/13219 下—13220 上。

《佩文齋書畫譜·金石》61/18b 上，《新編》3/2/38 下。

（光緒）《亳州志·藝文志》16/19b－20a，《新編》3/12/165 上—下。

汪本《隸釋刊誤》68b－69a，《新編》3/37/584 上—下。

《漢魏六朝墓銘纂例》2/11b，《新編》3/40/447 上。

《金石備攷》附錄，《新編》4/1/91 上。

《漢隸字源》91—92 頁。

《漢魏石刻文學考釋》中冊 805—806 頁。

《漢魏石刻文字繫年》124 頁。

《漢魏六朝碑刻校注·總目提要》編號 0763。

東漢無年號 064

張良殘碑

蓋東漢（25—220）時所立。在彭城古留城子房廟中。額題：漢故張侯之碑。

碑目題跋著錄：

《金石錄》2/1a、19/2a－b，《新編》1/12/8806 上、8911 下。

《石刻題跋索引》22 頁右，《新編》1/30/22360。

《天下金石志》2/14，《新編》2/2/812 下。

《隸辨》8/56a，《新編》2/17/13102 下。

《佩文齋書畫譜・金石》61/18a 下，《新編》3/2/38 下。

（同治）《徐州府志・碑碣攷》20/4b－5a，《新編》3/6/550 下—551 上。

（民國）《沛縣志・碑碣附》8/6a－b，《新編》3/6/564 上。

《山右訪碑記》1b，《新編》3/30/566 上。

《紅藕齋漢碑彙鈔集跋》，《新編》3/38/469 下—470 上。

《金石備攷・徐州》，《新編》4/1/18 上。

《六藝之一錄》52/3b，《新編》4/4/769 上。

《漢魏石刻文學考釋》中冊 797 頁。

《漢魏石刻文字繫年》124 頁。

《漢魏六朝碑刻校注・總目提要》編號 0536。

備考：張良，《漢書》卷四〇有傳。

東漢無年號 065

故綿竹□丘府君神道雙闕

東漢（25—220）。2001 至 2003 年在重慶市忠縣城西南約 10 公里的長江邊上鄧家沱出土。左闕闕身頂寬 71、厚 25—26、殘高 116 釐米。右闕闕身下部底寬 80、厚 29、殘高 122 釐米；上部頂寬 72、厚 27、殘高 120 釐米。銘刻於闕身的正面和背面，殘存數字，隸書。

論文：

李鋒：《重慶忠縣鄧家沱闕的初步認識》，《文物》2007 年第 1 期。

（圖、文）

孫華：《重慶忠縣鄧家沱闕的幾個問題》，《文物》2008 年第 4 期。

楊曉春：《關於重慶忠縣鄧家沱石闕銘與墓主的推斷》，《中國國家博物館館刊》2013 年第 2 期。（圖、文）

羅二虎：《重慶忠縣鄧家沱漢代石闕再討論》，《四川大學學報》2016 年第 4 期。

東漢無年號 066

張來君碑

東漢（25—220）。在均州。

碑目題跋著錄：

（民國）《湖北通志・金石志》2/36b，《新編》1/16/11968 下。

《輿地碑記目・均州碑記》3/9b，《新編》1/24/18552 上。

《金石彙目分編》14/28a，《新編》1/28/21396 下。

《石刻題跋索引》499 頁左，《新編》1/30/22837。

《漢魏石刻文學考釋》中冊 864 頁。

《漢魏石刻文字繫年》124 頁。

《漢魏六朝碑刻校注・總目提要》編號 0573。

東漢無年號 067

張翼碣

又名：張翼闕。東漢（25—220）。在綿州東四十步。

碑目題跋著錄：

《隸釋》27/10a 引《天下碑錄》，《新編》1/9/7040 下。

《金石彙目分編》16（1）/36b，《新編》1/28/21466 下。

《蜀碑記補》10/49，《新編》2/12/8740 上。

《佩文齋書畫譜・金石》61/20b 下，《新編》3/2/39 下。

（嘉慶）《四川通志・輿地志》60/21b，《新編》3/14/529 上。

（民國）《緜陽縣志・金石》9/1a，《新編》3/15/167 上。

《燕庭金石叢稿》，《新編》3/32/503 下。

《紅藕齋漢碑彙鈔集跋》，《新編》3/38/528 上。

《六藝之一錄》54/18a,《新編》4/5/11 下。

《漢魏石刻文字繫年》124 頁。

《漢魏六朝碑刻校注・總目提要》編號0574。

備考：《三國志》卷四五有《張翼傳》，是否碑主，因未見錄文，待考。

東漢無年號068

貝丘長博陵崔伯言碑

或作"劉伯言碑"。東漢（25—220）。在臨清縣東南十五里貝丘城。

碑目題跋著錄：

《寶刻叢編》6/1b,《新編》1/24/18164 上。

《金石彙目分編》10（3）/20b,《新編》1/28/21188 下。

《石刻題跋索引》24 頁左,《新編》1/30/22362。

《六藝之一錄》51/28b,《新編》4/4/766 下。

《太平寰宇記碑錄》編號94,《北山金石錄》上冊280 頁。

《漢魏石刻文學考釋》中冊824 頁。

《漢魏石刻文字繫年》125 頁。

《漢魏六朝碑刻校注・總目提要》編號0575。

東漢無年號069

博士逢汾神道

又名：博士逢汾墳前石柱碑篆、逢府君墓石柱篆文、趙傅逢君神道。東漢（25—220）。在濰州北海縣東二十里。石柱篆文云：漢故博士趙傅逢府君神道。

碑目題跋著錄：

《金石錄》2/1b、19/3a－b,《新編》1/12/8806 上、8912 上。（節文）

《通志・金石略》卷上/14b,《新編》1/24/18026 上。

《寶刻叢編》1/42a,《新編》1/24/18100 下。

《金石彙目分編》10（3）/66a,《新編》1/28/21211 下。

《石刻題跋索引》22 頁右,《新編》1/30/22360。

《天下金石志》16/2，《新編》2/2/871 上。

（宣統）《山東通志·藝文志》卷 152，《新編》2/12/9376 上。

《佩文齋書畫譜·金石》61/21b 上，《新編》3/2/40 上。

《漢石例》1/24a，《新編》3/40/136 下。

《金石備攷》附錄，《新編》4/1/90 下。

《六藝之一錄》54/16a，《新編》4/5/10 下。

《漢魏石刻文學考釋》上冊 256—257 頁。（節文）

《漢魏石刻文字繫年》125 頁。

《漢魏六朝碑刻校注·總目提要》編號 0576、0775。

備考：《通志·金石略》認為此為逢汾墓前石柱；而《金石錄》卷一九認為，此篆文不載其名，逢汾、逢絲二人皆前後嘗為趙王傅，故難以確定墓主之名；暫從逢汾。

東漢無年號 070

逢君殘碑

東漢（25—220）。在濰州。

碑目題跋著錄：

《金石錄》2/3b，《新編》1/12/8807 上。

《寶刻叢編》1/43a，《新編》1/24/18101 上。

《金石彙目分編》10（3）/66a，《新編》1/28/21211 下。

《石刻題跋索引》24 頁左，《新編》1/30/22362。

（宣統）《山東通志·藝文志》卷 152，《新編》2/12/9376 上。

《隸辨》8/62b，《新編》2/17/13105 下。

《紅藕齋漢碑彙鈔集跋》，《新編》3/38/578 上。

《漢魏石刻文學考釋》中冊 818—819 頁。

《漢魏石刻文字繫年》125 頁。

《漢魏六朝碑刻校注·總目提要》編號 0577。

東漢無年號 071

敏勧碑

又名：敏最碑。東漢（25—220）。在冀州，今佚。

碑目題跋著錄：

《隸釋》27/2b 引《天下碑錄》，《新編》1/9/7036 下。

（光緒）《畿輔通志·金石十四》151/4a，《新編》2/11/8616 下。

《畿輔待訪碑目》卷上/1b，《新編》2/20/14801 上。

《佩文齋書畫譜·金石》61/19b 上，《新編》3/2/39 上。

《六藝之一錄》52/17a，《新編》4/4/776 上。

《漢魏石刻文字繫年》125 頁。

《漢魏六朝碑刻校注·總目提要》編號 0578。

東漢無年號 072

彭府君碑

東漢（25—220）。在中都縣，今佚。

碑目題跋著錄：

《隸釋》27/5a 引《天下碑錄》，《新編》1/9/7038 上。

《金石彙目分編》10（2）/46b，《新編》1/28/21163 下。

《佩文齋書畫譜·金石》61/20a 上，《新編》3/2/39 下。

《六藝之一錄》52/18b，《新編》4/4/776 下。

《漢魏石刻文字繫年》125—126 頁。

《漢魏六朝碑刻校注·總目提要》編號 0579。

東漢無年號 073

陽泊侯墓碑

又名：陽泊侯墓碑、楊侯伯墓碑。東漢（25—220）。在成都府犀城墓北。

碑目題跋著錄：

《隸釋》27/9b 引《天下碑錄》，《新編》1/9/7040 上。

《通志·金石略》卷上/17a，《新編》1/24/18027 下。

《金石彙目分編》16（1）/3b，《新編》1/28/21450 上。

《天下金石志》7/1，《新編》2/2/842 上。

《墨華通考》卷 11，《新編》2/6/4422 上。

《蜀碑記補》1/6，《新編》2/12/8729 上。

《佩文齋書畫譜・金石》61/20b 上，《新編》3/2/39 下。

（嘉慶）《四川通志・輿地志》58/5a，《新編》3/14/475 上。

（嘉慶）《成都縣志・金石》6/33a，《新編》3/14/544 上。

（同治）《重修成都縣志・輿地志》2/6a，《新編》3/14/551 下。

《燕庭金石叢稿》，《新編》3/32/472 下。

《紅藕齋漢碑彙鈔集跋》，《新編》3/38/524 上。

《金石備攷・成都府》，《新編》4/1/73 上。

《六藝之一錄》52/20b，《新編》4/4/777 下。

《漢魏石刻文字繫年》126、127 頁。

《漢魏六朝碑刻校注・總目提要》編號 0580、0591。

東漢無年號 074

筑陽侯相景豹碑

東漢（25—220）。在襄陽府穀城縣西一里。

碑目題跋著錄：

《隸釋》27/8a 引《天下碑錄》，《新編》1/9/7039 下。

（民國）《湖北通志・金石志》2/34b，《新編》1/16/11967 下。

《通志・金石略》卷上/15b，《新編》1/24/18026 下。

《寶刻叢編》3/2a，《新編》1/24/18114 下。

《金石彙目分編》14/26a，《新編》1/28/21395 下。

《石刻題跋索引》24 頁左，《新編》1/30/22362。

《墨華通考》卷 6，《新編》2/6/4355 下。

《佩文齋書畫譜・金石》61/20a 上，《新編》3/2/39 下。

（嘉慶）《湖北通志・金石一》88/15b，《新編》3/12/10 上。

（光緒）《襄陽府治・金石》18/7a，《新編》3/13/394 上。

《六藝之一錄》52/19b，《新編》4/4/777 上。

《漢魏石刻文學考釋》中冊 820—821 頁。

《漢魏石刻文字繫年》126 頁。

《漢魏六朝碑刻校注・總目提要》編號 0581。

東漢無年號 075

督郵班（班）碑

東漢（25—220）。《漢隸字源》云，在徐州。文 14 行。

錄文著錄：

《隸釋》12/9a–b,《新編》1/9/6889 上。

《漢碑錄文》4/38a–39a,《新編》2/8/6211 下—6212 上。

《濟州金石志》2/50a–b,《新編》2/13/9489 下。

《六藝之一錄》50/19b–20b,《新編》4/4/746 上—下。

《漢魏石刻文學考釋》中冊 860—861 頁。

碑目題跋著錄：

《隸釋》12/9b–10a,《新編》1/9/6889 上—下。

《隸釋刊誤》59a,《新編》1/9/7074 上。

《金石錄》2/3b,《新編》1/12/8807 上。

《石刻題跋索引》498 頁左,《新編》1/30/22836。

《漢碑錄文》4/39a,《新編》2/8/6212 上。

（宣統）《山東通志·藝文志》卷 152,《新編》2/12/9368 下。

《濟州金石志》2/51a,《新編》2/13/9490 上。

《隸辨》8/7b,《新編》2/17/13078 上。

《佩文齋書畫譜·金石》61/18b 上,《新編》3/2/38 下。

汪本《隸釋刊誤》59a,《新編》3/37/579 下。

《漢石例》1/32b,《新編》3/40/140 下。

《漢魏六朝志墓金石例》1/12b–13a,《新編》3/40/401 下—402 上。

《漢魏六朝墓銘纂例》2/10a,《新編》3/40/446 下。

《漢隸字源》70 頁。

《漢魏石刻文字繫年》126 頁。

《漢魏六朝碑刻校注·總目提要》編號 0595。

東漢無年號 076

陳留太守程封碑

東漢（25—220）。在開封府封丘縣東二里墓下。

碑目題跋著錄：

《隸釋》27/1a 引《天下碑錄》，《新編》1/9/7036 上。

《中州金石考》1/11a，《新編》1/18/13674 上。

《通志・金石略》卷上/10b，《新編》1/24/18024 上。

《寶刻叢編》1/19b，《新編》1/24/18089 上。

《金石彙目分編》9（2）/36b，《新編》1/28/20971 下。

《石刻題跋索引》24 頁左，《新編》1/30/22362。

《天下金石志》5/2，《新編》2/2/823 下。

《墨華通考》卷 7，《新編》2/6/4368 上。

《河朔訪古隨筆》卷下/17a，《新編》2/12/8883 上。

《河朔金石待訪目》12b，《新編》2/12/9018 下。

《碑藪》，《新編》2/16/11826 下。

《中州金石目錄》1/6b，《新編》2/20/14688 下。

《佩文齋書畫譜・金石》61/19b 下，《新編》3/2/39 上。

《寒山堂金石林時地攷》卷上/20a，《新編》3/34/499 下。

《金石備攷・開封府》，《新編》4/1/55 下。

《六藝之一錄》52/18a，《新編》4/4/776 下。

《漢魏石刻文學考釋》中冊 816 頁。

《漢魏石刻文字繫年》126 頁。

《漢魏六朝碑刻校注・總目提要》編號 0583。

東漢無年號 077

趙相雍勸闕碑

東漢（25—220）。在梓潼縣東二里墓前。《隸續》卷七《碑式》：其文一面五行，一面三行，行二十三字。又有闕銘，隸書題云：漢故趙國相雝府君之闕。

錄文著錄：

《隸釋》12/12a–b，《新編》1/9/6890 下。

《碑版廣例》2/23b–24a，《新編》3/40/257 上—下。

《六藝之一錄》50/23b–24a，《新編》4/4/748 上—下。

《全後漢文》106/5a，《全文》1 冊 1044 上。

《漢魏石刻文學考釋》233—234 頁。

碑目題跋著錄：

《隸釋》12/12b – 13b，《新編》1/9/6890 下—6891 上。

《隸釋》27/10b 引《天下碑錄》，《新編》1/9/7040 下。

《隸釋刊誤》59b，《新編》1/9/7074 上。

《隸續》7/10b，《新編》1/10/7137 下。

《金石錄》2/1b、19/3a，《新編》1/12/8806 上、8912 上。

《金石錄補》25/13b，《新編》1/12/9121 上。

《通志·金石略》卷上/17b，《新編》1/24/18027 下。

《輿地碑記目·隆慶府碑記》4/31a，《新編》1/24/18575 上。

《金石彙目分編》16（1）/41a，《新編》1/28/21469 上。

《石刻題跋索引》22 頁右，《新編》1/30/22360。

《天下金石志》7/4，《新編》2/2/843 下。

《墨華通考》卷 11，《新編》2/6/4426 上、4433 上。

《蜀碑記補》10/51，《新編》2/12/8740 下。

《隸辨》8/14a，《新編》2/17/13081 下。

《佩文齋書畫譜·金石》61/22a 下，《新編》3/2/40 下。

（嘉慶）《四川通志·輿地志》60/23b，《新編》3/14/530 上。

《蜀碑記》10/1b，《新編》3/16/338 上。

《燕庭金石叢稿》，《新編》3/32/508 下。

《寒山堂金石林時地攷》卷下/17a，《新編》3/34/510 上。

汪本《隸釋刊誤》59b，《新編》3/37/579 下。

《紅藕齋漢碑彙鈔集跋》，《新編》3/38/528 下。

《漢石例》1/24a，《新編》3/40/136 下。

《碑版廣例》2/24a、6/2a、6/3b – 4a，《新編》3/40/257 下、302 下、303 上—下。

《漢魏六朝墓銘纂例》3/1b – 2a，《新編》3/40/450 上—下。

《金石備攷·保寧府》，《新編》4/1/74 下。

《古今書刻》下編/39b，《新編》4/1/154 上。

《漢隸字源》72 頁。

《漢魏石刻文學考釋》上冊 232—233 頁。

《漢魏石刻文字繫年》126 頁。

《漢魏六朝碑刻校注·總目提要》編號 0564。

東漢無年號 078

賈敏碑

東漢（25—220）。在冀州棗强縣東北三十里。

碑目題跋著錄：

《隸釋》27/3a 引《天下碑錄》，《新編》1/9/7037 上。

《通志·金石略》卷上/11b，《新編》1/24/18024 下。

《寶刻叢編》6/11a，《新編》1/24/18169 上。

《金石彙目分編》3（2）/36b，《新編》1/27/20710 下。

《石刻題跋索引》24 頁左，《新編》1/30/22362。

《天下金石志》1/7，《新編》2/2/804 下。

《墨華通考》1/12a、13b，《新編》2/6/4296 下、4297 上。

（光緒）《畿輔通志·金石十四》151/18a，《新編》2/11/8623 下。

《京畿金石考》卷下/14a，《新編》2/12/8774 下。

《碑藪》，《新編》2/16/11835 上。

《畿輔待訪碑目》卷上/1b，《新編》2/20/14801 上。

《佩文齋書畫譜·金石》61/19b 上，《新編》3/2/39 上。

《寒山堂金石林時地攷》卷上/1b，《新編》3/34/490 上。

《金石備攷·真定府》，《新編》4/1/8 下。

《古今書刻》下編/3a，《新編》4/1/136 上。

《六藝之一錄》52/17a，《新編》4/4/776 上。

《漢魏石刻文學考釋》中冊 825—826 頁。

《漢魏石刻文字繫年》126 頁。

《漢魏六朝碑刻校注·總目提要》編號 0571。

備考：《後漢書》卷一七《賈復傳》有賈敏，賈復之孫，因未見錄文，是否碑主，待考。

東漢無年號 079

永樂少府賈君闕

東漢（25—220）。在蔡州。篆書題云：漢故永樂少府將作賈君之闕。

碑目題跋著錄：

《金石錄》2/1b、19/3b–4a，《新編》1/12/8806 上、8912 上—下。

《集古錄跋尾》2/7b，《新編》1/24/17847 上。

《集古錄目》2/8b，《新編》1/24/17954 下。

《通志·金石略》卷上/22a，《新編》1/24/18030 上。

《寶刻叢編》5/29a，《新編》1/24/18157 上。

《授堂金石三跋·一跋》2/7b–8b，《新編》1/25/19097 上—下。

《金石彙目分編》9（4）/72a，《新編》1/28/21071 下。

《石刻題跋索引》22 頁左，《新編》1/30/22360。

《天下金石志》16/2，《新編》2/2/871 上。

《集古錄補目補》卷上/14b，《新編》2/20/14516 上。

《中州金石目錄》1/2b、8a，《新編》2/20/14686 下、14689 下。

《佩文齋書畫譜·金石》61/20b 下，《新編》3/2/39 下。

《金石備攷》附錄，《新編》4/1/90 下。

《六藝之一錄》54/5b，《新編》4/5/5 上。

《漢魏石刻文學考釋》上冊 231—232 頁。

《漢魏石刻文字繫年》127 頁。

《漢魏六朝碑刻校注·總目提要》編號 0590。

備考：《六藝之一錄》誤作"費君"。

東漢無年號 080

犍為太守楊洪碑

東漢（25—220）。在彭山縣北小板橋。

碑目題跋著錄：

《輿地碑記目·眉州碑記》4/4b，《新編》1/24/18561 下。

《金石彙目分編》16（2）/48a，《新編》1/28/21506 下。

《墨華通考》卷 11，《新編》2/6/4437 下。

《佩文齋書畫譜·金石》61/19a 上，《新編》3/2/39 上。

（嘉慶）《四川通志·輿地志》60/2b，《新編》3/14/519 下。

《蜀碑記》7/4a，《新編》3/16/332 下。

《燕庭金石叢稿》，《新編》3/32/572 下。

《六藝之一錄》52/21b，《新編》4/4/778 上。

《漢魏石刻文字繫年》127 頁。

《漢魏六朝碑刻校注·總目提要》編號0592。

備考：楊洪，《三國志》卷四一有傳，"犍為武陽人"，官至蜀郡太守，未曾任官犍為太守，可能有誤。從史傳來看，當為三國時期人物。

東漢無年號081

西平令楊期碑

東漢（25—220）。碑在尉氏縣三亭鄉楊方村墓南二十步。

碑目題跋著錄：

《隸釋》27/1b 引《天下碑錄》，《新編》1/9/7036 上。

《中州金石考》1/8a–b，《新編》1/18/13672 下。

《通志·金石略》卷上/11a，《新編》1/24/18024 下。

《寶刻叢編》1/17b，《新編》1/24/18088 上。

《金石彙目分編》9（1）/12b，《新編》1/28/20929 下。

《石刻題跋索引》24 頁左，《新編》1/30/22362。

《天下金石志》5/1，《新編》2/2/823 上。

《墨華通考》卷7，《新編》2/6/4368 上、4369 上。

《碑藪》，《新編》2/16/11827 下。

《中州金石目錄》1/6b，《新編》2/20/14688 下。

《佩文齋書畫譜·金石》61/19a 下，《新編》3/2/39 上。

《寒山堂金石林時地攷》卷上/20a，《新編》3/34/499 下。

《紅藕齋漢碑彙鈔集跋》，《新編》3/38/519 上。

《金石備攷·開封府》，《新編》4/1/55 下。

《古今書刻》下編/26a，《新編》4/1/147 下。

《六藝之一錄》52/16a，《新編》4/4/775 下。

《漢魏石刻文學考釋》中冊 812—813 頁。

《漢魏石刻文字繫年》127 頁。

《漢魏六朝碑刻校注·總目提要》編號 0593。

東漢無年號 082

征西大將軍楊瑾殘碑

又作"楊僅"。東漢（25—220）。碑在尉氏縣三亭鄉路中。文隸書，6 行，共 12 字。

圖版著錄：

《望堂金石初集》，《新編》2/4/2891 下—2892 下。

錄文著錄：

《金石存》9/22a，《新編》1/9/6686 下。

（道光）《尉氏縣志·藝文志》20/83b，《新編》3/28/177 上。

《漢魏石刻文學考釋》中冊 814 頁。

碑目題跋著錄：

《金石存》9/22a，《新編》1/9/6686 下。

《隸釋》27/1b 引《天下碑錄》，《新編》1/9/7036 上。

《中州金石考》1/8b，《新編》1/18/13672 下。

《通志·金石略》卷上/11a，《新編》1/24/18024 下。

《寶刻叢編》1/17b，《新編》1/24/18088 上。

《金石彙目分編》9（1）/13a，《新編》1/28/20930 上。

《石刻題跋索引》24 頁左，《新編》1/30/22362。

《天下金石志》5/1，《新編》2/2/823 上。

《墨華通考》卷 7，《新編》2/6/4368 上、4369 上。

《碑藪》，《新編》2/16/11827 下。

《中州金石目錄》1/6b，《新編》2/20/14688 下。

《佩文齋書畫譜·金石》61/19a 下，《新編》3/2/39 上。

（道光）《尉氏縣志·藝文志》20/83b – 84a，《新編》3/28/177 上—下。

《紅藕齋漢碑彙鈔集跋》，《新編》3/38/537 上。

《金石備攷·開封府》，《新編》4/1/55 下。

《古今書刻》下編/26a，《新編》4/1/147 下。

《六藝之一錄》52/16b，《新編》4/4/775 下。

《善本碑帖錄》1/39。

《漢魏石刻文學考釋》中冊 813—814 頁。

《漢魏石刻文字繫年》127 頁。

《漢魏六朝碑刻校注·總目提要》編號 0594、0790。

淑德大學《中國石刻拓本目錄》"碑碣等刻石"編號 247。

東漢無年號 083

侍中楊文父神道

別稱：侍中楊文甫神道。東漢（25—220）。

錄文著錄：

《隸續》20/7b，《新編》1/10/7198 上。

《漢魏石刻文學考釋》上冊 245 頁。

碑目題跋著錄：

《隸續》20/7b，《新編》1/10/7198 上。

《寶刻叢編》20/12a，《新編》1/24/18378 下。

《石刻題跋索引》23 頁右，《新編》1/30/22361。

《蜀碑記補》10/52-53，《新編》2/12/8740 下—8741 上。

《隸辨》8/22a，《新編》2/17/13085 下。

《佩文齋書畫譜·金石》61/21b 上，《新編》3/2/40 上。

《紅藕齋漢碑彙鈔集跋》，《新編》3/38/528 下—529 上、570 上。

《漢魏六朝墓銘纂例》3/4b，《新編》3/40/451 下。

《六藝之一錄》54/15a，《新編》4/5/10 上。

《漢隸字源》147 頁。

《漢魏石刻文學考釋》上冊 245 頁。

《漢魏石刻文字繫年》127—128 頁。

《漢魏六朝碑刻校注·總目提要》編號 0559。

備考：諸書皆沒有時間記載，唯《紅藕齋漢碑彙鈔集跋》云"永初七年",不知何據？

東漢無年號 084
益州太守楊宗闕

又名：楊氏墓道。東漢（25—220）。石存，今在四川省夾江縣城東南十公里甘露鄉雙碑村。闕高 507、寬 133 釐米。2 行，行 8 字，隸書。

圖版著錄：

《金石苑》卷1，《新編》1/9/6271 上—6277 上。

《二銘草堂金石聚》12/55b - 64b，《新編》2/3/2174 上—2178 下。

《北京圖書館藏中國歷代石刻拓本匯編》1 冊 215 頁。

《四川歷代碑刻》49 頁。

《漢碑全集》6 冊 2043—2044 頁。

錄文著錄：

《八瓊室金石補正》7/9b - 10a，《新編》1/6/4112 上—下。

《金石苑》卷1，《新編》1/9/6270 下。

《隸釋》13/5b，《新編》1/9/6896 上。

《函青閣金石記》4/15b，《新編》2/6/5053 下。

《碑版廣例》6/3b，《新編》3/40/303 上。

《六藝之一錄》54/12b - 13a，《新編》4/5/8 下—9 上。

《四川歷代碑刻》50 頁。

《漢魏石刻文學考釋》上冊 236 頁。

《漢碑全集》6 冊 2044 頁。

碑目題跋著錄：

《八瓊室金石補正》7/10b - 11a，《新編》1/6/4112 下—4113 上。

《金石苑》卷1，《新編》1/9/6277 下。

《隸釋》13/5b，《新編》1/9/6896 上。

《金石錄》2/2a、19/5b，《新編》1/12/8806 下、8913 上。

《金石錄補》5/7b，《新編》1/12/9014 上。

《通志・金石略》卷上/22b，《新編》1/24/18030 上。

《輿地碑記目・嘉定府碑記》4/6a，《新編》1/24/18562 下。

《藝風堂金石文字目》1/15a，《新編》1/26/19530 上。
《補寰宇訪碑錄》1/7a，《新編》1/27/20198 上。
《補寰宇訪碑錄校勘記》1/2b，《新編》1/27/20286 下。
《續補寰宇訪碑錄》1/9a，《新編》1/27/20307 上。
《金石彙目分編》16（2）/54b、55b，《新編》1/28/21509 下、21510 上。
《石刻題跋索引》22 頁右，《新編》1/30/22360。
《續語堂碑錄》，《新編》2/1/71 上。
《天下金石志》7/8，《新編》2/2/845 下。
《石刻名彙》1/2a，《新編》2/2/1025 下。
《二銘草堂金石聚》12/65a，《新編》2/3/2179 上。
《崇雅堂碑錄補》1/2b，《新編》2/6/4551 下。
《墨華通考》卷 11，《新編》2/6/4439 上、下。
《函青閣金石記》4/15b－16b，《新編》2/6/5053 下—5054 上。
《蜀碑記補》7/42，《新編》2/12/8738 上。
《語石》2/16b、5/22a，《新編》2/16/11883 下、11949 下。
《隸辨》8/18b，《新編》2/17/13083 下。
《金石苑目》"夾江"，《新編》2/20/14649 上。
《寰宇貞石圖目錄》卷上/3b，《新編》2/20/14672 下。
《蒿里遺文目錄》6/1b，《新編》2/20/14994 上。
《佩文齋書畫譜·金石》61/21a 下，《新編》3/2/40 上。
（嘉慶）《四川通志·輿地志》59/27a，《新編》3/14/509 上。
《蜀碑記》7/2a、辨偽考異 1/1a，《新編》3/16/331 下、340 上。
《燕庭金石叢稿》，《新編》3/32/579 下。
《寒山堂金石林時地攷》卷下/17a，《新編》3/34/510 上。
《石目》，《新編》3/36/63 下。
《漢石存目》卷上/8a，《新編》3/37/524 下。
《紅藕齋漢碑彙鈔集跋》，《新編》3/38/528 上、566 下。
《中國金石學講義·正編》11b，《新編》3/39/140。
《漢石例》1/24a，《新編》3/40/136 下。

《漢魏六朝墓銘纂例》3/5a，《新編》3/40/452 上。
《金石備攷·嘉定州》，《新編》4/1/77 上。
《古今書刻》下編/42a，《新編》4/1/155 下。
《激素飛清閣平碑記》卷 1，《新編》4/1/199 上。
《六藝之一錄》54/6b，《新編》4/5/5 下。
《漢隸字源》76—77 頁。
《北山集古錄》卷一，《北山金石錄》上冊 376 頁。
《增補校碑隨筆》（修訂本）103 頁。
《漢魏石刻文學考釋》上冊 234—236 頁。
《漢魏石刻文字繫年》128 頁。
《漢魏六朝碑刻校注·總目提要》編號 0565。
淑德大學《中國石刻拓本目錄》"碑碣等刻石" 編號 269。

論文：

陳明達：《漢代的石闕》，《文物》1961 年第 12 期。
趙漢成：《夾江雙楊府君闕釋疑》，《四川文物》1987 年第 4 期。

東漢無年號 085

楊暢闕

又名：故中宮令楊暢墓道。東漢（25—220）。在嘉州夾江縣東南古賢鄉。題云：漢故中書令楊府君諱暢字仲普墓道。

錄文著錄：

《四川歷代碑刻》50 頁。

碑目題跋著錄：

《隸釋》27/10a 引《天下碑錄》，《新編》1/9/7040 下。
《金石錄補》5/7b，《新編》1/12/9014 上。
《通志·金石略》卷上/17a，《新編》1/24/18027 下。
《金石彙目分編》16（2）/55b，《新編》1/28/21510 上。
《天下金石志》7/8，《新編》2/2/845 下。
《石刻名彙》1/2a，《新編》2/2/1025 下。
《墨華通考》卷 11，《新編》2/6/4439 上、下。

《蜀碑記補》7/42,《新編》2/12/8738 上。

《佩文齋書畫譜‧金石》61/20a 下,《新編》3/2/39 下。

(嘉慶)《四川通志‧輿地志》59/27a,《新編》3/14/509 上。

《蜀碑記》7/2a、辨偽考異 1/1a,《新編》3/16/331 下、340 上。

《燕庭金石叢稿》,《新編》3/32/579 下

《寒山堂金石林時地攷》卷下/17a,《新編》3/34/510 上。

《紅藕齋漢碑彙鈔集跋》,《新編》3/38/528 上。

《金石備攷‧嘉定州》,《新編》4/1/77 上。

《古今書刻》下編/42a,《新編》4/1/155 下。

《六藝之一錄》54/18a,《新編》4/5/11 下。

《北山集古錄》卷一,《北山金石錄》上冊 376 頁。

《漢魏石刻文字繫年》128 頁。

《漢魏六朝碑刻校注‧總目提要》編號 0558。

論文:

陳明達:《漢代的石闕》,《文物》1961 年第 12 期。

趙漢成:《夾江雙楊府君闕釋疑》,《四川文物》1987 年第 4 期。

東漢無年號 086

都尉楊君銘并陰

又名:碑陰議郎孝廉等題名。東漢(25—220)。清道光五年首次發現於四川省榮經縣,1942 年重出土於蘆山縣蘆陽鎮南街漢姜侯祠內平襄樓前,石存蘆山縣東漢石刻館。斷碑,存上截,連額一段,拓本高三尺,廣三尺五寸。碑陰存上列 21,行存 1、2、3 字不等,隸書。額存五字:□尉楊君之銘。

圖版著錄:

《二銘草堂金石聚》12/35a–37b,《新編》2/3/2164 上—2165 上。

《古石抱守錄》,《新編》3/1/193–194。

錄文著錄:

《雪堂所藏金石文字簿錄》45a–b,《新編》4/7/392 上。

《增補校碑隨筆》(修訂本)88 頁。

《漢魏石刻文學考釋》中冊987頁。

碑目題跋著錄：

《藝風堂金石文字目》1/14b – 15a，《新編》1/26/19529下—19530上。

《續補寰宇訪碑錄》1/5b，《新編》1/27/20305上。

《金石彙目分編》16（補遺）/33b，《新編》1/28/21533上。

《石刻題跋索引》27頁右，《新編》1/30/22365。

《二銘草堂金石聚》12/37b – 38a，《新編》2/3/2165上—下。

《蒿里遺文目錄》1上/2a，《新編》2/20/14938上。

《漢石存目》卷上/7b，《新編》3/37/524上。

《中國金石學講義·正編》11b，《新編》3/39/140。

《六藝之一錄》52/4b，《新編》4/4/769下。

《石交錄》1/14b – 15a，《新編》4/6/436下—437上。

《碑帖鑒定》79頁。

《善本碑帖錄》1/35。

《漢魏石刻文字繫年》128頁。

《漢魏六朝碑刻校注·總目提要》編號0582、0698。

論文：

陶鳴寬、曹恒鈞：《蘆山縣的東漢石刻》，《文物參考資料》1957年第10期。

李軍：《蘆山的東漢石刻》，《四川文物》1994年第6期。

東漢無年號087

楊子興崖墓題記

東漢（25—220）。1940年發現於四川省雙流縣華陽半邊街崖墓內，石已毀。高41、寬38釐米。文篆書，3行，行3字。題云：藍田令楊子興所處穴。

著錄：

《四川歷代碑刻》38頁。（圖、文）

《漢碑全集》6冊2105—2106頁。（圖、文）

《漢魏石刻文字繫年》128—129 頁。（文）

東漢無年號 088

趙菿殘碑

東漢（25—220）刻。1937 年春於河南南陽城東李相公莊出土，現存南陽市博物館。現存碑首及碑身上部，高 85、寬 79、厚 19 釐米。文隸書，殘存碑首及碑身上半部，存 17 行，行多者 7 字，少者 4 字，共 92 字。篆書額題：漢故郎中趙君之碑。

著錄：

《北京圖書館藏中國歷代石刻拓本匯編》1 冊 199 頁。（圖）

《漢碑全集》6 冊 2013—2019 頁。（圖、文）

《漢魏石刻文學考釋》上冊 444—445 頁。（文、跋）

《碑帖鑒定》77 頁。（跋）

《碑帖敘錄》213 頁。（跋）

《漢魏石刻文字繫年》129 頁。（目）

《漢魏六朝碑刻校注·總目提要》編號 0550。（目）

論文：

河南省文化局文物工作隊：《河南現存的漢碑》，《文物》1964 年第 5 期。

馬寶山：《漢〈趙菿殘碑〉及〈張景殘碑〉的發現》，《碑林集刊》第 6 輯，2000 年。

郭靖：《南陽市博物館藏三通漢碑》，《中原文物》2015 年第 4 期。

東漢無年號 089

董襲碑

東漢（25—220）。在開封縣東北八里墓前，今佚。

碑目題跋著錄：

《隸釋》27/1b 引《天下碑錄》，《新編》1/9/7036 上。

《中州金石考》1/1a，《新編》1/18/13669 上。

《通志·金石略》卷上/11a，《新編》1/24/18024 下。

《寶刻叢編》1/17a，《新編》1/24/18088 上。

《金石彙目分編》9（1）/6b，《新編》1/28/20926 下。

《石刻題跋索引》24 頁左，《新編》1/30/22362。

《天下金石志》5/1，《新編》2/2/823 上。

《墨華通考》卷7，《新編》2/6/4368 上。

《碑藪》，《新編》2/16/11826 下。

《中州金石目錄》1/6a，《新編》2/20/14688 下。

《佩文齋書畫譜·金石》61/19a 下，《新編》3/2/39 上。

（光緒）《祥符縣志·金石志》22/2b，《新編》3/28/161 下。

《寒山堂金石林時地攷》卷上/20a，《新編》3/34/499 下。

《紅藕齋漢碑彙鈔集跋》，《新編》3/38/530 上。

《金石備攷·開封府》，《新編》4/1/55 上。

《六藝之一錄》52/16b，《新編》4/4/775 下。

《漢魏石刻文學考釋》中冊 812 頁。

《漢魏石刻文字繫年》129 頁。

《漢魏六朝碑刻校注·總目提要》編號 0764。

東漢無年號 090

不其令董恢闕

又名：不其令童君闕、董恢神道。東漢（25—220）。在任城縣南七里，隸書題云：漢故不其令董君闕。

圖版著錄：

《隸續》5/27a – b，《新編》1/10/7124 上。

《金石索》石索二，下冊 1253 頁。

錄文著錄：

《隸釋》13/6a – b，《新編》1/9/6896 下。

（宣統）《山東通志·藝文志》卷150，《新編》2/12/9267 上。

《濟州金石志》2/52a，《新編》2/13/9490 下。

《碑版廣例》6/2a，《新編》3/40/302 下。

《六藝之一錄》54/8a，《新編》4/5/6 下。

《漢魏石刻文學考釋》上冊 226 頁。

碑目題跋著錄：

《隸釋》13/6b－7a，《新編》1/9/6896 下—6897 上。

《隸釋》27/7a 引《天下碑錄》，《新編》1/9/7039 上。

《隸釋刊誤》61b，《新編》1/9/7075 上。

《隸續》5/28a，《新編》1/10/7124 下。

《金石錄》2/2b，《新編》1/12/8806 下。

《金石錄補》6/6a－7a、25/16b，《新編》1/12/9017 下—9018 上、9122 下。

《通志・金石略》卷上/15a，《新編》1/24/18026 下。

《金石彙目分編》10（2）/55a，《新編》1/28/21168 上。

《石刻題跋索引》3 頁左，《新編》1/30/22341。

《天下金石志》16/3、5，《新編》2/2/871 下、872 下。

《石刻名彙》1/2b，《新編》2/2/1025 下。

（宣統）《山東通志・藝文志》卷150，《新編》2/12/9267 上—下。

《濟州金石志》2/53a，《新編》2/13/9491 上。

《隸辨》8/19a－b，《新編》2/17/13084 上。

《山左碑目》4/30b，《新編》2/20/14878 下。

《佩文齋書畫譜・金石》61/15b 下，《新編》3/2/37 上。

汪本《隸釋刊誤》61b，《新編》3/37/580 下。

《紅藕齋漢碑彙鈔集跋》，《新編》3/38/566 下。

《碑版廣例》6/2a，《新編》3/40/302 下。

《漢魏六朝墓銘纂例》3/2b，《新編》3/40/450 下。

《金石備攷》附錄，《新編》4/1/91 下。

《漢隸字源》77 頁。

《漢魏石刻文學考釋》上冊 225—226 頁。

《漢魏石刻文字繫年》129—130 頁。

《漢魏六朝碑刻校注・總目提要》編號 0553、0563。

備考：《石刻題跋索引》引《隸釋》云"永寧二年三月"，但檢《隸釋》，無此年月著錄，可能誤將"董蒲闕"的年月著錄為"董恢闕"。《三國志》卷三九《董允傳》"凡此類也"條注有董恢傳，是否碑主，待考。

東漢無年號 091

御史大夫鄭宮碑

又名：御史大夫鄭君碑。東漢（25—220）。在龔丘縣墓下。

碑目題跋著錄：

《隸釋》27/5b 引《天下碑錄》，《新編》1/9/7038 上。

《通志·金石略》卷上/13b，《新編》1/24/18025 下。

《寶刻叢編》2/17a，《新編》1/24/18113 上。

《金石彙目分編》10（2）/23b，《新編》1/28/21152 上。

《石刻題跋索引》24 頁左，《新編》1/30/22362。

（宣統）《山東通志·藝文志》卷 152，《新編》2/12/9353 下。

《佩文齋書畫譜·金石》61/20a 上，《新編》3/2/39 下。

《六藝之一錄》52/19a，《新編》4/4/777 上。

《漢魏石刻文學考釋》中冊 819—820 頁。

《漢魏石刻文字繫年》130 頁。

《漢魏六朝碑刻校注·總目提要》編號 0554。

東漢無年號 092

太守樊演碑

東漢（25—220）。在河中府臨晉縣內墓前。

碑目題跋著錄：

《隸釋》27/3b 引《天下碑錄》，《新編》1/9/7037 上。

《金石彙目分編》11/37a，《新編》1/28/21246 上。

《佩文齋書畫譜·金石》61/19b 上，《新編》3/2/39 上。

（光緒）《山西通志·金石記二》90/9a，《新編》3/30/336 上。

（民國）《臨晉縣志·金石記》13/3b，《新編》3/31/386 上。

《六藝之一錄》52/17b，《新編》4/4/776 上。

《漢魏石刻文字繫年》130 頁。

《漢魏六朝碑刻校注·總目提要》編號 0555。

備考：《後漢書》卷八六《南蠻西南夷傳》有"交阯刺史樊演"，是否碑主，待考。

東漢無年號 093

平陽侯相蔡昭碑

東漢（25—220）。在隨州光化縣墓前。

碑目題跋著錄：

《隸釋》27/8b 引《天下碑錄》，《新編》1/9/7039 下。

（民國）《湖北通志·金石志》2/35a，《新編》1/16/11968 上。

《通志·金石略》卷上/16a，《新編》1/24/18027 上。

《金石彙目分編》9（4）766、14/27a，《新編》1/28/21073 下、21396 上。

《石刻題跋索引》25 頁左，《新編》1/30/22363。

《墨華通考》卷 6，《新編》2/6/4357 下

《佩文齋書畫譜·金石》61/20a 下，《新編》3/2/39 下。

（嘉慶）《湖北通志·金石一》88/17a，《新編》3/12/11 上。

（光緒）《德安府志·地理下金石附》3/37a，《新編》3/13/375 下。

《六藝之一錄》51/7a、52/20a，《新編》4/4/756 上、777 下。

《水經注碑錄》卷五編號 135，《北山金石錄》上冊 119 頁。

《漢魏石刻文學考釋》中冊 854 頁。

《漢魏石刻文字繫年》130 頁。

《漢魏六朝碑刻校注·總目提要》編號 0556。

備考：施蟄存《水經注碑錄》以為，酈道元《水經注》所見《蔡昭碑》，《天下碑錄》和《通志·金石略》都有記載。然《六藝之一錄》依據《水經注》的記載，將《蔡昭碑》的地點置於汝寧府固始縣，一碑遂析為二碑。

東漢無年號 094

劉黨碑

東漢（25—220）。在華陰縣墓下。

碑目題跋著錄：

《隸釋》27/3b 引《天下碑錄》，《新編》1/9/7037 上。

《通志・金石略》卷上/12a，《新編》1/24/18025 上。

《寶刻叢編》10/33b，《新編》1/24/18266 上。

《金石彙目分編》12（2）/27a，《新編》1/28/21349 上。

《石刻題跋索引》24 頁右，《新編》1/30/22362。

《天下金石志》6/21，《新編》2/2/841 上。

《墨華通考》卷 10，《新編》2/6/4411 上。

《碑藪》，《新編》2/16/11824 上。

《佩文齋書畫譜・金石》61/19b 下，《新編》3/2/39 上。

《寒山堂金石林時地攷》卷下/3a，《新編》3/34/503 上。

《西安碑目・延安府》，《新編》3/37/271 上。

《金石備攷・延安府》，《新編》4/1/38 上。

《古今書刻》下編/34b，《新編》4/1/151 下。

《六藝之一錄》52/18a，《新編》4/4/776 下。

《漢魏石刻文學考釋》中冊 831—832 頁。

《漢魏石刻文字繫年》130 頁。

《漢魏六朝碑刻校注・總目提要》編號 0557。

備考：《後漢書》卷五〇有《劉黨傳》，因未見錄文，是否碑主，待考。

東漢無年號 095

劉班碑

東漢（25—220）。碑在澶州縣三十里墓下，一說在衛南縣西墓下。

碑目題跋著錄：

《隸釋》27/3a 引《天下碑錄》，《新編》1/9/7037 上。

《寶刻叢編》6/7b，《新編》1/24/18167 上。

《金石彙目分編》9（2）/34a，《新編》1/28/20970 下。

《石刻題跋索引》24 頁左，《新編》1/30/22362。

《佩文齋書畫譜・金石》61/19b 上，《新編》3/2/39 上。

《六藝之一錄》52/17a，《新編》4/4/776 上。

《漢魏石刻文學考釋》中冊 825 頁。

《漢魏石刻文字繫年》130 頁。

《漢魏六朝碑刻校注·總目提要》編號0570。

東漢無年號 096

征南將軍劉君神道

東漢（25—220）。題云：有漢征南將軍劉君神道。

錄文著錄：

《隸續》2/5b，《新編》1/10/7098 上。

《漢魏石刻文學考釋》上冊 244 頁。

碑目題跋著錄：

《隸續》2/5b–6a，《新編》1/10/7098 上—下。

《寶刻叢編》20/11a，《新編》1/24/18378 上。

《石刻題跋索引》23 頁右，《新編》1/30/22361。

《隸辨》8/20b，《新編》2/17/13084 下。

《佩文齋書畫譜·金石》61/21b 上，《新編》3/2/40 上。

《紅藕齋漢碑彙鈔集跋》，《新編》3/38/573 上。

《漢魏六朝墓銘纂例》3/4b，《新編》3/40/451 下。

《六藝之一錄》54/14b，《新編》4/5/9 下。

《漢隸字源》107 頁。

《漢魏石刻文學考釋》上冊 243—244 頁。

《漢魏石刻文字繫年》130 頁。

《漢魏六朝碑刻校注·總目提要》編號0569。

東漢無年號 097

司徒劉奇碑

東漢（25—220）。在華陰縣。

碑目題跋著錄：

《隸釋》27/3b 引《天下碑錄》，《新編》1/9/7037 上。

《通志·金石略》卷上/12a，《新編》1/24/18025 上。

《寶刻叢編》10/33b，《新編》1/24/18266 上。

《金石彙目分編》12（2）/27a，《新編》1/28/21349 上。

《石刻題跋索引》24 頁右，《新編》1/30/22362。

《天下金石志》6/21，《新編》2/2/841 上。

《墨華通考》卷 10，《新編》2/6/4411 上。

《碑藪》，《新編》2/16/11824 上。

《佩文齋書畫譜・金石》61/19b 上，《新編》3/2/39 上。

《寒山堂金石林時地攷》卷下/3a，《新編》3/34/503 上。

《西安碑目・延安府》，《新編》3/37/271 上。

《金石備攷・延安府》，《新編》4/1/38 上。

《古今書刻》下編/34b，《新編》4/1/151 下。

《六藝之一錄》52/17b，《新編》4/4/776 上。

《漢魏石刻文學考釋》中冊 831 頁。

《漢魏石刻文字繫年》131 頁。

《漢魏六朝碑刻校注・總目提要》編號 0548。

東漢無年號 098

劉熙碑

東漢（25—220）。在徐州蕭縣二十五里。

碑目題跋著錄：

《隸釋》27/5b 引《天下碑錄》，《新編》1/9/7038 上。

《通志・金石略》卷上/13a，《新編》1/24/18025 下。

《天下金石志》2/15，《新編》2/2/813 上。

《墨華通考》卷 2，《新編》2/6/4320 上、4321 上。

《碑藪》，《新編》2/16/11837 上。

《佩文齋書畫譜・金石》61/20a 上，《新編》3/2/39 下。

（同治）《徐州府志・碑碣攷》20/5b–6a，《新編》3/6/551 上—下。

《寒山堂金石林時地攷》卷上/4a，《新編》3/34/491 下。

《金石備攷・徐州》，《新編》4/1/18 上。

《古今書刻》下編/9a，《新編》4/1/139 上。

《六藝之一錄》52/18b，《新編》4/4/776 下。

《漢魏石刻文字繫年》131 頁。

《漢魏六朝碑刻校注·總目提要》編號0560。

備考：《後漢書》卷九有兩劉熙，一琅邪王劉熙，一濟陰王劉熙，未知孰是？

東漢無年號099

青州刺史劉焉碑

東漢（25—220）。在衡州府耒陽縣十五里墓下。《湖南通志·金石志》誤作"荊州刺史"。

碑目題跋著錄：

《隸釋》27/9b引《天下碑錄》，《新編》1/9/7040上。

《通志·金石略》卷上/16b，《新編》1/24/18027上。

《金石彙目分編》15/26a，《新編》1/28/21419下。

《墨華通考》卷6，《新編》2/6/4363下。

（光緒）《湖南通志·金石二》260/6b，《新編》2/11/7752下。附《嘉慶通志》。

《佩文齋書畫譜·金石》61/20b上，《新編》3/2/39下。

《六藝之一錄》52/20b，《新編》4/4/777下。

《漢魏石刻文字繫年》131頁。

備考：《後漢書》卷七五和《三國志》卷三一有《劉焉傳》，然該劉焉為益州牧，是否碑主，待考。

東漢無年號100

光祿勳劉曜殘碑

東漢（25—220）。久佚，清同治九年（1870）重出土於山東東平，移入州學明倫堂下，民國間又佚。拓本高95、寬83釐米。重出者存12行，行1至8字不等，共32字，隸書。有碑陰。篆書額題：漢故光祿勳東平無鹽劉府君之碑。

圖版著錄：

《二銘草堂金石聚》12/11a–13a，《新編》2/3/2152上—2153上。

《北京圖書館藏中國歷代石刻拓本匯編》1冊226頁。

《漢碑全集》6冊2169—2170頁。

《山東石刻分類全集·秦漢碑刻》348 頁。

錄文著錄：

《八瓊室金石補正》7/5a－b，《新編》1/6/4110 上。

《隸釋》11/23a－24a，《新編》1/9/6884 上—下。

《十二硯齋金石過眼錄》2/13a－b，《新編》1/10/7808 上。（節文）

《續語堂碑錄》，《新編》2/1/88 下。

（宣統）《山東通志·藝文志》卷149，《新編》2/12/9213 上。

《六藝之一錄》49/21b－22b，《新編》4/4/730 上—下。

《雪堂所藏金石文字簿錄》45a，《新編》4/7/392 上。

《魯迅輯校石刻手稿·碑銘》上冊 320—321 頁。

《漢魏石刻文學考釋》中冊 792—793 頁。

《漢碑全集》6 冊 2170 頁。

碑目題跋著錄：

《八瓊室金石補正》7/6b－7a，《新編》1/6/4110 下—4111 上。附宋祖駿記。

《隸釋》11/24a，《新編》1/9/6884 下。

《隸釋》21/25b 引《集古錄》，《新編》1/9/6975 上。

《隸釋》23/11b 引《集古錄目》，《新編》1/9/6995 上。

《隸釋》27/5a 引《天下碑錄》，《新編》1/9/7038 上。

《隸釋刊誤》57b，《新編》1/9/7073 上。

《十二硯齋金石過眼錄》2/13b，《新編》1/10/7808 上。

《金石錄》2/1a、18/10b，《新編》1/12/8806 上、8910 下。

《集古錄跋尾》1/23a，《新編》1/24/17843 上。

《集古錄目》2/8a－b，《新編》1/24/17954 下。

《通志·金石略》卷上/13a，《新編》1/24/18025 下。

《藝風堂金石文字目》1/14a，《新編》1/26/19529 下。

《續補寰宇訪碑錄》1/5b，《新編》1/27/20305 上。

《再續寰宇訪碑錄校勘記》1b，《新編》1/27/20460 上。

《金石彙目分編》10（1）/65a，《新編》1/28/21133 上。

《石刻題跋索引》21 頁左—右，《新編》1/30/22359。

《續語堂碑錄》,《新編》2/1/70 下、89 上。
《天下金石志》3/8,《新編》2/2/817 下。
《二銘草堂金石聚》12/13a–b,《新編》2/3/2153 上。
《墨華通考》卷 8,《新編》2/6/4390 下。
《函青閣金石記》3/19b–20b,《新編》2/6/5044 上—下。
《山左訪碑錄》3/13b,《新編》2/12/9077 下。
(宣統)《山東通志・藝文志》卷 149,《新編》2/12/9213 上。
《碑藪》,《新編》2/16/11829 下。
《金石例補・碑題書郡邑例》2/6a,《新編》2/17/12368 下。
《隸辨》8/8a–b,《新編》2/17/13078 下。
《古今碑帖考》10a,《新編》2/18/13167 下。
《石泉書屋金石題跋》3a,《新編》2/19/14192 上。
《集古錄補目補》卷上/14a,《新編》2/20/14516 上。
《寰宇貞石圖目錄》卷上/3b,《新編》2/20/14672 下。
《佩文齋書畫譜・金石》61/18a 下,《新編》3/2/38 下。
(乾隆)《東平州志・古蹟》5/6a–b,《新編》3/26/615 上。
(光緒)《東平州志・金石上》21/2a,《新編》3/26/619 下。
(民國)《東平縣志・金石》14/5a,《新編》3/26/635 上。
《寒山堂金石林時地攷》卷上/12b,《新編》3/34/495 下。
《漢石存目》卷上/7b,《新編》3/37/524 上。
汪本《隸釋刊誤》57b,《新編》3/37/578 下。
《漢石經室金石跋尾》,《新編》3/38/259 下。
《紅藕齋漢碑彙鈔集跋》,《新編》3/38/530 上。
《廣川書跋》5/19b–20a,《新編》3/38/724 上—下。
《漢石例》1/15b–16a、17a、22b,《新編》3/40/132 上—下、133 上、135 下。
《碑版廣例》6/10a,《新編》3/40/306 下。
《漢魏六朝志墓金石例》1/12b,《新編》3/40/401 下。
《漢魏六朝墓銘纂例》2/8b–9a,《新編》3/40/445 下—446 上。
《金石備攷・兗州府》及附錄,《新編》4/1/48 下、98 上。

《古今書刻》下編/28b，《新編》4/1/148下。

《金石筆識》3b-4a，《新編》4/7/225上—下。

《墨池篇》6/5a，《新編》4/9/669上。

《漢隸字源》68頁。

《北山集古錄》卷一，《北山金石錄》上冊375頁。

《再續寰宇訪碑錄》卷上，《羅振玉學術論著集》第五集，408頁。

《增補校碑隨筆》（修訂本）87頁。

《碑帖鑒定》86頁。

《碑帖敘錄》229頁。

《漢魏石刻文學考釋》中冊790頁。

《漢魏石刻文字繫年》131頁。

《漢魏六朝碑刻校注·總目提要》編號0561。

淑德大學《中國石刻拓本目錄》"碑碣等刻石"編號213。

論文：

李兵：《東平"漢光祿勳劉曜碑"述略》，《海南廣播電視大學學報》2017年第3期。

備考：《後漢書》卷四二《宗室列傳》有恭王劉曜，但非碑主。《三國志》卷三九《劉巴傳》"少知名"條注，劉巴祖父劉曜，蒼梧太守，是否碑主，待考。

東漢無年號101

浚儀令衡立碑

又名：後漢元節碑。東漢（25—220）。在兗州府汶上縣，一說在鄆州。額題：浚儀令衡君之碑。

錄文著錄：

《隸釋》12/10a-b，《新編》1/9/6889下。

《漢碑錄文》3/9b-10a，《新編》2/8/6171上—下。

（宣統）《山東通志·藝文志》卷149，《新編》2/12/9213上—下。

《六藝之一錄》44/6a-7a，《新編》4/4/631下—632上。

《全後漢文》106/4b-5a，《全文》1冊1043下—1044上。

《漢魏石刻文學考釋》中冊 594—595 頁。

碑目題跋著錄：

《隸釋》12/10b - 11a，《新編》1/9/6889 下—6890 上。

《隸釋》22/2b 引《集古錄》，《新編》1/9/6980 下。

《隸釋》23/14b - 15a 引《集古錄目》，《新編》1/9/6996 下—6997 上。

《金石錄》2/1a、18/10a，《新編》1/12/8806 上、8910 下。

《金石錄補》25/13b，《新編》1/12/9121 上。

《集古錄跋尾》3/21a - b，《新編》1/24/17863 上。

《集古錄目》2/7a，《新編》1/24/17954 上。

《金石彙目分編》10（2）/46a，《新編》1/28/21163 下。

《石刻題跋索引》9 頁右，《新編》1/30/22347。

《天下金石志》3/8，《新編》2/2/817 下。

《墨華通考》卷 8，《新編》2/6/4390 下。

《漢碑錄文》3/10a - b，《新編》2/8/6171 下。

（宣統）《山東通志·藝文志》卷 149，《新編》2/12/9213 下。

《隸辨》8/7b - 8a，《新編》2/17/13078 上—下。

《古今碑帖考》7a，《新編》2/18/13166 上。

《集古錄補目補》卷上/16a，《新編》2/20/14517 上。

《山左碑目》2/17a，《新編》2/20/14847 上。

《佩文齋書畫譜·金石》61/9b 上，《新編》3/2/34 上。

《紅藕齋漢碑彙鈔集跋》，《新編》3/38/530 上。

《漢魏六朝志墓金石例》1/13a，《新編》3/40/402 上。

《漢魏六朝墓銘纂例》2/10a，《新編》3/40/446 下。

《金石備攷·兗州府》及附錄，《新編》4/1/48 下、87 上。

《墨池篇》6/2a，《新編》4/9/667 下。

《漢隸字源》71 頁。

《漢魏石刻文學考釋》中冊 593—594 頁。

《漢魏石刻文字繫年》131—132 頁。

《漢魏六朝碑刻校注·總目提要》編號 0562。

東漢無年號 102

鮑宣碑

東漢（25—220）。在兗州。

碑目題跋著錄：

《通志・金石略》卷上/13b，《新編》1/24/18025 下。

《金石彙目分編》10（2）/3a，《新編》1/28/21142 上。

《墨華通考》8/6a，《新編》2/6/4389 下。

《漢魏石刻文字繫年》132 頁。

《漢魏六朝碑刻校注・總目提要》編號 0549。

備考：鮑宣，《漢書》卷七二有傳。

東漢無年號 103

平原東郡門生蘇衡等題名

又名：孔府君碑陰。東漢（25—220）。或云碑在孔里駐蹕亭前。

錄文著錄：

《隸釋》17/9a–10a，《新編》1/9/6926 上—下。

（道光）《臨邑縣志・金石志》15/93a，《新編》3/26/608 下。

《六藝之一錄》52/25a–26a，《新編》4/4/780 上—下。

《漢魏石刻文學考釋》中冊 1016 頁。

碑目題跋著錄：

《隸釋》17/10a–b，《新編》1/9/6926 下。

《隸釋刊誤》70a，《新編》1/9/7079 下。

《金石錄補》4/10b–11a，《新編》1/12/9009 下—9010 上。

《金石彙目分編》10（2）/21a，《新編》1/28/21151 上。

《天下金石志》16/4，《新編》2/2/872 上。

《碑藪》，《新編》2/16/11830 上。

《隸辨》8/16b，《新編》2/17/13082 下。

《山左碑目》2/9b，《新編》2/20/14843 上。

《佩文齋書畫譜・金石》61/21b 上，《新編》3/2/40 上。

（道光）《臨邑縣志・金石志》15/93a，《新編》3/26/608 下。

《寒山堂金石林時地玫》卷上/13a,《新編》3/34/496 上。

汪本《隸釋刊誤》70a,《新編》3/37/585 上。

《紅藕齋漢碑彙鈔集跋》,《新編》3/38/502 上。

《金石備玫》附錄,《新編》4/1/91 下。

《漢隸字源》94 頁。

《漢魏石刻文字繫年》132 頁。

《漢魏六朝碑刻校注·總目提要》編號 0521。

備考:《後漢書》卷一三《隗囂傳》有祭酒蘇衡,是否題名中的此人,待考。

東漢無年號 104

尚書令邊韶碑

東漢（25—220）。蔡邕書。碑在開封縣東北五里墓前。

碑目題跋著錄:

《隸釋》27/1b 引《天下碑錄》,《新編》1/9/7036 上。

《中州金石考》1/1a,《新編》1/18/13669 上。

《寶刻叢編》1/17a,《新編》1/24/18088 上。

《寶刻類編》1/10a,《新編》1/24/18411 下。

《金石彙目分編》9（1）/6b,《新編》1/28/20926 下。

《石刻題跋索引》23 頁右,《新編》1/30/22361。

《天下金石志》5/1,《新編》2/2/823 上。

《墨華通考》卷 7,《新編》2/6/4368 上、4369 下。

《碑藪》,《新編》2/16/11826 下。

《中州金石目錄》1/6a,《新編》2/20/14688 下。

（光緒）《祥符縣志·金石志》22/2a,《新編》3/28/161 下。

《寒山堂金石林時地玫》卷上/19b,《新編》3/34/499 上。

《紅藕齋漢碑彙鈔集跋》,《新編》3/38/518 下。

《金石備玫·開封府》,《新編》4/1/55 上。

《古今書刻》下編/23b,《新編》4/1/146 上。

《六藝之一錄》52/21b,《新編》4/4/778 上。

《漢魏石刻文學考釋》中冊 810—811 頁。
《漢魏石刻文字繫年》132 頁。
《漢魏六朝碑刻校注・總目提要》編號 0480。
備考：邊韶，《後漢書》卷八〇上《文苑傳》有傳。

東漢無年號 105

令史邊讓碑

東漢（25—220）。碑在開封縣東北五里墓前。

碑目題跋著錄：

《隸釋》27/1b 引《天下碑錄》，《新編》1/9/7036 上。
《中州金石考》1/1a，《新編》1/18/13669 上。
《通志・金石略》卷上/11a，《新編》1/24/18024 下。
《寶刻叢編》1/17a，《新編》1/24/18088 上。
《金石彙目分編》9（1）/6b，《新編》1/28/20926 下。
《石刻題跋索引》23 頁右，《新編》1/30/22361。
《天下金石志》5/1，《新編》2/2/823 上。
《墨華通考》卷 7，《新編》2/6/4368 上。
《碑藪》，《新編》2/16/11827 上。
《中州金石目錄》1/6a，《新編》2/20/14688 下。
《佩文齋書畫譜・金石》61/19a 下，《新編》3/2/39 上。
（光緒）《祥符縣志・金石志》22/2a，《新編》3/28/161 下。
《寒山堂金石林時地攷》卷上/20a，《新編》3/34/499 下。
《紅藕齋漢碑彙鈔集跋》，《新編》3/38/530 上。
《金石備攷・開封府》，《新編》4/1/55 上。
《六藝之一錄》52/16b，《新編》4/4/775 下。
《漢魏石刻文學考釋》中冊 811—812 頁。
《漢魏石刻文字繫年》132 頁。
《漢魏六朝碑刻校注・總目提要》編號 0520。
備考：邊讓，《後漢書》卷八〇下《文苑傳》有傳。

東漢無年號 106

鍾君碑

東漢（25—220）。

碑目題跋著錄：

《金石錄》2/3b，《新編》1/12/8807 上。

《寶刻叢編》20/14a，《新編》1/24/18379 下。

《石刻題跋索引》23 頁左，《新編》1/30/22361。

《隸辨》8/62a，《新編》2/17/13105 下。

《紅藕齋漢碑彙鈔集跋》，《新編》3/38/578 上。

《漢魏石刻文學考釋》中冊 803 頁。

《漢魏石刻文字繫年》132 頁。

《漢魏六朝碑刻校注・總目提要》編號 0517。

東漢無年號 107

羅含碑

東漢（25—220）。《隸釋》引《天下碑錄》作"羅含誌"，定為漢代；而《通志》等書作晉朝或南朝，暫附東漢。在衡州耒陽縣南四里。

碑目題跋著錄：

《隸釋》27/9b 引《天下碑錄》，《新編》1/9/7040 上。

《通志・金石略》卷上/28a，《新編》1/24/18033 上。

《金石彙目分編》15/26a，《新編》1/28/21419 下。

《天下金石志》9/8，《新編》2/2/855 下。

《墨華通考》卷 6，《新編》2/6/4363 下。

（光緒）《湖南通志・金石三》261/10b – 11b，《新編》2/11/7767 下—7768 上。附《明統志》《耒陽縣張志》《嘉慶通志》。

《佩文齋書畫譜・金石》61/20b 上、62/6a 下，《新編》3/2/39 下、54 上。

（同治）《桂陽直隸州志・藝文》24/19a，《新編》3/14/374 上。

《金石備攷・衡州府》，《新編》4/1/23 下。

《古今書刻》下編/19b，《新編》4/1/144 上。

《六藝之一錄》54/18b、58/3a,《新編》4/5/11 下、71 上。

《漢魏石刻文字繫年》132—133 頁。

《漢魏六朝碑刻校注·總目提要》編號 0513。

備考:《晉書》卷九二有《羅含傳》,因未見錄文,是否碑主,待考。

東漢無年號 108

羅訓墓誌

《通志·金石略》作"羅訓碑"。東漢(25—220)。在衡州耒陽縣南六十里。

碑目題跋著錄:

《隸釋》27/9b 引《天下碑錄》,《新編》1/9/7040 上。

《通志·金石略》卷上/16b,《新編》1/24/18027 上。

《金石彙目分編》15/26a,《新編》1/28/21419 下。

《墨華通考》卷 6,《新編》2/6/4363 下。

(光緒)《湖南通志·金石三》260/6b,《新編》2/11/7752 下。附《嘉慶通志》。

《佩文齋書畫譜·金石》61/20b 上,《新編》3/2/39 下。

《六藝之一錄》54/19a,《新編》4/5/12 上。

《漢魏石刻文字繫年》133 頁。

《漢魏六朝碑刻校注·總目提要》編號 0512。

東漢無年號 109

貞女羅鳳墓闕

別稱:羅鳳墓石。東漢(25—220)。石原出四川,早毀,孤本清趙魏竹崦盦舊藏。題云:漢貞女羅鳳墓。

圖版著錄:

《古石抱守錄》,《新編》3/1/174。

《四川歷代碑刻》60 頁。

錄文著錄:

《隸續》20/8b,《新編》1/10/7198 下。

《兩漢金石記》21/11b,《新編》1/10/7491 上。

《碑版廣例》6/4a，《新編》3/40/303 下。
《四川歷代碑刻》60 頁。
《漢魏石刻文學考釋》中冊 810 頁。
碑目題跋著錄：
《隸續》20/8b，《新編》1/10/7198 下。
《兩漢金石記》21/11b，《新編》1/10/7491 上。
《寶刻叢編》20/11b，《新編》1/24/18378 上。
《寰宇訪碑錄》1/8a，《新編》1/26/19855 下。
《石刻題跋索引》23 頁右，《新編》1/30/22361。
《石刻名彙》1/2a，《新編》2/2/1025 下。
《望堂金石初集》，《新編》2/4/2777 下。
《崇雅堂碑錄》1/6b，《新編》2/6/4486 下。
《隸辨》8/22a，《新編》2/17/13085 下。
《竹崦盦金石目錄》7b，《新編》2/20/14550 上。
《古石抱守錄》，《新編》3/1/175–176。
《佩文齋書畫譜・金石》61/21a 上，《新編》3/2/40 上。
《兩浙金石別錄》卷上/8a，《新編》3/10/457 上。
《古誌彙目》1/1b，《新編》3/37/6。
《竹崦盦金石目錄》1/8a，《新編》3/37/343 下。
《紅藕齋漢碑彙鈔集跋》，《新編》3/38/570 上。
《漢石經室金石跋尾》，《新編》3/38/260 上—下。
《漢魏六朝墓銘纂例》3/3b，《新編》3/40/451 上。
《六藝之一錄》54/10a，《新編》4/5/7 下。
《漢隸字源》148 頁。
《增補校碑隨筆》（修訂本）106 頁。
《碑帖鑒定》79 頁。
《善本碑帖錄》1/10。
《漢魏石刻文字繫年》133 頁。
《漢魏六朝碑刻校注・總目提要》編號 0499。

東漢無年號 110

河南尹蘇君碑額

東漢（25—220）。在許州道傍。文隸書，額題：漢故河南尹蘇府君之碑。

碑目題跋著錄：

《金石錄》2/2b、19/6b－7a，《新編》1/12/8806 下、8913 下—8914 上。

《中州金石考·石梁縣》2/4b，《新編》1/18/13679 下。

《通志·金石略》卷上/22b，《新編》1/24/18030 上。

《寶刻叢編》5/5a，《新編》1/24/18145 上。

《金石彙目分編》9（1）/44a，《新編》1/28/20945 下。

《石刻題跋索引》23 頁左、24 頁左，《新編》1/30/22361、22362。

《天下金石志》5/2，《新編》2/2/823 下。

《中州金石目錄》1/6b，《新編》2/20/14688 下。

《佩文齋書畫譜·金石》61/18a 下，《新編》3/2/38 下。

《漢石例》1/17a、1/23b，《新編》3/40/133 上、136 上。

《金石備攷·開封府》，《新編》4/1/56 上。

《六藝之一錄》52/15b，《新編》4/4/775 上。

《漢魏石刻文字繫年》133 頁。

《漢魏石刻文學考釋》中冊 799—800 頁。

《漢魏六朝碑刻校注·總目提要》編號 0510、0751。

東漢無年號 111

太傅龔勝墓碑

東漢（25—220）。碑在徐州彭城縣故城東。

碑目題跋著錄：

《通志·金石略》卷上/13a，《新編》1/24/18025 下。

《墨華通考》卷 2，《新編》2/6/4320 上。

（同治）《徐州府志·碑碣攷》20/7b，《新編》3/6/552 上。

《水經注碑錄》卷七編號 184，《北山金石錄》上冊 161—162 頁。

《太平寰宇記碑錄》編號41,《北山金石錄》上冊266頁。

《漢魏石刻文字繫年》133頁。

《漢魏六朝碑刻校注·總目提要》編號0507。

備考：龔勝,《漢書》卷七二有傳。

東漢無年號112

處士嚴發殘碑

東漢（25—220）。據《隸續》卷七《碑式》載，文十二行，行十字。《隸續》卷一疑其非漢刻。

錄文著錄：

《隸續》1/11a–b,《新編》1/10/7095上。

《漢魏石刻文學考釋》下冊1470頁。

碑目題跋著錄：

《隸續》1/11b–12b、7/10b,《新編》1/10/7095上—下、7137下。

《金石錄補》5/3b–4a,《新編》1/12/9012上—下。

《寶刻叢編》20/10b,《新編》1/24/18377下。

《石刻題跋索引》23頁右,《新編》1/30/22361。

《天下金石志》16/4,《新編》2/2/872上。

《隸辨》8/15a,《新編》2/17/13082上。

《佩文齋書畫譜·金石》61/19a上,《新編》3/2/39上。

（同治）《徐州府志·碑碣攷》20/5a–b,《新編》3/6/551上。

《金石小箋》17a–b,《新編》3/39/503上。

《漢石例》1/29b,《新編》3/40/139上。

《金石備攷》附錄,《新編》4/1/91下。

《六藝之一錄》52/14a,《新編》4/4/774下。

《漢隸字源》106頁。

《漢魏石刻文字繫年》133—134頁。

《漢魏六朝碑刻校注·總目提要》編號0506。

東漢無年號113

文歆碑

又名：文韻碑。東漢（25—220）。在絳州。

碑目題跋著錄：

《通志·金石略》卷上/18a，《新編》1/24/18028 上。

《金石彙目分編》11/47b，《新編》1/28/21251 上。

《墨華通考》卷9，《新編》2/6/4399 下。

（光緒）《山西通志·金石記十》98/5a–b，《新編》3/30/538 上。

《漢魏石刻文字繫年》134 頁。

《漢魏六朝碑刻校注·總目提要》編號0599。

備考：《通志·金石略》著錄為"元光四年（前131）"，《漢魏石刻文字繫年》認為："元光乃漢武帝年號，此恐有誤"；《漢魏六朝碑刻校注·總目提要》時間籠統著錄為"東漢時期"，暫從東漢。《金石彙目分編》誤著錄為《敬歆碑》。

東漢無年號114

益州太守城坝（壩）碑

又名：光緒碑。東漢（25—220）。地點爭議較大，一說在四川渠縣，一說在雲南府晉寧州。隸書。《隸辨》云：此碑"蓋益州太守筑城坝以衛民，故立碑以頌其功德也。"

錄文著錄：

《隸釋》18/5a–6b，《新編》1/9/6933 上—下。

《六藝之一錄》53/15b–17a，《新編》4/4/790 上—791 上。

《漢魏石刻文學考釋》上冊 440—441 頁。

碑目題跋著錄：

《隸釋》18/6b–7a，《新編》1/9/6933 下—6934 上。

《隸釋刊誤》71b，《新編》1/9/7080 上。

《寶刻叢編》18/5a，《新編》1/24/18347 上。

《金石彙目分編》16（2）/27b、19/2a，《新編》1/28/21496 上、21581 下。

《石刻題跋索引》498 頁左，《新編》1/30/22836。

《天下金石志》7/1，《新編》2/2/842 上。

《蜀碑記補》4/25，《新編》2/12/8734 上。

《碑藪》，《新編》2/16/11819 上。

《隸辨》8/10a，《新編》2/17/13079 下。

《佩文齋書畫譜・金石》61/18b 下，《新編》3/2/38 下。

（嘉慶）《四川通志・輿地志》59/42a，《新編》3/14/516 下。

（同治）《渠縣志・金石》47/12a，《新編》3/15/430 下。

（光緒）《雲南通志・藝文志》212/13a，《新編》3/23/55 上。

（光緒）《續雲南通志稿・藝文志》171/4b－5a，《新編》3/23/108 下—109 上。

《燕庭金石叢稿》，《新編》3/32/551 上。

《寒山堂金石林時地攷》卷下/2a，《新編》3/34/502 下。

汪本《隸釋刊誤》71b，《新編》3/37/585 下。

《紅藕齋漢碑彙鈔集跋》，《新編》3/38/526 下。

《金石備攷・四川成都府》，《新編》4/1/73 上。

《古今書刻》下編/34a，《新編》4/1/151 下。

《漢隸字源》97 頁。

《漢魏石刻文學考釋》上冊 439—440 頁。

《漢魏石刻文字繫年》143 頁。

《漢魏六朝碑刻校注・總目提要》編號 0631、0785。

東漢無年號 115

酸棗令劉熊碑并陰

又名：俞鄉侯季子碑、劉孟陽碑、劉熊紀績碑、蔡邕斷碑。東漢（25—220）。宋人記在酸棗縣，1915 年顧燮光重訪得於河南省延津縣城內學宮，但僅殘石，殘石今存延津縣文化館。拓本高 30、寬 30 釐米。碑陽文字已磨滅，僅存碑陰故吏門生題名 8 行，行 4 至 10 餘字不等，共 50 餘字。側高一尺二寸餘，廣五寸餘，存字 4 行，行 24、25 字不等，字亦剝蝕。全本凡 23 行，滿行 32 字，隸書。

圖版著錄：

《望堂金石初集》，《新編》2/4/2868 上—2874 上。（碑陽）

《漢碑大觀》第八集，《新編》2/8/6363 下—6364 下。（局部）

《漢劉熊碑》,《新編》3/2/575 – 584 上。(碑陽)

《北京圖書館藏中國歷代石刻拓本匯編》1 冊 225 頁。(碑陰)

《漢碑全集》6 冊 1954—1971 頁。

《漢魏六朝碑刻校注》1 冊 263—264 頁。(碑陽)

錄文著錄:

《八瓊室金石祛偽》5a – 6b,《新編》1/8/6193 上—下。(殘碑錄文)

《隸釋》5/15a – 17a、18b – 22b,《新編》1/9/6811 上—6814 下。

《兩漢金石記》16/13a – b,《新編》1/10/7439 上。(碑陽)

《金薤琳琅》6/1a – 3b,《新編》1/10/7672 上—7673 上。(碑陽)

《金石古文》7/1a – 3a,《新編》1/12/9403 上—9404 上。(碑陽)

《平津館金石萃編》,《新編》2/4/2662 下—2663 下。(碑陽)

《漢碑錄文》4/39a – 40b,《新編》2/8/6212 上—下。(碑陽)

《河朔訪古新錄》8/1b – 2a,《新編》2/12/8920 上—下。(陰、側)

《漢劉熊碑攷》卷上,《新編》3/35/50 上—57 下。

《碑版廣例》3/11a – 12a,《新編》3/40/265 上—下。(碑陽)

《續古文苑》4/4a – b,《新編》4/2/57 下。(節文)

《六藝之一錄》46/18b – 20b、24b – 29a,《新編》4/4/673 下—674 下、676 下—679 上。

《石交錄》1/11a – b,《新編》4/6/435 上。(陰、側)

《全後漢文》106/2a – 3b,《全文》1 冊 1042 頁下—1043 頁上。(碑陽)

《魯迅輯校石刻手稿·碑銘》上冊 322—323 頁。(陰、側)

《漢魏石刻文學考釋》上冊 432—436 頁、下冊 1451—1452 頁。

《漢碑全集》6 冊 1956、1971 頁。

《漢碑集釋》204—207 頁。(碑陽)

《漢魏六朝碑刻校注》1 冊 265 頁。(碑陽)

碑目題跋著錄:

《八瓊室金石祛偽》6b – 7a,《新編》1/8/6193 下—6194 上。

《隸釋》5/17a – 18b、22b – 23a,《新編》1/9/6812 上—下、6814 下—6815 上。

《隸釋》20/3b 引《水經注》,《新編》1/9/6948 上。

《隸釋》22/15b－16a 引《集古錄》,《新編》1/9/6987 上—下。

《隸釋》23/20b－21a 引《集古錄目》,《新編》1/9/6999 下—7000 上。

《隸釋》27/1a 引《天下碑錄》,《新編》1/9/7036 上。

《隸釋刊誤》23b－24b,《新編》1/9/7056 上—下。

《兩漢金石記》16/13b－16a、21/6a－7b,《新編》1/10/7439 上—7440 下、7488 下—7489 上。

《金薤琳琅》6/3b－4b,《新編》1/10/7673 上—下。

《集古求真》9/17b,《新編》1/11/8570 上。

《集古求真補正》3/30b－31a,《新編》1/11/8677 下—8678 上。

《金石錄》2/1b、19/4a－b,《新編》1/12/8806 上、8912 下。

《金石錄補》25/14a,《新編》1/12/9121 下。

《中州金石考》4/14a、b,《新編》1/18/13698 下。

《集古錄跋尾》2/3a－b,《新編》1/24/17845 上。

《集古錄目》2/6b,《新編》1/24/17953 下。

《通志·金石略》卷上/10b,《新編》1/24/18024 上。

《寶刻叢編》1/22b－23a,《新編》1/24/18090 下—18091 上。

《輿地碑記目·揚州碑記》2/8b－9a,《新編》1/24/18540 下—18541 上。

《曝書亭金石文字跋尾》2/16a－b,《新編》1/25/18687 下。

《鐵橋金石跋》1/10b,《新編》1/25/19309 下。

《唐風樓金石文字跋尾》,《新編》1/26/19840 上—下。

《寰宇訪碑錄》1/7b,《新編》1/26/19855 上。

《寰宇訪碑錄校勘記》1/5a,《新編》1/27/20104 上。

《續補寰宇訪碑錄》1/4b－5a,《新編》1/27/20304 下—20305 上。

《金石彙目分編》4/36b、9(2)/27b,《新編》1/27/20777 下、1/28/20967 上。

《石刻題跋索引》21 頁右—22 頁左,《新編》1/30/22359－22360。

《天下金石志》5/2、16/4,《新編》2/2/823 下、872 上。

《平津館金石萃編》,《新編》2/4/2665 下。附《四錄堂類集》。

《望堂金石初集》,《新編》2/4/2874 下。

《墨華通考》卷7,《新編》2/6/4368 上。

《漢碑錄文》4/40b-41b,《新編》2/8/6212 下—6213 上。

《河朔訪古新錄》8/1b,《新編》2/12/8920 上。

《河朔金石目》6/1a,《新編》2/12/8987 上。

《隸辨》8/6b-7a,《新編》2/17/13077 下—13078 上。

《古今碑帖考》7a,《新編》2/18/13166 上。

《石經閣金石跋文》6a-b,《新編》2/19/14177 下。

《綴學堂河朔碑刻跋尾》1a-b,《新編》2/20/14482 下。

《集古錄補目補》卷上/15a,《新編》2/20/14516 下。

《范氏天一閣碑目》2,《新編》2/20/14605 下。

《寰宇貞石圖目錄》卷下/2b,《新編》2/20/14678 上。

《中州金石目錄》1/7b,《新編》2/20/14689 上。

《古林金石表》6a-6b,《新編》2/20/14896 下。

《蒿里遺文目錄》1 上/2a,《新編》2/20/14938 上。

《夢碧簃石言》6/23a-b 引《二金蜨齋尺牘》,《新編》3/2/236 上。

《漢劉熊碑》,《新編》3/2/584 下—585 下。附王瑾等題跋。

(嘉慶)《重修揚州府志·金石志》64/1a-b,《新編》3/6/303 上。

(雍正)《江都縣志·碑目》30/28a,《新編》3/6/317 上。

(乾隆)《甘泉縣志·碑碣》16/1a-3a,《新編》3/6/417 上—418 上。附《偶得紺珠》《石刻鋪敘》《萬曆江都縣志》。

(光緒)增修《甘泉縣志·碑碣志》22/1a、2b,《新編》3/6/467 上、下。

《寒山堂金石林時地攷》卷上/18a,《新編》3/34/498 下。

《劉熊碑攷》卷下/1a-15b,《新編》3/35/58 上—65 上。附《鮚埼亭集》《復古齋文集》《隸篇》等。

《石墨餘馨》,《新編》3/35/338。

《河朔新碑目》卷上/1a,《新編》3/35/556 上。

《石目》,《新編》3/36/45 下。

《菉竹堂碑目》2/3b，《新編》3/37/277 上。

汪本《隸釋刊誤》23b－24b，《新編》3/37/561 下—562 上。

《東洲草堂金石跋》3/13b－17b，《新編》3/38/93 下—95 下。

《雪堂金石文字跋尾》2/7a－8a，《新編》3/38/291 上—下。

《漢石例》2/8a、3/10b，《新編》3/40/147 下、169 下。

《碑版廣例》3/10b，《新編》3/40/264 下。

《金石備攷·開封府》及附錄，《新編》4/1/55 下、91 下。

《古今書刻》下編/23a，《新編》4/1/146 上。

《激素飛清閣平碑記》卷1，《新編》4/1/199 上。

《續古文苑》4/4a－b，《新編》4/2/57 下。

《石交錄》1/10b－12a，《新編》4/6/434 下—435 下。

《墨池篇》6/1b，《新編》4/9/667 上。

《漢隸字源》38—39 頁。

《水經注碑錄》卷二編號 32，《北山金石錄》上冊 49—50 頁。

《北山集古錄》卷三"殘石題跋"，《北山金石錄》上冊 421—422 頁。

《增補校碑隨筆》（修訂本）91—92 頁。

《碑帖鑒定》82 頁。

《善本碑帖錄》1/35－36。

《碑帖敘錄》229 頁。

《漢魏石刻文學考釋》上冊 429 頁、下冊 1451 頁。

《漢魏石刻文字繫年》143 頁。

《漢魏六朝碑刻校注·總目提要》編號 0277。

論文：

河南省文化局文物工作隊：《河南現存的漢碑》，《文物》1964 年第 5 期。

少文：《記漢劉熊碑兼論蔡邕書碑問題》，《文物》1966 年第 5 期。

李發林：《漢碑偶識》，《考古》1988 年第 8 期。

陳奇猷：《讀〈漢碑偶識〉質疑》，《考古》1991 年第 2 期。

湯淑君：《河南碑刻敘錄（續）——劉熊碑》，《中原文物》1992 年第 2 期。

　　王戎：《〈劉熊碑〉釋讀正誤》，《考古》1993 年第 9 期。

　　程章燦：《劉熊碑新考》，《古刻新詮》，第 1—16 頁。

　　備考：《八瓊室金石袪偽》認為：翁方綱《兩漢金石記》卷一六所錄《劉熊殘碑》不可信，但僅指後來出現的殘碑。

東漢無年號 116

中山相薛君成平侯劉君斷碑

　　兩人共立一碑。東漢（25—220）。在重慶府巴縣。《隸續》卷七《碑式》載：文二十行，可見者行八字。額四行，凡二十四字，隸書額題：漢故益州刺史中山相薛君巴郡太守宗正卿成平侯劉君碑。

　　錄文著錄：

《隸續》1/9a–b，《新編》1/10/7094 上。

（民國）《巴縣志·金石上》20 上/3a–b，《新編》3/15/238 上。

《漢魏石刻文學考釋》上冊 413—414 頁。

碑目題跋著錄：

《隸續》1/9b–10b、7/10b，《新編》1/10/7094 上—下、7137 下。

《金石錄》2/2b、19/5b–6a，《新編》1/12/8806 下、8913 上—下。

《金石錄補》25/14a，《新編》1/12/9121 下。

《寶刻叢編》20/9b，《新編》1/24/18377 上。

《輿地碑記目·重慶府碑記》4/25a，《新編》1/24/18572 上。

《金石彙目分編》16（2）/1b，《新編》1/28/21483 上。

《石刻題跋索引》20 頁右，《新編》1/30/22358。

《天下金石志》16/3，《新編》2/2/871 下。

《墨華通考》卷 11，《新編》2/6/4431 下。

《蜀碑記補》2/17，《新編》2/12/8732 上。

《隸辨》8/11b–12a，《新編》2/17/13080 上—下。

《佩文齋書畫譜·金石》61/18a 下，《新編》3/2/38 下。

（嘉慶）《四川通志·輿地志》58/25a，《新編》3/14/485 上。

（民國）《巴縣志·金石上》20 上/3b–4b，《新編》3/15/238

上一下。

《蜀碑記》2/1a,《新編》3/16/316 上。

《燕庭金石叢稿》,《新編》3/32/513 下、514 上。

《紅藕齋漢碑彙鈔集跋》,《新編》3/38/525 上。

《碑版廣例》6/12a-b,《新編》3/40/307 下。

《金石備攷》附錄,《新編》4/1/91 上。

《六藝之一錄》52/3a,《新編》4/4/769 上。

《漢隸字源》105 頁。

《漢魏石刻文學考釋》上冊 412—413 頁。

《漢魏石刻文字繫年》143—144 頁。

《漢魏六朝碑刻校注·總目提要》編號 0640。

東漢無年號 117

是邦雄桀（傑）碑并陰

東漢（25—220）。碑陰有圖無字。在四川渠縣。碑十一行，行二十六字。

錄文著錄：

《隸釋》18/7a-b,《新編》1/9/6934 上。

《六藝之一錄》53/24a-b,《新編》4/4/794 下。

《漢魏石刻文學考釋》上冊 442—443 頁。

碑目題跋著錄：

《隸釋》18/7b-8a,《新編》1/9/6934 上—下。

《隸釋刊誤》71b,《新編》1/9/7080 上。

《隸續》5/8a-b,《新編》1/10/7114 下。

《金石錄補》4/11a-b,《新編》1/12/9010 上。

《寶刻叢編》18/4b-5a,《新編》1/24/18346 下—18347 上。

《金石彙目分編》16（2）/27b,《新編》1/28/21496 上。

《石刻題跋索引》498 頁左,《新編》1/30/22836。

《天下金石志》16/4,《新編》2/2/872 上。

《蜀碑記補》4/26,《新編》2/12/8734 上。

《碑藪》，《新編》2/16/11819 上。

《隸辨》8/10a-b，《新編》2/17/13079 下。

《佩文齋書畫譜・金石》61/18b 下，《新編》3/2/38 下。

（嘉慶）《四川通志・輿地志》59/42b，《新編》3/14/516 下。

（同治）《渠縣志・金石》47/11a-b，《新編》3/15/430 上。

《燕庭金石叢稿》，《新編》3/32/551 上。

《寒山堂金石林時地攷》卷下/2a，《新編》3/34/502 下。

汪本《隸釋刊誤》71b，《新編》3/37/585 下。

《紅藕齋漢碑彙鈔集跋》，《新編》3/38/526 下。

《金石備攷》附錄，《新編》4/1/92 上。

《古今書刻》下編/34a，《新編》4/1/151 下。

《漢隸字源》98 頁。

《漢魏石刻文學考釋》上冊 441—442 頁。

《漢魏石刻文字繫年》144 頁。

《漢魏六朝碑刻校注・總目提要》編號 0784。

東漢無年號118

馬援碑二

其一：馬援廟碑

東漢（25—220）。

碑目題跋著錄：

《隸釋》27/7a 引《天下碑錄》，《新編》1/9/7039 上。

《佩文齋書畫譜・金石》61/20b 下，《新編》3/2/39 下。

《六藝之一錄》52/20b，《新編》4/4/777 下。

《漢魏石刻文字繫年》144 頁。

《漢魏六朝碑刻校注・總目提要》編號 0638。

其二：馬援墓碑

東漢（25—220）。在鳳翔府扶風縣。

碑目著錄：

《金石彙目分編》引《陝西通志》12（2）/43a，《新編》1/28/

21357 上。

　　備考：馬援，《後漢書》卷二四有傳。

東漢無年號 119
郭仲理石椁題字

　　東漢（25—220），《碑帖鑒定》暫定"西漢末期，以備再考"，暫從東漢。民國年間在陝西北部出土（據說在神木縣境），今存北京故宮博物院，或云石存北京大學。高 33.5、寬 159.5 釐米。文 3 行，共 15 字，隸書。題云：故雁門陰館丞西河圜陽郭仲理之椁。

　　圖版著錄：

《漢魏南北朝墓誌集釋》圖版五六八，《新編》3/4/325。（有圖無文）

《漢碑全集》6 冊 2109—2111 頁。

　　錄文著錄：

《漢魏南北朝墓誌彙編》2 頁。

《漢魏石刻文學考釋》下冊 1215—1216 頁。

《漢碑全集》6 冊 2110 頁。

　　碑目題跋著錄：

《石刻題跋索引》129 頁左，《新編》1/30/22467。

《漢魏南北朝墓誌集釋》11/112a，《新編》3/3/257。

《增補校碑隨筆》（修訂本）105—106 頁。

《碑帖鑒定》22 頁。

《六朝墓誌檢要》（修訂本）3 頁。

《漢魏石刻文字繫年》145 頁。

《漢魏六朝碑刻校注·總目提要》編號 0620。

　　論文：

吳鎮烽：《秦晉兩省東漢畫像石題記集釋》，《考古與文物》2006 年第 1 期。

東漢無年號 120
郭季妃石椁題字

　　東漢（25—220）。民國年間在陝西北部出土（據說在神木縣境），今在北京故宮，《增補校碑隨筆》云：流出國外。高 123、寬 48 釐米。1 行 9 字。隸書。題云：西河圜陽郭季妃之椁。

圖版著錄：

《漢魏南北朝墓誌集釋》圖版五六九，《新編》3/4/326。

《漢碑全集》6 冊 2109—2111 頁。

錄文著錄：

《漢魏南北朝墓誌彙編》2 頁。

《漢魏石刻文學考釋》下冊 1216 頁。

《漢碑全集》6 冊 2110 頁。

碑目題跋著錄：

《石刻題跋索引》129 頁左，《新編》1/30/22467。

《漢魏南北朝墓誌集釋》11/112a，《新編》3/3/257。

《增補校碑隨筆》（修訂本）105—106 頁。

《碑帖鑒定》22 頁。

《六朝墓誌檢要》（修訂本）3 頁。

《漢魏石刻文字繫年》146 頁。

《漢魏六朝碑刻校注·總目提要》編號 0632。

論文：

蔣異：《東漢郭季妃墓門石刻》，《紫禁城》1988 年第 5 期。

吳鎮烽：《秦晉兩省東漢畫像石題記集釋》，《考古與文物》2006 年第 1 期。

東漢無年號 121

張是塚誌

東漢（25—220）。四川省新津縣寶質山出土，今藏四川大學博物館。拓本高 62、寬 40 釐米。1 行 4 字，隸書。

著錄：

《漢碑全集》6 冊 2107—2108 頁。（圖、文）

《四川歷代碑刻》37 頁。（圖、文）

《漢魏石刻文字繫年》146—147 頁。（目）

《漢魏六朝碑刻校注·總目提要》編號 0627。（目）

東漢無年號 122

仙人唐公房碑并陰

又名：後漢公昉碑、唐公碑、仙人唐君碑。東漢（25—220）。碑在陝西城固縣，1970 年移入西安碑林博物館。碑高 202、寬 67、厚 17 釐米。文隸書，碑陽 17 行，滿行 31 字；陰 15 行，行 9 至 12 字不等。上半及額下似均有題名，漫漶不可見，額篆書，2 行共 6 字。額題：仙人唐君之碑。

圖版著錄：

《隸續》5/16a，《新編》1/10/7118 下。（碑額）

《二銘草堂金石聚》12/1a–10a，《新編》2/3/2147 上—2151 下。

《西安碑林全集·碑刻》2/128–129。（碑陽）

《漢碑全集》6 冊 1994—2007 頁。

《漢魏六朝碑刻校注》2 冊 140—141 頁。

錄文著錄：

《金石萃編》19/3a–5a，《新編》1/1/333 上—334 上。（碑陽）

《金石續編》1/15a–16a，《新編》1/4/3014 上—下。（碑陰）

《隸釋》3/9b–11b，《新編》1/9/6786 上—6787 上。

《兩漢金石記》12/18b–22b，《新編》1/10/7378 下—7380 下。

《續語堂碑錄》，《新編》2/1/87 下—88 上。（碑陰）

《平津館金石萃編》2/29b–30a，《新編》2/4/2445 上—下。（碑陰）

《金石文鈔》1/8a–9a，《新編》2/7/5076 下—5077 上。（碑陽）

《六藝之一錄》39/25b–27b，《新編》4/4/552 上—553 上。

《全後漢文》106/1b–2a，《全文》1 冊 1042 上—下。（碑陽）

《魯迅輯校石刻手稿·碑銘》上冊 324—328 頁。

《漢魏石刻文學考釋》下冊 1285—1286 頁。

《漢碑全集》6 冊 1996、2005 頁。

《漢碑集釋》502—504 頁。

《漢魏六朝碑刻校注》2 冊 142 頁。

漢代 567

碑目題跋著錄：

《金石續編》1/16a–17a，《新編》1/4/3014下—3015上。

《隸釋》3/11b–12b，《新編》1/9/6787上—下。

《隸釋》20/23a–b引《水經注》，《新編》1/9/6958上。

《隸釋》21/29a–30b引《集古錄》，《新編》1/9/6977上—下。

《隸釋》23/13b引《集古錄目》，《新編》1/9/6996上。

《隸釋》27/10b引《天下碑錄》，《新編》1/9/7040下。

《隸釋刊誤》14b–15b，《新編》1/9/7051下—7052上。

《兩漢金石記》12/22b–23a，《新編》1/10/7380下—7381上。

《集古求真》9/21b，《新編》1/11/8572上。

《集古求真補正》3/35a，《新編》1/11/8680上。

《金石錄》2/3b，《新編》1/12/8807上。

《金石錄補》25/14b，《新編》1/12/9121下。

《金石錄補續跋》4/15b–16b，《新編》1/12/9165上—下。

《陝西金石志》5/5a、b，《新編》1/22/16417上。

《集古錄跋尾》2/6b–7b，《新編》1/24/17846下—17847上。

《集古錄目》2/7b，《新編》1/24/17954上。

《通志·金石略》卷中/27a，《新編》1/24/18051上。

《輿地碑記目·興元府碑記》4/29a，《新編》1/24/18574上。

《潛研堂金石文跋尾》1/29a–b，《新編》1/25/18747上。

《潛研堂金石文字目錄》1/6a，《新編》1/25/19009下。

《鐵橋金石跋》1/10a，《新編》1/25/19309下。

《平津讀碑記》1/21b–22a，《新編》1/26/19359上—下。

《平津讀碑記再續》4b，《新編》1/26/19463下。

《藝風堂金石文字目》1/14b，《新編》1/26/19529下。

《寰宇訪碑錄》1/7a，《新編》1/26/19855上。

《寰宇訪碑錄校勘記》1/4b，《新編》1/27/20103下。

《金石彙目分編》12（2）/51a，《新編》1/28/21361上。

《石刻題跋索引》22頁左，《新編》1/30/22360。

《續語堂碑錄》，《新編》2/1/70下。

《天下金石志》6/19，《新編》2/2/840 上。
《二銘草堂金石聚》12/10a–b，《新編》2/3/2151 下。
《平津館金石萃編》2/30b，《新編》2/4/2445 下。附《四錄堂類集》。
《挈盧金石記》2b–3a，《新編》2/6/4283 下—4284 上。
《金石文鈔》1/9b–10b，《新編》2/7/5077 上—下。
《關中金石文字存逸考》10/32b、12/23a，《新編》2/14/10607 下、10648 上。
《關中金石記》1/5，《新編》2/14/10665 上。
《獨笑齋金石文攷》第二集 8/6a–7a，《新編》2/16/11810 下—11811 上。
《碑藪》，《新編》2/16/11824 上。
《隸辨》8/6a–b，《新編》2/17/13077 下。
《古今碑帖考》7a、9b，《新編》2/18/13166 上、13167 上。
《金石錄續跋》51–53，《新編》2/18/13220 上—13221 上。
《平安館藏碑目》，《新編》2/18/13384 上。
《古墨齋金石跋》1/27a–28a，《新編》2/19/14076 上—下。
《寶鴨齋題跋》卷上/7a–b，《新編》2/19/14338 上。
《集古錄補目補》卷上/14a–b，《新編》2/20/14516 上。
《竹崦盦金石目錄》6b，《新編》2/20/14549 下。
《寰宇貞石圖目錄》卷上/3b，《新編》2/20/14672 下。
《佩文齋書畫譜‧金石》61/18b 上，《新編》3/2/38 下。
《漢隸拾遺》16a，《新編》3/2/604 下。
《寒山堂金石林時地攷》卷下/2a，《新編》3/34/502 下。
《石目》，《新編》3/36/45 下。
《西安碑目‧城固縣》，《新編》3/37/270 上。
《竹崦盦金石目錄》1/7a，《新編》3/37/343 上。
《金石萃編補目》1/1b，《新編》3/37/484 上。
《漢石存目》卷上/7b，《新編》3/37/524 上。
汪本《隸釋刊誤》14b–15b，《新編》3/37/557 上—下。

《碑帖跋》80頁，《新編》3/38/228、4/7/434下。

《紅藕齋漢碑彙鈔集跋》，《新編》3/38/505上—下、530上。

《廣川書跋》5/17b-18a，《新編》3/38/723上—下。

《金石小箋》5b-7a，《新編》3/39/497上—498上。

《碑版廣例》6/10b，《新編》3/40/306下。

《金石備攷·漢中府》，《新編》4/1/36下。

《激素飛清閣平碑記》卷1，《新編》4/1/198下。

《雪堂所藏金石文字簿錄》43b-44b，《新編》4/7/391上—下。

《墨池篇》6/2a，《新編》4/9/667下。

《漢隸字源》27—28頁。

《水經注碑錄》卷七編號198，《北山金石錄》上冊172—173頁。

《增補校碑隨筆》（修訂本）85—86頁。

《碑帖鑒定》76頁。

《善本碑帖錄》1/30。

《碑帖敘錄》141頁。

《漢魏石刻文字繫年》85頁。

《漢魏六朝碑刻校注·總目提要》編號0705。

淑德大學《中國石刻拓本目錄》"碑碣等刻石"編號214。

論文：

陳顯遠：《漢"仙人唐公房碑"考》，《文博》1996年第2期。

馮歲平：《漢〈仙人唐公房碑〉研究》，《碑林集刊》第18輯，2012年。

備考：《通志·金石略》將之誤歸入唐代，而《輿地碑記目》則將《漢公昉碑》與《唐公碑》分作兩塊碑文錄入，實則同一塊碑文。《墨池篇》、《古今碑帖考》和《紅藕齋漢碑彙鈔集跋》皆將時間著錄為"和平六年"，不知何據？

東漢無年號123

公乘孫仲妻石棺題字

又名：孫仲妻柩銘。東漢（25—220）。四川成都雙流縣出土。拓片長 229、寬 23 釐米。文隸書，1 行 23 字。題：蜀廣都苞鄉嚻造里公乘孫仲妻君就以石棺葬書此柩兮。

圖版著錄：

《北京大學圖書館新藏金石拓本菁華 1996—2012》54 頁。

論文：

熊龍：《東漢孫仲妻柩銘考略》，《東方藝術》2012 年第 16 期。

備考：碑主諸書皆著錄為"孫仲妻"，據拓本，當為"公乘孫仲妻"。

東漢無年號 124

陶洛殘碑

刻於東漢（25—220）晚期。1957 年發現於曲阜之東陶洛村南，1959 年發掘出土碎石 90 餘塊，其中有字者 24 塊，最多一塊 32 字，最少者僅 1 字，現藏曲阜市漢魏碑刻陳列館。碑陽存 51 字，碑陰四列門生故吏題名，可見者七十餘人，計 161 字，隸書。

著錄：

《漢碑全集》3 冊 741—755 頁。（圖、文）

《山東石刻分類全集·秦漢碑刻》339 頁。（圖）

《齊魯碑刻墓誌研究》"附表"347 頁。（目）

《漢魏石刻文字繫年》147 頁。（目）

《漢魏六朝碑刻校注·總目提要》編號 0622。（目）

淑德大學《中國石刻拓本目錄》"碑碣等刻石"編號 253。（目）

論文：

令盦、下坡：《山東新發現的兩漢碑石及有關問題》，《漢碑研究》，第 347—366 頁。

關啟生：《陶洛東漢殘碑》，《漢碑研究》，第 367—373 頁。

東漢無年號 125

崔公殘石

東漢（25—220）。端方舊藏。殘存上段 6 行，行 5 字，下段 3 行，行 5 字。

圖版著錄：

《古石抱守錄》，《新編》3/1/263。

碑目題跋著錄：

《漢魏石刻文字繫年》147 頁。

《漢魏六朝碑刻校注・總目提要》編號 0666。

淑德大學《中國石刻拓本目錄》"碑碣等刻石" 編號 244。

東漢無年號 126

王景崖墓題記

東漢（25—220）。四川省樂山市城東凌雲山南坡麻浩崖墓 M99 出土。文隸書，4 行，行 2 至 9 字。

著錄：

《漢魏石刻文字繫年》34 頁。（文）

《漢魏六朝碑刻校注・總目提要》編號 0148。（目）

論文：

唐長壽：《樂山麻浩崖墓研究》，《四川文物》1987 年第 2 期。

東漢無年號 127

處士等字殘碑

東漢（25—220）。1926 年河北省磁縣出土，由尊古齋黃百川買來，據云不久售於日本人，今在日本。存 12 行，行 11 字，隸書，計殘損者共 80 餘字。

錄文著錄：

《增補校碑隨筆》（修訂本）93—94 頁。

《石交錄》1/10a–b，《新編》4/6/434 下。

碑目題跋著錄：

《蒿里遺文目錄》1 上/2b，《新編》2/20/14938 上。

《蒿里遺文目錄續編・墓碑徵存上》1a，《新編》3/37/537 上。

《碑帖鑒定》77 頁。

《漢魏石刻文字繫年》147 頁。

《漢魏六朝碑刻校注・總目提要》編號 0423、0621。

淑德大學《中國石刻拓本目錄》"碑碣等刻石" 編號 233。

備考：《漢魏六朝碑刻校注·總目提要》作"中平二年"，不知何據？

東漢無年號 128

武都太守殘碑陰

又名：華嶽廟殘碑陰、武都太守等題名殘碑。東漢（25—220）。乾隆四十二年（1777）陝西華陰嶽廟五鳳樓下出土，原在陝西華陰縣華嶽廟，今存西安碑林博物館。殘碑高 103、寬 32 釐米。僅存碑陰文字，為立碑人籍貫、官職和姓名。第一列存 7 行，第二列惟 4 行有字可見，餘皆斷缺，行存 12 至 18 字不等，隸書。

圖版著錄：

《二銘草堂金石聚》12/23a – 25a，《新編》2/3/2158 上—2159 上。

《西安碑林全集·碑刻》2/130 – 131。

《華山碑石》6 頁。

《漢碑全集》6 冊 2008—2012 頁。

錄文著錄：

《金石萃編》11/34a – b，《新編》1/1/198 下。

《宜祿堂收藏金石記》卷 7，《新編》2/5/3367 上。

《函青閣金石記》4/5b – 6a，《新編》2/6/5048 下—5049 上。

《魯迅輯校石刻手稿·碑銘》上冊 359 頁。

《漢魏石刻文學考釋》上冊 311 頁。

《華山碑石》232 頁。

《漢碑全集》6 冊 2009 頁。

碑目題跋著錄：

《八瓊室金石札記》1/32a – b，《新編》1/8/6148 下。

《集古求真續編》6/19a – 20a，《新編》1/11/8770 上—下。

《陝西金石志》5/3b，《新編》1/22/16416 上。

《潛研堂金石文字目錄》1/6b，《新編》1/25/19009 下。

《藝風堂金石文字目》1/14b，《新編》1/26/19529 下。

《寰宇訪碑錄》1/7b，《新編》1/26/19855 上。

《寰宇訪碑錄校勘記》1/5a，《新編》1/27/20104 上。

《金石彙目分編》12（2）/12b，《新編》1/28/21341 下。

《石刻題跋索引》18 頁、491 頁右，《新編》1/30/22356、22829。

《續語堂碑錄》，《新編》2/1/71 上。

《二銘草堂金石聚》12/25a–b，《新編》2/3/2159 上。

《平津館金石萃編》2/31a，《新編》2/4/2446 上。

《宜祿堂收藏金石記》卷 7，《新編》2/5/3367 上。

《宜祿堂金石記》1/17b，《新編》2/6/4214 上。

《攈盧金石記》3a–b，《新編》2/6/4284 上。

《函青閣金石記》4/6a–7a，《新編》2/6/5049 上—下。

《關中金石文字存逸考》8/30b、12/7a，《新編》2/14/10551 下、10640 上。

《關中金石記》1/6，《新編》2/14/10665 上。

《獨笑齋金石文攷》第二集 8/8a–9b，《新編》2/16/11811 下—11812 上。

《平安館藏碑目》，《新編》2/18/13383 下。

《求是齋碑跋》1/10a–11b，《新編》2/19/14005 下—14006 上。

《竹崦盦金石目錄》7a，《新編》2/20/14550 上。

《寰宇貞石圖目錄》卷上/2b、卷下/1b，《新編》2/20/14672 上、14677 下。

《求恕齋碑錄》，《新編》3/2/524 上。

（咸豐）《同州府志·金石志》26/73b，《新編》3/31/725 上。

（乾隆）《同州府志·金石志上》55/16a，《新編》3/31/770 下。

《竹崦盦金石目錄》1/7a，《新編》3/37/343 上。

《漢石存目》卷上/8b，《新編》3/37/524 下。

《激素飛清閣平碑記》卷 1，《新編》4/1/198 下。

《增補校碑隨筆》（修訂本）55 頁。

《碑帖鑒定》82 頁。

《碑帖敘錄》131 頁。

《善本碑帖錄》1/24–25。

《華山碑石》232 頁。

《漢魏石刻文學考釋》上冊 309—311 頁。

《漢魏六朝碑刻校注·總目提要》編號 0778。

論文：

汪兆鏞：《〈漢華嶽廟殘碑陰〉跋》，《汪兆鏞文集·微尚齋雜文》卷三，第 263—264 頁。

備考：《藝風堂金石文字目》所載《西嶽廟故武都太守吉躬曼節等題名殘石》，題跋引用顧藹吉考證，認為此乃劉寬碑陰；《攟盧金石記》認為，"恐誤題"。故附此。

東漢無年號 129

吳子蘭碑

東漢（25—220）。在濟南府歷城。

碑目題跋著錄：

（宣統）《山東通志·藝文志》卷 152，《新編》2/12/9324 上。

《濟南金石志》2/3b，《新編》2/13/9799 上。

備考：《三國志》卷三二《蜀書·先主傳》有"將軍吳子蘭"，因未見錄文，是否碑主，待考。

東漢無年號 130

正直等字殘碑

別稱：正直碑、正直殘碑。東漢（25—220）。原石在河南安陽，埋於西門豹祠內，清康熙年間毀為柱石，清嘉慶三年徐方訪得，石存安陽市文化館。殘石高 63、寬 57 釐米。文隸書，存字 8 行，滿行 10 字。

圖版著錄：

《二銘草堂金石聚》12/30a–31b，《新編》2/3/2161 下—2162 上。

《漢碑大觀》第七集，《新編》2/8/6354 下左—6355 上。（局部）

《金石索》石索四，下冊 1535 頁。

《北京圖書館藏中國歷代石刻拓本匯編》1 冊 208 頁。

《漢碑全集》6 冊 1985—1986 頁。

錄文著錄：

《金石萃編》19/22a－b，《新編》1/1/342下。

《安陽縣金石錄》1/13a－b，《新編》1/18/13826上。

《宜祿堂收藏金石記》卷6，《新編》2/5/3345下。

（嘉慶）《安陽縣志·金石錄》1/9a－b，《新編》3/28/470上。

《魯迅輯校石刻手稿·碑銘》上冊358頁。

《漢魏石刻文學考釋》中冊836—837頁。

《漢碑全集》6冊1986頁。

碑目題跋著錄：

《金石萃編》19/23a－b，《新編》1/1/343上。附瞿中溶跋。

《安陽縣金石錄》1/13b－14a，《新編》1/18/13826上—下。

《平津讀碑記》1/22b，《新編》1/26/19359下。

《藝風堂金石文字目》1/14b，《新編》1/26/19529下。

《寰宇訪碑錄》1/7b，《新編》1/26/19855上。

《寰宇訪碑錄校勘記》1/5a，《新編》1/27/20104上。

《金石彙目分編》9（2）/1a，《新編》1/28/20954上。

《石刻題跋索引》24頁右，《新編》1/30/22362。

《績語堂碑錄》，《新編》2/1/70下。

《二銘草堂金石聚》12/31b，《新編》2/3/2162上。

《平津館金石萃編》2/31b，《新編》2/4/2446上。

《宜祿堂收藏金石記》卷6，《新編》2/5/3345下。

《宜祿堂金石記》1/13a，《新編》2/6/4212上。

《河朔訪古新錄》2/3b，《新編》2/12/8895上。

《河朔金石目》2/1a，《新編》2/12/8960上。

《平安館藏碑目》，《新編》2/18/13384上。

《寰宇貞石圖目錄》卷上/4a、卷下/2b，《新編》2/20/14673上、14678上。

《中州金石目錄》1/5b，《新編》2/20/14688上。

（嘉慶）《安陽縣志·金石錄》1/9b－10a，《新編》3/28/470上—下。

《河朔新碑目》中卷/1a，《新編》3/35/571上。

《河南古物調查表證誤》2a，《新編》3/35/592下。

《石目》,《新編》3/36/80 上。

《中州金石目》2/6b,《新編》3/36/154 下。

《漢石存目》卷上/8b,《新編》3/37/524 下。

《漢石經室金石跋尾》,《新編》3/38/259 下。

《中國金石學講義・正編》12b,《新編》3/39/142。

《激素飛清閣平碑記》卷1,《新編》4/1/197 下。

《雪堂所藏金石文字簿錄》46b,《新編》4/7/392 下。

《增補校碑隨筆》(修訂本) 96—97 頁。

《碑帖鑒定》84—85 頁。

《善本碑帖錄》1/12。

《碑帖敘錄》39 頁。

《漢魏石刻文學考釋》中冊 835—836 頁。

《漢魏石刻文字繫年》150 頁。

《漢魏六朝碑刻校注・總目提要》編號 0643。

淑德大學《中國石刻拓本目錄》"碑碣等刻石" 編號 219。

論文：

河南省文化局文物工作隊：《河南現存的漢碑》,《文物》1964 年第 5 期。

湯淑君：《安陽漢四殘石》,《中原文物》1993 年第 1 期。

東漢無年號 131

元孫等字殘碑

別稱：元孫殘碑。東漢 (25—220)。清嘉慶三年徐方訪得於河南安陽西門豹祠墻田間,石存安陽市文化館。拓本高 40、寬 9 釐米。文隸書,存字 4 行,行 8 字。

圖版著錄：

《二銘草堂金石聚》12/32a,《新編》2/3/2162 下。

《漢碑大觀》第七集,《新編》2/8/6354 上左。(局部)

《金石索》石索四,下冊 1532 頁。

《北京圖書館藏中國歷代石刻拓本匯編》1 冊 205 頁。

《漢碑全集》6 冊 1987—1988 頁。

錄文著錄：

《金石萃編》19/21b,《新編》1/1/342 上。

《安陽縣金石錄》1/12b–13a,《新編》1/18/13825 下—13826 上。

《宜祿堂收藏金石記》卷 6,《新編》2/5/3346 上。

（嘉慶）《安陽縣志‧金石錄》1/9a,《新編》3/28/470 上。

《魯迅輯校石刻手稿‧碑銘》上冊 357 頁。

《漢魏石刻文學考釋》中冊 835 頁。

《漢碑全集》6 冊 1988 頁。

碑目題跋著錄：

《金石萃編》19/22a,《新編》1/1/342 下。附瞿中溶跋。

《安陽縣金石錄》1/13a,《新編》1/18/13826 上。

《平津讀碑記》1/22b,《新編》1/26/19359 下。

《藝風堂金石文字目》1/14b,《新編》1/26/19529 下。

《金石彙目分編》9（2）/1a,《新編》1/28/20954 上。

《石刻題跋索引》24 頁右,《新編》1/30/22362。

《續語堂碑錄》,《新編》2/1/70 下。

《二銘草堂金石聚》12/32b,《新編》2/3/2162 下。

《平津館金石萃編》2/31b,《新編》2/4/2446 上。

《宜祿堂金石記》1/13a,《新編》2/6/4212 上。

《河朔訪古新錄》2/3b,《新編》2/12/8895 上。

《河朔金石目》2/1a,《新編》2/12/8960 上。

《平安館藏碑目》,《新編》2/18/13384 上。

《古墨齋金石跋》1/29b,《新編》2/19/14077 上。

《寰宇貞石圖目錄》卷上/4a、卷下/2b,《新編》2/20/14673 上、14678 上。

《中州金石目錄》1/5b,《新編》2/20/14688 上。

（嘉慶）《安陽縣志‧金石錄》1/9a,《新編》3/28/470 上。

《河朔新碑目》中卷/1a,《新編》3/35/571 上。

《河南古物調查表證誤》2a,《新編》3/35/592 下。

《石目》,《新編》3/36/80 上。

《漢石經室金石跋尾》,《新編》3/38/259 下。

《中國金石學講義・正編》12b,《新編》3/39/142。

《雪堂所藏金石文字簿錄》46a－b,《新編》4/7/392 下。

《增補校碑隨筆》(修訂本) 97 頁。

《碑帖鑒定》84—85 頁。

《善本碑帖錄》1/12。

《碑帖敘錄》18 頁。

《漢魏石刻文學考釋》中冊 834—835 頁。

《漢魏石刻文字繫年》150—151 頁。

《漢魏六朝碑刻校注・總目提要》編號 0670。

淑德大學《中國石刻拓本目錄》"碑碣等刻石" 編號 218。

論文：

河南省文化局文物工作隊：《河南現存的漢碑》,《文物》1964 年第 5 期。

湯淑君：《安陽漢四殘石》,《中原文物》1993 年第 1 期。

東漢無年號 132

司徒殘碑

又名：漢隸殘碑、漢安陽殘碑、自然碑。東漢 (25—220)。嘉慶初獲於安陽,有"自然之性"等語。隸書。

圖版著錄：

《望堂金石初集》,《新編》2/4/2875 上—2878 下。

錄文著錄：

《兩漢金石記》14/21b－22a,《新編》1/10/7405 上—下。

《平津館金石萃編》,《新編》2/4/2666 上。

《漢魏石刻文學考釋》下冊 1325—1326 頁、下冊 1471 頁。

碑目題跋著錄：

《兩漢金石記》14/22a－b,《新編》1/10/7405 下。

《鐵橋金石跋》1/10b－11a,《新編》1/25/19309 下—19310 上。

《寰宇訪碑錄》1/8a，《新編》1/26/19855 下。
《補寰宇訪碑錄》1/7b，《新編》1/27/20198 上。
《石刻題跋索引》25 頁左，《新編》1/30/22363。
《平津館金石萃編》，《新編》2/4/2666 上。附《四錄堂類集》。
《函青閣金石記》4/2a－5b，《新編》2/6/5047 上—5048 下。
《循園金石文字跋尾》卷上/12a，《新編》2/20/14471 下。
《竹崦盦金石目錄》7a，《新編》2/20/14550 上。
《兩浙金石別錄》卷上/8a，《新編》3/10/457 上
《竹崦盦金石目錄》1/7a，《新編》3/37/343 上。
《東洲草堂金石跋》3/11a－13b，《新編》3/38/92 下—93 下。
《激素飛清閣平碑記》卷1，《新編》4/1/199 上。
《善本碑帖錄》1/41。
《漢魏石刻文學考釋》下冊1323—1324 頁。
《漢魏六朝碑刻校注·總目提要》編號0722、0728。
備考：《漢魏石刻文學考釋》重複著錄。

東漢無年號133

司空袁逢碑

東漢（25—220）。蔡邕撰。
錄文著錄：
（康熙）《汝陽縣志·藝文志》10 上/81a，《新編》3/30/242 下。
《藝文類聚》卷47，上冊841—842 頁。
《全後漢文》78/7a－b，《全文》1 冊895 上。
《蔡中郎集》2/30a，《漢魏六朝百三名家集》1 冊548 下。
《漢魏石刻文學考釋》上冊420 頁。
碑目題跋著錄：
《漢魏六朝志墓金石例》1/2b，《新編》3/40/396 下。
《漢魏六朝墓銘纂例》2/12b－13a，《新編》3/40/447 下—448 上。
《漢魏石刻文學考釋》上冊419—420 頁。
《漢魏六朝碑刻校注·總目提要》編號0495。

備考：袁逢，《後漢書》卷四五附《袁安傳》。

東漢無年號 134

荊州刺史庾侯碑

東漢（25—220）。蔡邕撰。

錄文著錄：

《藝文類聚》卷50，上冊895—896頁。

《全後漢文》79/1a–b，《全文》1冊896上。

《蔡中郎集》2/30a–31a，《漢魏六朝百三名家集》1冊548下—549上。

《漢魏石刻文學考釋》上冊421頁。

碑目題跋著錄：

《漢魏六朝志墓金石例》1/2b–3a，《新編》3/40/396下—397上。

《漢魏六朝墓銘纂例》2/13a，《新編》3/40/448上。

《漢魏石刻文學考釋》上冊420—421頁。

備考：《全後漢文》誤作"荊州刺史度尚碑"。

東漢無年號 135

桓彬碑

東漢（25—220）。蔡邕撰。碑文僅有讚揚桓彬的三十餘字。

錄文著錄：

《全後漢文》79/1b，《全文》1冊896上。

《漢魏石刻文學考釋》下冊1468頁。

碑目題跋著錄：

《佩文齋書畫譜·金石》61/12b上，《新編》3/2/35下。

《六藝之一錄》51/28a，《新編》4/4/766下。

《全後漢文》79/1b，《全文》1冊896上。

《漢魏六朝碑刻校注·總目提要》編號0372。

備考：桓彬，《後漢書》卷三七《桓榮傳》有附傳。

東漢無年號 136

雍伯碑

又名：陽翁伯碑。東漢（25—220）。在遵化州玉田縣。施蟄存《水經注碑錄》考證，陽翁伯乃漢初一油商。

碑目題跋著錄：

《金石古文》14/6b－7a，《新編》1/12/9435 下—9436 上。

《金石彙目分編》3（1）/8a，《新編》1/27/20689 下。

（光緒）《畿輔通志·金石十三》150/2a－b，《新編》2/11/8582 下。

《京畿金石考》卷上/31a，《新編》2/12/8761 上。

《畿輔待訪碑目》卷上/2a，《新編》2/20/14801 下。

《水經注碑錄》卷三編號 84，《北山金石錄》上冊 83—84 頁。（節文）

《漢魏石刻文學考釋》上冊 174—175 頁。（節文）

《漢魏六朝碑刻校注·總目提要》編號 0587。

備考：雍伯，《史記》卷一二九《貨殖列傳》與《漢書》卷九一《貨殖傳》皆有記載，《漢書》作"陽翁伯"。

東漢無年號 137

中江塔梁子荊氏崖墓榜題

東漢（25—220）。2002 年在四川省德陽市中江縣民主鄉八村七社玉江北岸山梁發掘出土。三幅壁畫共題刻 28 行，行字不等，隸書。

論文：

四川省文物考古研究所等：《四川中江塔梁子崖墓發掘簡報》，《文物》2004 年第 9 期。（圖、文）

王子今、高大倫：《中江塔梁子崖墓壁畫榜題考論》，《文物》2004 年第 9 期。

霍巍：《襄人與羌胡——四川中江塔梁子東漢崖墓榜題補釋》，《文物》2009 年第 6 期。

龍騰：《襄人不是胡人——四川中江塔梁子東漢崖墓榜題考》，《文物》2013 年第 2 期。

東漢無年號 138

山陽太守曹勳墓磚

東漢（25—220）。1977 年在安徽省亳州市元寶坑村曹氏宗族墓出土，藏亳州市博物館。磚高 30.5、寬 15 釐米。文隸書，2 行，行 5 字。

著錄：

《中國磚銘》圖版上冊 272 頁。（圖）

《中國古代磚刻銘文集》上、下冊編號 0449。（圖、文）

論文：

亳縣博物館：《安徽亳縣發現一批漢代字磚和石刻》，《文物資料叢刊》第 2 集，1978 年。（圖 17）

東漢無年號 139

楊元君仲秋下旬碑

東漢（25—220）。在綿州。《隸續·碑式》載，碑十三行，行二十五字。《漢隸字源》云：俗以為文處茂碑，未詳。

錄文著錄：

《隸釋》18/8a，《新編》1/9/6934 下。

《六藝之一錄》53/25b，《新編》4/4/795 上。

《漢魏石刻文學考釋》中冊 862 頁。

碑目題跋著錄：

《隸釋》18/8b－9a，《新編》1/9/6934 下—6935 上。

《隸釋刊誤》71b－72a，《新編》1/9/7080 上—下。

《隸續》7/5b，《新編》1/10/7135 上。

《金石錄補》5/2b－3b、25/15b，《新編》1/12/9011 下—9012 上、9122 上。

《寶刻叢編》20/8a，《新編》1/24/18376 下。

《金石彙目分編》16（1）/36b，《新編》1/28/21466 下。

《石刻題跋索引》498 頁左，《新編》1/30/22836。

《天下金石志》16/4，《新編》2/2/872 上。

《蜀碑記補》10/49，《新編》2/12/8740 上。

《碑藪》，《新編》2/16/11819 上。

《隸辨》8/10b－11a，《新編》2/17/13079 下—13080 上。

《佩文齋書畫譜·金石》61/18b 下，《新編》3/2/38 下。

（嘉慶）《四川通志·輿地志》60/21b，《新編》3/14/529 上。

（民國）《緜陽縣志·藝文志》9/1a－b，《新編》3/15/167 上。附《墨寶》。

《燕庭金石叢稿》，《新編》3/32/503 下。

《寒山堂金石林時地攷》卷下/2a，《新編》3/34/502 下。

汪本《隸釋刊誤》71b－72a，《新編》3/37/585 下—586 上。

《紅藕齋漢碑彙鈔集跋》，《新編》3/38/528 下。

《金石小箋》19b－20a，《新編》3/39/504 上—下。

《漢魏六朝墓銘纂例》2/11b－12a，《新編》3/40/447 上—下。

《金石備攷》附錄，《新編》4/1/92 上。

《漢隸字源》98 頁。

《漢魏石刻文學考釋》中冊 861—862 頁。

《漢魏石刻文字繫年》151 頁。

《漢魏六朝碑刻校注·總目提要》編號 0673。

東漢無年號 140

中部碑

東漢（25—220）。在均州。文存兩列，上十一行，下十行，乃碑陰題名。額題：中部碑。《金石錄補》卷四認為，此為"頌德之碑陰也"。

圖版著錄：

《隸續》5/14b，《新編》1/10/7117 下。（碑額）

（民國）《湖北通志·金石志》2/30a－b，《新編》1/16/11965 下。

錄文著錄：

《隸釋》16/7b－9a，《新編》1/9/6920 上—6921 上。

（民國）《湖北通志·金石志》2/31a－b，《新編》1/16/11966 上。

（嘉慶）《湖北通志·金石一》88/13b－14b，《新編》3/13/9 上—下。

（光緒）《襄陽府治·金石》18/6a－b，《新編》3/13/393 下。

（光緒）《續輯均州志·藝文志》15/2b－3b，《新編》3/13/509 下—510 上。

《六藝之一錄》53/22a－23a，《新編》4/4/793 下—794 上。

《漢魏石刻文學考釋》中册 1009 頁。

碑目題跋：

《隸釋》16/9a–b，《新編》1/9/6921 上。

《隸釋刊誤》68a，《新編》1/9/7078 下。

《金石録補》4/10a–b，《新編》1/12/9009 下。

《輿地碑記目·均州碑記》3/9b，《新編》1/24/18552 上。

《授堂金石三跋·一跋》2/11a–b，《新編》1/25/19099 上。

《金石彙目分編》14/27b，《新編》1/28/21396 上。

《石刻題跋索引》24 頁右，《新編》1/30/22362。

《天下金石志》16/4，《新編》2/2/872 上。

《隸辨》8/9a，《新編》2/17/13079 上。

《佩文齋書畫譜·金石》61/18b 下，《新編》3/2/38 下。

汪本《隸釋刊誤》68a，《新編》3/37/584 上。

《碑版廣例》6/11a，《新編》3/40/307 上。

《金石備攷》附録，《新編》4/1/92 上。

《漢隸字源》90—91 頁。

《漢魏石刻文字繫年》151 頁。

備考：《漢魏石刻文字繫年》認為其乃"竹葉碑"，但比對録文，非也。

東漢無年號 141

太尉楊震碑并陰

又名：漢故太尉楊公神道碑銘、楊伯起碑。東漢建寧后（172—220）所刻。在陝府閿鄉縣，其孫沛相楊統門人立在墓前，石今毁。拓本高 124、寬 80 釐米。文隸書，18 行，滿行 28 字。陰 25 行，行 9 人名。篆額二行，額題：漢故太尉楊公神道之碑。

圖版（碑陽）著録：

《隨軒金石文字》，《新編》2/8/5907–5916。

《北京圖書館藏中國歷代石刻拓本匯編》1 册 156 頁。

《漢碑全集》2 册 363—369 頁。

《漢魏六朝碑刻校注》1 冊 360 頁。

錄文著錄：

《金石萃編》15/1a – 2b，《新編》1/1/252 上—下。（碑陽）

《隸釋》12/1a – 2b、3a – 6a，《新編》1/9/6885 上—6887 下。

《漢碑錄文》3/36a – 37b，《新編》2/8/6184 下—6185 上。（碑陽）

（民國）《新修閺鄉縣志·金石》19/1a – b、3b – 4b，《新編》3/29/681 上、682 上—下。

《碑版廣例》5/11a – 12b，《新編》3/40/295 下—296 上。（碑陽）

《六藝之一錄》43/5b – 7a、9b – 12b，《新編》4/4/613 上—614 上、615 上—616 下。

《全後漢文》102/5b – 6b，《全文》1 冊 1023 頁上—下。（碑陽）

《漢魏石刻文學考釋》中冊 645—648 頁。

《漢碑全集》2 冊 365 頁。（碑陽）

《漢魏六朝碑刻校注》1 冊 361 頁。（碑陽）

碑目題跋著錄：

《金石萃編》15/4a – 5a，《新編》1/1/253 下—254 上。

《八瓊室金石補正》5/10b – 12a，《新編》1/6/4077 下—4078 下。

《隸釋》12/2b – 3a、6a，《新編》1/9/6885 下—6886 上、6887 下。

《隸釋》21/5a – b、22/13a 引《集古錄》，《新編》1/9/6965 上、6986 上。

《隸釋》23/3a、19b 引《集古錄目》，《新編》1/9/6991 上、6999 上。

《隸釋》27/3b 引《天下碑錄》，《新編》1/9/7037 上。

《隸釋刊誤》12/57b – 58b，《新編》1/9/7073 上—下。

《隸續》7/2a，《新編》1/10/7133 下。

《兩漢金石記》17/4b – 6a，《新編》1/10/7447 下—7448 下。

《集古求真》9/12a – b，《新編》1/11/8567 下。

《集古求真補正》3/26a – 27b，《新編》1/11/8675 下—8676 上。

《金石錄》2/1a，《新編》1/12/8806 上。

《金石錄補續跋》4/12b – 13a，《新編》1/12/9163 下—9164 上。

《中州金石考》7/29b，《新編》1/18/13733 上。

《集古錄跋尾》2/4a-5a,《新編》1/24/17845下—17846上。

《集古錄目》2/6a,《新編》1/24/17953下。

《通志·金石略》卷上/12b,《新編》1/24/18025上。

《藝風堂金石文字目》1/11b,《新編》1/26/19528上。

《補寰宇訪碑錄》1/6a,《新編》1/27/20197下。

《金石彙目分編》9(4)/57b-58a、12(2)/25b-26a,《新編》1/28/21064上—下、21348上—下。

《石刻題跋索引》13頁左,《新編》1/30/22351。

《天下金石志》6/14,《新編》2/2/837下。

《墨華通考》卷7、卷10,《新編》2/6/4378下、4411上。

《隨軒金石文字》,《新編》2/8/5917上—下。

《漢碑錄文》3/37b-38b,《新編》2/8/6185上—下。

《碑藪》,《新編》2/16/11824上。

《續校碑隨筆·孤本》卷下/7a,《新編》2/17/12505上。

《隸辨》7/25b-26b,《新編》2/17/13048上—下。

《古今碑帖考》8b,《新編》2/18/13166下。

《金石錄續跋》47-48,《新編》2/18/13218上—下。

《集古錄補目補》卷上/1a,《新編》2/20/14509下。

《中州金石目錄》1/8b,《新編》2/20/14689下。

《佩文齋書畫譜·金石》61/9a上,《新編》3/2/34上。

(民國)《新修閿鄉縣志·金石》19/2b-3a,《新編》3/29/681下—682上。附《金石後錄》。

《寒山堂金石林時地攷》卷下/2a,《新編》3/34/502下。

《石墨餘馨》,《新編》3/35/338。

《西安碑目·華陰縣》,《新編》3/37/267下。

汪本《隸釋刊誤》57b-58b,《新編》3/37/578下—579上。

《廣川書跋》5/19a,《新編》3/38/724上。

《金石小箋》14a,《新編》3/39/501下。

《漢石例》1/12a、2/26b、2/34b,《新編》3/40/130下、156下、160下。

《碑版廣例》5/12b、6/7a,《新編》3/40/296上、305上。

《漢魏六朝志墓金石例》1/8b，《新編》3/40/399 下。
《漢魏六朝墓銘纂例》2/9a–b，《新編》3/40/446 上。
《金石備攷·西安府》，《新編》4/1/33 上。
《古今書刻》下編/24b，《新編》4/1/146 下。
《激素飛清閣平碑記》卷 1，《新編》4/1/196 上。
《墨池篇》6/3b，《新編》4/9/668 上。
《太平寰宇記碑錄》編號 64，《北山金石錄》上冊 272 頁。
《漢隸字源》68—69 頁。
《善本碑帖錄》1/38。
《漢魏石刻文學考釋》中冊 640—645 頁。
《漢魏石刻文字繫年》84 頁。
《漢魏六朝碑刻校注·總目提要》編號 0343。
淑德大學《中國石刻拓本目錄》"碑碣等刻石"編號 248。
備考：楊震，《後漢書》卷五四有傳。

東漢無年號 142

衛尉張儉碑銘

東漢（25—220）。孔融撰。

錄文著錄：

《藝文類聚》卷 49，上冊 880—881 頁。
《全後漢文》83/11b–12a，《全文》1 冊 924 上—下。
《建安七子集校注》卷 1《孔融集校注》，110—113 頁。
《孔少府集》21a–b，《漢魏六朝百三名家集》1 冊 606 上。
《孔北海集》19a–b，景印文淵閣《四庫全書·集部》第 1063 冊。
《漢魏石刻文學考釋》上冊 425—426 頁。

碑目題跋著錄：

《漢魏六朝墓銘纂例》2/13b，《新編》3/40/448 上。
《漢魏石刻文學考釋》上冊 425 頁。
《漢魏六朝碑刻校注·總目提要》編號 0475。
備考：張儉，《後漢書》卷六七有傳。

東漢無年號 143

尚書令荀彧碑

東漢（25—220）。潘勖撰。

著錄：

《藝文類聚》卷48，上冊852頁。（文）

《全後漢文》87/5b–6a，《全文》1冊944上—下。（文）

《漢魏石刻文學考釋》上冊426—427頁。（文、跋）

《漢魏六朝碑刻校注·總目提要》編號0472。（目）

備考：荀彧，《後漢書》卷七〇、《三國志》卷一〇有傳。

東漢無年號 144

韋端碑

東漢（25—220）。陳琳撰。碑文不全，僅8字。

著錄：

《全後漢文》92/12a，《全文》1冊972下。（文）

《建安七子集校注》卷2《陳琳集校注》，228頁。（文）

《漢魏石刻文學考釋》上冊427—428頁。（文、跋）

《漢魏六朝碑刻校注·總目提要》編號0478。（目）

備考：韋端，其事見《三國志》卷二五《楊阜傳》、卷三六《馬超傳》"領騰部曲"條注。

東漢無年號 145

丘巂碑

東漢（25—220）。繁欽撰。

著錄：

《全後漢文》93/11b，《全文》1冊978上。（文）

《漢魏石刻文學考釋》上冊428—429頁。（文、跋）

《漢魏六朝碑刻校注·總目提要》編號0476。（目）

東漢無年號 146

鮑朱□墓銘磚

東漢（25—220）。近年山東省廣饒縣花園鄉殷家村出土，藏山東省淄博市拿雲美術博物館。磚高 26.5、寬 13、厚 5.3 釐米。文隸書，1 行 5 字。

著錄：

《中國古代磚刻銘文集》上、下冊編號 0643。（圖、文）

東漢無年號 147

大女史息婦墓記磚

東漢（25—220）。陝西西安西鄉出土，白祚、李宏榮遞藏。磚高 28、寬 12.7 釐米。文隸書，1 行 5 字。

著錄：

《中國磚銘》圖版下冊 850 頁左。（圖）

《中國古代磚刻銘文集》上、下冊編號 0660。（圖、文）

東漢無年號 148

韓朗妻墓記磚

東漢（25—220）。1998 年洛陽市漢魏故城北原出土，藏洛陽民間。磚高 34.8、寬 17.5、厚 7.5 釐米。文隸書，存 1 行 5 字。

著錄：

《中國古代磚刻銘文集》上、下冊編號 0667。（圖、文）

論文：

王木鐸：《洛陽新獲磚誌說略》，《中國書法》2001 年第 4 期。

東漢無年號 149

胡功曹墓記磚

東漢（25—220）。近年四川三臺縣出土。磚高 26、寬 16 釐米。文隸書，2 行，行 3 字。

著錄：

《中國古代磚刻銘文集》上、下冊編號 0668。（圖、文）

東漢無年號 150

朱巖妻郤氏墓記磚

東漢（25—220）。或作晉，或作北魏，暫從東漢。定海方若舊藏。磚高 26、寬 14 釐米。文隸書，2 行，行 3 或 6 字。

著錄：

《廣倉專錄》，《新編》4/10/775。（圖）

《中國磚銘》圖版下冊 757 頁。（圖）

《中國古代磚刻銘文集》上、下冊編號 0700。（圖、文）

《雪堂專錄・專誌徵存》6a，《羅雪堂先生全集》五編 3 冊 1275 頁。（文）

《石刻名彙》11/201a，《新編》2/2/1128 上。（目）

《蒿里遺文目錄》3 上/3a，《新編》2/20/14982 上。（目）

東漢無年號 151

西河太守鹽官掾賈季卿墓葬柱石

又名：賈孝卿畫像石題記。東漢（25—220）。1972 年陝西省清澗縣折家坪鄉賀家溝村出土，現藏清澗縣文物管理所。石長 133、寬 17 釐米。文 1 行 12 字，篆書。

著錄：

《新中國出土墓誌・陝西（壹）》上冊 10 頁（圖）、下冊 10 頁（文、跋）。

論文：

吳鎮烽：《秦晉兩省東漢畫像石題記集釋》，《考古與文物》2006 年第 1 期。

東漢無年號 152

大高平令郭君夫人墓葬紀年石

約東漢（25—220）。1980 年五月綏德縣四十里鋪鄉前街出土，現藏綏德縣博物館。石長 151、寬 19、厚 6 釐米。文 1 行 11 字，篆書。

著錄：

《新中國出土墓誌・陝西（壹）》上冊 10 頁（圖）、下冊 11 頁。（文、跋）

《漢碑全集》1 冊 193—195 頁。（圖、文）

《漢魏石刻文字繫年》134—135 頁。（文、跋）

《漢魏六朝碑刻校注・總目提要》編號 0660。（目）

論文：

戴應新：《陝北東漢畫像石墓題刻文字》，《故宮學術季刊》1996 年第 3 期。

東漢無年號 153

使者持節護烏桓校尉王威墓葬柱石

東漢（25—220）。1984 年秋綏德縣城郊黃家塔五號墓發現，今石藏綏德縣博物館。石長、寬均 35 釐米，文 3 行，共 14 字，篆書。

著錄：

《新中國出土墓誌·陝西（壹）》上冊 11 頁（圖）、下冊 11 頁（文）。

《漢碑全集》1 冊 214—216 頁。（圖、文）

論文：

吳鎮烽：《秦晉兩省東漢畫像石題記集釋》，《考古與文物》2006 年第 1 期。

備考：《後漢書》卷四《孝和孝殤帝紀》、卷一一《天文中》有王威，是否墓主，待考。

東漢無年號 154

黃晨、黃芍墓磚記

又名：黃君磚誌。東漢（25—220）。1992 年發現於洛陽市民族路北側一磚砌洞室墓，現藏洛陽市文物一隊。共兩件，文字同。一方邊長 45 釐米，一方邊長 41 釐米，均厚 4.5 釐米。文隸書，3 行，滿行 3 字。

著錄：

《邙洛碑誌三百種》1 頁。（圖）

《漢魏六朝碑刻校注》2 冊 149—150 頁。（圖、文）

《漢魏石刻文字繫年》137—138 頁。（跋）

《漢魏六朝碑刻校注·總目提要》編號 0716。（目）

論文：

洛陽市文物工作隊：《河南洛陽市東漢孝女黃晨、黃芍合葬墓》，《考古》1997 年第 7 期。

趙振華：《談東漢〈黃君法葬孝女墓記〉和"津門"瓦當》，《洛陽古代銘刻文獻研究》，第 255—256 頁，原載《書法叢刊》2000 年第 3 期。

陸錫興：《"黃君法行"朱字刻銘磚的探索》，《考古》2002 年第 4 期。

東漢無年號 155

郝方殘磚

東漢（25—220）某年九月。1990 年洛陽市文化局張某在洛陽市孟津縣境內原金墉城遺址內考察所得，現藏洛陽張氏。磚高 14、寬 15 釐米。文 3 行，滿行 3 字，隸書。

著錄：

《邙洛碑誌三百種》2 頁。（圖）

《中國古代磚刻銘文集》上、下冊編號 0718。（圖、文）

東漢無年號 156

孫琮畫像石墓題記

東漢（25—220）。1967 年春在山東省諸城縣涼臺鄉出土，石現存山東省諸城市博物館。殘高 110、寬 75 釐米。隸書，1 行殘存 14 字。

著錄：

《漢碑全集》2 冊 476—477 頁。（圖、文）

《漢魏石刻文字繫年》138 頁。（跋）

《漢魏六朝碑刻校注·總目提要》編號 0613。（目）

論文：

諸城縣博物館：《山東諸城漢墓畫像石》，《文物》1983 年第 10 期。

王恩田：《諸城涼臺孫琮畫像石墓考》，《文物》1985 年第 3 期。

楊愛國：《漢代畫像石榜題略論》，《考古》2005 年第 5 期。

令盦、下坡：《山東新發現的兩漢碑石及有關問題》，《漢碑研究》，第 357—366 頁。

東漢無年號 157

都尉西城令隱昌墓磚銘

約東漢（25—220）。1980 至 1989 年間陝西省旬陽縣城關鎮黨家壩秦漢遺址附近出土，石藏旬陽縣博物館。磚殘長12.5、厚5釐米。存1行7字，隸書。

著錄：

《新中國出土墓誌·陝西（壹）》上冊13頁（圖）、下冊12頁（文、跋）。

東漢無年號158

漢殘碑陰

俗稱：竹葉碑。又名：中部督郵郭尚等題名、督郵曹史題名碑、少皞之胄碑。東漢（25—220）。乾隆間山東曲阜出土，清同治三年（1864）裂為三段，後又裂為六段，今僅存三段。顏樂清家舊藏，後存曲阜縣孔廟東廡，今存曲阜市漢魏碑刻陳列館。文隸書，碑陽存字7行，陰2列，上列11行，下列10行。《山左金石志》《金石萃編》《兩漢金石記》認為，此方殘碑為"魯國長官德政碑"。

圖版著錄：

《金石圖說》甲下/81a，《新編》2/2/980。

《二銘草堂金石聚》12/19a–22a，《新編》2/3/2156上—2157下。

《金石經眼錄》64a–b，《新編》4/10/522下。

《金石圖》，《新編》4/10/560下右。

《金石索》石索四，下冊1539頁。

《漢碑全集》6冊2202—2203頁。

《漢魏六朝碑刻校注》2冊175頁。

《山東石刻分類全集·秦漢碑刻》343頁。

錄文著錄：

《金石萃編》19/11a–12a，《新編》1/1/337上—下。

《兩漢金石記》7/13a–b，《新編》1/10/7304上。

《潛研堂金石文跋尾》1/33a–b，《新編》1/25/18749上。

《漢碑錄文》4/37a–b，《新編》2/8/6211上—下。

（乾隆）《曲阜縣志·金石》51/14b，《新編》3/26/109下。

《紅藕齋漢碑彙鈔集跋》，《新編》3/38/493上—下。

《魯迅輯校石刻手稿·碑銘》上冊 338—339 頁。
《漢魏六朝碑刻校注》2 冊 176 頁。
《漢魏石刻文學考釋》上冊 388—389 頁。
《漢碑全集》6 冊 2203 頁。
碑目題跋著錄：
《金石萃編》19/14b – 15a，《新編》1/1/338 下—339 上。
《兩漢金石記》7/14a – 16a，《新編》1/10/7304 下—7305 下。
《山左金石志》8/11a – b，《新編》1/19/14449 上。
《潛研堂金石文跋尾》1/33b – 34a，《新編》1/25/18749 上—下。
《潛研堂金石文字目錄》1/6a，《新編》1/25/19009 下。
《平津讀碑記》1/21a，《新編》1/26/19359 上。
《寰宇訪碑錄》1/7b，《新編》1/26/19855 上。
《金石彙目分編》10（2）/5a，《新編》1/28/21143 上。
《石刻題跋索引》24 頁右，《新編》1/30/22362。
《續語堂碑錄》，《新編》2/1/70 下。
《金石圖說》甲下/81b，《新編》2/2/981。
《二銘草堂金石聚》12/22a – b，《新編》2/3/2157 下。
《平津館金石萃編》2/31a，《新編》2/4/2446 上。
《漢碑錄文》4/38a，《新編》2/8/6211 下。
《山左訪碑錄》6/3b，《新編》2/12/9083 下。
（宣統）《山東通志·藝文志》卷 152，《新編》2/12/9353 下。
《曲阜碑碣考》4/1a，《新編》2/13/9764 上。
《語石》10/19b – 20a、24b，《新編》2/16/12029 上—下、12031 下。
《續校碑隨筆·竹葉碑》卷下/12b，《新編》2/17/12507 下。
《平安館藏碑目》，《新編》2/18/13384 下。
《枕經堂金石題跋》3/29a，《新編》2/19/14273 上。
《竹崦盦金石目錄》7a，《新編》2/20/14550 上。
《山左碑目》2/4b，《新編》2/20/14840 下。
（乾隆）《曲阜縣志·金石》51/14b，《新編》3/26/109 下。
《石目》，《新編》3/36/80 上。

《竹崦盦金石目錄》1/7a，《新編》3/37/343 上。
《漢石存目》卷上/8a，《新編》3/37/524 下。
《紅藕齋漢碑彙鈔集跋》，《新編》3/38/493 下—494 上。
《雪堂所藏金石文字簿錄》45b–46a，《新編》4/7/392 上—下。
《金石圖》，《新編》4/10/560 下左。
《金石索》石索四，下冊 1540 頁。
《增補校碑隨筆》（修訂本）86—87 頁。
《碑帖鑒定》76—77 頁。
《善本碑帖錄》1/25。
《碑帖敘錄》58 頁。
《齊魯碑刻墓誌研究》"附表" 347 頁。
《漢魏六朝碑刻校注·總目提要》編號 0800。
《漢魏石刻文學考釋》上冊 385—386 頁。
淑德大學《中國石刻拓本目錄》"碑碣等刻石" 編號 238。

東漢無年號 159

陳元方祖父墓碑

東漢（25—220）。開封府陳留縣，

碑目題跋著錄：

《金石彙目分編》9（1）/11a，《新編》1/28/20929 上。
《太平寰宇記碑錄》編號 2，《北山金石錄》上冊 255 頁。

東漢無年號 160

中郎碑

又名：石墻村刻石、東漢中郎刻石。東漢（25—220）刻。清道光十四年出土於山東省鄒縣石墻村，後移鄒縣孟廟啟聖殿，今藏鄒城市博物館。石高 30、寬 52.5 釐米。文 11 行，行 9 字不等，隸書。似為造治食堂刻石。

圖版著錄：

《二銘草堂金石聚》12/33a–34a，《新編》2/3/2163 上—下。
《北京圖書館藏中國歷代石刻拓本匯編》1 冊 192 頁。

《漢碑全集》1 冊 83—86 頁。

《漢魏六朝碑刻校注》2 冊 147 頁。

《山東石刻分類全集·秦漢碑刻》342 頁。

錄文著錄：

《八瓊室金石補正》7/7a-b，《新編》1/6/4111 上。

《十二硯齋金石過眼錄》2/15a，《新編》1/10/7809 上。

（光緒）《鄒縣續志·金石志》10/5a-b，《新編》3/26/135 上。

《魯迅輯校石刻手稿·碑銘》上冊 340—341 頁。

《漢魏石刻文學考釋》上冊 177 頁。

《漢碑全集》1 冊 84 頁。

《漢魏六朝碑刻校注》2 冊 148 頁。

碑目題跋著錄：

《八瓊室金石補正》7/7b-8a，《新編》1/6/4111 上—下。

《十二硯齋金石過眼錄》2/15a，《新編》1/10/7809 上。

《補寰宇訪碑錄》1/7a，《新編》1/27/20198 上。

《補寰宇訪碑錄校勘記》1/2b，《新編》1/27/20286 下。

《石刻題跋索引》498 頁右，《新編》1/30/22836。

《續語堂碑錄》，《新編》2/1/70 下。

《二銘草堂金石聚》12/34a，《新編》2/3/2163 下。

《函青閣金石記》3/22b-23a，《新編》2/6/5045 下—5046 上。

《山左訪碑錄》6/13b，《新編》2/12/9088 下。

（宣統）《山東通志·藝文志》卷 152，《新編》2/12/9353 下。

《枕經堂金石題跋》3/31a，《新編》2/19/14274 上。

《漢石存目》卷上/8a，《新編》3/37/524 下。

《碑帖跋》81—82 頁，《新編》3/38/229-230、4/7/435 上。

《增補校碑隨筆》（修訂本）94 頁。

《漢魏石刻文學考釋》上冊 175—176 頁。

《漢魏石刻文字繫年》152 頁。

《漢魏六朝碑刻校注·總目提要》編號 0738。

東漢無年號 161

張仲瑜碑

又名：闕林山碑。東漢（25—220）。碑在筑陽縣闕林山之東。為修治道路的德政碑。

錄文著錄：

《全後漢文》106/5a，《全文》1 冊 1044 上。

《漢魏石刻文學考釋》上冊 177—178 頁。

碑目題跋著錄：

《隸釋》20/24b 引《水經注》，《新編》1/9/6958 下。

（民國）《湖北通志·金石志》2/34a，《新編》1/16/11967 下。

《金石彙目分編》14/28a，《新編》1/28/21396 下。

《石刻題跋索引》499 頁左，《新編》1/30/22837。

《隸辨》8/60b，《新編》2/17/13104 下。

《佩文齋書畫譜·金石》61/17b 上，《新編》3/2/38 上。

（嘉慶）《湖北通志·金石一》88/11a，《新編》3/13/8 上。

（光緒）《襄陽府治·金石》18/4b，《新編》3/13/392 下。

《六藝之一錄》53/6b，《新編》4/4/785 下。

《水經注碑錄》卷七編號 203，《北山金石錄》上冊 175–176 頁。

《漢魏石刻文學考釋》上冊 177 頁。

《漢魏六朝碑刻校注·總目提要》編號 0588。

東漢無年號 162

王誠興墓題記

東漢（25—220）。在四川省樂山市柿子灣崖墓一單室墓門右壁。高 80、寬 32 釐米。文隸書，1 行 4 字。云：王誠興墓。

著錄：

《四川歷代碑刻》45 頁。（圖、文）

《漢碑全集》6 冊 2100—2101 頁。（圖、文）

《漢魏石刻文字繫年》114 頁。（目）

《漢魏六朝碑刻校注·總目提要》編號 0663。（目）

東漢無年號 163

太傅胡廣碑二

其一：東漢（25—220），蔡邕撰。在荊南府。

圖版著錄：

《荊南石刻三種》，《新編》2/10/7504 上—7509 下。

碑目題跋著錄：

（民國）《湖北通志·金石志二》2/36b，《新編》1/16/11968 下。

《金石彙目分編》14/17b，《新編》1/28/21391 上。

《石刻題跋索引》25 頁左，《新編》1/30/22363。

《荊南石刻三種》，《新編》2/10/7509 下。

《漢魏六朝碑刻校注·總目提要》編號 0319、0320、0322。

備考：《漢魏六朝碑刻校注》沒有依據立碑者分開標註，難以細分，故一併著錄在此。

其二：東漢（25—220）。碑在華容縣南。

碑目題跋著錄：

《金石彙目分編》15/9a，《新編》1/28/21411 上。

（光緒）《湖南通志·金石二》260/21b－22a，《新編》2/11/7760 上—下。附《嘉慶通志》。

《水經注碑錄》卷九編號 249，《北山金石錄》上冊 209—211 頁。

備考：胡廣，《後漢書》卷四四有傳。

東漢無年號 164

太尉陳球墓碑

東漢（25—220）。弟子管寧、華歆等立。碑在下相縣故城。

碑目題跋著錄：

《隸釋》20/22a－b 引《水經注》，《新編》1/9/6957 下。

《隸釋》23/14a 引《集古錄目》，《新編》1/9/6996 下。

《水經注碑錄》卷七編號 189，《北山金石錄》上冊 163—164 頁。

備考：陳球，《後漢書》卷五六有傳。

東漢無年號 165

太尉長史張敏碑

東漢（25—220）。碑在冠軍縣，或云在南陽府鄧州。

碑目題跋著錄：

《隸釋》20/25a 引《水經注》，《新編》1/9/6959 上。

《中州金石考》8/8b，《新編》1/18/13738 下。

《金石彙目分編》9（4）/66a，《新編》1/28/21068 下。

《墨華通考》卷 7，《新編》2/6/4385 上。

《隸辨》8/61a，《新編》2/17/13105 上。

《中州金石目錄》1/9a，《新編》2/20/14690 上。

《佩文齋書畫譜·金石》61/17b 上，《新編》3/2/38 上。

《紅藕齋漢碑彙鈔集跋》，《新編》3/38/564 上。

《六藝之一錄》51/12b–13a，《新編》4/4/758 下—759 上。

《水經注碑錄》卷八編號 221，《北山金石錄》上冊 187 頁。

備考：張敏，《後漢書》卷四四有傳。施蟄存《水經注碑錄》認為："此別一張敏，非此碑主也。"同上觀點。

東漢無年號 166

曹嵩碑

東漢（25—220）。墓在譙縣城南。

碑目題跋著錄：

《隸釋》20/14b 引《水經注》，《新編》1/9/6953 下。

《安徽金石略》8/4b，《新編》1/16/11746 下。

《金石彙目分編》5/49b，《新編》1/27/20814 上。

《佩文齋書畫譜·金石》61/17a 下，《新編》3/2/38 上。

《水經注碑錄》卷五編號 149，《北山金石錄》上冊 129 頁。

備考：曹嵩，其事見《後漢書》卷八《孝靈帝紀》、卷四八《應劭傳》、卷七三《陶謙傳》、卷七四上《袁紹傳》、卷七八《曹騰傳》；又見於《三國志》卷一附《曹操本紀》等處。

東漢無年號 167

平楊府君雙闕

又名：平陽府君叔神道殘字。東漢（25—220）。或以為闕為東漢初平、興平年間所建，或作三國蜀，暫置東漢。在四川省綿陽縣芙蓉溪仙人橋。北闕高 435、南闕高 453 釐米。

圖版著錄：

《四川歷代碑刻》53 頁。（局部）

錄文著錄：

《隸續》2/9b，《新編》1/10/7100 上

《四川歷代碑刻》53 頁。

《漢魏石刻文學考釋》上冊 247 頁。

碑目題跋著錄：

《隸續》2/9b，《新編》1/10/7100 上

《金石錄補》5/7b，《新編》1/12/9014 上。

《金石彙目分編》16（1）/36b，《新編》1/28/21466 下。

《石刻題跋索引》24 頁右，《新編》1/30/22362。

《天下金石志》16/5，《新編》2/2/872 下。

《蜀碑記補》10/49，《新編》2/12/8740 上。

《隸辨》8/20b–21a，《新編》2/17/13084 下—13085 上。

《佩文齋書畫譜·金石》61/21a 上、下，《新編》3/2/40 上。

（嘉慶）《四川通志·輿地志》60/21a，《新編》3/14/529 上。

（民國）《綿陽縣志·藝文志》9/1b，《新編》3/15/167 上。附《墨寶》。

《燕庭金石叢稿》，《新編》3/32/503 下。

《紅藕齋漢碑彙鈔集跋》，《新編》3/38/528 上、568 上。

《金石備攷》附錄，《新編》4/1/92 上。

《六藝之一錄》54/15b，《新編》4/5/10 上。

《漢隸字源》110—111 頁。

《增補校碑隨筆》（修訂本）87 頁。

《漢魏石刻文字繫年》172 頁。

《漢魏石刻文學考釋》上冊 246—247 頁。

《漢魏六朝碑刻校注·總目提要》編號 0569、0904。

論文：

陳明達：《漢代的石闕》，《文物》1961 年第 12 期。

孫華、鞏發明：《平陽府君闕考》，《文物》1991 年第 9 期。

東漢無年號 168

東海恭王劉彊廟碑

東漢（25—220）。在楚州山陽縣。有數十字，云：東海恭王祠。

碑目題跋著錄：

《輿地碑記目》2/9b，《新編》1/24/18541 上。

《漢魏石刻文字繫年》144 頁。

《漢魏六朝碑刻校注·總目提要》編號 0639。

備考：劉彊，《後漢書》卷四二有傳。

東漢無年號 169

孝子蔡順墓碑

東漢（25—220）。渭南縣。

碑目著錄：

《碑藪》，《新編》2/16/11823 下。

《寒山堂金石林時地攷》卷下/2b，《新編》3/34/502 下。

備考：蔡順，《後漢書》卷三九附《周磐傳》。

東漢無年號 170

尚書令虞詡碑

又名：虞翊碑。東漢（25—220）。在武平縣。額題：虞君之碑。

錄文著錄：

《全後漢文》106/9a，《全文》1 冊 1046 上。（節文）

《漢魏石刻文學考釋》中冊 526 頁。（節文）

碑目題跋著錄：

《隸釋》20/13a，《新編》1/9/6953 上。

《安徽金石略》8/5b，《新編》1/16/11747 上。
《中州金石考·鹿邑縣》3/5b，《新編》1/18/13688 上。
《金石彙目分編》9（1）/53b，《新編》1/28/20950 上。
《隸辨》8/58b，《新編》2/17/13103 下。
《中州金石目錄》1/7a，《新編》2/20/14689 上。
《佩文齋書畫譜·金石》61/16b 下，《新編》3/2/37 下。
（乾隆）《歸德府志·金石文字》30/16a，《新編》3/28/238 上。
（乾隆）《鹿邑縣志·藝文》12/7a，《新編》3/28/244 上。
《紅藕齋漢碑彙鈔集跋》，《新編》3/38/494 下。
《六藝之一錄》51/2b，《新編》4/4/753 下。
《水經注碑錄》卷五編號 143，《北山金石錄》上冊 124 頁。
《漢魏石刻文學考釋》中冊 525—526 頁。
《漢魏六朝碑刻校注·總目提要》編號 0755。
備考：虞詡，《後漢書》卷五八有傳。

東漢無年號 171

翟先生碑

東漢（25—220）。蔡邕撰。

錄文著錄：

《藝文類聚》卷 37，上冊 658 頁。
《全後漢文》79/1a，《全文》1 冊 896 上。
《蔡中郎集》2/45b–46a，《漢魏六朝百三名家集》1 冊 556 上—下。
《漢魏石刻文學考釋》中冊 770 頁。

碑目題跋著錄：

《漢魏六朝志墓金石例》1/5a，《新編》3/40/398 上。
《漢魏六朝墓銘纂例》2/13a，《新編》3/40/448 上。
《漢魏六朝碑刻校注·總目提要》編號 0496。

東漢無年號 172

蔡攜碑

東漢（25—220）。開封府陳留縣。

著錄：

《全後漢文》98/6b，《全文》1 冊 1000 下。（文、跋）

《漢魏石刻文學考釋》中冊 771 頁。（文）

《漢石例》2/26b–27a，《新編》3/40/156 下—157 上。（跋）

《金石彙目分編》9（1）/10b，《新編》1/28/20928 下。（目）

《漢魏六朝碑刻校注·總目提要》編號 0758。（目）

東漢無年號 173

□高殘碑

東漢（25—220）。碑主□高，字幼知，一說字幼德。存 32 字，不復成文。

碑目題跋著錄：

《隸釋》21/17b–18b 引《集古錄》，《新編》1/9/6971 上—下。（節文）

《隸釋》23/8b–9a 引《集古錄目》，《新編》1/9/6993 下—6994 上。

《集古錄跋尾》3/21b，《新編》1/24/17863 上。（節文）

《集古錄目》2/9a–b，《新編》1/24/17955 上。

《石刻題跋索引》22 頁左，《新編》1/30/22360。

《古今碑帖考》7a，《新編》2/18/13166 上。

《集古錄補目補》卷上/14a，《新編》2/20/14516 上。

《紅藕齋漢碑彙鈔集跋》，《新編》3/38/518 下。

《六藝之一錄》52/4b，《新編》4/4/769 下。

《墨池篇》6/2a，《新編》4/9/667 下。

《漢魏石刻文學考釋》中冊 796 頁。

《漢魏六朝碑刻校注·總目提要》編號 0770。

淑德大學《中國石刻拓本目錄》"碑碣等刻石"編號 230。

東漢無年號 174

蜀郡太守袁騰碑

東漢（25—220）。在太康縣。

碑目題跋著錄：

《隸釋》20/12b 引《水經注》，《新編》1/9/6952 下。

《隸釋》27/1b 引《天下碑錄》，《新編》1/9/7036 上。

《中州金石考》2/3b，《新編》1/18/13679 上。

《通志・金石略》卷上/11a，《新編》1/24/18024 下。

《金石彙目分編》9（1）/41b，《新編》1/28/20944 下。

《天下金石志》5/1，《新編》2/2/823 上。

《墨華通考》卷 7，《新編》2/6/4368 上。

《碑藪》，《新編》2/16/11827 上。

《隸辨》8/58a–b，《新編》2/17/13103 下。

《中州金石目錄》1/6b，《新編》2/20/14688 下。

（民國）《太康縣志・藝文志上》5/19b，《新編》3/28/325 上。

《寒山堂金石林時地攷》卷上/20a，《新編》3/34/499 下。

《紅藕齋漢碑彙鈔集跋》，《新編》3/38/470 上、519 上。

《金石備攷・開封府》，《新編》4/1/55 上。

《水經注碑錄》卷五編號 140，《北山金石錄》上冊 123 頁。

《漢魏石刻文字繫年》33 頁。

備考：袁騰，袁貢之子。《後漢書》卷一六《寇恂傳》有"洛陽令袁騰"，是否碑主，待考。

東漢無年號 175

博平令袁光碑

東漢（25—220）。在太康縣。

碑目題跋著錄：

《隸釋》20/12b 引《水經注》，《新編》1/9/6952 下。

《金石彙目分編》9（1）/41b，《新編》1/28/20944 下。

《隸辨》8/58a–b，《新編》2/17/13103 下。

（民國）《太康縣志・藝文志上》5/19b，《新編》3/28/325 上。

《紅藕齋漢碑彙鈔集跋》，《新編》3/38/470 上。

《水經注碑錄》卷五編號 140，《北山金石錄》上冊 123 頁。

東漢無年號 176

司徒袁滂碑

東漢（25—220）。在太康縣。

碑目題跋著錄：

《隸釋》20/12b 引《水經注》，《新編》1/9/6952 下。

《金石彙目分編》9（1）/41b，《新編》1/28/20944 下。

《隸辨》8/58a–58b，《新編》2/17/13103 下。

《佩文齋書畫譜·金石》61/17b 上，《新編》3/2/38 上。

（民國）《太康縣志·藝文志上》5/19b，《新編》3/28/325 上。

《紅藕齋漢碑彙鈔集跋》，《新編》3/38/470 上。

《六藝之一錄》51/3a，《新編》4/4/754 上。

《水經注碑錄》卷五編號 140，《北山金石錄》上冊 123 頁。

備考：袁滂，其事見《後漢書》卷八《孝靈帝紀》、卷七二《董卓傳》、卷八〇下《文苑列傳》"校勘記" 2632 頁。

東漢無年號 177

新息長賈彪碑

東漢（25—220）。在息縣。

碑目題跋著錄：

《隸釋》20/26b 引《水經注》，《新編》1/9/6959 下。

《中州金石考》8/19a，《新編》1/18/13744 上。

《金石彙目分編》9（4）/77b，《新編》1/28/21074 上。

《墨華通考》7/28a，《新編》2/6/4381 下。

《隸辨》8/61b，《新編》2/17/13105 上。

《中州金石目錄》1/9a，《新編》2/20/14690 上。

《佩文齋書畫譜·金石》61/17a 上，《新編》3/2/38 上。

（康熙）《息縣志·外紀下》8/8b，《新編》3/30/263 下。

《六藝之一錄》51/13b，《新編》4/4/759 上。

《水經注碑錄》卷八編號 232，《北山金石錄》上冊 193—194 頁。

備考：賈彪，《後漢書》卷六七有傳。

東漢無年號 178

封邰等字殘碑

時間不詳，當刻於東漢（25—220）建安十年以前。2015年出土於河北省邢臺市開元寺東側。殘碑為原碑身下端的一部分，存高85、寬124、厚25釐米。文隸書，存14列，列最多8字，可識者99字。

論文：

么乃亮、白全忠：《東漢〈封邰等字殘碑〉小考》，《大衆考古》2017年第5期。（圖、文）

東漢無年號 179

車騎將軍馮緄墓銘

又名：車騎將軍闕銘。東漢（25—220），具體時間不詳。墓在大竹縣古賨城。額題：車騎將軍馮公之銘。

碑目題跋著錄：

《金石錄》2/1b，《新編》1/12/8806上。

《墨華通考》卷11，《新編》2/6/4429上。

《輿地碑記目·渠州碑記》4/17b，《新編》1/24/18568上。

（嘉慶）《四川通志·輿地志》59/44a，《新編》3/14/517下。

（同治）《渠縣志·金石》47/4a-5b，《新編》3/15/426下—427上。

《古誌彙目》1/1b，《新編》3/37/6。

《燕庭金石叢稿》，《新編》3/32/552下。

《六藝之一錄》54/10a，《新編》4/5/7下。

備考：馮緄，《後漢書》卷三八有傳。

東漢無年號 180

京兆尹樊陵碑

又名：京兆尹樊德雲銘、樊惠渠頌。東漢（25—220）。蔡邕撰。

錄文著錄：

《金石古文》9/3b-4a，《新編》1/12/9414上—下。

《紅藕齋漢碑彙鈔集跋》，《新編》3/38/508下—509上。

《藝文類聚》卷6，上冊118頁。

《全後漢文》75/3b-4a，《全文》1 冊 880 上—下。

《蔡中郎文集》9/1a-2a，《四部叢刊初編》98 冊。

《蔡中郎集》6/21b-23a，景印文淵閣《四庫全書·集部》1063 冊 222 下—223 上。

碑目題跋著錄：

《石刻題跋索引》24 頁右，《新編》1/30/22362。

《漢石例》3/18a，《新編》3/40/173 下。

《漢魏六朝碑刻校注·總目提要》編號 0490。

備考：《全後漢文》引《續漢郡國志》補充碑文，故錄文較諸書全面，多出五十餘字。樊陵，其事見《後漢書》卷八《孝靈帝紀》、卷五二《崔烈傳》、卷六七《黨錮列傳》、卷六九《何進傳》、志第一九《郡國一》"長陵故屬馮翊"條注。

東漢無年號 181

耿球碑

東漢（25—220），或作三國魏（220—265），暫附東漢。袁紀撰，師宜官書，袁紹立，一說袁術立。在趙州平棘縣宋子故城。

碑目題跋著錄：

《寶刻叢編》6/59b，《新編》1/24/18193 上。

《寶刻類編》1/12b，《新編》1/24/18412 下。

《金石彙目分編》3（2）/38b-39a，《新編》1/27/20711 下—20712 上。

《石刻題跋索引》24 頁左，《新編》1/30/22362。

（光緒）《畿輔通志·金石十四》151/23b-24b，《新編》2/11/8626 上—下。

《京畿金石考》卷下/14b，《新編》2/12/8774 下。

《畿輔待訪碑目》卷上/3b，《新編》2/20/14802 上。

《河朔訪古記》卷上/20a-b，《新編》3/25/155 下。

《諸史碑銘錄目·晉書》1b，《新編》3/37/311 上。

《六藝之一錄》51/28b，《新編》4/4/766 下。

《太平寰宇記碑錄》編號109，《北山金石錄》上冊283頁。

《漢魏石刻文學考釋》中冊829頁。

《漢魏石刻文字繫年》165頁。

《漢魏六朝碑刻校注·總目提要》編號0857。

東漢無年號182

堅鐔墓碑

東漢（25—220）。在趙州柏鄉縣北廿里。

碑目題跋著錄：

《金石彙目分編》3（2）/40b，《新編》1/27/20712下。

（光緒）《畿輔通志·金石十五》152/22b－23a，《新編》2/11/8654下—8655上。

《京畿金石考》卷下/17a，《新編》2/12/8776上。

《畿輔待訪碑目》卷上/1b，《新編》2/20/14801上。

備考：堅鐔，《後漢書》卷二二有傳。

東漢無年號183

處士金恭碑、闕

其一：金恭碑

東漢（25—220）。宋時出土於雲安軍士中。《隸續》卷七《碑式》載：題一行，文十行，存者行十五字。首題：金君□□碑。

錄文著錄：

《隸釋》13/9a－b，《新編》1/9/6898上。

《六藝之一錄》49/30a－b，《新編》4/4/734下。

《漢魏石刻文學考釋》中冊804—805頁。

碑目題跋著錄：

《隸釋》13/9b，《新編》1/9/6898上。

《隸續》7/10b，《新編》1/10/7137下。

《寶刻叢編》19/16b，《新編》1/24/18359下。

《金石彙目分編》16（2）/22a，《新編》1/28/21493下。

《石刻題跋索引》23頁右，《新編》1/30/22361。

《蜀碑記補》5/34，《新編》2/12/8736 上。

《隸辨》8/8b–9a，《新編》2/17/13078 下—13079 上。

《佩文齋書畫譜·金石》61/12b 下，《新編》3/2/35 下。

（嘉慶）《四川通志·輿地志》59/11b，《新編》3/14/501 上。

（道光）《夔州府志·金石》34/22a–b，《新編》3/15/403 下。

（咸豐）《雲陽縣志·輿地》1/67a，《新編》3/15/418 下。

《燕庭金石叢稿》，《新編》3/32/542 上。

《碑版廣例》6/13b，《新編》3/40/308 上。

《漢隸字源》80 頁。

《漢魏石刻文學考釋》中冊 803 頁。

《漢魏石刻文字繫年》85 頁。

《漢魏六朝碑刻校注·總目提要》編號 0695。

其二：金恭闕

東漢（25—220）。在雲安軍。隸書，七字：處士金恭字子肅。

圖版著錄：

《隸續》5/26b，《新編》1/10/7123 下。

《中國金石學講義·正編》18a，《新編》3/39/153。

《金石索》石索二，下冊 1255 頁。

錄文著錄：

《隸釋》13/8b，《新編》1/9/6897 下。

《碑版廣例》6/2b，《新編》3/40/302 下。

《六藝之一錄》49/31a，《新編》4/4/735 上。

《漢魏石刻文學考釋》中冊 804 頁。

碑目題跋著錄：

《隸釋》13/8b–9a，《新編》1/9/6897 下—6898 上。

《寶刻叢編》19/16a，《新編》1/24/18359 下。

《金石彙目分編》16（2）/22a，《新編》1/28/21493 下。

《石刻題跋索引》23 頁，《新編》1/30/22361。

《天下金石志》16/4，《新編》2/2/872 上。

《蜀碑記補》5/33，《新編》2/12/8736 上。

《隸辨》8/9a，《新編》2/17/13079 上。
《佩文齋書畫譜・金石》61/12b 下，《新編》3/2/35 下。
（嘉慶）《四川通志・輿地志》59/11b，《新編》3/14/501 上。
（道光）《夔州府志・金石》34/22a，《新編》3/15/403 下。
（咸豐）《雲陽縣志・輿地・金石》1/66b，《新編》3/15/418 上。
《燕庭金石叢稿》，《新編》3/32/542 上。
《紅藕齋漢碑彙鈔集跋》，《新編》3/38/566 下—567 上。
《碑版廣例》6/2b，《新編》3/40/302 下。
《漢魏六朝墓銘纂例》3/3a，《新編》3/40/451 上。
《金石備攷》附錄，《新編》4/1/91 上。
《漢隸字源》80 頁。
《漢魏石刻文字繫年》85–86 頁。

東漢無年號 184

太常戴封碑

東漢（25—220）。開封府祥符縣。

碑目著錄：

《中州金石考》1/1a，《新編》1/18/13669 上。
《金石彙目分編》9（1）/6b，《新編》1/28/20926 下。
《天下金石志》5/1，《新編》2/2/823 上。
《中州金石目錄》1/6a，《新編》2/20/14688 下。
（光緒）《祥符縣志・金石志》22/2b，《新編》3/28/161 下。
《紅藕齋漢碑彙鈔集跋》，《新編》3/38/530 上。
《金石備攷・開封府》，《新編》4/1/55 上。
《古今書刻》下編/23b，《新編》4/1/146 上。

備考：戴封，《後漢書》卷八一《獨行列傳》有傳。

東漢無年號 185

冀州從事趙徽碑

東漢（25—220）。碑在安平縣城內。

碑目題跋著錄：

《隸釋》20/7b 引《水經注》，《新編》1/9/6950 上。
《金石彙目分編》3（2）/44b，《新編》1/27/20714 下。
（光緒）《畿輔通志・金石十四》151/1a，《新編》2/11/8615 上。
《京畿金石考》卷下/19b，《新編》2/12/8777 上。
《隸辨》8/57b，《新編》2/17/13103 上。
《畿輔待訪碑目》卷上/1b，《新編》2/20/14801 上。
《佩文齋書畫譜・金石》61/17a 上，《新編》3/2/38 上。
《紅藕齋漢碑彙鈔集跋》，《新編》3/38/470 上。
《六藝之一錄》51/6b，《新編》4/4/755 下。
《水經注碑錄》卷二編號 58，《北山金石錄》上冊 68 頁。

東漢無年號 186

樊重碑

東漢（25—220）。在湖陽縣東城中。

碑目題跋著錄：

《隸釋》20/26a-b 引《水經注》，《新編》1/9/6959 下。
《金石彙目分編》9（4）/63b，《新編》1/28/21067 上。
《隸辨》8/61a-b，《新編》2/17/13105 上。
《佩文齋書畫譜・金石》61/17b 上，《新編》3/2/38 上。
（民國）《棗陽縣志・金石志》32/1a-b，《新編》3/13/471 下。
《六藝之一錄》51/1b-2a，《新編》4/4/753 上—下。
《水經注碑錄》卷八編號 228，《北山金石錄》上冊 190—191 頁。
備考：樊重，《後漢書》卷三二附《樊宏傳》。

東漢無年號 187

若令樊萌碑

東漢（25—220）。在湖陽縣城東南。

碑目題跋著錄：

《隸釋》20/26a-b 引《水經注》，《新編》1/9/6959 下。
《金石彙目分編》9（4）/63b，《新編》1/28/21067 上。
《隸辨》8/61a-b，《新編》2/17/13105 上。

《水經注碑錄》卷八編號 229,《北山金石錄》上冊 191 頁。

東漢無年號 188

楊君碑陰

東漢（25—220）。在閡鄉楊震墓側。

碑目題跋著錄：

《隸釋》22/6b－7a 引《集古錄》,《新編》1/9/6982 下—6983 上。（節文）

《集古錄跋尾》3/7a－8a,《新編》1/24/17856 上—下。（節文）

《集古錄補目補》卷上/10a,《新編》2/20/14514 上。

東漢無年號 189

沛縣漢高祖劉邦廟碑

東漢（25—220）。在徐州沛縣城內。

碑目題跋著錄：

《隸釋》20/22a 引《水經注》,《新編》1/9/6957 下。

《通志·金石略》卷上/13b,《新編》1/24/18025 下。

《墨華通考》卷 2,《新編》2/6/4320 上。

《佩文齋書畫譜·金石》61/16b 下,《新編》3/2/37 下。

（同治）《徐州府志·碑碣攷》20/1a－b,《新編》3/6/549 上。

（民國）《沛縣志·碑碣附》8/4b－5a,《新編》3/6/563 上—下。

《古今書刻》下編/8b,《新編》4/1/138 下。

《六藝之一錄》39/1a,《新編》4/4/540 上。

《水經注碑錄》卷七編號 183,《北山金石錄》上冊 161。

備考：劉邦,《史記》卷八,《漢書》卷一有本紀。

東漢無年號 190

考衛尉貞侯殘石并陰

又名：孝衛尉貞侯殘石。東漢（25—220）刻。石高 50、寬 32 釐米。兩面刻,陽面 10 行,行 12 至 14 字不等；陰為故吏名, 4 段 16 行,行 20 字；隸書。

圖版著錄：

《北京圖書館藏中國歷代石刻拓本匯編》1 冊 193—194 頁。

碑目著錄：

《漢魏石刻文字繫年》149 頁。

《漢魏六朝碑刻校注·總目提要》編號 0605。

東漢無年號 191

司空房楨碑

東漢（25—220）。蔡邕撰。

錄文著錄：

《藝文類聚》卷 47，上冊 842 頁。

《全後漢文》78/7b－8a，《全文》1 冊 895 上—下。

《蔡中郎集》2/29a－b，《漢魏六朝百三名家集》1 冊 548 上。

《漢魏石刻文學考釋》上冊 416 頁。

碑目題跋著錄：

《漢魏六朝墓銘纂例》2/12b，《新編》3/40/447 下。

《漢魏石刻文學考釋》上冊 415—416 頁。

《漢魏六朝碑刻校注·總目提要》編號 0494。

東漢無年號 192

酈食其廟碑

又名：廣野君廟碑。東漢（25—220）。在偃師縣。

碑目題跋著錄：

《石刻題跋索引》25 頁左、498 頁右，《新編》1/30/22363、22836。

《偃師金石記》1/4a，《新編》2/14/10070 下。

《偃師金石遺文記》卷上/5a，《新編》2/14/10103 上。

《中州金石目錄》1/8a，《新編》2/20/14689 下。

（乾隆）《河南府志·金石志》109/3a，《新編》3/28/129 上。

《水經注碑錄》卷四編號 113，《北山金石錄》上冊 102 頁。

《漢魏石刻文學考釋》上冊 358 頁。

《漢魏六朝碑刻校注·總目提要》編號 0779。

備考：酈食其，《史記》卷九七、《漢書》卷四三有傳。

東漢無年號 193
趙嘉墓銘

東漢（25—220）。

碑目題跋著錄：

《漢石例》3/19a，《新編》3/40/174 上。（節文）

備考：趙嘉，後改名趙岐，《後漢書》卷六四有傳。

東漢無年號 194
楊君碑陰題名

東漢（25—220）。在閿鄉縣楊氏墓側，題名凡一百餘人。

碑目題跋著錄：

《隸釋》21/23b–24a 引《集古錄》，《新編》1/9/6974 上—下。

《隸釋》23/11a–b 引《集古錄目》，《新編》1/9/6995 上。

《集古錄目》2/8b，《新編》1/24/17954 下。

東漢無年號 195
楊耿伯墓記

又名：郫縣墓門石刻、郫縣石棺銘文、楊耿伯畫像石墓門題記。東漢（25—220）。1980 年發現於郫縣太平鄉娃娃墳，石藏四川省博物館。銘文高 12.2、寬 70 釐米。墓門右扇中部刻隸書，文 13 行，行 4 至 5 字，隸書。

著錄：

《四川歷代碑刻》66—67 頁。（圖、文）

《漢魏六朝碑刻校注》2 冊 155—156 頁。（圖、文）

《漢碑全集》6 冊 2060—2064 頁。（圖、文）

《成都出土歷代墓銘券文圖錄綜釋》7—8 頁。（圖、文）

《漢魏石刻文字繫年》124—125 頁。（文）

《漢魏六朝碑刻校注·總目提要》編號 0693。（目）

論文：

梁文駿：《四川郫縣東漢墓門石刻》，《文物》1983 年第 5 期。

胡順利：《關於四川郫縣東漢墓門石刻題字的看法》，《四川文物》

1985 年第 4 期。

古元忠、劉笑平：《千古風韻、垂昭後世——評成都兩座東漢墓門題刻》，《成都文物》1997 年第 2 期。

東漢無年號 196

李南碑

東漢（25—220）。劉廣世撰。碑文不全，僅 6 字。

錄文著錄：

《全後漢文》43/7a，《全文》1 冊 708 上。（節文）

東漢無年號 197

郭奉孝碑

東漢（25—220）。在河南陽翟縣。

碑目題跋著錄：

《隸釋》20/10b–11a 引《水經注》，《新編》1/9/6951 下—6952 上。

《中州金石考·禹州》2/11b，《新編》1/18/13683 上。

《金石彙目分編》9（1）/27b，《新編》1/28/20937 上。

《墨華通考》卷 7，《新編》2/6/4369 下。

《隸辨》8/58a，《新編》2/17/13103 下。

《中州金石目錄》1/5b，《新編》2/20/14688 上。

《佩文齋書畫譜·金石》61/17a 下，《新編》3/2/38 上。

《六藝之一錄》51/15b，《新編》4/4/760 上。

《水經注碑錄》卷五編號 130，《北山金石錄》上冊 115 頁。

備考：郭嘉，字奉孝，《三國志·魏書》有傳。《中州金石考》及《中州金石目錄》皆云建安中立，不知何據？

東漢無年號 198

楊復碑

東漢（25—220）。蔡邕撰。

錄文著錄：

《全後漢文》79/2a–b，《全文》1 冊 896 下。

《漢魏石刻文學考釋》中冊 981 頁。

碑目著錄：

《漢魏六朝碑刻校注・總目提要》編號0491。

東漢無年號199

袁滿來碑

東漢（25—220）。蔡邕撰。

錄文著錄：

《全後漢文》79/1b－2a,《全文》1冊896上—下。

《蔡中郎集》2/58b－59a,《漢魏六朝百三名家集》1冊562下—563上。

《蔡中郎集》6/35a－b, 景印文淵閣《四庫全書・集部》1063冊229下。

《蔡中郎文集》9/3a－b,《四部叢刊初編》第98冊。

《漢魏石刻文學考釋》中冊995頁。

碑目題跋著錄：

《墨華通考》卷7,《新編》2/6/4382上。

《漢石例》1/32b、3/18a,《新編》3/40/140下、173下。

《漢魏六朝志墓金石例》1/5b,《新編》3/40/398上。

《漢魏六朝墓銘纂例》2/13a,《新編》3/40/448上。

《漢魏石刻文學考釋》中冊994頁。

《漢魏六朝碑刻校注・總目提要》編號0489。

東漢無年號200

郡掾吏張玄祠堂碑銘

東漢（25—220）。蔡邕撰。

錄文著錄：

《全後漢文》79/2b－3a,《全文》1冊896下—897上。

《蔡中郎集》2/57b－58b,《漢魏六朝百三名家集》1冊562上—下。

《蔡中郎集》6/34a－35a, 景印文淵閣《四庫全書・集部》1063冊229上—下。

《蔡中郎文集》9/2a－3a,《四部叢刊初編》第98冊。

《漢魏石刻文學考釋》下冊 1242—1243 頁。

碑目題跋著錄：

《漢隸字源》109 頁。

《漢魏石刻文學考釋》下冊 1241 頁。

《漢魏六朝碑刻校注·總目提要》編號 0484。

東漢無年號 201

太尉袁湯碑

東漢（25—220）。蔡邕撰。僅存銘文 8 字。

著錄：

《全後漢文》78/7a，《全文》1 冊 895 上。（文）

《漢魏石刻文學考釋》下冊 1243 頁。（文、跋）

《漢魏六朝碑刻校注·總目提要》編號 0483。（目）

備考：袁湯，《後漢書》卷四五附《袁安傳》。

東漢無年號 202

趙歷碑

東漢（25—220）。蔡邕撰。僅有節錄碑文 10 字。

著錄：

《全後漢文》79/2b，《全文》1 冊 896 下。（文）

《漢魏石刻文學考釋》下冊 1244 頁。（文、跋）

《漢魏六朝碑刻校注·總目提要》編號 0482。（目）

東漢無年號 203

何休碑

東漢（25—220）。《漢魏六朝碑刻校注》作東漢光和年間（178—184），暫從東漢。蔡邕撰。僅有節錄碑文 14 字。

著錄：

《全後漢文》79/2b，《全文》1 冊 896 下。（文）

《漢魏石刻文學考釋》下冊 1244—1245 頁。（文、跋）

《漢魏六朝碑刻校注·總目提要》編號 0414。（目）

備考：何休，《後漢書》卷七九下有傳。

東漢無年號 204

貞定直父蔡棱碑

東漢（25—220）。蔡邕撰。嚴可均《全後漢文》考訂，蔡棱為蔡邕之父。

錄文著錄：

《全後漢文》79/2b，《全文》1 冊 896 下。

《蔡中郎集》2/60a，《漢魏六朝百三名家集》1 冊 563 下。

《漢魏石刻文學考釋》下冊 1245 頁。

碑目題跋著錄：

《漢魏六朝墓銘纂例》2/13b，《新編》3/40/448 上。

備考：蔡棱，其事見《後漢書》卷六〇下《蔡邕傳》及"諡曰貞定公"條注。

東漢無年號 205

袁喬碑

東漢（25—220）。蔡邕撰。僅存 8 字。

著錄：

《全後漢文》79/2a，《全文》1 冊 896 下。（文）

《漢魏石刻文學考釋》下冊 1089—1090 頁。（文、跋）

《漢魏六朝碑刻校注·總目提要》編號 0485。（目）

東漢無年號 206

徐庶母碑

東漢（25—220）。在許州府州城東二十五里。

碑目題跋著錄：

《中州金石考》2/4b，《新編》1/18/13679 下。

《金石彙目分編》9（1）/44a，《新編》1/28/20945 下。

《中州金石目錄》1/6b，《新編》2/20/14688 下。

備考：徐庶母，其事見《三國志》卷一四《程昱傳》、《三國志》卷三五《諸葛亮傳》。

東漢無年號 207

柘令許君清德頌

東漢（25—220）。《佩文齋書畫譜》作"光和四年"，不知何據？歸德府柘城縣。

碑目題跋著錄：

《隸釋》20/13a–b 引《水經注》，《新編》1/9/6953 上。

《中州金石考》3/10b，《新編》1/18/13690 下。

《金石彙目分編》9（1）/58b，《新編》1/28/20952 下。

《墨華通考》卷 7，《新編》2/6/4371 上。

《隸辨》8/58b，《新編》2/17/13103 下。

《中州金石目錄》1/7b，《新編》2/20/14689 上。

《佩文齋書畫譜·金石》61/14b 上，《新編》3/2/36 下。

（乾隆）《歸德府志·金石文字》30/16a，《新編》3/28/238 上。

《六藝之一錄》51/2a，《新編》4/4/754 上。

《水經注碑錄》卷五編號 144，《北山金石錄》上冊 124—125 頁。

東漢無年號 208

袁成碑

東漢（25—220）。蔡邕撰。僅有節錄碑文 8 字。

著錄：

《全後漢文》79/2a，《全文》1 冊 896 下。（文）

《漢魏石刻文學考釋》下冊 1179 頁。（文、跋）

《漢魏六朝碑刻校注·總目提要》編號 0493。（目）

備考：袁成，《後漢書》卷四五附《袁安傳》，又見《後漢書》卷七四上《袁紹傳》。

東漢無年號 209

漢陽太守□□碑

東漢（25—220）。

著錄：

《全後漢文》106/8b，《全文》1 冊 1045 下。（文）

《漢魏石刻文學考釋》下冊 1263 頁。（文、跋）

《漢魏六朝碑刻校注・總目提要》編號 0749。（目）

東漢無年號 210

司農卿鄭康成碑

又名：鄭玄碑。東漢（25—220）。弟子趙商撰，碑在高密縣故城。

碑目題跋著錄：

《隸釋》20/23a 引《水經注》，《新編》1/9/6958 上。

《金石彙目分編》10（3）/68b，《新編》1/28/21212 下。

《天下金石志》3/12，《新編》2/2/819 下。

《墨華通考》卷 8，《新編》2/6/4397 上。

《隸辨》8/60b，《新編》2/17/13104 下。

《佩文齋書畫譜・金石》61/17a 上，《新編》3/2/38 上。

《金石備攷・萊州府》，《新編》4/1/50 下。

《古今書刻》下編/29b，《新編》4/1/149 上。

《六藝之一錄》51/12b，《新編》4/4/758 下。

《水經注碑錄》卷七編號 195，《北山金石錄》上冊 169—170 頁。

備考：鄭玄，字康成，《後漢書》卷三五有傳。

東漢無年號 211

朱長舒墓石室題字

別名：朱鮪墓。東漢（25—220）。在山東金鄉縣。高五尺一寸，廣一尺七寸。第十九幅有題字 1 行：朱長舒之墓，又 4 行，行 19 至 20 字，隸書。

錄文著錄：

《金石萃編》21/32a，《新編》1/1/386 下。

《兩漢金石記》14/14a，《新編》1/10/7401 下。

《山左金石志》8/24b，《新編》1/19/14455 下。

《函青閣金石記》3/20b–21a，《新編》2/6/5044 下—5045 上。

《濟州金石志》6/7a，《新編》2/13/9624 上。

（民國）《濟寧直隸州續志・藝文志》19/21a，《新編》3/26/57 上。

碑目題跋著錄：

漢代　621

《兩漢金石記》14/14a－15a，《新編》1/10/7401 下—7402 上。

《山左金石志》8/25a－b，《新編》1/19/14456 上。

《平津讀碑記》1/26a，《新編》1/26/19361 下。

《平津館金石萃編》2/32b，《新編》2/4/2446 下。

《函青閣金石記》3/21a－b，《新編》2/6/5045 上。

（宣統）《山東通志·藝文志》卷 152，《新編》2/12/9368 下。

《濟州金石志》6/8b－9a、8/76b，《新編》2/13/9624 下—9625 上、9732 下。附前州志。

《山左碑目》2/23a，《新編》2/20/14850 上。

（民國）《濟寧直隸州續志·藝文志》19/21b－22a，《新編》3/26/57 上—下。附黃易跋。

《中國金石學講義·正編》39b－40a，《新編》3/39/196－197。

《漢魏石刻文字繫年》137 頁。

《漢魏六朝碑刻校注·總目提要》編號 0618。

論著：

《朱鮪石室》，蔣英炬、楊愛國、蔣群著，文物出版社 2015 年版。

備考：朱鮪，其事見於《漢書》卷九九下《王莽傳》，《後漢書》卷一上《光武帝紀》、卷一一《劉玄劉盆子傳》等諸處。

東漢無年號 212

阜陵王劉延墓碑

東漢（25—220）。在滁州全椒縣。《安徽金石略》認為：漢阜陵王即劉延。

碑目題跋著錄：

《安徽金石略》9/1a－b，《新編》1/16/11757 上。附趙紹祖識。

《金石彙目分編》5/55a，《新編》1/27/20817 上。

（民國）《全椒縣志·輿地志》2/25a，《新編》3/12/215 上。

備考：劉延，《後漢書》卷四二有傳。

東漢無年號 213

洛陽令董宣廟碑

東漢（25—220）。河南府洛陽縣。《弇州山人稿》認為其是唐人書寫。

碑目題跋著錄：

《中州金石考》6/1a－b，《新編》1/18/13707 上。

《天下金石志》5/8，《新編》2/2/826 下。

《碑藪》，《新編》2/16/11826 下。

《中州金石目錄》1/7b，《新編》2/20/14689 上。

（乾隆）《河南府志·金石志》108/4a－b，《新編》3/28/116 下。附《弇州山人稿》《金石補遺》。

《寒山堂金石林時地攷》卷上/19b，《新編》3/34/499 上。

《紅藕齋漢碑彙鈔集跋》，《新編》3/38/520 下。

《金石備攷·河南府》，《新編》4/1/59 下。

《古今書刻》下編/24a，《新編》4/1/146 下。

備考：董宣，《後漢書》卷七七《酷吏列傳》有傳。

東漢無年號 214

壽張侯樊宏碑

東漢（25—220）。在唐縣，宋治平中重刻。

碑目題跋著錄：

《中州金石考》8/5b，《新編》1/18/13737 上。

《中州金石目錄》1/9a，《新編》2/20/14690 上。

《佩文齋書畫譜·金石》61/7b 上，《新編》3/2/33 上。

備考：樊宏，《後漢書》卷三二有傳。

東漢無年號 215

丁房雙闕

東漢（25—220）。在四川忠縣東門外土主廟前，現存雙闕高約 7 米，隸書。據記載，僅有丁房等字尚可辨。

碑目題跋著錄：

《輿地碑記目·忠州碑記》4/23a，《新編》1/24/18571 上。

《金石彙目分編》16（2）/13b，《新編》1/28/21489 上。

《佩文齋書畫譜·金石》61/21b 上，《新編》3/2/40 上。

（嘉慶）《四川通志·輿地志》60/25b，《新編》3/14/531 上
《蜀碑記》2/5a，《新編》3/16/318 上。
《燕庭金石叢稿》，《新編》3/32/533 上。
《六藝之一錄》54/10b，《新編》4/5/7 下。
《漢魏六朝碑刻校注·總目提要》編號2559。
論文：
陳明達：《漢代的石闕》，《文物》1961年第12期。
孫華：《四川忠縣丁房闕辯》，《文博》1990年第3期。

東漢無年號216

任城府君頌

東漢（25—220）。在濟州。

碑目題跋著錄：

《通志·金石略》卷上/15a，《新編》1/24/18026 下。
《金石彙目分編》10（2）/54b，《新編》1/28/21167 下。
《墨華通考》卷8，《新編》2/6/4390 上。
（宣統）《山東通志·藝文志》卷152，《新編》2/12/9368 下。
《濟州金石志》2/53b–54a，《新編》2/13/9491 上—下。

東漢無年號217

紀信墓碑

東漢（25—220）。在霍州趙城縣。

碑目題跋著錄：

《金石彙目分編》11/29b，《新編》1/28/21242 上。

東漢無年號218

高密侯鄧禹碑

東漢（25—220）。在蒲州府猗氏縣。

碑目著錄：

《金石彙目分編》11/41a，《新編》1/28/21248 上。

備考：鄧禹，《後漢書》卷一六有傳。

東漢無年號 219
曹敞碑

東漢（25—220）。在西安府。

碑目著錄：

《金石彙目分編》12（1）/21a-b，《新編》1/28/21287 上。

東漢無年號 220
大匠翟酺碑

又名：大匠翟酺碑。東漢（25—220）。在西安府長安縣咸寧縣。

碑目題跋著錄：

《金石彙目分編》12（1）/21b，《新編》1/28/21287 上。

《佩文齋書畫譜·金石》61/4a 下，《新編》3/2/31 下。

《六藝之一錄》51/27b，《新編》4/4/766 上。

備考：《佩文齋書畫譜》和《四庫全書》作"翟酺"，據《後漢書》，翟姓大匠僅翟酺一人，故當"翟酺"。翟酺，《後漢書》卷四八有傳。

東漢無年號 221
班固墓碑

東漢（25—220）。鳳翔府扶風縣。

碑目題跋著錄：

《金石彙目分編》12（2）/43a，《新編》1/28/21357 上。

備考：班固，《後漢書》卷四〇上有傳。

東漢無年號 222
桂陽太守許荊碑

東漢（25—220）。在桂陽縣。

碑目題跋著錄：

《天下金石志》9/10，《新編》2/2/856 下。

（光緒）《湖南通志·金石二》260/25a-b，《新編》2/11/7762 上。附《嘉慶通志》。

《佩文齋書畫譜·金石》61/3b 上，《新編》3/2/31 上。

（同治）《桂陽直隸州志·藝文》24/17b-18a，《新編》3/14/373

上一下。

《金石備攷・永州府》，《新編》4/1/25 上。

《六藝之一錄》51/27a，《新編》4/4/766 上。

備考：許荊，《後漢書》卷七六《循吏傳》有傳。

東漢無年號 223
史崇墓碑

又名：史崇神道碑。東漢（25—220）。左雄書，在應天府句容縣隸頭村。
碑目題跋著錄：

《天下金石志》2/3，《新編》2/2/807 上。

《墨華通考》2/1b、6a，《新編》2/6/4303 上、4305 下。

《金石備攷・江南江寧府》，《新編》4/1/11 下。

東漢無年號 224
司空鄭慎碑

東漢（25—220）。鄧州。
碑目題跋著錄：

《天下金石志》5/14，《新編》2/2/829 下。

《金石備攷・南陽府》，《新編》4/1/62 下。

東漢無年號 225
太尉高峻碑

別稱：太保高峻碑。東漢（25—220）在雍丘縣南五十里大善鄉墓下。
碑目題跋著錄：

《隸釋》27/1a 引《天下碑錄》，《新編》1/9/7036 上。

《集古求真續編》6/1a，《新編》1/11/8761 上。

《中州金石考》1/7b，《新編》1/18/13672 上。

《通志・金石略》卷上/11a，《新編》1/24/18024 下。

《寶刻叢編》1/19a，《新編》1/24/18089 上。

《金石彙目分編》9（1）/11b，《新編》1/28/20929 上。

《墨華通考》卷 7，《新編》2/6/4368 上。

《中州金石目录》1/6a，《新編》2/20/14688 下。

《古林金石表》6b，《新編》2/20/14896 下。

《佩文齋書畫譜·金石》61/19b 下，《新編》3/2/39 上。

《紅藕齋漢碑彙鈔集跋》，《新編》3/38/518 下。

《六藝之一錄》52/18b，《新編》4/4/776 下。

《漢魏石刻文學考釋》中冊 857—858 頁。

《漢魏石刻文字繫年》121 頁。

《漢魏六朝碑刻校注·總目提要》編號 0006。

備考：《太尉高峻碑》前人著錄皆無年月、拓本和行款，近現代有元封三年（前108）七月三日《廣川令高峻碑》者，當是後人據前人碑名偽造，《增補校碑隨筆》（修訂本）"偽刻"和《碑帖鑒定》"新舊偽造各代石刻"皆斷定其偽刻。然有將二碑混淆著錄者，如《漢魏石刻文學考釋》和《集古求真續編》，但後書也質疑《廣川令高峻碑》，云："余所得拓本紙墨未似數百年前物。"故引用時須注意。

東漢無年號 226

太師蘇禹珪碑

東漢（25—220）。在青州府安邱縣。

碑目題跋著錄：

（宣統）《山東通志·藝文志》卷 152，《新編》2/12/9381 上。

東漢無年號 227

崔瑗墓碑

東漢（25—220）。

碑目題跋著錄：

《佩文齋書畫譜·金石》61/10b 下，《新編》3/2/34 下。

《六藝之一錄》51/28a，《新編》4/4/766 下。

備考：崔瑗，《後漢書》卷五二有傳。

東漢無年號 228

太尉許馘廟碑

東漢（25—220）。在宜興，許劭立，久磨滅，開元中重刻。

碑目題跋著錄：

《佩文齋書畫譜·金石》61/19a 下，《新編》3/2/39 上。

《六藝之一錄》49/31a，《新編》4/4/735 上。

備考：許馘，其事見《後漢書》卷八《孝靈帝紀》、卷五七《劉陶傳》、卷七六《許荊傳》。

東漢無年號 229

龍平侯熊尚碑

東漢（25—220）。在道州營道縣。

碑目題跋著錄：

《太平寰宇記碑錄》編號 176，《北山金石錄》上冊 302 頁。

東漢無年號 230

司徒黃尚闕

又名：黃公闕。東漢（25—220）。闕在邡縣。僅"黃公闕"3 字。

碑目題跋著錄：

《隸釋》20/23b 引《水經注》，《新編》1/9/6958 上。

（民國）《湖北通志·金石志》2/37a，《新編》1/16/11969 上。

《金石彙目分編》14/17b，《新編》1/28/21391 上。

《石刻題跋索引》25 頁左，《新編》1/30/22363。

《水經注碑錄》卷八編號 217，《北山金石錄》上冊 184 頁。

《漢魏石刻文學考釋》上冊 252 頁。

《漢魏六朝碑刻校注·總目提要》編號 0723。

備考：黃尚，其事見《後漢書》卷六《孝順帝紀》、卷六一《周舉傳》、卷六三《李固傳》。

東漢無年號 231

洛陽出土殘碑陰

又名：故吏廷尉魏□殘石。東漢（25—220）。洛陽出土，周氏、浙江上虞羅振玉舊藏。石高九寸，廣一尺三寸五分。殘存 8 行，行存 4 或 5 字，隸書。存故吏 8 人題名。

著錄：

《石交錄》1/25b – 26b，《新編》4/6/442 上—下。（文、跋）

《魯迅輯校石刻手稿·碑銘》上册 366 頁。（文、跋）

《漢魏石刻文字繫年》147 頁。（目）

《漢魏六朝碑刻校注·總目提要》編號 0623。（目）

東漢無年號 232

法度等字殘碑

東漢（25—220）。存 8 字。

碑目題跋著錄：

《漢魏石刻文字繫年》147—148 頁。

《漢魏六朝碑刻校注·總目提要》編號 0625。

東漢無年號 233

君子殘石

東漢（25—220）。傳洛陽出土，直隸天津姚氏藏石。殘石存高一尺二寸，廣一尺九寸。存 9 行，行存 2 至 5 字，存 31 字。隸書。魯迅以文中有"熹"字推測，或為"熹平"某年刻石。

錄文著錄：

《魯迅輯校石刻手稿·碑銘》上册 247 頁。

碑目題跋著錄：

《漢魏石刻文字繫年》147 頁。

《漢魏六朝碑刻校注·總目提要》編號 0624。

淑德大學《中國石刻拓本目錄》"碑碣等刻石"編號 242。

東漢無年號 234

□珍等題名殘碑

東漢（25—220）。碑陰題名，存完字 20。

碑目題跋著錄：

《漢魏石刻文字繫年》148 頁。

《漢魏六朝碑刻校注·總目提要》編號 0626。

東漢無年號 235

故吏等字殘碑

東漢（25—220）。存完字 14，亦碑陰故吏題名。

碑目題跋著錄：

《漢魏石刻文字繫年》148 頁。

《漢魏六朝碑刻校注·總目提要》編號 0641。

東漢無年號 236

漢懷君碑殘石

又名：冷風殘碑。東漢（25—220）。何子貞自灌縣青城山移成都試院，在成都府成都縣，今佚。以首二字為標題。隸書，存字 8 行，能釋讀者寥寥數字。

著錄：

《漢碑全集》6 冊 2216—2217 頁。（圖、文）

《金石彙目分編》16（補遺）/1a，《新編》1/28/21517 上。（目）

《漢石存目》卷上/8b，《新編》3/37/524 下。（目）

《雪堂所藏金石文字簿錄》46b，《新編》4/7/392 下。（目）

《漢魏六朝碑刻校注·總目提要》編號 2562。（目）

東漢無年號 237

董仲舒碑贊

東漢（25—220）。班固書。在冀州。

碑目題跋著錄：

《天下金石志》1/7，《新編》2/2/804 下。

《墨華通考》1/14a，《新編》2/6/4297 下。

（光緒）《畿輔通志·金石十四》151/1a，《新編》2/11/8615 上。

《京畿金石考》卷下/12a-b，《新編》2/12/8773 下。

《畿輔待訪碑目》卷上/1b，《新編》2/20/14801 上。

《金石備攷·真定府》，《新編》4/1/8 下。

備考：董仲舒，《漢書》卷五六有傳。

東漢無年號 238

楊氏碑陰題名

東漢（25—220）。可見者數十人，在陝府閿鄉縣楊氏墓側。

碑目題跋著錄：

《隸釋》23/16b 引《集古錄目》，《新編》1/9/6997 下。

《集古錄目》2/9a，《新編》1/24/17955 上。

東漢無年號 239

楊氏碑陰題名

東漢（25—220）。首尾殘缺，存者四十餘人。

碑目題跋著錄：

《隸釋》23/6a－b 引《集古錄目》，《新編》1/9/6992 下。

《集古錄目》2/9a，《新編》1/24/17955 上。

東漢無年號 240

漢碑陰殘石

又名：東漢魏郡等字殘碑。東漢（25—220）。羅振玉舊藏，今存遼寧省博物館。存高 32、寬 45、厚 9 釐米。文存 16 行，行字 1 至 6、7 字不等。有"魏郡韓妙□"諸字。

著錄：

《石交錄》1/27b－28a，《新編》4/6/443 上—下。（文、跋）

論文：

么乃亮、趙楠：《東漢魏郡等字殘碑考》，《中原文物》2016 年第 2 期。（圖、文）

東漢無年號 241

平陽殘碑陰

東漢（25—220）。周氏舊藏。文 10 行，行 5 至 8 字不等。有"河南平陽"諸字。

著錄：

《石交錄》1/25b－27a，《新編》4/6/442 上—443 上。（文、跋）

東漢無年號 242

荀爽兄弟八冢神道碑

東漢（25—220）。在許州長社縣。

碑目題跋著錄：

《金石彙目分編》9（1）/44a，《新編》1/28/20945 下。

《太平寰宇記碑錄》編號16，《北山金石錄》上冊259頁。

備考：荀爽，《後漢書》卷六二有傳。

東漢無年號243

巴相碑

東漢（25—220）。

碑目著錄：

《漢魏石刻文字繫年》110頁。

《漢魏六朝碑刻校注·總目提要》編號0683。

東漢無年號244

楊氏墓碑殘石

東漢（25—220）。陝西省潼關吊橋漢代楊氏墓2出土。殘石一片，上下長6.5、寬12、厚16釐米。存4字，隸書。

碑目著錄：

《漢魏六朝碑刻校注·總目提要》編號0696。

論文：

陝西省文物管理委員會：《潼關吊橋漢代楊氏墓群發掘簡記》，《文物》1961年第1期。（圖39）

東漢無年號245

里仁頌德碑

東漢（25—220）。拓片高88、寬45釐米。文隸書，4行，行8字。

著錄：

《北京圖書館藏中國歷代石刻拓本匯編》1冊196頁。（圖）

《漢魏六朝碑刻校注》2冊136—137頁。（圖、文）

《漢魏六朝碑刻校注·總目提要》編號0719。（目）

淑德大學《中國石刻拓本目錄》"碑碣等刻石"編號272。（目）

東漢無年號246

司勳等字殘碑

東漢（25—220）。《漢碑全集》引馬子雲推測，可能民國初年河南省衛輝縣出土，一說河南省洛陽市出土，石後歸常熟曾氏，今藏上海博物館。磨泐嚴重，可釋讀字較少。碑文約 17 行，行約 26 字，隸書。

著錄：

《古石抱守錄》，《新編》3/1/141。（圖）

《漢碑全集》6 冊 2158—2160 頁。（圖、文）

《碑帖鑒定》81 頁。（跋）

《善本碑帖錄》1/16。（跋）

淑德大學《中國石刻拓本目錄》"碑碣等刻石"編號 236。（目）

東漢無年號 247

東漢殘石題名碑

東漢（25—220）。2005 年冬河南省偃師市出土，先歸張氏，旋歸某氏，存洛陽民間。長 15.7、寬 14.5 釐米。無首題，共 6 行，行 6 至 7 字不等，隸書。根據題名，當為碑陰文，有楊氏、賈固等名。

圖版著錄：

《秦晉豫新出墓誌蒐佚》1 冊 1 頁。

東漢無年號 248

東漢某夫婦合葬柱石

約東漢（25—220）。1988 年陝西省綏德縣嗚咽泉出土，現藏綏德縣博物館。石長條形，質地、規格不詳。文 2 行共 36 字，篆書。

著錄：

《新中國出土墓誌·陝西（壹）》上冊 12 頁（圖）、下冊 11 頁（文、跋）。

東漢無年號 249

治張角等字殘碑

東漢（25—220）。光緒三十年（1904）山東省曲阜市古魯城出土，先歸當地張氏，後歸建德周進，今存故宮博物院。高 35、寬 42 釐米。存 6 行，行 4 至 5 字，隸書。墓主或曾參與剿滅黃巾戰爭。

著錄：

《漢碑全集》6 冊 2156—2157 頁。（圖、文）

《山東石刻分類全集·秦漢碑刻》344 頁。（圖）

《魯迅輯校石刻手稿·碑銘》368 頁。（文）
《增補校碑隨筆》（修訂本）94 頁。（跋）
《碑帖鑒定》79 頁。（跋）
《漢魏六朝碑刻校注·總目提要》編號 0598。（目）
淑德大學《中國石刻拓本目錄》"碑碣等刻石" 編號 246。（目）

東漢無年號 250
班超紀功碑

東漢（25—220）。出伊州，距柳谷百里，其處有《漢班超紀功碑》，唐姜行本磨去古刻，更刊《頌陳國威靈》，即《姜行本紀功碑》。

題跋著錄：

《語石》2/12b、9/15b，《新編》2/16/11881 下、12018 上。

備考：班超，《後漢書》卷四七有傳。

東漢無年號 251
左申崖墓題記

東漢（25—220）。出土於四川省樂山市麻浩東漢中期大型崖墓內，該墓位於虎頭灣東坡至大彎嘴區域。文隸書，1 行 4 字。

著錄：

《漢碑全集》6 冊 2065—2066 頁。（圖、文）

東漢無年號 252
王中崖墓題記

東漢（25—220）。出土於四川省樂山市麻浩東漢中期大型崖墓內，該墓位於虎頭灣東坡至大彎嘴區域。文隸書，1 行 3 字。

著錄：

《漢碑全集》6 冊 2067—2068 頁。（圖、文）

東漢無年號 253
王景信父冢崖墓題記

東漢（25—220）。鑿刻於四川省樂山市麻浩崖墓一大型墓室前堂四室墓之第三室墓門右壁，存四川省樂山市崖墓博物館。高 72、寬 15 釐米。文隸書，1 行 5 字。

著錄：

《漢碑全集》6 冊 2073—2074 頁。（圖、文）

《漢魏石刻文字繫年》34 頁。（文）

《漢魏六朝碑刻校注·總目提要》編號 0148。（目）

論文：

唐長壽：《樂山麻浩崖墓研究》，《四川文物》1987 年第 2 期。

東漢無年號 254

王倩崖墓題記

東漢（25—220）。鑿刻於四川省樂山市中區車子崖墓一單室墓門左壁，存四川省樂山市崖墓博物館。高 40、寬 26 釐米。文隸書，1 行 2 字。

著錄：

《漢碑全集》6 冊 2075—2076 頁。（圖、文）

東漢無年號 255

鄧景達崖墓題記

東漢（25—220）。四川省樂山市城東凌雲山南坡麻浩崖墓 M99 出土，存四川省樂山市崖墓博物館。高 86、寬 25 釐米。文隸書，4 行，行 3 至 5 字。

著錄：

《漢碑全集》6 冊 2071—2072 頁。（圖、文）

《漢魏石刻文字繫年》34 頁。（文）

《漢魏六朝碑刻校注·總目提要》編號 0148。（目）

論文：

唐長壽：《樂山麻浩崖墓研究》，《四川文物》1987 年第 2 期。

東漢無年號 256

黃穎崖墓題記

東漢（25—220）。鑿於四川省樂山市中區蕭壩崖墓一單室墓墓道右壁。高 60、寬 67 釐米。文隸書，4 行，行 2 至 5 字不等。

著錄：

《漢碑全集》6 冊 2079—2080 頁。（圖、文）

東漢無年號 257

楊元昭崖墓題記

東漢（25—220）。鑿刻於四川省樂山市中區蕭壩崖墓一單室墓享堂左壁。拓本高 21、寬 64 釐米。文隸書，1 行 3 字。

著錄：

《漢碑全集》6 冊 2081—2082。（圖、文）

東漢無年號 258

王升崖墓題記

東漢（25—220）。鑿刻於四川省樂山市中區蕭壩崖墓一雙室墓左室墓門左壁。高 75、寬 45 釐米。文隸書，1 行 2 字。

著錄：

《漢碑全集》6 冊 2083 頁—2084 頁。（圖、文）

東漢無年號 259

趙進崖墓題記

東漢（25—220）。鑿刻於四川省樂山市中區蕭壩崖墓一單室墓墓道右壁。高 60、寬 53 釐米。文隸書，1 行 2 字。

著錄：

《漢碑全集》6 冊 2085—2086 頁。（圖、文）

東漢無年號 260

顏威山崖墓題記

東漢（25—220）。鑿刻於四川省樂山市中區蕭壩崖墓一單室墓墓門左壁。高 90、寬 26 釐米。文隸書，1 行 4 字。

著錄：

《漢碑全集》6 冊 2087—2088 頁。（圖、文）

東漢無年號 261

張君神舍崖墓題記

東漢（25—220）。鑿刻於四川省樂山市中區蕭壩崖墓一單室墓墓門一壁。高 40、寬 52 釐米。文隸書，2 行 4 字。

著錄：

《漢碑全集》6 冊 2089—2090 頁。（圖、文）

東漢無年號 262

張君崖墓題記

東漢（25—220）。鑿刻於四川省樂山市中區蕭壩崖墓一單室墓墓門一壁。高 45、寬 50 釐米。文隸書，1 行 2 字。

著錄：

《漢碑全集》6 冊 2091—2092 頁。（圖、文）

東漢無年號 263

張陽、張明崖墓題記

東漢（25—220）。鑿刻於四川省樂山市中區烏尤山崖墓左、右二室墓門門額。張陽崖墓題記高 112、寬 70 釐米；張明崖墓題記高 90、寬 54 釐米。文隸書，均 1 行 2 字。

著錄：

《漢碑全集》6 冊 2093—2095 頁。（圖、文）

東漢無年號 264

許伯令崖墓題記

東漢（25—220）。鑿刻於四川省樂山市中區平興崖墓一單室墓之墓道一側。高 40、寬 30 釐米。文隸書，1 行 3 字。

著錄：

《漢碑全集》6 冊 2096—2097 頁。（圖、文）

東漢無年號 265

王進紀崖墓題記

東漢（25—220）。鑿刻於四川省樂山市中區平興崖墓一單室墓之墓道一側。高 60、寬 30 釐米。文隸書，1 行 4 字。

著錄：

《漢碑全集》6 冊 2098—2099 頁。（圖、文）

無年號 266

華陀墓碣

時間未詳，暫附東漢（25—220）。在徐州。題：漢名醫華陀墓。

碑目題跋著錄：

《天下金石志》2/15，《新編》2/2/813 上。

《金石備攷·徐州》，《新編》4/1/18 上。

備考：華佗，《後漢書》卷八二下《方術列傳》、《三國志》卷二九有傳。墓碣作"華陀"。

東漢無年號 267

郭夫人畫像石題記

東漢（25—220）。1980 年 5 月陝西省綏德縣四十里鋪出土，現藏綏德縣畫像石博物館。高 134、寬 19 釐米。文篆書，1 行 10 字。

論文：

吳鎮烽：《秦晉兩省東漢畫像石題記集釋》，《考古與文物》2006 年第 1 期。（圖、文）

東漢無年號 268

孔和碑

東漢（25—220）。

碑目題跋著錄：

《石刻題跋索引》25 頁左，《新編》1/30/22363。

《愛吾廬題跋》12a，《新編》2/20/14379 下。

《漢魏石刻文學考釋》中冊 838 頁。

《漢魏六朝碑刻校注·總目提要》編號 0767。

東漢無年號 269

臨睢長王君碑

東漢（25—220）。在永城縣。

碑目題跋著錄：

《隸釋》20/20a 引《水經注》，《新編》1/9/6956 下。

《中州金石考》3/7b，《新編》1/18/13689 上。

《金石彙目分編》9（1）/56a，《新編》1/28/20951 下。
《隸辨》8/59b，《新編》2/17/13104 上。
《中州金石目錄》1/7a，《新編》2/20/14689 上。
《佩文齋書畫譜・金石》61/17a 下，《新編》3/2/38 上。
《紅藕齋漢碑彙鈔集跋》，《新編》3/38/519 下。
《六藝之一錄》51/12a，《新編》4/4/758 下。
《水經注碑錄》卷六編號172，《北山金石錄》上冊144頁。（節文）
《漢魏石刻文學考釋》上冊443頁。（節文）
《漢魏六朝碑刻校注・總目提要》編號0786。

東漢無年號270

漢陽侯焦立碑

無年月，暫附東漢（25—220）。在魯山縣。

碑目題跋著錄：

《隸釋》20/27a 引《水經注》，《新編》1/9/6960 上。
《中州金石考》8/22b，《新編》1/18/13745 下。
《金石彙目分編》9（4）/84a，《新編》1/28/21077 下。
《墨華通考》卷7，《新編》2/6/4386 上。
《隸辨》8/61b，《新編》2/17/13105 上。
《中州金石目錄》1/9a，《新編》2/20/14690 上。
《佩文齋書畫譜・金石》61/17b 上，《新編》3/2/38 上。
《寒山堂金石林時地攷》卷上/14b，《新編》3/34/496 下。
《紅藕齋漢碑彙鈔集跋》，《新編》3/38/560 下。
《六藝之一錄》51/14a，《新編》4/4/759 下。
《水經注碑錄》卷九編號237，《北山金石錄》上冊200頁。

東漢無年號271

嚴君平廟前碑

東漢（25—220）。有兩塊。在綿竹縣。

碑目題跋著錄：

《隸釋》27/10a 引《天下碑錄》，《新編》1/9/7040 下。

《金石彙目分編》16（1）/39b，《新編》1/28/21468 上。
《佩文齋書畫譜・金石》61/20a 下，《新編》3/2/39 下。
《燕庭金石叢稿》，《新編》3/32/507 下。
《六藝之一錄》52/20a，《新編》4/4/777 下。
備考：嚴君平，《漢書》卷七二對其生平有載。

東漢無年號 272

樓護碑

東漢（25—220）。

碑目題跋著錄：

《石刻題跋索引》25 頁左，《新編》1/30/22363。
《漢魏石刻文學考釋》中冊 854 頁。
《漢魏六朝碑刻校注・總目提要》編號 0769。
備考：樓護，《漢書》卷九二有傳。

東漢無年號 273

孔林殘碑

東漢（25—220）。在兗州曲阜縣。篆書。

碑目題跋著錄：

《寶刻叢編》2/17a，《新編》1/24/18113 上。
《金石彙目分編》10（2）/21a，《新編》1/28/21151 上。
《石刻題跋索引》498 頁左，《新編》1/30/22836。
《墨華通考》卷 8，《新編》2/6/4390 下。
《六藝之一錄》36/38a，《新編》4/4/508 下。
《漢魏石刻文學考釋》中冊 863 頁。
《漢魏六朝碑刻校注・總目提要》編號 0675。

東漢無年號 274

豫州從事皇毓碑

東漢（25—220）。碑在臨睢城，臨睢長李君、丞夏文則立。

碑目題跋著錄：

《隸釋》20/19b 引《水經注》，《新編》1/9/6956 上。（節文）

《中州金石考・歸德府》3/7b，《新編》1/18/13689 上。
《金石彙目分編》9（1）/56a，《新編》1/28/20951 下。
《隸辨》8/59a－b，《新編》2/17/13104 上。
《中州金石目錄》1/7a，《新編》2/20/14689 上。
《佩文齋書畫譜・金石》61/17a 下，《新編》3/2/38 上。
《紅藕齋漢碑彙鈔集跋》，《新編》3/38/493 上、519 下。
《六藝之一錄》51/11b－12a，《新編》4/4/758 上—下。
《水經注碑錄》卷六編號 171，《北山金石錄》上冊 144 頁。（節文）
《漢魏石刻文學考釋》中冊 867 頁。（節文）
《漢魏六朝碑刻校注・總目提要》編號 0799。

東漢無年號 275
梁巖碑

又名：梁巖碑。無時間著錄，暫附東漢（25—220）。施蟄存《水經注碑錄》認為，酈道元於此碑無一言，豈以其為近世人，聲名不著，故不足錄耶？在成國渠左。

碑目題跋著錄：

《隸釋》20/11a 引《水經注》，《新編》1/9/6952 上。
《隸辨》8/58a，《新編》2/17/13103 下。
《紅藕齋漢碑彙鈔集跋》，《新編》3/38/470 上。
《六藝之一錄》51/17a，《新編》4/4/761 上。
《水經注碑錄》卷四編號 119，《北山金石錄》上冊 105 頁。

東漢無年號 276
張熹祠碑

又名：張明府神祠碑。無年月，暫附東漢（25—220）。在汝寧縣。張熹，字季智。

碑目題跋著錄：

《隸釋》20/10b 引《水經注》，《新編》1/9/6951 下。
《安徽金石略》8/5b，《新編》1/16/11747 上。
《中州金石考》8/13a，《新編》1/18/13741 上。

《金石彙目分編》9（4）/72a，《新編》1/28/21071 下。

《中州金石目錄》1/9a，《新編》2/20/14690 上。

《佩文齋書畫譜·金石》61/17b 下，《新編》3/2/38 上。

《六藝之一錄》39/32a，《新編》4/4/555 下。

《水經注碑錄》卷四編號 127，《北山金石錄》上冊 113 頁。

東漢無年號 277

李雲碑

又名：李雲墓表。東漢（25—220）。墓在廣宗縣清河之右，冀州刺史賈琮刻石表之，石柱在廣宗縣故城南。

碑目題跋著錄：

《隸釋》20/5b –6a 引《水經注》，《新編》1/9/6949 上—下。（節文）

（光緒）《畿輔通志·金石十一》148/46b –47a，《新編》2/11/8530 下—8531 上。

《隸辨》8/57a，《新編》2/17/13103 上。

《畿輔待訪碑目》卷上/1b，《新編》2/20/14801 上。

《佩文齋書畫譜·金石》61/17a 上，《新編》3/2/38 上。

（光緒）《重修廣平府志·金石略下》36/3a，《新編》3/25/131 上。

《紅藕齋漢碑彙鈔集跋》，《新編》3/38/470 上。

《六藝之一錄》51/15a，《新編》4/4/760 上。

《水經注碑錄》卷二編號 51，《北山金石錄》上冊 64 頁。（節文）

備考：李雲，字行祖，《後漢書》卷五七有傳。

東漢無年號 278

廣武君李左車墓碣

東漢（25—220）。開封府通許縣。方形，僅二尺。

碑目題跋著錄：

《中州金石考》1/8a，《新編》1/18/13672 下。（節文）

《金石彙目分編》9（1）/12a，《新編》1/28/20929 下。

《中州金石目錄》1/6b，《新編》2/20/14688 下。

《紅藕齋漢碑彙鈔集跋》，《新編》3/38/518 下—519 上。

《漢魏石刻文學考釋》中冊 1004 頁。（節文）

《漢魏六朝碑刻校注·總目提要》編號 0700。

備考：李左車，其事見《漢書》卷三〇《藝文志》、卷三四《韓信傳》。

東漢無年號 279

華君銘

東漢（25—220）。在武當縣故城內。不詳華君何代之士，暫附東漢。

碑目題跋著錄：

《隸釋》20/24b 引《水經注》，《新編》1/9/6958 下。

（民國）《湖北通志·金石志》2/34a，《新編》1/16/11967 下。

《金石彙目分編》14/28a，《新編》1/28/21396 下。

《石刻題跋索引》25 頁左，《新編》1/30/22363。

《佩文齋書畫譜·金石》61/17b 下，《新編》3/2/38 上。

（嘉慶）《湖北通志·金石一》88/11a，《新編》3/13/8 上。

（光緒）《襄陽府治·金石》18/4b，《新編》3/13/392 下。

（光緒）《續輯均州志·藝文志》15/2a，《新編》3/13/509 下。

《六藝之一錄》51/15b，《新編》4/4/760 上。

《水經注碑錄》卷七編號 201，《北山金石錄》上冊 174 頁。

《漢魏石刻文學考釋》中冊 985 頁。

《漢魏六朝碑刻校注·總目提要》編號 0691。

東漢無年號 280

高玄碑

東漢（25—220）。司徒崔烈立。在歸德府永城縣。

碑目題跋著錄：

《中州金石考·歸德府》3/7b，《新編》1/18/13689 上。

《金石彙目分編》9（1）/56a，《新編》1/28/20951 下。

《天下金石志》5/4，《新編》2/2/824 下。

《中州金石目錄》1/7a，《新編》2/20/14689 上。

《金石備攷·歸德府》，《新編》4/1/57 上。

漢代　643

東漢無年號281
徵士宋子浚碑

東漢（25—220）。舊在介休縣。

碑目題跋著錄：

《隸釋》20/1b 引《水經注》，《新編》1/9/6947 上。

《金石彙目分編》11/69a，《新編》1/28/21262 上。

《隸辨》8/57a，《新編》2/17/13103 上。

《佩文齋書畫譜・金石》61/10a 上，《新編》3/2/34 下。

（光緒）《山西通志・金石記二》90/8b，《新編》3/30/335 下。

（民國）《介休縣志・金石》16/2b，《新編》3/31/31 下。

《紅藕齋漢碑彙鈔集跋》，《新編》3/38/470 上。

《六藝之一錄》51/3b，《新編》4/4/754 上。

《水經注碑錄》卷一編號22，《北山金石錄》上冊37、41 頁。

東漢無年號282
弘農太守張伯雅碑三

東漢（25—220）。在河南密縣。

碑目題跋著錄：

《隸釋》20/11b – 12a 引《水經注》，《新編》1/9/6952 下。

《中州金石考》7/4b，《新編》1/18/13720 下。

《金石彙目分編》9（1）/33b、9（4）/51b，《新編》1/28/20940 上、21061 上。

《隸辨》8/58a，《新編》2/17/13103 下。

《中州金石目錄》1/8a，《新編》2/20/14689 下。

《佩文齋書畫譜・金石》61/17a 上，《新編》3/2/38 上。

《紅藕齋漢碑彙鈔集跋》，《新編》3/38/470 上。

《六藝之一錄》51/7a – b，《新編》4/4/756 上。

《水經注碑錄》卷五編號136，《北山金石錄》上冊119—120 頁。

東漢無年號283
秦君碑

又名：滕君碑。東漢（25—220）。在滕縣東四十里堌城馬山後。八分書。

錄文著錄：

《金石文字記》2/2a – 3a，《新編》1/12/9211 下—9212 上。

《漢碑錄文》4/43b – 44a，《新編》2/8/6214 上—下。

《續古文苑》15/14a – b，《新編》4/2/231 下。

《全後漢文》106/8a，《全文》1 冊 1045 下。

《漢魏石刻文學考釋》下冊 1088—1089 頁。

碑目題跋著錄：

《曝書亭金石文字跋尾》2/22a，《新編》1/25/18690 下。

《授堂金石三跋・一跋》2/9b，《新編》1/25/19098 上。

《金石彙目分編》10（2）/42b，《新編》1/28/21161 下。

《漢碑錄文》4/44a，《新編》2/8/6214 下。

（宣統）《山東通志・藝文志》卷 152，《新編》2/12/9353 下。

《山左碑目》2/15a，《新編》2/20/14846 上。

《佩文齋書畫譜・金石》61/19a 下，《新編》3/2/39 上。

《六藝之一錄》51/29b，《新編》4/4/767 上。

《漢魏石刻文學考釋》下冊 1087—1088 頁。

《漢魏六朝碑刻校注・總目提要》編號 0714。

東漢無年號 284

楊君殘碑

東漢（25—220）元年。

碑目題跋著錄：

《佩文齋書畫譜・金石》61/1b 下，《新編》3/2/30 上。（節文）

《六藝之一錄》52/4b，《新編》4/4/769 下。（節文）

《漢隸字源》150—151 頁。（節文）

東漢無年號 285

兒寬碑

又名：道兒君碑。東漢（25—220）。在曲阜縣高門一里餘道西。魯相陳君立。

碑目題跋著錄：

《隸釋》卷 20/21b 引《水經注》，《新編》1/9/6957 上。

《金石彙目分編》10（2）/21a，《新編》1/28/21151 上。

《隸辨》8/60a，《新編》2/17/13104 下。

《山左碑目》2/9b，《新編》2/20/14843 上。

《佩文齋書畫譜・金石》61/17b 下，《新編》3/2/38 上。

《諸史碑銘錄目・魏書金石》，《新編》3/37/331 下。

《六藝之一錄》51/12a，《新編》4/4/758 下。

《水經注碑錄》卷六編號 179，《北山金石錄》上冊 151—152 頁。

備考：兒寬，《漢書》卷五八有傳。施蟄存《水經注碑錄》卷六《道兒君碑》題跋認為：《天下碑錄》有《尊士倪壽碑》，在仙源縣南七十步魯城內。《古今碑刻》有《漢博士倪壽碑》，在兗州府曲阜縣南，"此二碑所在地皆與此文合，疑三家所言乃同一碑也。"暫將倪壽碑單列。《魏書・地形志》云："魯郡魯縣有《兒寬碑》"，疑即此碑。

東漢無年號 286

梁相費汎碑

又名：費況碑。東漢（25—200）。湖州孫莘墨妙亭舊藏。文隸書，《隸續・碑式》載：碑十行，行三十字。篆額三行，額題：漢故梁相費君之碑。

錄文著錄：

《隸釋》11/18a – 19a，《新編》1/9/6881 下—6882 上。

《兩浙金石志》1/9b – 10a、12b – 13a，《新編》1/14/10197 上—下、10198 下—10199 上。

《吳興金石記》2/9b – 10a，《新編》1/14/10695 上—下。

（同治）《湖州府志・金石略一》46/1a – b，《新編》3/8/3 上。

《墨妙亭碑目考》卷上之上/2b – 3a，《新編》3/35/385 下—386 上。

《碑版廣例》5/7b – 8b，《新編》3/40/293 下—294 上。

《六藝之一錄》46/6b – 7a，《新編》4/4/667 下—668 上。

《全後漢文》106/3b – 4a，《全文》1 冊 1043 上—下。

《漢魏石刻文學考釋》中冊 676 頁。

碑目題跋著錄：

《隸釋》11/19a－b，《新編》1/9/6882 上。

《隸釋》22/4b－5a 引《集古錄》，《新編》1/9/6981 下—6982 上。

《隸釋》23/16a 引《集古錄目》，《新編》1/9/6997 下。

《隸釋》27/9b 引《天下碑錄》，《新編》1/9/7040 上。

《隸釋刊誤》56b，《新編》1/9/7072 下。

《隸續》7/8a，《新編》1/10/7136 下。

《金石錄》1/8a、17/2a－3a，《新編》1/12/8803 下、8900 下—8901 上。

《金石錄補》25/11b，《新編》1/12/9120 上。

《金石錄補續跋》3/14b－15a，《新編》1/12/9156 下—9157 上。

《兩浙金石志》1/13b－14a，《新編》1/14/10199 上—下。

《吳興金石記》2/14b－15a，《新編》1/14/10697 下—10698 上。

《集古錄跋尾》2/3a，《新編》1/24/17845 上。

《集古錄目》2/6a－b，《新編》1/24/17953 下。

《通志·金石略》卷上/16b，《新編》1/24/18027 上。

《寶刻叢編》14/21a，《新編》1/24/18307 上。

《輿地碑記目·安吉州碑記》1/4a，《新編》1/24/18524 下。

《石刻題跋索引》16 頁左，《新編》1/30/22354。

《天下金石志》10/4，《新編》2/2/858 下。

《墨華通考》卷3，《新編》2/6/4328 上、4334 下。

《語石》10/21a，《新編》2/16/12030 上。

《金石例補》1/6a－b、2/2a－b，《新編》2/17/12363 上、12366 下。

《續校碑隨筆·孤本》卷下/7a，《新編》2/17/12505 上。

《隸辨》7/53a－b，《新編》2/17/13062 上。

《金石錄續跋》31，《新編》2/18/13210 上。

《集古錄補目補》卷上/15a－b，《新編》2/20/14516 下。

《佩文齋書畫譜·金石》61/12a 上，《新編》3/2/35 下。

（雍正）《敕修浙江通志·碑碣二》256/13a，《新編》3/7/77 上。

（同治）《湖州府志·金石略一》46/3a，《新編》3/8/4 上。附談鑰《吳興志》。

（乾隆）《烏程縣志·碑碣雜刻》14/16a，《新編》3/8/224 上。

（光緒）《烏程縣志·金石》30/1a – b，《新編》3/8/229 上。

《寒山堂金石林時地攷》卷下/11b，《新編》3/34/507 上。

《墨妙亭碑目考》卷上之上/6a、7a，《新編》3/35/387 下、388 上。附《輿地紀勝》《費氏家譜》。

汪本《隸釋刊誤》56b，《新編》3/37/578 上。

《紅藕齋漢碑彙鈔集跋》，《新編》3/38/514 上。

《漢石例》1/23b、1/37a、2/19a、2/32b，《新編》3/40/136 上、143 上、153 上、159 下。

《碑版廣例》6/9a – b，《新編》3/40/306 上。

《漢魏六朝志墓金石例》1/12b，《新編》3/40/401 下。

《漢魏六朝墓銘纂例》2/8b，《新編》3/40/445 下。

《金石備攷·湖州府》，《新編》4/1/40 下。

《古今書刻》下編/13a，《新編》4/1/141 上。

《漢隸字源》66—67 頁。

《漢魏石刻文學考釋》中冊 673—675 頁。

《漢魏石刻文字繫年》84 頁。

《漢魏六朝碑刻校注·總目提要》編號 0756。

東漢無年號287

徵君陶超墓碑

無年月，暫附東漢（25—220）。在當塗小朝山。鐫"漢徵君墓"。

碑目題跋著錄：

《安徽金石略》5/1a，《新編》1/16/11703 上。

東漢無年號288

漢黃霸碑

東漢（25—220）。開封府考城縣。

碑目題跋著錄：

《金石彙目分編》9（1）/59a，《新編》1/28/20953 上。

《太平寰宇記碑錄》編號 5，《北山金石錄》上冊 256 頁。

備考：黃霸,《漢書》卷八九有傳。

東漢無年號289

任子墓碑

東漢（25—220）。許州長葛縣。

碑目題跋著錄：

《中州金石考·長葛縣》2/10b,《新編》1/18/13682 下

《金石彙目分編》9（1）/49a,《新編》1/28/20948 上。

《中州金石目錄》1/7a,《新編》2/20/14689 上。

《紅藕齋漢碑彙鈔集跋》,《新編》3/38/519 下。

東漢無年號290

長沙太守張璣墓碣

東漢（25—220）。在南陽縣。

碑目題跋著錄：

《中州金石考·南陽府》8/2a–b,《新編》1/18/13735 下。

《金石彙目分編》9（4）/61a,《新編》1/28/21066 上。

《中州金石目錄》1/8b,《新編》2/20/14689 下。

（光緒）《南陽縣志·藝文下》10/21b–23b,《新編》3/30/197 上—198 上。

東漢無年號291

漢巴肅碑

東漢（25—220）。在滄州鹽山縣。

碑目題跋著錄：

《金石彙目分編》3（2）/7a,《新編》1/27/20696 上。

備考：巴肅,《後漢書》卷六七《黨錮列傳》有傳。

東漢無年號292

上谷長史侯相碑

東漢（25—220）。在絳州稷山縣。

著錄：

《全後漢文》106/8b,《全文》1 冊 1045 下。（文）

《漢魏石刻文學考釋》上冊443—444頁。（文、跋）

《水經注碑錄》卷一編號25,《北山金石錄》上冊43頁。（文、跋）

《金石彙目分編》11/52a,《新編》1/28/21253下。（目）

《六藝之一錄》51/2a–b,《新編》4/4/753下。（目）

《漢魏六朝碑刻校注·總目提要》編號0787。（目）

東漢無年號293

柏人令涂整碑

東漢（25—220）桓帝時立。唐山縣。

碑目題跋著錄：

《金石彙目分編》3（2）/67b,《新編》1/27/20726上。

（光緒）《畿輔通志·金石十》147/43a–b,《新編》2/11/8500上。附引《唐山縣志》。

《河朔訪古記》卷上/20b,《新編》3/25/155下。

東漢無年號294

漢耿弇墓碑

未詳何代所立，暫附東漢（25—220）。青州府壽光縣。

碑目題跋著錄：

《金石彙目分編》10（3）/39a,《新編》1/28/21198上。

備考：耿弇,《後漢書》卷一九有傳，可能是碑主。

東漢無年號295

漢上谷太守碑

又名：上谷太守廳碑。東漢（25—220）。《京畿金石考》引顏師古云，蔡邕撰。宣化府保安州。

碑目題跋著錄：

《金石彙目分編》3（2）/87b,《新編》1/27/20736上。

（光緒）《畿輔通志·金石十二》149/62a,《新編》2/11/8578下。

《京畿金石考》卷下/43a,《新編》2/12/8789上。

東漢無年號 296

兗州刺史李伯成碑

又名：兗州刺史李伯茂碑。東漢（25—220），一作三國魏（220—265），暫附東漢。濟寧州，或作曹州。

碑目題跋著錄：

《隸釋》27/5a 引《天下碑錄》，《新編》1/9/7038 上。

《金石彙目分編》10（2）/55a、10（3）/1b，《新編》1/28/21168 上、21179 上。

《天下金石志》3/7，《新編》2/2/817 上。

《碑藪》，《新編》2/16/11832 上。

《寒山堂金石林時地攷》卷上/14a，《新編》3/34/496 下。

《金石備攷·兗州府》，《新編》4/1/48 上。

《古今書刻》下編/28b，《新編》4/1/148 下。

《漢魏石刻文字繫年》164—165 頁。

《漢魏六朝碑刻校注·總目提要》編號 0887。

備考：《金石彙目分編》將"李伯茂碑""李伯成碑"分開著錄，由於"成""茂"二字形似，常有混淆者，故合併著錄。

東漢無年號 297

漢郅暉墓碑

無年月，暫附東漢（25—220）。在霍州趙城縣石門里。

碑目著錄：

《金石彙目分編》11/29b，《新編》1/28/21242 上。

東漢無年號 298

漢平阿侯王譚碑

無年月，暫附東漢（25—220）。在西安府。

碑目題跋著錄：

《金石彙目分編》12（1）/21a，《新編》1/28/21287 上。

《水經注碑錄》卷四編號 120，《北山金石錄》上冊 106 頁。

備考：平阿侯王譚，其事見《漢書》卷一〇《成帝紀》、卷八五

《谷永傳》、卷九八《孝元皇后傳》等。

東漢無年號 299
南郡太守程堅碑
東漢（25—220）。在湖南省湘陰縣屈原廟。

碑目題跋著錄：

《隸釋》20/30b 引《水經注》，《新編》1/9/6961 下。

《金石彙目分編》15/4b，《新編》1/28/21408 下。

（光緒）《湖南通志・金石二》260/6b，《新編》2/11/7752 下。

《隸辨》8/62a，《新編》2/17/13105 下。

《佩文齋書畫譜・金石》61/16b 下，《新編》3/2/37 下。

《紅藕齋漢碑彙鈔集跋》，《新編》3/38/578 上。

《水經注碑錄》卷十編號 266，《北山金石錄》上冊 232 頁。

《太平寰宇記碑錄》編號 172，《北山金石錄》上冊 301 頁。

備考：《後漢書》卷一四《趙孝王良傳》附《劉乾傳》有郎中南陽程堅，拜爲劉乾傅。是否碑主，待考。

東漢無年號 300
漢蔡孝婦墓碑
無年月，暫附東漢（25—220）。郴州永興縣西北蔡婦塚上。

碑目題跋著錄：

《金石彙目分編》15/76a，《新編》1/28/21444 下。

《天下金石志》9/10，《新編》2/2/856 下。

《墨華通考》卷 6，《新編》2/6/4365 下。

（光緒）《湖南通志・金石二》260/24a–b，《新編》2/11/7761 下。附《明統志》《嘉慶通志》。

《金石備攷・永州府》，《新編》4/1/25 上。

《古今書刻》下編/20b，《新編》4/1/144 下。

東漢無年號 301
孔寵碑
又名：孔龐碑。東漢（25—220）。在兗州府孔廟。

碑目題跋著錄：

《天下金石志》3/3，《新編》2/2/815 上。

《碑藪》，《新編》2/16/11832 上。

《金石備攷·兗州府》，《新編》4/1/46 上。

東漢無年號 302

漢范滂碑

東漢（25—220）。萊州府。

碑目題跋著錄：

《墨華通考》8/21a，《新編》2/6/4397 上。

《寒山堂金石林時地攷》卷上/15a，《新編》3/34/497 上。

《古今書刻》下編/30a，《新編》4/1/149 下。

備考：范滂，《後漢書》卷六七《黨錮列傳》有傳。

東漢無年號 303

冀州從事張純碑

東漢（25—220）。在昌平州。

碑目題跋著錄：

（光緒）《順天府志·金石志二》128/5a，《新編》2/12/8816 上。

備考：《後漢書》卷三五有《張純傳》，是否誌主，因未見錄文，待考。

東漢無年號 304

漢太尉劉崇墓碑

年月未詳，暫附東漢（25—220）。在山東寧海。

碑目題跋著錄：

（宣統）《山東通志·藝文志》卷152，《新編》2/12/9374 上。

東漢無年號 305

廣陵太守馬稜（棱）頌德碑

東漢（25—220）。

碑目題跋著錄：

（嘉慶）《重修揚州府志·金石志》64/1a，《新編》3/6/303 上。

備考：馬稜，《後漢書》卷二四有傳，史傳作"馬棱"。

東漢無年號 306

漢故益州刺史碑

東漢（25—220）。在重慶府巴縣。《燕庭金石叢稿》疑其薛、劉二君碑。

碑目題跋著錄：

（嘉慶）《四川通志·輿地志》58/24b,《新編》3/14/484 下。

《蜀碑記》2/1a,《新編》3/16/316 上。

《燕庭金石叢稿》,《新編》3/32/514 上。

東漢無年號 307

殘碑陰故吏王叔等題名

東漢（25—220）。近出河南，直隸天津姚氏藏石。石高一尺一寸，廣一尺二寸。存5行，行1至5字，隸書。當為下屬為長官立碑。

錄文著錄：

《魯迅輯校石刻手稿·碑銘》上冊361頁。

碑目著錄：

《漢石存目》卷上/8b,《新編》3/37/524 下。

東漢無年號 308

許氏先君祖誄碑

東漢（25—220）。在常州宜興。隸額一行六字：許氏先君祖誄。

碑目題跋著錄：

《寶刻叢編》14/36a – b,《新編》1/24/18314 下。

《石刻題跋索引》498頁右,《新編》1/30/22836。

《六藝之一錄》49/31b,《新編》4/4/735 上。

《漢魏石刻文學考釋》下冊 1177 頁。

《漢魏六朝碑刻校注·總目提要》編號 0741。

東漢無年號 309

鼓吹种多磚誌

東漢（25—220）。洛陽出土，顧氏藏磚。文隸書，1行4字。

圖版著錄：

《草隸存》卷 4，《新編》4/3/121。

《中國磚銘》圖版下册 848 頁。

碑目題跋著錄：

《古誌新目初編》1/1a，《新編》2/18/13692 上。

《蒿里遺文目錄》3 上/1a，《新編》2/20/14981 上。

東漢無年號 310

馬武妾墓誌

東漢（25—220）。馬武撰。在開封府。碑舊藏張文光。

碑目題跋著錄：

《金石彙目分編》9（1）/6b，《新編》1/28/20926 下。

（光緒）《祥符縣志·金石志》22/1b，《新編》3/28/161 上。

東漢無年號 311

□季度石闕銘

又名：開母闕季度銘。東漢（25—220）。在登封。高七寸五分，寬二尺三寸。11 行，行 5 字，隸書。

圖版著錄：

《金石圖說》甲上/25b，《新編》2/2/905。

《金石經眼錄》21a–22a，《新編》4/10/501 上—下。

《金石圖》，《新編》4/10/536 上。

《金石索》石索二，下册 1089—1090 頁。

錄文著錄：

《兩漢金石記》9/13a–14a，《新編》1/10/7338 上—下。

《中州金石考》7/4a，《新編》1/18/13720 下。

《金石文鈔》1/12a，《新編》2/7/5078 下。

《漢碑錄文》1/18a–b，《新編》2/8/6124 上。

《魯迅輯校石刻手稿·碑銘》上册 240—241 頁。

《漢魏石刻文學考釋》中册 967 頁。

碑目題跋著錄：

《兩漢金石記》1/32b，《新編》1/10/7220 下。

《中州金石考》7/4a，《新編》1/18/13720 下。

《金石圖說》甲上/27b－28a，《新編》2/2/908 上—下。

《金石文鈔》1/12a－13b，《新編》2/7/5078 下—5079 上。

《漢碑錄文》1/18b－19a，《新編》2/8/6124 上—下。

《古墨齋金石跋》1/28a－29a，《新編》2/19/14076 下—14077 上。

《竹崦盦金石目錄》6a，《新編》2/20/14549 下。

（乾隆）《河南府志·金石志》110/7b－8a，《新編》3/28/137 上—下。

（乾隆）《登封縣志·金石錄》31/11a－b，《新編》3/29/630 上。

《石目》，《新編》3/36/53 上。

《竹崦盦金石目錄》1/6a，《新編》3/37/342 下。

《金石圖》，《新編》4/10/537 上。

《讀碑小箋》，《羅振玉學術論著集》第三集，36 頁。

《碑帖敍錄》154—155 頁。

《漢魏石刻文學考釋》中冊 966—967 頁。

備考：《季度銘》在《堂谿典嵩高請雨銘》之下，一般金石著作常將二者混而為一，堂谿典和季度當為二人，季度諱協。故單獨著錄。

東漢無年號312

汝南周府君殘碑

又名：汝南周府君碑額。東漢（25—220）。山東古池厓出土，今在曲阜孔廟。石高一尺二寸，廣一尺四寸。額篆書，2 行，行 3 字。碑陰正書。趙之謙《補訪碑錄》列入唐碑，馮雲鵬定為漢刻，暫從東漢。

著錄：

《續語堂碑錄》，《新編》2/1/90 上。（文、跋）

《魯迅輯校石刻手稿·碑銘》364—365 頁。（文、跋）附孔昭薰等人記。

《崇雅堂碑錄》1/7b，《新編》2/6/4487 上。（目）

《曲阜碑碣考》1/3a，《新編》2/13/9748 上。（跋）

《平安館藏碑目》，《新編》2/18/13384 下。（目）

《紅藕齋漢碑彙鈔集跋》，《新編》3/38/492 下—493 上。（跋）

《漢魏六朝碑刻校注・總目提要》編號2570。（目）

東漢無年號313
故吏應酬殘題名
東漢（25—220）。在成都府。《隸釋》認為，此為蜀郡太守碑陰。
錄文著錄：
《隸釋》18/9a–b，《新編》1/9/6935上。
《六藝之一錄》52/26b–27a，《新編》4/4/780下—781上。
《漢魏石刻文學考釋》中冊1014—1015頁。
碑目題跋著錄：
《隸釋》18/9b，《新編》1/9/6935上。
《隸釋刊誤》72a，《新編》1/9/7080下。
《金石錄補》5/3a–b，《新編》1/12/9012上。
《金石彙目分編》16（1）/3b，《新編》1/28/21450上。
《蜀碑記補》1/5，《新編》2/12/8729上。
《隸辨》8/15b–16a，《新編》2/17/13082上—下。
《佩文齋書畫譜・金石》61/21b下，《新編》3/2/40上。
（嘉慶）《四川通志・輿地志》58/4b–5a，《新編》3/14/474下—475上。
（嘉慶）《成都縣志・金石》6/33a，《新編》3/14/544上。
（同治）《重修成都縣志・輿地志》2/4b，《新編》3/14/550下。
《燕庭金石叢稿》，《新編》3/32/472下。
汪本《隸釋刊誤》72a，《新編》3/37/586上。
《紅藕齋漢碑彙鈔集跋》，《新編》3/38/523下。
《漢石例》2/40b，《新編》3/40/163下。
《漢隸字源》99頁。
《漢魏石刻文學考釋》中冊1013—1014頁。
《漢魏石刻文字繫年》94頁。
《漢魏六朝碑刻校注・總目提要》編號0734。

漢　代　657

東漢無年號 314
卜君之頌碑額

東漢（25—220）。文隸書，4 字：卜君之頌。

著錄：

《望堂金石初集》，《新編》2/4/2890 上。（圖）

《金石屑》2/39a – 40b、45a – b、《新編》2/6/4658 下—4659 上、4661 下。（圖、跋）

《再續寰宇訪碑錄》卷上，《羅振玉學術論著集》第五集，408 頁。（目）

東漢無年號 315
廣平侯尉碑額

東漢（25—220）。文隸書，4 字：廣平侯尉。

著錄：

《望堂金石初集》，《新編》2/4/2890 下。（圖）

《金石屑》2/41a – 42b、45a – b、《新編》2/6/4659 下—4660 上、4661 下。（圖、跋）

《再續寰宇訪碑錄》卷上，《羅振玉學術論著集》第五集，408 頁。（目）

東漢無年號 316
寬以濟猛等字殘碑

東漢（25—220）。傳此碑河南洛陽出土，曾歸于右任。文隸書，存字 5 行，可辨者 20 餘字。

著錄：

《漢碑全集》6 冊 2167—2168 頁。（圖、文）

東漢無年號 317
素下殘石

又名：應遷等字殘碑。東漢（25—220）。1931 年左右河南洛陽出土，吳興徐鴻寶藏，現藏故宮博物院。篆書，存 5 行，行 3、4 字。

著錄：

《漢碑全集》6 冊 2148—2149 頁。（圖、文）

《古石刻零拾》215—217 頁。（圖、文、跋）

《碑帖鑒定》77 頁。（跋）

《石刻題跋索引》25 頁左，《新編》1/30/22363。（目）

《漢魏六朝碑刻校注·總目提要》編號 0608。（目）

東漢無年號 318

毗上等字殘碑

東漢（25—220）。出土時地不詳。黃縣丁氏、周氏舊藏。石高九寸，廣八寸五分。存 3 行，行 4 至 5 字，隸書。

著錄：

《漢碑全集》6 冊 2152—2153 頁。（圖、文）

《石交錄》1/25b–26a，《新編》4/6/442 上—下。（文）

《魯迅輯校石刻手稿·碑銘》上冊 356 頁。（文）

《增補校碑隨筆》（修訂本）95 頁。（文、跋）

《漢魏六朝碑刻校注·總目提要》編號 0795。（目）

東漢無年號 319

履和純等字殘碑

東漢（25—220）曾歸黃縣丁氏、後歸周季木。石高一尺八分，廣四寸五分。存 3 行，首行皆半字，存 5 字；後 2 行行 6 字，隸書。

著錄：

《漢碑全集》6 冊 2150—2151 頁。（圖、文）

《魯迅輯校石刻手稿·碑銘》上冊 355 頁。（文）

《增補校碑隨筆》（修訂本）94 頁。（文、跋）

《漢魏六朝碑刻校注·總目提要》編號 0754。（目）

東漢無年號 320

立朝等字殘碑

東漢（25—220）。出土時地不詳，先歸黃縣丁氏，後歸建德周季木（周進），現藏故宮博物院。文隸書，一面存 4 行，共 17 字，又半字 1；一面存 5 行，共 14 字，又半字 7，似陰。此碑四面殘。

著錄：

《漢碑全集》6 冊 2183—2185 頁。（圖、文）

《增補校碑隨筆》（修訂本）95 頁。（文、跋）

《碑帖鑒定》85 頁。（跋）

《漢魏六朝碑刻校注·總目提要》編號 0796。（目）

東漢無年號 321

漢茹君頌

時間不詳，《金石錄》認為：字畫似後魏時人，暫附東漢（25—220）。

碑目著錄：

《金石錄》2/11a，《新編》1/12/8811 上。

《六藝之一錄》59/25a，《新編》4/5/95 上。

東漢無年號 322

李業闕

東漢（25—220），或云西漢居攝二年（7），《四川歷代碑刻》云建於建武十二年（36），暫附東漢。四川省梓潼縣出土。今存一闕之身，在四川梓潼縣南門外李節士祠。拓本高 56、寬 38 釐米。2 行，行 4 字，隸書。字存：漢侍御史李公之闕。

圖版著錄：

《金石苑》卷 1，《新編》1/9/6265 上—下。

《二銘草堂金石聚》12/50a-51a，《新編》2/3/2171 下—2172 上。

《北京圖書館藏中國歷代石刻拓本匯編》1 冊 18 頁。

《四川歷代碑刻》6 頁。

《漢碑全集》1 冊 87—88 頁。

錄文著錄：

《八瓊室金石補正》7/11a，《新編》1/6/4113 上。

《金石苑》卷 1，《新編》1/9/6264 下。

《績語堂碑錄》，《新編》2/1/89 下。

《四川歷代碑刻》6 頁。

《漢碑全集》1 冊 88 頁。

《漢魏石刻文學考釋》上冊 218 頁。

《魯迅輯校石刻手稿·碑銘》上冊 348 頁。

碑目題跋著錄：

《八瓊室金石補正》7/11b – 12a，《新編》1/6/4113 上—下。附李璧識、《三巴卷古志》。

《金石苑》卷 1，《新編》1/9/6264 下。

《輿地碑記目·隆慶府碑記》4/31a，《新編》1/24/18575 上。

《藝風堂金石文字目》1/14b，《新編》1/26/19529 下。

《補寰宇訪碑錄》1/4a，《新編》1/27/20196 下。

《金石彙目分編》16（1）/40a，《新編》1/28/21468 下。

《石刻題跋索引》1 頁右，《新編》1/30/22339。

《天下金石志》7/4，《新編》2/2/843 下。

《石刻名彙》1/2b，《新編》2/2/1025 下。

《二銘草堂金石聚》12/51b，《新編》2/3/2172 上。

《崇雅堂碑錄補》1/2b，《新編》2/6/4551 下。

《墨華通考》卷 11，《新編》2/6/4433 上。

《崇雅堂碑錄補》1/2b，《新編》2/6/4551 下。

《語石》2/16b、5/22a，《新編》2/16/11883 下、11949 下。

《寶鴨齋金石題跋》上/10a，《新編》2/19/14339 下。

《金石苑目》"梓潼"，《新編》2/20/14650 上。

《蒿里遺文目錄》6/1a，《新編》2/20/14994 上。

（嘉慶）《四川通志·輿地志》60/23b，《新編》3/14/530 上。

《蜀碑記》10/1b，《新編》3/16/338 上。

《燕庭金石叢稿》，《新編》3/32/508 上。

《寒山堂金石林時地攷》卷下/17b，《新編》3/34/510 上。

《石目》，《新編》3/36/63 下。

《漢石存目》卷上/1b，《新編》3/37/521 上。

《金石學講義·正編》11b，《新編》3/39/140。

《金石備攷·保寧府》，《新編》4/1/74 下。

《古今書刻》下編/39b,《新編》4/1/154 上。

《越縵堂讀書記》下冊 1072 頁。

《漢魏石刻文學考釋》上冊 217—218 頁。

《漢魏石刻文字繫年》117—118 頁。

《漢魏六朝碑刻校注·總目提要》編號 0023。

淑德大學《中國石刻拓本目錄》"碑碣等刻石"編號 29。

論文:

陳明達:《漢代的石闕》,《文物》1961 年第 12 期。

孫華、何志國、趙樹中:《梓潼諸闕考述》,《四川文物》1988 年第 3 期。

盧丕承、敬永金:《對〈梓潼諸闕考述〉一文的商榷意見》,《四川文物》1989 年第 1 期。

備考:李業,《後漢書》卷八一《獨行傳》有傳。《金石學講義·正編》"李公闕"誤作"季公闕"。

東漢無年號 323

南泊□□殘碑

東漢（25—220）晚期。1982 年出土於山東省微山縣兩城鎮南泊村,現存濟寧市博物館。今存有字者大小三十四塊,額篆書,正文和碑陰所刻門生故吏姓名爵里,隸書。行款、尺寸不詳。

碑目題跋著錄:

令盉、下坡:《山東新發現的兩漢碑石及有關問題》,《漢碑研究》347—348 頁。

村莊:《山東現存漢代碑石要目》,《漢碑研究》406 頁。

漢代無年號

漢代無年號 001

蘇武碑

漢代（前 206—220）。在京兆府武功縣墓下。《天下碑錄》作"蘇武功碑"。

碑目題跋著錄：

《隸釋》27/3a 引《天下碑錄》，《新編》1/9/7037 上。

《通志·金石略》卷上/12a，《新編》1/24/18025 上。

《金石彙目分編》12（2）/34a，《新編》1/28/21352 下。

《佩文齋書畫譜·金石》61/19b 上，《新編》3/2/39 上。

《六藝之一錄》52/17b，《新編》4/4/776 上。

《漢魏石刻文字繫年》133 頁。

《漢魏六朝碑刻校注·總目提要》編號0522。

備考：蘇武，《漢書》卷五四附《蘇建傳》。

漢代無年號002

漢絳侯周勃墓碑

無年月，暫附漢代（前206—220）。在豐縣。

碑目題跋著錄：

（同治）《徐州府志·碑碣攷》20/7b，《新編》3/6/552 上。

備考：周勃，《漢書》卷四〇有傳。

漢代無年號003

東海太守李少君石棺銘文

又名：合江石棺銘文。漢代（前206—220）。1987年9月在四川省合江縣鍛造廠擴建工地出土。9字，尺寸未詳。

著錄：

《四川歷代碑刻》68 頁。（圖、文）

備考：《漢書》卷二五上《郊祀志》有李少君，為方士，與碑主當非同一人。

漢代無年號004

武陰令高君墓闕銘

漢代（前206—220）。

碑目題跋著錄：

《金石錄》2/1b，《新編》1/12/8806 上。

《通志·金石略》卷上/22a，《新編》1/24/18030 上。

《天下金石志》16/2，《新編》2/2/871 上。

《金石備攷》附錄，《新編》4/1/90 下。

《六藝之一錄》54/10a，《新編》4/5/7 下。

備考：《金石錄》在"武陰令高君墓闕銘"之前一條還著錄有一方"漢高君墓闕銘"，筆者懷疑為同一方，因為它書無著錄，故暫附於此條下。

漢代無年號 005

羹頡侯劉信墓碑

無年月，暫附漢代（前206—220）。在滁州全椒縣。《全椒縣志》作"頡羹侯"。

碑目題跋著錄：

《安徽金石略》9/1a，《新編》1/16/11757 上。

《金石彙目分編》5/55a，《新編》1/27/20817 上。

（民國）《全椒縣志·輿地志》2/25a，《新編》3/12/215 上。

備考：據《史記·高祖功臣侯者年表第六》：高祖封其兄子劉信為羹頡侯。

漢代無年號 006

漢蒯澈碑銘

漢代（前206—220）。墓在懷慶府武陟縣縣城東北十八里蒯村。

碑目題跋著錄：

《中州金石考》5/11a，《新編》1/18/13706 上。

《金石彙目分編》9（2）/64a，《新編》1/28/20985 下。

《河朔金石待訪目》1b，《新編》2/12/9013 上。

《中州金石目錄》1/7b，《新編》2/20/14689 上。

（道光）《武陟縣志·碑碣志》21/1b，《新編》3/28/435 上。

（乾隆）《新修懷慶府志·金石志》27/11b，《新編》3/28/655 上。

漢代無年號 007

丞相長史朱買臣墓銘

漢代（前206—220）。河南府洛陽縣。

碑目題跋著錄：

《中州金石考》6/1a，《新編》1/18/13707 上。

《金石彙目分編》9（3）/60b，《新編》1/28/21020 下。

《石刻名彙》1/2b，《新編》2/2/1025 下。

《中州金石目錄》1/7b，《新編》2/20/14689 上。

（乾隆）《河南府志·金石志》108/3b－4a，《新編》3/28/116 上—下。

《古誌彙目》1/1a，《新編》3/37/5。

《太平寰宇記碑錄》編號 153，《北山金石錄》上冊 295 頁。

備考：朱買臣，《漢書》卷六四上有傳。

漢代無年號 008

聶氏墳石誌

漢代（前 206—220）。在衡州府衡陽縣西九十里。

碑目題跋著錄：

《輿地碑記目·衡州碑記》2/17a，《新編》1/24/18545 上。

《金石彙目分編》15/17b，《新編》1/28/21415 上。

備考：《輿地碑記目》未載該碑時間，《金石彙目分編》卻載漢碑，不知何據？暫附此。

漢代無年號 009

張騫墓碑

漢代（前 206—220）。墓在漢中府城固縣西二十三里。

碑目題跋著錄：

《輿地碑記目·興元府碑記》4/29a，《新編》1/24/18574 上。

《金石彙目分編》12（2）/51b，《新編》1/28/21361 上。

《墨華通考》卷 10，《新編》2/6/4415 下。

備考：張騫，《漢書》卷六一有傳。

漢代無年號 010

韓延壽墓碑

漢代（前 206—220）。順天府宛平縣西南罕山。

碑目題跋著錄：

《金石彙目分編》1/6a，《新編》1/27/20660 下。

《天下金石志》1/2，《新編》2/2/802 上。

《墨華通考》1/3a，《新編》2/6/4292 上。

（光緒）《畿輔通志・金石一》138/24a，《新編》2/11/8186 下。附《明一統志》《帝京景物略》。

《京畿金石考》卷上/15b，《新編》2/12/8753 上。

（光緒）《順天府志・金石志二》128/5a，《新編》2/12/8816 上。

《碑藪》，《新編》2/16/11835 上。

《畿輔待訪碑目》卷上/2b，《新編》2/20/14801 下。

《寒山堂金石林時地攷》卷上/1b，《新編》3/34/490 上。

《金石備攷・直隸順天府》，《新編》4/1/5 下。

《古今書刻》下編/1b，《新編》4/1/135 上。

備考：韓延壽，《漢書》卷七六有傳。

漢代無年號011

張孝張里墓碑

漢代（前206—220）。順天府昌平州。

碑目題跋著錄：

《金石彙目分編》1/15b，《新編》1/27/20665 上。

（光緒）《畿輔通志・金石三》140/35b，《新編》2/11/8262 上。

《京畿金石考》卷上/21a，《新編》2/12/8756 上。

（光緒）《順天府志・金石志二》128/5b，《新編》2/12/8816 上。

《畿輔待訪碑目》卷上/2a，《新編》2/20/14801 下。

漢代無年號012

周亞夫墓碑

又名：條侯廟碑、漢丞相條侯廟記。漢代（前206—220）。在景州西五里。

碑目題跋著錄：

《金石彙目分編》3（2）/4a，《新編》1/27/20694 下。

《天下金石志》1/4，《新編》2/2/803 上。

《墨華通考》1/9b,《新編》2/6/4295 上。

《京畿金石考》卷上/41b,《新編》2/12/8766 上。

《畿輔待訪碑目》卷上/2a,《新編》2/20/14801 下。

《金石備攷·河間府》,《新編》4/1/6 下。

備考：周亞夫,《史記》卷五七附《周勃世家》、《漢書》卷四〇附《周勃傳》。

漢代無年號013

趙王劉彭祖墓石刻

漢代（前206—220）。清代藁城縣東大墩村北出土。

碑目題跋著錄：

《金石彙目分編》3（2）/33b,《新編》1/27/20709 上。

（光緒）《畿輔通志·金石九》146/43b－44a,《新編》2/11/8467 上—下。附《藁城縣志》。

備考：劉彭祖,《漢書》卷五三有傳。

漢代無年號014

漢蓋寬饒墓碑

漢代（前206—220）。在大名府大名縣。

碑目題跋著錄：

《金石彙目分編》3（2）/79a,《新編》1/27/20732 上。

備考：蓋寬饒,《漢書》卷七七有傳。

漢代無年號015

李陵碑

漢代（前206—220）。在延慶州。

碑目題跋著錄：

《金石彙目分編》3（2）/87a,《新編》1/27/20736 上。

《京畿金石考》卷下/43a,《新編》2/12/8789 上。

《山右訪碑記》2a,《新編》3/30/566 下。

備考：李陵,《漢書》卷五四有傳,是否碑主,因未見碑文,待考。

漢代無年號 016

漢英布墓碑

漢代（前 206—220）。鳳陽府壽州鳳臺縣。

碑目題跋著錄：

《金石彙目分編》5/43a，《新編》1/27/20811 上。

《天下金石志》2/4，《新編》2/2/807 下。

《墨華通考》2/29a，《新編》2/6/4317 上。

備考：英布，《漢書》卷三四有傳，又作"黥布"。

漢代無年號 017

漢史定伯碑

時間不詳，《南陽金石志》署"漢"，暫從漢代（前 206—220）。從諸書引《水經注》來看，為北魏以前碑。碑在鄧州南陽縣。

碑目題跋著錄：

《金石彙目分編》9（4）/61b，《新編》1/28/21066 上。

（光緒）《南陽縣志·藝文下》10/24b，《新編》3/30/198 下。

《水經注碑錄》卷九編號 244，《北山金石錄》上冊 206—207 頁。

《太平寰宇記碑錄》編號 192，《北山金石錄》上冊 306 頁。

漢代無年號 018

項羽墓碣

又名：漢穀城項王墓碑。漢代（前 206—220）。碑在穀城縣西三里。

碑目題跋著錄：

《金石彙目分編》10（1）/66b，《新編》1/28/21133 下。

（宣統）《山東通志·藝文志》卷 152，《新編》2/12/9339 下。

（道光）《東阿縣志·古蹟》4/14b，《新編》3/27/3 上。

《水經注碑錄》卷二編號 34，《北山金石錄》上冊 51 頁。

備考：項羽，《史記》卷七有本紀，《漢書》卷三一有傳。

漢代無年號 019

漢承武令碑

漢代（前 206—220）。兗州府嶧縣。

碑目題跋著錄：

《金石彙目分編》10（2）/44a，《新編》1/28/21162 下。

《天下金石志》3/6，《新編》2/2/816 下。

《金石備攷·兗州府》，《新編》4/1/47 下。

《古今書刻》下編/28a，《新編》4/1/148 下。

漢代無年號 020

舞陽侯樊噲墓碑

漢代（前 206—220）。霍州趙城縣。

碑目題跋著錄：

《金石彙目分編》11/29b，《新編》1/28/21242 上。

《山右訪碑記》1b，《新編》3/30/566 上。

備考：樊噲，《漢書》卷四一有傳。

漢代無年號 021

漢趙充國墓表

漢代（前 206—220）。秦州清水縣。

碑目題跋著錄：

《金石彙目分編》13/10a，《新編》1/28/21377 下。

備考：趙充國，《漢書》卷六九有傳。

漢代無年號 022

漢丞相公孫賀碑

漢代（前 206—220）。在慶陽府安化縣。

碑目題跋著錄：

《金石彙目分編》13/10b，《新編》1/28/21377 下。

備考：公孫賀，《漢書》卷六六有傳。

漢代無年號 023

鎮遠將軍段敬修碑

時間不詳，《天下金石志》附漢，暫附漢代（前 206—220）。

碑目題跋著錄：

《天下金石志》16/5，《新編》2/2/872 下。

《金石備攷》附錄，《新編》4/1/91 下。

《古今書刻》下編/34b，《新編》4/1/151 下。

漢代無年號 024
王威長墓誌

漢代（前 206—220）。

著錄：

《古誌石華》1/1a，《新編》2/2/1157 上。（文、跋）

《古誌彙目》1/1a，《新編》3/37/5。（目）

漢代無年號 025
樊於期廟碑

漢代（前 206—220）。在蠡縣南莊。

碑目題跋著錄：

《京畿金石考》卷上/36a，《新編》2/12/8763 下。

《畿輔待訪碑目》卷上/2a，《新編》2/20/14801 下。

備考：樊於期，《史記》卷八三、《漢書》卷五一《鄒陽傳》有載。

漢代無年號 026
漢白馬將軍墓碑

漢代（前 206—220）。在平湖縣，《嘉興府志》疑為白沃使君。

碑目題跋著錄：

（光緒）《嘉興府志·金石》86/72a，《新編》3/7/436 下。

（光緒）《平湖縣志·金石》24/2a，《新編》3/7/469 下。

漢代無年號 027
白君冢碑

年月無攷，諸書皆著漢碑，今從之。漢代（前 206—220）。在巴縣白君山下。

碑目題跋著錄：

《輿地碑記目·重慶府碑記》4/25a，《新編》1/24/18572 上。

《墨華通考》11/20a，《新編》2/6/4431 下。

（嘉慶）《四川通志·輿地志》58/24b，《新編》3/14/484 下。

（民國）《巴縣志·金石上》20 上/3a，《新編》3/15/238 上。
《蜀碑記》2/1a，《新編》3/16/316 上。

漢代無年號 028
張與殘碑

漢代（前 206—220）。無年月，根據字體暫置漢代。2001 年春河南省洛陽市白馬鎮冒郭村西磚廠出土。碑殘高 36、寬 30 釐米。文殘存 7 行，行 7 至 9 字不等，隸書。

圖版著錄：

《邙洛碑誌三百種》7 頁。

漢代無年號 029
大將軍霍去病墓斷碑

漢代（前 206—220）。在忻州定襄縣。

碑目著錄：

《山右訪碑記》1b，《新編》3/30/566 上。

備考：霍去病，《漢書》卷五五有傳。

漢代無年號 030
漢鴻臚橋仁祠銘

漢代（前 206—220）。祠在睢陽城東。

碑目題跋著錄：

《水經注碑錄》卷六編號 161，《北山金石錄》上冊 136—137 頁。

備考：橋仁，其事見《漢書》卷一九下《百官公卿表》、卷八八《孟卿傳》；《後漢書》卷五一《橋玄傳》。

漢代無年號 031
黃氏葬磚

又名：上虞縣古冢磚文。漢代（前 206—220）。計 20 字。

錄文著錄：

《全後漢文》106/9a，《全文》1 冊 1046 上。

漢代無年號 032

漢虔子賤碑

漢代（前206—220）。曹州府單縣。

碑目著錄：

《金石彙目分編》10（3）/8a，《新編》1/28/21182下。

漢代無年號 033

蔡□殘葬誌

漢代（前206—220）。

碑目著錄：

《蒿里遺文目錄》3下/7a，《新編》2/20/14987下。

漢代無年號 034

振武將軍等字殘碑

漢代（前206—220）。出土時地不詳，亦不知所在。拓本高19、寬28釐米。隸書，存字6行，行4字。

著錄：

《漢碑全集》6冊2165—2166頁。（圖、文）

漢代無年號 035

馬先生廟碑

漢代（前206—220）。在虞城。

碑目題跋著錄：

《中州金石考》3/9b，《新編》1/18/13690上。

《中州金石目錄》1/7a，《新編》2/20/14689上。

漢代無年號 036

伏生墓碑

又名：伏生冢題字。漢代（前206—220）。羅振玉《蒿里遺文目錄》認為，當在晉魏間；《山左訪碑錄》云：疑北魏時期；暫從《北山金石錄》歸入漢代。碑在章邱縣朝陽故城南。正書，5字，文曰："徵君伏生冢。"

圖版著錄：

《古石抱守錄》，《新編》3/1/177 – 178。

碑目題跋著錄：

《金石彙目分編》10（1）/11b，《新編》1/28/21106 上。

《山左訪碑錄》1/16a，《新編》2/12/9062 下。

《蒿里遺文目錄》6/2b，《新編》2/20/14994 下。

《古石抱守錄》，《新編》3/1/179。

《水經注碑錄》卷一編號 18，《北山金石錄》上冊 35—36 頁。

《俑廬日札》，《羅振玉學術論著集》第三集，135 頁。

《碑帖鑒定》139—140 頁。

備考：伏生，《漢書》卷八八有傳。

漢代無年號 037

義帝熊心碑

漢代（前 206—220）。在郴州。義帝指楚漢之爭時期的熊心。

碑目題跋著錄：

《輿地碑記目》2/18a，《新編》1/24/18545 下。

《金石彙目分編》15/75a，《新編》1/28/21444 上。

《天下金石志》9/10，《新編》2/2/856 下。

（光緒）《湖南通志·金石二》260/24a，《新編》2/11/7761 下。

《金石備攷·永州府》，《新編》4/1/25 上。

漢代無年號 038

中牟魯君闕

又名：中牟魯君碑額。漢代（前 206—220）。在開封府中牟縣。僅"中牟魯君"四字。

著錄：

《望堂金石初集》，《新編》2/4/2889 下。（圖）

《金石屑》2/37b – 38a、45a – b，《新編》2/6/4657 下—4658 上、4661 下。（圖、跋）

《補寰宇訪碑錄刊誤》1b，《新編》1/27/20271 上。（跋）

《金石彙目分編》9（補遺）/1a，《新編》1/28/21082 上。（目）

漢代無年號 039

孝子董永墓石

漢代（前 206—220）。蒲州府萬泉縣。

碑目著錄：

《山右訪碑記》1b，《新編》3/30/566 上。

漢代無年號 040

漢中郎將拜文園令司馬相如墓道碑

無年代，暫附漢代（前 206—220）。在治東十五里羊子橋側。

碑目著錄：

（光緒）《增修灌縣志・輿地志》2/30a，《新編》3/15/107 上。

備考：司馬相如，《漢書》卷五七上有傳。

漢代無年號 041

張耳墓石

漢代（前 206—220）。在廣平府成安縣城東北三十里。

碑目題跋著錄：

《金石彙目分編》3（2）/74a，《新編》1/27/20729 下。

（光緒）《畿輔通志・金石十一》148/44b–45a，《新編》2/11/8529 下—8530 上。附《縣志》。

《京畿金石考》卷下/37b，《新編》2/12/8786 上。

《畿輔待訪碑目》卷上/2a，《新編》2/20/14801 下。

（光緒）《重修廣平府志・金石略下》36/2b，《新編》3/25/130 下。

備考：張耳，《漢書》卷三二有傳。

漢代無年號 042

王氏五子殘碑

漢代（前 206—220）。滿洲托活洛氏舊藏。4 行，隸書。

碑目著錄：

《續補寰宇訪碑錄》1/5a，《新編》1/27/20305 上。

淑德大學《中國石刻拓本目錄》"碑碣等刻石" 編號 261。

漢代無年號 043

仲義（字仲陵）殘石

漢代（前206—220）。石出土於洛陽。存字8行，行1至8字不等。

著錄：

《北山集古錄》卷三"殘石題跋"，《北山金石錄》上冊422—423頁。（文、跋）

漢代無年號 044

李公石闕殘字

漢代（前206—220）。江蘇吳江王氏藏本，八分書。或以為《水經注》所載"李鷟石柱"。

碑目題跋著錄：

《補寰宇訪碑錄》1/7a，《新編》1/27/20198 上。

《補寰宇訪碑錄校勘記》1/2b，《新編》1/27/20286 下。（節文）

《話雨樓碑帖目錄》1/7b，《新編》3/36/540。（節文）

漢代無年號 045

豫州從事殘闕

漢代（前206—220）。四川出土，徐乃昌舊藏。1行10字，題云：漢故豫州從事□君之闕。

著錄：

《北山集古錄》卷三"殘石題跋"，《北山金石錄》上冊420頁。（文、跋）

漢代無年號 046

阿陽令鄭君闕殘石

漢代（前206—220）。出土時地不詳，殘石拓本二紙，皆廣14釐米。一石存三字"阿陽令"，一石存"鄭君博"三字，隸書。

題跋著錄：

《北山集古錄》卷三"殘石題跋"，《北山金石錄》上冊422頁。

漢　代　675

漢代無年號 047
范君磚

漢代（前 206—220）。建州梓潼縣。

著錄：

《六藝之一錄》54/22a－23a，《新編》4/5/13 下—14 上。（文、跋）

漢代無年號 048
鍾山□□壙中銘

漢代（前 206—220）。南朝梁大同四年（538）任昉在鍾山壙中發現。計 37 字。

著錄：

《全後漢文》106/9b，《全文》1 冊 1046 上。（文、跋）

《佩文齋書畫譜・金石》62/3b 上、62/7a 上，《新編》3/2/42 上、54 下。（目）

《六藝之一錄》58/23b，《新編》4/5/81 上。（目）

漢代無年號 049
故美人鄭躲磚

無年月，《蒿里遺文目錄》以為當出漢代（前 206—220）。

碑目著錄：

《蒿里遺文目錄》3 上/1a，《新編》2/20/14981 上。

漢代無年號 050
安熹丞劉□磚

無年月，《蒿里遺文目錄》以為當出漢代（前 206—220）。

碑目著錄：

《蒿里遺文目錄》3 上/1a，《新編》2/20/14981 上。

漢代無年號 051
功曹廷掾□□誌磚

無年月，《蒿里遺文目錄》以為當出漢代（前 206—220）。

碑目著錄：

《蒿里遺文目錄》3 上/1a，《新編》2/20/14981 上。

漢代無年號 052

朱度磚

無年月，《蒿里遺文目錄》以為當出漢代（前 206—220）。

碑目著錄：

《蒿里遺文目錄》3 上/1a，《新編》2/20/14981 上。

漢代無年號 053

觀音廟漢墓殘碑并陰

漢代（前 206—220）。1990 年春在內蒙古自治區包頭市南郊麻池鄉觀音廟村西北半公里處出土。殘碑高 27、寬 26 釐米。碑陽、碑陰均刻字。一面存字 4 行，一面存字 3 行，行字數不可計。

著錄：

《漢碑全集》6 冊 2139—2141 頁。（圖、文）

漢代無年號 054

舉孝廉等字殘碑

漢代（前 206—220）。拓本高 44、寬 33 釐米。文隸書，存字 8 行，行字不等。

著錄：

《漢碑全集》6 冊 2142—2147 頁。（圖、文）

漢代無年號 055

虔恭等字殘碑

漢代（前 206—220），或作晉，暫置漢代。河南洛陽出土。高 23、寬 19 釐米。文隸書，殘存 3 行，行 6 至 7 字不等。首行有"虔恭"二字。

著錄：

《北京圖書館藏中國歷代石刻拓本匯編》2 冊 105 頁。（圖）

《漢碑全集》6 冊 2177—2178 頁。（圖、文）

漢代無年號 056

靜仁等字殘碑

漢代（前 206—220）。河南洛陽出土。高 17、寬 15 釐米。隸書，存字 4 行，行字數不等。

著錄：

《漢碑全集》6 冊 2179—2180 頁。（圖、文）

漢代無年號 057
卓異等倫等字殘碑

漢代（前 206—220）。1931 年河南省洛陽市後溝村出土，三原于右任舊藏，1950 年移入西安碑林博物館。殘石高 32、寬 27 釐米。殘存 3 行共 12 字，隸書。有"卓異等倫"諸字。

著錄：

《鴛鴦七誌齋藏石》圖 6。

《西安碑林全集·碑刻》2/132 - 133。（圖）

《漢碑全集》6 冊 2181—2182 頁。（圖、文）

漢代無年號 058
樂安利等字殘碑

漢代（前 206—220）。出土時地不詳。高 19、寬 22 釐米。隸書 6 行，行字數不等。

著錄：

《漢碑全集》6 冊 2186—2187 頁。（圖、文）

漢代無年號 059
餘草等字殘碑

漢代（前 206—220）。出土時地不詳。高 27、寬 25 釐米。隸書，4 行，行字數不等。

著錄：

《漢碑全集》6 冊 2188—2189 頁。（圖、文）

漢代無年號 060
門生等字殘碑陰

漢代（前 206—220）。不知其所出及所在，拓本為剪裝本。

著錄：

《漢碑全集》6 冊 2193—2198 頁。（圖、文）

漢代無年號 061

漢□□殘碑

又名：微遺孤等字殘石。漢代（前206—220）。在安陽，有"遺孤奉承"云云，凡4行。

碑目題跋著錄：

《中州金石目錄》1/5b，《新編》2/20/14688 上。

《中州金石目》2/6b，《新編》3/36/154 下。

《漢石存目》卷上/8b，《新編》3/37/524 下。

《激素飛清閣平碑記》卷1，《新編》4/1/197 下。

漢代無年號 062

秦相魏冉冢碑

年月未詳，暫附漢代（前206—220）。施蟄存《水經注碑錄》考證：東漢以前未聞此碑，酈道元以後則無著錄。在曹州府菏澤縣。

碑目著錄：

《水經注碑錄》卷二編號30，《北山金石錄》上冊47—48頁。

《金石彙目分編》10（3）/1b，《新編》1/28/21179 上。

漢代無年號 063

范氏殘碑

年月未詳，暫附漢代（前206—220）。在河南。石高四尺，廣二尺三寸二分。17行，行26字，隸書。

錄文著錄：

《魯迅輯校石刻手稿·碑銘》上冊336—337頁。

漢代無年號 064

潁川太守凌君碑額

漢代（前206—220）。

碑目著錄：

淑德大學《中國石刻拓本目錄》"碑碣等刻石"編號257。

漢代無年號 065
譙令碑

漢代（前206—220）。在亳州城東北三十里譙令谷。《亳州志》認為，《集古錄》無是碑，疑因譙令王阜曾立老子廟碑，誤傳。暫單列。

碑目題跋著錄：

《安徽金石略》8/7a，《新編》1/16/11748 上。

《金石彙目分編》5/49b，《新編》1/27/20814 上。

（光緒）《亳州志·藝文志》16/19b，《新編》3/12/165 上。

漢代無年號 066
漢毛辨墓碑

泰光十六年（？）十月十六日建，"泰光"年號無攷，《金石彙目分編》認為，關內侯惟漢有，故暫附漢代（前206—220）。在雲南曲靖府霑益州。題云：振威將軍平蠻太保關內侯毛辨之墓。

碑目題跋著錄：

《金石彙目分編》19/10a–b，《新編》1/28/21585 下。

（光緒）《雲南通志·藝文志》212/14a–b，《新編》3/23/55 下。附《霑益州志》。

（光緒）《續雲南通志稿·藝文志》171/6a，《新編》3/23/109 下。

附：東漢刑徒磚

永 平

永平 001
刑徒完城旦□米代□□葬甄

又名：江原完城旦葬磚。永平五年（62）八月二日卒。磚高26、寬13釐米。京兆端方舊藏，後歸南皮張仁蠡，又歸北京大學文科研究所，1952年藏北京故宮博物院。文隸書，兩面刻，正面1行7字，背面2行存 11 字。

著錄：

《中國古代磚刻銘文集》上、下冊編號 0018。（圖、文）

《匋齋藏甎記》卷上/1a－b，《新編》1/11/8438 上。（文、跋）

《石刻名彙》11/181b，《新編》2/2/1118 上。（目）

備考：《中國古代磚刻銘文集》圖版不全，背面第一行漏數字。

元　和

元和 001

刑徒完城旦史仲葬磚

元和三年（86）□月七日。清末河南省偃師縣出土，曾歸端方，後歸南皮張仁蠡，又歸北京大學文科研究所，1952 年後藏故宮博物院。磚高 25、寬 22.5、厚 10 釐米。文隸書，正、側兩面刻字，正面 4 行，行 4 至 6 字不等；側面 1 行 3 字。

著錄：

《草隸存》卷 4，《新編》4/3/100。（圖）

《中國磚銘》圖版上冊 126 頁。（圖）

《中國古代磚刻銘文集》上、下冊編號 0025。（圖、文）

《匋齋藏甎記》卷上/5a，《新編》1/11/8440 上。（文、跋）

《石刻名彙》11/182a，《新編》2/2/1118 下。（目）

元和 002

刑徒犂錯葬磚

元和四年（87）三月。清末河南省偃師縣出土，曾歸端方，後歸南皮張仁蠡，又歸北京大學文科研究所，1952 年移交北京大學歷史系。磚高 30、寬 22 釐米。文隸書，4 行，行 1 至 6 字不等。

著錄：

《中國磚銘》圖版上冊 127 頁。（圖）

《中國古代磚刻銘文集》上、下冊編號 0027。（圖、文）

《雪堂專錄・恒農專錄》1a，《羅雪堂先生全集》五編 3 冊 1181 頁。

《匋齋藏甎記》卷上/5a－b，《新編》1/11/8440 上。（文、跋）

《石刻名彙》11/181b，《新編》2/2/1118 上。（目）

《蒿里遺文目錄》3 下/1a，《新編》2/20/14984 下。（目）

元和 003

刑徒張國葬磚

又名：漢元和殘甎。元和四年（87）。清末河南省偃師縣出土，曾歸端方，後歸南皮張仁蠡，又歸北京大學文科研究所，1952 年後藏故宮博物院。磚高 22、寬 13、厚 11 釐米。正、側兩面刻字，文隸書，正面存 2 行，可辨 4 字；側 1 行存 2 字。

著錄：

《草隸存》卷 4，《新編》4/3/101。（局部圖）

《中國古代磚刻銘文集》上、下冊編號 0028。（圖、文）

《匋齋藏甎記》卷上/2a，《新編》1/11/8438 下。（節文）

《石刻名彙》11/181b，《新編》2/2/1118 上。（目）

章　和

章和 001

刑徒髡鉗左章葬磚

別稱：左章死罪墓碣。章和元年（87）九月廿七日。清末河南省偃師縣出土，曾歸端方，後歸南皮張仁蠡，又歸北京大學文科研究所，1952 年後藏故宮博物院。磚高 32、寬 22.5、厚 10.5 釐米。正、側面刻字，隸書，正面 3 行，行 5 至 10 字不等；側存 1 行 2 字。

著錄：

《中國磚銘》圖版上冊 128—129 頁。（圖）

《中國古代磚刻銘文集》上、下冊編號 0030。（圖、文）

《雪堂專錄・恒農專錄》1b，《羅雪堂先生全集》五編 3 冊 1182 頁。（文）

《匋齋藏甎記》卷上/4a，《新編》1/11/8439 下。（文、跋）

《續補寰宇訪碑錄》1/2a,《新編》1/27/20303 下。(目)
《石刻名彙》11/182a,《新編》2/2/1118 下。(目)
《崇雅堂碑錄補》1/1b,《新編》2/6/4551 上。(目)
《蒿里遺文目錄》3 下/1a,《新編》2/20/14984 下。(目)

章和 002

刑徒□昌殘磚

別稱：北海昌殘磚。章和元年（87）。清末河南省偃師縣出土，端方舊藏，今存北京故宮博物院。高 15，寬 12 釐米。凡 2 行，行存 3 字，隸書。

著錄：

《中國古代磚刻銘文集》上、下冊編號 0031。(圖、文)
《匋齋藏甎記》卷上/2a-b,《新編》1/11/8438 下。(文、跋)
《雪堂專錄・恒農專錄》1b,《羅雪堂先生全集》五編 3 冊 1182 頁。(文)
《續補寰宇訪碑錄》1/2a,《新編》1/27/20303 下。(目)
《石刻名彙》11/181b,《新編》2/2/1118 上。(目)
《蒿里遺文目錄》3 下/1a,《新編》2/20/14984 下。(目)

章和 003

刑徒連宗鬼死罪墓碣

（章）和二年（88）二月廿五日。凡 3 行，八分書。

碑目著錄：

《續補寰宇訪碑錄》1/2a,《新編》1/27/20303 下。

章和 004

刑徒髡鉗陳李葬磚

又名：安莫死罪墓碣。章和二年（88）二月。清末河南省偃師縣出土，曾歸端方，後歸南皮張仁蠡，又歸北京大學文科研究所，1952 年移交北京大學歷史學系。磚高 31、寬 22 釐米。文隸書，3 行，行 2 至 8 字不等。

著錄：

《草隸存》卷 4,《新編》4/3/102。(圖)

《中國磚銘》圖版上冊 130 頁。(圖)

《中國古代磚刻銘文集》上、下冊編號 0033。(圖、文)

《雪堂專錄·恒農專錄》1b,《羅雪堂先生全集》五編 3 冊 1182 頁。(文)

《匋齋藏石記》卷上/2b－3a,《新編》1/11/8438 下—8439 上。(文、跋)

《續補寰宇訪碑錄》1/2a,《新編》1/27/20303 下。(目)

《石刻名彙》11/182a,《新編》2/2/1118 下。(目)

《蒿里遺文目錄》3 下/1a,《新編》2/20/14984 下。(目)

章和 005

刑徒陵完城旦殘葬磚

章和二年（88）二月。清末河南省偃師縣出土，曾歸端方，後歸南皮張仁蠡，又歸北京大學文科研究所，1952 年後藏故宮博物院。高 17、寬 21.5 釐米。文隸書，3 行，行 3 至 6 字不等。

著錄：

《中國磚銘》圖版上冊 232 頁下。(圖)

《中國古代磚刻銘文集》上、下冊編號 0035。(圖、文)

《雪堂專錄·恒農專錄》2a,《羅雪堂先生全集》五編 3 冊 1183 頁。(文)

《蒿里遺文目錄》3 下/1a,《新編》2/20/14984 下。(目)

章和 006

刑徒髡鉗程陽葬磚

章和二年（88）十月八日。清末河南省偃師縣出土，曾歸端方，後歸南皮張仁蠡，又歸北京大學文科研究所，1952 年後藏故宮博物院。高 31、寬 22 釐米。文隸書，3 行，行 2 至 7 字不等。

著錄：

《中國古代磚刻銘文集》上、下冊編號 0036。(圖、文)

《匋齋藏甎記》卷上/4b－5a,《新編》1/11/8439 下—8440 上。(文)

《石刻名彙》11/182a，《新編》2/2/1118 下。（目）

章和 007
刑徒陵髡鉗殘葬甎

又名：章和二年陵髡鉗等字殘葬磚。章和二年（88）。清末河南省偃師縣出土，曾歸端方，後歸南皮張仁蠡，又歸北京大學文科研究所，1952 年後藏故宮博物院。高 11.5、寬 22 釐米。隸書，3 行，前 2 行行 3 字，末行 1 字。

著錄：

《中國磚銘》圖版上冊 131 頁下。（圖）

《中國古代磚刻銘文集》上、下冊編號 0038。（圖、文）

《匋齋藏甎記》卷上/3b，《新編》1/11/8439 上。（文）

《石刻名彙》11/182a，《新編》2/2/1118 下。（目）

《蒿里遺文目錄》3 下/1b，《新編》2/20/14984 下。（目）

章和 008
刑徒司寇蕭延葬磚

章和二年（88）。清末河南省偃師縣出土，曾歸端方，後歸南皮張仁蠡，又歸北京大學文科研究所，1952 年後藏故宮博物院。高 20、寬 20、厚 7.5 釐米。正、側面刻字，文隸書，正面 3 行，行 2 至 5 字不等，側 1 行 3 字。

著錄：

《中國古代磚刻銘文集》上、下冊編號 0039。（圖、文）

《匋齋藏甎記》卷上/3a，《新編》1/11/8439 上。（文、跋）

《石刻名彙》11/182a，《新編》2/2/1118 下。（目）

永　元

永元 001
刑徒邯鄲髡鉗等字殘葬磚

永元元年（89）（或作二年，90）正月廿三日，暫從元年。清末河南省偃師縣出土，曾歸端方，後歸南皮張仁蠡，又歸北京大學文科研究所，

1952 年後移交北京大學歷史學系。磚高 35、寬 22 釐米。文隸書，3 行，行 4 至 10 字不等。

著錄：

《中國古代磚刻銘文集》上、下冊編號 0043。（圖、文）

《雪堂專錄·恒農專錄》4b，《羅雪堂先生全集》五編 3 冊 1188 頁。（文）

《匋齋藏甎記》卷上/5b–6a，《新編》1/11/8440 上—下。（文、跋）

《石刻名彙》11/182a，《新編》2/2/1118 下。（目）

《蒿里遺文目錄》3 下/2a，《新編》2/20/14985 上。（目）

永元 002

刑徒髡鉗畢通葬磚

永元元年（89）四月四日。清末河南省偃師縣出土，曾歸端方，後歸南皮張仁蠡，又歸北京大學文科研究所，上半 1952 年歸故宮博物院，下半留在北京大學歷史學系。磚上截高 15.5、寬 21.5 釐米；下截高 23、寬 22 釐米。文隸書，3 行，行 6 至 8 字不等。

著錄：

《中國古代磚刻銘文集》上、下冊編號 0044。（圖、文）

《雪堂專錄·恒農專錄》3b，《羅雪堂先生全集》五編 3 冊 1186 頁。（文）

《匋齋藏甎記》卷上/8a，《新編》1/11/8441 下。（文、跋）

《循園古冢遺文跋尾》1/1a，《新編》3/38/7 上。（跋）

《石刻題跋索引》673 頁左，《新編》1/30/23011。（目）

《石刻名彙》11/182b，《新編》2/2/1118 下。（目）

《蒿里遺文目錄》3 下/1b，《新編》2/20/14984 下。（目）

永元 003

刑徒完城旦杜倪葬磚

永元元年（89）四月十一日。清末河南省偃師縣出土，曾歸端方，後歸南皮張仁蠡，又歸北京大學文科研究所，1952 年後藏故宮博物院。磚高 35.5、寬 22.5、厚 11 釐米。正、側面刻字，文隸書，正面 3 行，行

5至8字不等；側1行存2字。

著錄：

《中國磚銘》圖版上冊238頁下。（圖）

《中國古代磚刻銘文集》上、下冊編號0045。（圖、文）

《雪堂專錄·恒農專錄》3b，《羅雪堂先生全集》五編3冊1186頁。（文）

《匋齋藏甎記》卷下/2b–3a，《新編》1/11/8446下—8447上。（文、跋）

《石刻名彙》11/182a，《新編》2/2/1118下。（目）

《蒿里遺文目錄》3下/1b，《新編》2/20/14984下。（目）

永元004

刑徒完城旦吳顏葬磚

永元元年（89）七月。清末河南省偃師縣出土，曾歸端方，後歸南皮張仁蠡，又歸北京大學文科研究所，1952年後藏故宮博物院。磚高34、寬22、厚10釐米。正、側面刻字，文隸書，正面3行，行4至8字不等；側1行存3字。《續補寰宇訪碑錄》著錄為"留酸死罪墓碣"。

著錄：

《中國古代磚刻銘文集》上、下冊編號0046。（圖、文）

《雪堂專錄·恒農專錄》3b–4a，《羅雪堂先生全集》五編3冊1186—1187頁。（文）

《匋齋藏甎記》卷上/6a–b，《新編》1/11/8440下。（文、跋）

《續補寰宇訪碑錄》1/2b，《新編》1/27/20303下。（目）

《石刻名彙》11/182a，《新編》2/2/1118下。（目）

《崇雅堂碑錄補》1/1b，《新編》2/6/4551上。（目）

《蒿里遺文目錄》3下/2a，《新編》2/20/14985上。（目）

永元005

刑徒常山等字殘甎

永元元年（89）十月五日。清末河南省偃師縣出土，曾歸端方，後歸南皮張仁蠡，又歸北京大學文科研究所，1952年後藏故宮博物院。磚高21.5、寬22.5釐米。文隸書，3行，行3至6字不等。

著錄：

《中國古代磚刻銘文集》上、下冊編號 0047。（圖、文）

《雪堂專錄·恒農專錄》4a，《羅雪堂先生全集》五編 3 冊 1187 頁。（文）

黃士斌：《漢魏洛陽城刑徒墳場調查記》，《考古通訊》1958 年第 6 期，42 頁（三）。（文）

《匋齋藏甎記》卷上/7a，《新編》1/11/8441 上。（文、跋）

《石刻名彙》11/182b，《新編》2/2/1118 下。（目）

永元 006

刑徒完城旦梁東葬磚

永元元年（89）十一月八日。清末河南省偃師縣出土，曾歸端方，後歸南皮張仁蠡，又歸北京大學文科研究所，1952 年後藏故宮博物院。磚高 37、寬 22、厚 10 釐米。正、側面刻字，文隸書，正面 2 行，行 8 至 10 字；側 1 行存 3 字。

著錄：

《草隸存》卷 4，《新編》4/3/104。（圖）

《中國磚銘》圖版上冊 134—135 頁右。（圖）

《中國古代磚刻銘文集》上、下冊編號 0048。（圖、文）

《匋齋藏甎記》卷上/6b，《新編》1/11/8440 下。（文、跋）

《雪堂專錄·恒農專錄》3b，《羅雪堂先生全集》五編 3 冊 1186 頁。（文）

《續補寰宇訪碑錄》1/2a，《新編》1/27/20303 下。（目）

《石刻名彙》11/182b，《新編》2/2/1118 下。（目）

《崇雅堂碑錄補》1/1b，《新編》2/6/4551 上。（目）

《蒿里遺文目錄》3 下/2a，《新編》2/20/14985 上。（目）

淑德大學《中國石刻拓本目錄》"磚"編號 3。（目）

永元 007

刑徒西平殘甎

別稱"西平葬磚"。永元元年（89）。清末河南省偃師縣出土，曾歸端方，後歸南皮張仁蠡，又歸北京大學文科研究所，1952 年後藏故宮博物院。磚高 22.5、寬 21 釐米。文隸書，3 行，行 2 至 5 字不等。

著錄：

《中國古代磚刻銘文集》上、下冊編號 0049。（圖、文）

《匋齋藏甎記》卷上/7a-b，《新編》1/11/8441 上。（文、跋）

《石刻名彙》11/182b，《新編》2/2/1118 下。（目）

永元 008

刑徒聊城殘甎

永元元年（89）。清末河南省偃師縣出土，曾歸端方，後歸南皮張仁蠡，又歸北京大學文科研究所，1952 年後藏故宮博物院。磚高 27、寬 21.5 釐米。文隸書，3 行，行 3 至 4 字。

著錄：

《中國古代磚刻銘文集》上、下冊編號 0050。（圖、文）

《雪堂專錄·恒農專錄》4a，《羅雪堂先生全集》五編 3 冊 1187 頁。（文）

《匋齋藏甎記》卷上/7b-8a，《新編》1/11/8441 上—下。（文、跋）

《石刻名彙》11/182b，《新編》2/2/1118 下。（目）

《蒿里遺文目錄》3 下/2a，《新編》2/20/14985 上。（目）

永元 009

刑徒髡鉗左護墓磚

永元二年（90）五月十四日。端方舊藏。隸書。

錄文著錄：

《雪堂專錄·恒農專錄》4b，《羅雪堂先生全集》五編 3 冊 1188 頁。

黃士斌：《漢魏洛陽城刑徒墳場調查記》，《考古通訊》1958 年第 6 期，42 頁（四）。

碑目著錄：

《石刻名彙》11/182b，《新編》2/2/1118 下。

《蒿里遺文目錄》3 下/2a，《新編》2/20/14985 上。

永元 010

宛城旦倿升葬磚（第一種）

永元二年（90）八月十二日。清末河南省偃師縣出土，曾歸端方，後歸張仁蠡，又歸北京大學文科研究所，1952年後藏故宮博物院。磚高29、寬22.5釐米。文隸書，3行，行5至8字不等。

著錄：

《中國古代磚刻銘文集》上、下冊編號0053。（圖、文）

《匋齋藏甎記》卷上/8a－b，《新編》1/11/8441下。（文、跋）

《雪堂專錄·恒農專錄》4b，《羅雪堂先生全集》五編3冊1188頁。（文）

《石刻名彙》11/182b，《新編》2/2/1118下。（目）

《蒿里遺文目錄》3下/2a，《新編》2/20/14985上。（目）

完城旦倪升葬磚（第二種）

別稱"袁升葬磚"。永元二年（90）。清末河南省偃師縣出土，曾歸端方，後歸張仁蠡，又歸北京大學文科研究所，1952年後藏故宮博物院。磚高22、寬11釐米。文隸書，1行3字。

著錄：

《中國古代磚刻銘文集》上、下冊編號0054。（圖、文）

《匋齋藏甎記》卷下/11b，《新編》1/11/8451上。（文、跋）

《雪堂專錄·恒農專錄》4b，《羅雪堂先生全集》五編3冊1188頁。（文）

《石刻名彙》11/185a，《新編》2/2/1120上。（目）

《蒿里遺文目錄》3下/2a，《新編》2/20/14985上。（目）

永元011

刑徒司寇□霸死罪墓碣

永元二年（90）九月七日。清末河南省偃師縣出土，曾歸端方，後歸張仁蠡，又歸北京大學文科研究所，1952年後藏故宮博物院。磚高45、寬22釐米。文隸書，3行，行5至8字不等。

著錄：

《草隸存》卷4，《新編》4/3/105。（圖）

《中國古代磚刻銘文集》上、下冊編號0056。（圖、文）

《雪堂專錄·恒農專錄》5a－b，《羅雪堂先生全集》五編3冊

1189—1190 頁。（文）

《匋齋藏甎記》卷上/8b-9a，《新編》1/11/8441 下—8442 上。（文、跋）

《續補寰宇訪碑錄》1/2b，《新編》1/27/20303 下。（目）

《石刻名彙》11/182b，《新編》2/2/1118 下。（目）

《蒿里遺文目錄》3 下/2a，《新編》2/20/14985 上。（目）

永元 012

刑徒髡鉗東門當葬磚

又名：潁川武陽死罪墓碣。永元二年（90）九月廿日。清末河南省偃師縣出土，曾歸端方，後歸張仁蠡，又歸北京大學文科研究所，1952 年後藏故宮博物院。磚高 40、寬 22、厚 11 釐米。正、側兩面刻字，文隸書，面 3 行，行 6 至 8 字不等；側 1 行 4 字。

著錄：

《草隸存》卷 4，《新編》4/3/106。（圖）

《中國磚銘》圖版上冊 135 頁左。（圖）

《中國古代磚刻銘文集》上、下冊編號 0057。（圖、文）

《雪堂專錄·恒農專錄》5b，《羅雪堂先生全集》五編 3 冊 1190 頁。（文）

《匋齋藏甎記》卷上/9a-b，《新編》1/11/8442 上。（文、跋）

《續補寰宇訪碑錄》1/2b，《新編》1/27/20303 下。（目）

《石刻名彙》11/182b，《新編》2/2/1118 下。（目）

《蒿里遺文目錄》3 下/2b，《新編》2/20/14985 上。（目）

永元 013

刑徒髡鉗蔡□葬磚

永元二年（90）□月十八日。清末河南省偃師縣出土，曾歸端方，後歸張仁蠡，又歸北京大學文科研究所，1952 年後藏故宮博物院。磚高 11.5、寬 21.5 釐米。文隸書，4 行，滿行 3 字。

著錄：

《中國古代磚刻銘文集》上、下冊編號 0058。（圖、文）

《雪堂專錄·恒農專錄》5a,《羅雪堂先生全集》五編 3 冊 1189 頁。（文）

《蒿里遺文目錄》3 下/2a,《新編》2/20/14985 上。（目）

永元 014
刑徒張嬈葬磚

永元二年（90）。清末河南省偃師縣出土，曾歸端方，後歸張仁蠡，又歸北京大學文科研究所，1952 年後藏故宮博物院。磚高 10、寬 22、厚 11 釐米。正、側面刻字，文隸書，面 3 行，行 3 至 4 字；側 1 行 6 字。

著錄：

《中國磚銘》圖版上冊 136 頁。（圖）

《中國古代磚刻銘文集》上、下冊編號 0059。（圖、文）

《匋齋藏甎記》卷上/14a,《新編》1/11/8444 下。（文）

《雪堂專錄·恒農專錄》4b – 5a,《羅雪堂先生全集》五編 3 冊 1188—1189 頁。（文）

《石刻名彙》11/182b,《新編》2/2/1118 下。（目）

《蒿里遺文目錄》3 下/2a,《新編》2/20/14985 上。（目）

永元 015
刑徒河南宋死罪墓碣

□（永）元二年（90）。3 行，八分書。

碑目著錄：

《續補寰宇訪碑錄》1/2b,《新編》1/27/20303 下。

永元 016
刑徒夏安子殘葬磚

□（永?）元二年（90）。清末河南省偃師縣出土，曾歸端方，今存故宮博物院。磚高 11、寬 22 釐米。文隸書，3 行存 5 字。

著錄：

《中國古代磚刻銘文集》上、下冊編號 0061。（圖、文）

《雪堂專錄·恒農專錄》5b,《羅雪堂先生全集》五編 3 冊 1190 頁。（文）

《蒿里遺文目錄》3 下/2b，《新編》2/20/14985 上。（目）

永元 017

刑徒果薄完城旦葬磚

永元三年（91）正月十□日。清末河南省偃師縣出土，曾歸端方，今存故宮博物院。磚高 30、寬 22 釐米。文隸書，存字 2 行，第 3 行字漫滅，存 12 字。

著錄：

《中國古代磚刻銘文集》上、下冊編號 0062。（圖、文）

《雪堂專錄·恒農專錄》5b – 6a，《羅雪堂先生全集》五編 3 冊 1190—1191 頁。（文）

《蒿里遺文目錄》3 下/2b，《新編》2/20/14985 上。（目）

永元 018

完城旦范仲葬磚

永元三年（91）四月。清末河南省偃師縣出土，曾歸端方，後歸張仁蠡，又歸北京大學文科研究所，1952 年後藏故宮博物院。磚斷為兩截，上截高 6.5、寬 11、厚 11 釐米；下截高 22、寬 21 釐米。正、側面刻字，文隸書，面 4 行，行 1 至 6 字不等；側 1 行 2 字。

著錄：

《中國古代磚刻銘文集》上、下冊編號 0063。（圖、文）

《匋齋藏甎記》卷下/9b – 10a，《新編》1/11/8450 上—下。（文）

《雪堂專錄·恒農專錄》6a，《羅雪堂先生全集》五編 3 冊 1191 頁。（文）

《石刻名彙》11/182b，《新編》2/2/1118 下。（目）

《蒿里遺文目錄》3 下/2b，《新編》2/20/14985 上。（目）

永元 019

刑徒完城旦貴谷葬磚

又名：刑徒完城旦魯伯葬磚、刑徒貴伯墓磚、中目谷葬磚。永元三年（91）六月十□日。清末河南省偃師縣出土，曾歸端方，後歸張仁蠡，又歸北京大學文科研究所，1952 年後藏故宮博物院。磚高 32.5、寬 22、厚 9 釐米。正、側面刻字，隸書，面 3 行，滿行 7 字；

側存 1 字。

著錄：

《草隸存》卷 4，《新編》4/3/107。（圖）

《中國磚銘》圖版上冊 137 頁。（圖）

《中國古代磚刻銘文集》上、下冊編號 0064。（圖、文）

《雪堂專錄·恒農專錄》6a，《羅雪堂先生全集》五編 3 冊 1191 頁。（文）

《匋齋藏甎記》卷上/9b – 10a，《新編》1/11/8442 上—下。（文、跋）

《石刻名彙》11/182b、183a，《新編》2/2/1118 下、1119 上。（目）

《蒿里遺文目錄》3 下/2b，《新編》2/20/14985 上。（目）

永元 020

刑徒髡鉗董世葬磚

又名：南陽髡鉗殘葬甎、永元殘專。永元三年（91）。清末河南省偃師縣出土，曾歸端方，後歸張仁蠡，又歸北京大學文科研究所，1952 年後藏故宮博物院。磚高 20、寬 10、厚 4 釐米。正、側面刻字，文隸書，面存 2 行，行 4 至 5 字；側存 1 行 2 字。

著錄：

《中國古代磚刻銘文集》上、下冊編號 0068。（圖、文）

《雪堂專錄·恒農專錄》6a，《羅雪堂先生全集》五編 3 冊 1191 頁。（節文）

《匋齋藏甎記》卷上/10a – b，《新編》1/11/8442 下。（文、跋）

《石刻名彙》11/183a，《新編》2/2/1119 上。（目）

《蒿里遺文目錄》3 下/2b，《新編》2/20/14985 上。（目）

永元 021

刑徒宛完死罪墓碣

永元四年（92）二月十九日。3 行，八分書。

碑目著錄：

《續補寰宇訪碑錄》1/2b，《新編》1/27/20303 下。

永元 022
刑徒完城旦嚴仲葬磚

永元四年（92）二月廿八日。清末河南省偃師縣出土，曾歸端方，後歸張仁蠡，又歸北京大學文科研究所，1952年移交北京大學歷史學系。磚高36、寬21、厚10.5釐米。正、側面刻字，文隸書，面3行，行7至9字；側1行3字。

著錄：

《草隸存》卷4，《新編》4/3/108。（圖）

《中國磚銘》圖版上冊139頁。（圖）

《中國古代磚刻銘文集》上、下冊編號0069。（圖、文）

《漢魏洛陽故城南郊東漢刑徒墓地》續附錄三·北2，178頁。（文）

《匋齋藏甎記》卷上/10b-11a，《新編》1/11/8442下—8443上。（文、跋）

《石刻名彙》11/183a，《新編》2/2/1119上。（目）

《崇雅堂碑錄補》1/2a，《新編》2/6/4551下。（目）

永元 023
廬江六安髡鉗馬氏葬磚

或作"廬江太守髡鉗甎"。永元四年（92）三月七日。清末河南省偃師縣出土，曾歸端方，後歸張仁蠡，又歸北京大學文科研究所，1952年移交北京大學歷史學系。磚高32.5、寬21釐米。文隸書，3行，滿行7字。

著錄：

《中國古代磚刻銘文集》上、下冊編號0070。（圖、文）

《匋齋藏甎記》卷上/11a，《新編》1/11/8443上。（文、跋）

《石刻名彙》11/183a，《新編》2/2/1119上。（目）

《崇雅堂碑錄補》1/2a，《新編》2/6/4551下。（目）

永元 024
完城旦□客葬磚

又名：燕完城旦葬甎。永元四年（92）三月八日。清末河南省偃師縣出土，曾歸端方，後歸張仁蠡，又歸北京大學文科研究所，1952年後藏故宮博物院。磚高 38、寬 22.5 釐米。文隸書，3 行，行 7 至 8 字。

著錄：

《草隸存》卷 4，《新編》4/3/109。（圖）

《中國磚銘》圖版上冊 140 頁。（圖）

《中國古代磚刻銘文集》上、下冊編號 0071。（圖、文）

《匋齋藏甎記》卷上/14a–b，《新編》1/11/8444 下。（文、跋）

《雪堂專錄·恒農專錄》6b–7a，《羅雪堂先生全集》五編 3 冊 1192—1193 頁。（文）

《石刻名彙》11/183b，《新編》2/2/1119 上。（目）

《崇雅堂碑錄補》1/2a，《新編》2/6/4551 下。（目）

《蒿里遺文目錄》3 下/2b，《新編》2/20/14985 上。（目）

永元 025

刑徒髡鉗□胡葬磚

又名：河內山陽胡死罪墓碣、漢山陽殘葬甎。永元四年（92）三月九日。清末河南省偃師縣出土，曾歸端方，後歸張仁蠡，又歸北京大學文科研究所，1952 年後藏故宮博物院。磚高 32、寬 22 釐米。文隸書，3 行，行 5 至 7 字不等。

著錄：

《中國磚銘》圖版上冊 141 頁。（圖）

《中國古代磚刻銘文集》上、下冊編號 0072。（圖、文）

《匋齋藏甎記》卷下/2a–b，《新編》1/11/8446 下。（上截文、跋）

《雪堂專錄·恒農專錄》6b，《羅雪堂先生全集》五編 3 冊 1192 頁。（文）

《續補寰宇訪碑錄》1/2b，《新編》1/27/20303 下。（目）

《石刻名彙》11/185b，《新編》2/2/1120 上。（目）

《蒿里遺文目錄》3 下/2b，《新編》2/20/14985 上。（目）

永元 026

刑徒髡鉗□□葬磚

永元四年（92）三月廿日。1958年河南省偃師縣出土。文3行，行6至8字。

錄文著錄：

黃士斌：《漢魏洛陽城刑徒墳場調查記》，《考古通訊》1958年第6期，第43頁（五）。

永元 027

刑徒完城旦魏蘭葬磚

永元四年（92）五月十六日。清末河南省偃師縣出土，曾歸端方，後歸張仁蠡，又歸北京大學文科研究所，1952年移交北京大學歷史學系。磚高33、寬20.5釐米。文隸書，3行，行6或10字。

著錄：

《草隸存》卷4，《新編》4/3/110。（圖）

《中國古代磚刻銘文集》上、下冊編號0073。（圖、文）

《雪堂專錄·恒農專錄》7a，《羅雪堂先生全集》五編3冊1193頁。（文）

《匋齋藏甎記》卷上/11a–b，《新編》1/11/8443上。（文、跋）

《石刻名彙》11/183a，《新編》2/2/1119上。（目）

《蒿里遺文目錄》3下/3a，《新編》2/20/14985下。（目）

永元 028

刑徒髡鉗朱次葬磚

永元四年（92）七月廿六日。清末河南省偃師縣出土，曾歸端方，後歸張仁蠡，又歸北京大學文科研究所，1952年後藏故宮博物院。磚高32.5、寬22.5釐米。文隸書，3行，行6至9字不等。

著錄：

《中國古代磚刻銘文集》上、下冊編號0074。（圖、文）

《雪堂專錄·恒農專錄》7a，《羅雪堂先生全集》五編3冊1193頁。（文）

《石刻名彙》11/183a,《新編》2/2/1119 上。(目)

《蒿里遺文目錄》3 下/3a,《新編》2/20/14985 下。(目)

永元 029
刑徒髡鉗衛仲葬磚

永元四年（92）十一月。清末河南省偃師縣出土，曾歸端方，後歸張仁蠡，又歸北京大學文科研究所，1952 年後藏故宮博物院。磚高 23、寬 19 釐米。文隸書，4 行，行 1 至 6 字不等。

著錄：

《中國古代磚刻銘文集》上、下冊編號 0075。(圖、文)

《雪堂專錄·恒農專錄》7a–b,《羅雪堂先生全集》五編 3 冊 1193—1194 頁。(文)

《蒿里遺文目錄》3 下/3a,《新編》2/20/14985 下。(目)

永元 030
刑徒畢□葬磚

永元四年（92）。清末河南省偃師縣出土，曾歸端方，後歸張仁蠡，又歸北京大學文科研究所，1952 年後藏故宮博物院。磚高 17、寬 16、厚 10.5 釐米。正、側刻字，文隸書，面 2 行，行 3 至 4 字；側 1 行 2 字。

著錄：

《中國古代磚刻銘文集》上、下冊編號 0077。(圖、文)

《雪堂專錄·恒農專錄》7b,《羅雪堂先生全集》五編 3 冊 1194 頁。(文)

永元 031
刑徒完城旦史燕葬磚

永元四年（92）十五日。1958 年河南省偃師縣出土。文 2 行，行 8 至 9 字。

錄文著錄：

黃士斌：《漢魏洛陽城刑徒墳場調查記》,《考古通訊》1958 年第 6 期，43 頁（七）。

永元 032
刑徒鬼新張仲葬磚

永元五年（93）二月七日。清末河南省偃師縣出土，曾歸端方，後歸張仁蠡，又歸北京大學文科研究所，1952年後藏故宮博物院。磚高44、寬22.5釐米。文隸書，3行，行6至8字不等。

著錄：

《草隸存》卷4，《新編》4/3/111。（圖）

《中國磚銘》圖版上冊143頁。（圖）

《中國古代磚刻銘文集》上、下冊編號0079。（圖、文）

《匋齋藏甎記》卷上/11b–12a，《新編》1/11/8443上—下。（文、跋）

《石刻名彙》11/183a、185b，《新編》2/2/1119上、1120上。（目）

《崇雅堂碑錄補》1/2a，《新編》2/6/4551下。（目）

《蒿里遺文目錄》3下/6b，《新編》2/20/14987上。（目）

永元 033
刑徒狐完城旦等字殘葬磚

永元五年（93）。清末河南省偃師縣出土，曾歸端方，後歸張仁蠡，又歸北京大學文科研究所，1952年後藏故宮博物院。磚高17.5、寬12釐米。隸書，存2行，行4字。

著錄：

《中國古代磚刻銘文集》上、下冊編號0081。（圖、文）

《雪堂專錄·恒農專錄》8a，《羅雪堂先生全集》五編3冊1195頁。（文）

永元 034
刑徒髡鉗封平葬磚

永元六年（94）閏（十一）月八日。清末河南省偃師縣出土，曾歸端方，後歸張仁蠡，又歸北京大學文科研究所，1952年後藏故宮博物院。磚高26、寬20、厚10釐米。正、側面刻字，文隸書，面3行，行7字；側1行3字。

著錄：

《中國古代磚刻銘文集》上、下冊編號 0083。（圖、文）

《雪堂專錄·恒農專錄》8b，《羅雪堂先生全集》五編 3 冊 1196 頁。（文）

《匋齋藏甎記》卷上/12a–b，《新編》1/11/8443 下。（文、跋）

《石刻名彙》11/183a，《新編》2/2/1119 上。（目）

《蒿里遺文目錄》3 下/3b，《新編》2/20/14985 下。（目）

永元 035

刑徒城旦張護葬磚

永元六年（94）十二月十四日卒。清末河南省偃師縣出土，曾歸端方，後歸張仁蠡，又歸北京大學文科研究所，1952 年後藏故宮博物院。磚高 22、寬 14、厚 8 釐米。正、側面刻字，文隸書，面 4 行，行 1 至 9 字不等；側 1 行 5 字。

著錄：

《中國磚銘》圖版上冊 147 頁上。（圖）

《中國古代磚刻銘文集》上、下冊編號 0084。（圖、文）

《匋齋藏甎記》卷上/12b，《新編》1/11/8443 下。（文）

《雪堂專錄·恒農專錄》9a，《羅雪堂先生全集》五編 3 冊 1197 頁。（文）

《石刻名彙》11/183a，《新編》2/2/1119 上。（目）

《蒿里遺文目錄》3 下/3b，《新編》2/20/14985 下。（目）

永元 036

刑徒黃丸葬磚（南陽）

永元六年（94）□月三日卒。清末河南省偃師縣出土，曾歸端方，後歸張仁蠡，又歸北京大學文科研究所，1952 年後藏故宮博物院。磚高 18.5、寬 15 釐米。文隸書，存 3 行，行 3 至 6 字不等。

著錄：

《中國磚銘》圖版上冊 147 頁下。（圖）

《中國古代磚刻銘文集》上、下冊編號 0085。（圖、文）

《雪堂專錄・恒農專錄》8b – 9a，《羅雪堂先生全集》五編 3 冊 1196—1197 頁。（文）

《蒿里遺文目錄》3 下/3b，《新編》2/20/14985 下。（目）

永元 037
刑徒須昌殘甎

又名：須昌、永元七等字殘葬磚。永元七年（95）。清末河南省偃師縣出土，曾歸端方，後歸張仁蠡，又歸北京大學文科研究所，1952 年後藏故宮博物院。磚高 15、寬 22 釐米。文隸書，存 3 行，行 3 至 4 字。

著錄：

《中國古代磚刻銘文集》上、下冊編號 0086。（圖、文）

《雪堂專錄・恒農專錄》9a，《羅雪堂先生全集》五編 3 冊 1197 頁。（文）

《匋齋藏甎記》卷上/12b – 13a，《新編》1/11/8443 下—8444 上。（文、跋）

《石刻名彙》11/183a，《新編》2/2/1119 上。（目）

《蒿里遺文目錄》3 下/3b，《新編》2/20/14985 下。（目）

永元 038
刑徒完城旦周陽葬磚

永元十年（98）五月廿五日卒。清末河南省偃師縣出土，曾歸端方，後歸張仁蠡，又歸北京大學文科研究所，1952 年移交北京大學歷史學系。磚高 22.5、寬 13 釐米。文隸書，3 行，行 6 至 9 字不等。

著錄：

《草隸存》卷 4，《新編》4/3/112。（圖）

《中國古代磚刻銘文集》上、下冊編號 0092。（圖、文）

《匋齋藏甎記》卷上/13a，《新編》1/11/8444 上。（文、跋）

《雪堂專錄・恒農專錄》9b – 10a，《羅雪堂先生全集》五編 3 冊 1198—1199 頁。（文）

《石刻名彙》11/183a，《新編》2/2/1119 上。（目）

《蒿里遺文目錄》3 下/3b，《新編》2/20/14985 下。（目）

永元 039

刑徒□□葬磚

□（永？）元十五年（103）四月廿三日。1964 年河南省偃師市佃莊鎮西大郊村發掘出土。長 14、寬 23、厚 11 釐米。文 3 行，行存 4 或 12 字，隸書。

著錄：

《漢魏洛陽故城南郊東漢刑徒墓地》105 頁（文）、附圖 82。

永元 040

刑徒髡鉗秦廏葬磚

永元十七年（105）四月一日物故。1964 年河南省偃師市佃莊鎮西大郊村發掘出土。長 22.5、寬 24、厚 11.5 釐米。文 3 行，行 6 至 8 字不等，隸書。

著錄：

《漢魏洛陽故城南郊東漢刑徒墓地》111 頁（文）、附圖 184。

永元 041

刑徒無任貫兒葬磚

永元年間（89—105）。清末河南省偃師縣出土，曾歸端方，後歸張仁蠡，又歸北京大學文科研究所，1952 年後藏故宮博物院。磚下半殘缺，高 15、寬 20、厚 11 釐米。正、側面刻字，面 3 行，行 2 或 3 字；側 1 行 3 字。

著錄：

《中國古代磚刻銘文集》上、下冊編號 0096。（圖、文）

《雪堂專錄·恒農專錄》10b，《羅雪堂先生全集》五編 3 冊 1200 頁。（節文）

永元 042

刑徒何陽殘葬磚

永元年間（89—105）。清末河南省偃師縣出土，曾歸端方，後歸張仁蠡，又歸北京大學文科研究所，1952 年後藏故宮博物院。磚高 3.5、寬 11、厚 9.5 釐米。正、側面刻字，面 2 行，行 1 字；側 1 行 2 字。隸書。

著錄：

《草隸存》卷4，《新編》4/3/125。（圖）

《中國古代磚刻銘文集》上、下冊編號0097。（圖、文）

《雪堂專錄·恒農專錄》23a，《羅雪堂先生全集》五編3冊1225頁。（文）

《匋齋藏甎記》卷下/14b–15a，《新編》1/11/8452下—8453上。（文、跋）

《蒿里遺文目錄》3下/8b，《新編》2/20/14988上。（目）

永元043

刑徒完城旦呂通葬磚

永元年間（89—105）。清末河南省偃師縣出土，曾歸端方，後歸張仁蠡，又歸北京大學文科研究所，1952年後藏故宮博物院。僅存上半殘塊，磚高13、寬22.5、厚10.5釐米。正、側面刻字，面存3行，行2字；側1行3字；隸書。

著錄：

《中國古代磚刻銘文集》上、下冊編號0098。（圖、文）

《雪堂專錄·恒農專錄》21b，《羅雪堂先生全集》五編3冊1222頁。（文）

《蒿里遺文目錄》3下/8a，《新編》2/20/14988上。（目）

永元044

刑徒駱麻葬磚

永元年間（89—105）。清末河南省偃師縣出土，曾歸端方，後歸張仁蠡，又歸北京大學文科研究所，1952年後藏故宮博物院。磚存右上角碎塊，高8、寬13、厚11釐米。正、側面刻字，面2行，可辨2字；側1行3字，隸書。

著錄：

《中國古代磚刻銘文集》上、下冊編號0099。（圖、文）

《匋齋藏甎記》卷下/9b，《新編》1/11/8450上。（文）

《雪堂專錄·恒農專錄》22a，《羅雪堂先生全集》五編3冊1223頁。

（文）

《石刻名彙》11/186a，《新編》2/2/1120 下。（目）

《蒿里遺文目錄》3 下/8b，《新編》2/20/14988 上。（目）

永元 045

刑徒毛元葬磚

永元年間（89—105）。清末河南省偃師縣出土，曾歸端方，後歸張仁蠡，又歸北京大學文科研究所，1952 年後藏故宮博物院。磚存右上角碎塊，高 9.5、寬 18、厚 10 釐米。正、側面刻字，面存 2 行，行 2 字；側 1 行 4 字；隸書。

著錄：

《中國古代磚刻銘文集》上、下冊編號 0101。（圖、文）

永元 046

刑徒龐文葬磚

永元年間（89—105）。清末河南省偃師縣出土，曾歸端方，後歸張仁蠡，又歸北京大學文科研究所，1952 年後藏故宮博物院。磚存右上角碎塊，高 8、寬 20、厚 10 釐米。正、側面刻字，面存 2 行，行 2 字；側 1 行 3 字；隸書。

著錄：

《中國古代磚刻銘文集》上、下冊編號 0102。（圖、文）

《蒿里遺文目錄》3 下/7b，《新編》2/20/14987 下。（目）

永元 047

刑徒無任薛□葬磚

永元年間（89—105）。清末河南省偃師縣出土，曾歸端方，後歸張仁蠡，又歸北京大學文科研究所，1952 年後藏故宮博物院。磚存右上角碎塊，高 11.5、寬 12、厚 11 釐米。正、側面刻字，面存 2 行，行 3 字；側 1 行存 2 字；隸書。

著錄：

《中國古代磚刻銘文集》上、下冊編號 0104。（圖、文）

《雪堂專錄·恒農專錄》10b，《羅雪堂先生全集》五編 3 冊 1200 頁。

（節文）

永元 048
刑徒顏季葬磚

永元年間（89—105）。清末河南省偃師縣出土，曾歸端方，後歸張仁蠡，又歸北京大學文科研究所，1952 年後藏故宮博物院。磚存上半殘塊，高 9.5、寬 21、厚 10.5 釐米。正、側面刻字，面 3 行，行 1 或 2 字；側 1 行 3 字；隸書。

著錄：

《中國古代磚刻銘文集》上、下冊編號 0105。（圖、文）

《雪堂專錄・恒農專錄》10a，《羅雪堂先生全集》五編 3 冊 1199 頁。（文）

《蒿里遺文目錄》3 下/3b，《新編》2/20/14985 下。（目）

永元 049
刑徒完城旦蘇阿葬磚

永元年（89—105）五月十八日。1964 年河南省偃師市佃莊鎮西大郊村發掘出土。長 25、寬 23.5、厚 11.5 釐米。文 4 行，滿行 5 字，隸書。

著錄：

《漢魏洛陽故城南郊東漢刑徒墓地》104 頁（文）、附圖 78。

永元 050
刑徒完城旦龔孟葬誌

永元□□年（89—105）十一月十七日。

碑目著錄：

《蒿里遺文目錄》3 下/4a，《新編》2/20/14986 上。

永元 051
刑徒□（髡）鉗任張殘葬誌

永□（元？）□年（89—105）十月廿日。

碑目著錄：

《蒿里遺文目錄》3 下/4a，《新編》2/20/14986 上。

元 興

元興 001
刑徒完城旦荊昇葬磚

元興元年（105）二月。河南省偃師市西大郊村採集，現存洛陽唐氏。磚殘長 29.5、寬 23 釐米。4 行，行 5 至 6 字，隸書。

著錄：

《東漢刑徒磚攟存》1 頁。（圖、文）

元興 002
刑徒完城旦張常葬磚

元興元年（105）六月九日卒。1964 年春河南省偃師縣佃莊鄉西大郊村出土，藏中國社會科學院考古研究所洛陽工作站。磚高 21、寬 22 釐米。4 行，行 4 至 8 字不等，隸書。

著錄：

《中國磚銘》圖版上冊 160 頁左。（圖）

《中國古代磚刻銘文集》上、下冊編號 0112。（圖、文）

《漢魏洛陽故城南郊東漢刑徒墓地》120 頁（文），附圖 419。

元興 003
刑徒元興完城旦葬磚

元興元年（105）七月。清末河南省偃師縣出土，曾歸端方，後歸張仁蠡，又歸北京大學文科研究所，1952 年後藏故宮博物院。磚高、寬均 22.5 釐米。隸書，4 行，行 6 或 7 字。端方舊藏。

著錄：

《草隸存》卷 4，《新編》4/3/113。（圖）

《中國古代磚刻銘文集》上、下冊編號 0113。（圖、文）

《匋齋藏甎記》卷上/14b－15a，《新編》1/11/8444 下—8445 上。（文、跋）

《石刻名彙》11/184a，《新編》2/2/1119 下。（目）

《蒿里遺文目錄》3 下/4a，《新編》2/20/14986 上。（目）

元興 004

刑徒完成旦□留葬磚

元興元年（105）八月四日卒。近年河南省偃師市西大郊村採集，現存洛陽。磚殘長23、寬20釐米。殘存4行20字，隸書。

著錄：

《東漢刑徒磚攟存》2頁。（圖、文）

元興 005

刑徒完城旦張（?）與葬磚

元興元年（105）八月四日。1964年河南省偃師市佃莊鎮西大郊村發掘出土。磚殘長26.5、寬23、厚11釐米。文5行，行3至6字不等，隸書。

著錄：

《漢魏洛陽故城南郊東漢刑徒墓地》103頁（文）、附圖56。

元興 006

刑徒完城旦李典葬磚

元興元年（105）九月四日。河南省偃師市西大郊村附近採集，曾歸洛陽張氏。磚殘長23、寬16釐米。兩面刻，正面3行，行5至6字；背面2行，行4字；隸書。

著錄：

《東漢刑徒磚攟存》3頁。（圖、文）

元興 007

刑徒髡鉗周□葬磚

元興元年（105）十二月廿□日。1964年河南省偃師市佃莊鎮西大郊村出土。尺寸未詳。文5行，滿行6字。隸書。

著錄：

《漢魏洛陽故城南郊東漢刑徒墓地》121頁（文），附圖434。

元興 008

刑徒髡鉗何孫葬磚

元興元年（105）閏月十九日物故。1964年河南省偃師市佃莊鎮西大郊村發掘出土。長 13、寬 20、厚 12 釐米。文 4 行，前 3 行行 7 至 10 字，末行 1 字，隸書。

著錄：

《漢魏洛陽故城南郊東漢刑徒墓地》109 頁（文）、附圖 136。

元興 009

刑徒完城旦□思葬磚

元興三年（107）十一月廿七日卒。1964 年河南省偃師市佃莊鎮西大郊村出土。長 23、寬 23.5、厚 11.5 釐米。文隸書，4 行，行 6 至 8 字不等。

著錄：

《漢魏洛陽故城南郊東漢刑徒墓地》98 頁（文）、附圖 3。

延　平

延平 001

刑徒司寇張興葬磚

延平元年（106）正月十二日卒。2006 年河南省偃師市西大郊村出土，曾歸洛陽唐氏。磚殘長 22.5、寬 25、厚 11 釐米。5 行，行 4 至 6 字不等，隸書。

著錄：

《東漢刑徒磚擷存》4 頁。（圖、文）

延平 002

刑徒完城旦□□葬磚

延平元年（106）正月十□日卒。河南省偃師市西大郊村採集，曾歸汝州宗氏。殘長 24、寬 22 釐米。隸書，存 5 行 22 字。

著錄：

《東漢刑徒磚擷存》5 頁。（圖、文）

延平 003

刑徒髡鉗張邯葬磚

延平元年（106）正月廿八日卒。河南省偃師市西大郊村採集，現存洛陽。磚殘長、寬均 23 釐米。隸書，4 行，行 5 至 7 字。

著錄：

《東漢刑徒磚擴存》6 頁。（圖、文）

延平 004

刑徒髡鉗朱土葬磚

延平元年（106）二月十六日物故。1964 年河南省偃師市佃莊鎮西大郊村發掘出土。長 33、寬 24、厚 11.5 釐米。兩面刻，正面文 4 行，行 5 至 8 字；背面 3 行，行 4 至 8 字不等；隸書。

著錄：

《漢魏洛陽故城南郊東漢刑徒墓地》112 頁（文）、附圖 204、205。

延平 005

刑徒髡鉗齊祚葬磚

延平元年（106）二月廿二日卒。1964 年春河南省洛陽地區偃師縣佃莊鄉西大郊村出土，藏中國社會科學院考古研究所洛陽工作站。磚高、寬均 23.5 釐米。4 行，行 3 至 7 字不等，隸書。

著錄：

《中國磚銘》圖版上冊 161 頁下。（圖）

《中國古代磚刻銘文集》上、下冊編號 0114。（圖、文）

延平 006

刑徒髡鉗□於伯葬磚

延平元年（106）二月廿二日物故。1964 年河南省偃師市佃莊鎮西大郊村出土。尺寸未詳。文 4 行，行 4 至 7 字。隸書。

著錄：

《漢魏洛陽故城南郊東漢刑徒墓地》120 頁（文），附圖 417。

延平 007

刑徒髡鉗李陵葬磚

延平元年（106）三月一日卒。1964 年春河南省偃師縣佃莊鄉西大郊村出土，藏中國社會科學院考古研究所洛陽工作站。磚高 25、寬 23 釐米。隸書，4 行，前 3 行行 6 至 7 字，末行 1 字，隸書。

著錄：

《中國磚銘》圖版上冊 161 頁上。（圖）

《中國古代磚刻銘文集》上、下冊編號 0115。（圖、文）

《漢魏洛陽故城南郊東漢刑徒墓地》121 頁（文），附圖 424。

延平 008

刑徒完城旦何旱葬磚

延平元年（106）五月廿七日卒，出土時地不詳，據云出土於河南省偃師市。高 32、寬 23 釐米。文隸書，3 行，行 9 至 10 字不等。

圖版著錄：

《秦晉豫新出墓誌蒐佚續編》1 冊 1 頁。

延平 009

刑徒鬼薪董少葬磚

延平元年（106）六月十四日物故。1964 年河南省偃師市佃莊鎮西大郊村發掘出土。長 33、寬 23.5、厚 12 釐米。文 4 行，行 4 至 7 字不等，隸書。

著錄：

《漢魏洛陽故城南郊東漢刑徒墓地》103 頁（文）、附圖 51。

延平 010

刑徒髡鉗涂孟葬磚

延平元年（106）六月十八日卒，出土時地不詳，據云出土於河南省偃師市。殘高 27.5、寬 22.5 釐米。文隸書，4 行，滿行 7 字。

圖版著錄：

《秦晉豫新出墓誌蒐佚續編》1 冊 2 頁。

延平 011

刑徒髡鉗樂舒葬磚

延平元年（106）六月十九日卒。近年河南省偃師市西大郊村附近採集，現存洛陽。磚殘長 23.5、寬 19.5 釐米。隸書，前 3 行行 6 至 8 字，末行 2 字。

著錄：

《洛陽新獲七朝墓誌》1 頁。（圖）

《東漢刑徒磚攟存》7 頁。(圖、文)

延平 012
刑徒完城旦張政葬磚

延平元年（106）八月六日物故。1964 年河南省偃師市佃莊鎮西大郊村發掘出土。長 22、寬 23.5、厚 11.5 釐米。文 4 行，前 3 行行 6 至 7 字，末行 1 字，隸書。

著錄：
《漢魏洛陽故城南郊東漢刑徒墓地》108 頁（文）、附圖 134。

延平 013
刑徒髡鉗陳舒葬磚

延平元年（106）八月九日物故。1964 年河南省偃師市佃莊鎮西大郊村發掘出土。長 20、寬 23.5、厚 11.5 釐米。文 3 行，行 7 至 8 字，隸書。

著錄：
《漢魏洛陽故城南郊東漢刑徒墓地》104 頁（文）、附圖 68。

延平 014
刑徒完城旦焦石葬磚

延平元年（106）八月十二（四）日卒。1964 年河南省偃師市佃莊鎮西大郊村發掘出土。長 18、寬 23.5、厚 11.5 釐米。文 4 行，行 3 至 7 字不等，凡 21 字。隸書。

著錄：
《漢魏洛陽故城南郊東漢刑徒墓地》109 頁、附圖 138。(圖、文)
《雪堂專錄‧恒農專錄》11a，《羅雪堂先生全集》五編 3 冊 1201 頁。(文)
《石刻名彙》11/183b，《新編》2/2/1119 上。(目)
《蒿里遺文目錄》3 下/4a，《新編》2/20/14986 上。(目)

延平 015
刑徒完城旦趙房葬磚

延平元年（106）八月十四日物故。1964 年河南省偃師市佃莊鎮西大郊村發掘出土。長 25、寬 23.5、厚 11.5 釐米。文 4 行，行 5 至 7 字，隸書。

著錄：

《漢魏洛陽故城南郊東漢刑徒墓地》104 頁（文）、附圖 77。

延平 016

刑徒完城旦李仲葬磚

延平元年（106）八月十六日。1964 年河南省偃師市佃莊鎮西大郊村發掘出土。長 17、寬 23.5、厚 11.5 釐米。計 23 字，未見拓本。

錄文著錄：

《漢魏洛陽故城南郊東漢刑徒墓地》104 頁。

延平 017

刑徒鬼新宋駭葬磚

延平□（元）年（106）八月十六日物故。1964 年河南省偃師市佃莊鎮西大郊村出土。尺寸未詳。文 4 行，行 3 至 7 字。隸書。

著錄：

《漢魏洛陽故城南郊東漢刑徒墓地》121 頁（文），附圖 429。

延平 018

刑徒司寇荊石代荊元葬磚

延平元年（106）□月廿三日物故。1964 年河南省偃師市佃莊鎮西大郊村出土。磚已破碎。文 4 行，前 3 行行 8 字，末行 2 字。隸書。

著錄：

《漢魏洛陽故城南郊東漢刑徒墓地》117 頁（文），附圖 348。

永 初

永初 001

刑徒完城旦江賓安葬磚

永初元年（107）二月十二日物故。1964 年河南省偃師市佃莊鎮西大郊村發掘出土。磚長 28、寬 23.5、厚 11.4 釐米。文 4 行，前 3 行行 8 至 9 字，末行 4 字。隸書。

著錄：

《漢魏洛陽故城南郊東漢刑徒墓地》119 頁（文），附圖 395。

永初 002

刑徒髡鉗鄭石葬磚

永初元年（107）二月廿二日物故。1964 年河南省偃師市佃莊鎮西大郊村發掘出土。長 16.5、寬 23.2、厚 12 釐米。文 4 行，前 3 行行 8 至 9 字，末行 1 字，隸書。

著錄：

《漢魏洛陽故城南郊東漢刑徒墓地》110 頁（文）、附圖 155。

永初 003

刑徒完城旦張興葬磚

永初元年（107）二月廿六日。河南省偃師市西大郊村採集，曾歸洛陽張氏。磚殘長 23.5、寬 22 釐米。隸書，5 行，行 5 至 7 字。

著錄：

《東漢刑徒磚攟存》9 頁。（圖、文）

永初 004

刑徒完城旦乾文葬磚

永初元年（107）二月廿八日卒。近年河南省偃師市西大郊村附近採集，曾歸汝州宗氏。磚殘長 22.5、寬 21.5 釐米。隸書，4 行，前 3 行行 7 至 8 字，末行 1 字。

著錄：

《東漢刑徒磚攟存》10 頁。（圖、文）

永初 005

刑徒髡鉗雷伸葬磚

永初元年（107）四月廿日物故。1964 年河南省偃師市佃莊鎮西大郊村發掘出土。磚長 22.5、寬 23.5、厚 11.5 釐米。文 5 行，前 4 行行 5 至 8 字，末行 1 字。隸書。

著錄：

《漢魏洛陽故城南郊東漢刑徒墓地》120 頁（文），附圖 411。

永初 006
刑徒鬼新王奇葬磚二種

永初元年（107）四月廿九日物故。1964 年河南省偃師市佃莊鎮西大郊村發掘出土。磚長 18、寬 23.5、厚 11.4 釐米。正、背刻字，正面 5 行，行 4 至 7 字；背面 7 字。隸書。

著錄：

《漢魏洛陽故城南郊東漢刑徒墓地》120 頁（文），附圖 408。

永初 007
刑徒髡鉗路春葬磚

永初元年（107）四月卅日物故。1964 年河南省偃師市佃莊鎮西大郊村發掘出土。磚長 27、寬 23、厚 11.7 釐米。文 4 行，行 5 至 8 字。隸書。

著錄：

《漢魏洛陽故城南郊東漢刑徒墓地》120 頁（文），附圖 410。

永初 008
刑徒完城旦郭仲葬磚二種

永初元年（107）五月二日物故。1964 年春河南省洛陽地區偃師縣佃莊鄉西大郊村出土，藏中國社會科學院考古研究所洛陽工作站。一磚長 23、寬 23.3、厚 11.8 釐米；文 4 行，滿行 8 字，隸書。一磚已破碎，文 1 行 2 字。

著錄：

《中國古代磚刻銘文集》上、下冊編號 0118。（圖、文）

《漢魏洛陽故城南郊東漢刑徒墓地》120 頁（文），附圖 404、401（4）。

永初 009
刑徒完城旦王園葬磚二種

永初元年（107）五月二日物故。1964 年河南省偃師市佃莊鎮西大郊村發掘出土。一磚長 22、寬 17、厚 11.5 釐米；文 1 行 2 字。一磚長 25、寬 23.5、厚 11.5 釐米；文 4 行，行 5 至 9 字。隸書。

著錄：

《漢魏洛陽故城南郊東漢刑徒墓地》120 頁（文），附圖 403

(1)、406。

永初 010
刑徒髡鉗王園葬磚

永初元年（107）五月三日物故。1964年河南省偃師市佃莊鎮西大郊村發掘出土。磚長23.5、寬23.5、厚11.5釐米。文4行，行5至7字。隸書。

著錄：

《漢魏洛陽故城南郊東漢刑徒墓地》120頁（文），附圖409。

永初 011
刑徒髡鉗尹孝葬磚

永初元年（107）五月四日卒。1964年春河南省洛陽地區偃師縣佃莊鄉西大郊村出土，藏中國社會科學院考古研究所洛陽工作站。磚長25.5、寬24、厚11.5釐米。4行，行5至8字不等，隸書。

著錄：

《中國古代磚刻銘文集》上、下冊編號0119。（圖、文）

《漢魏洛陽故城南郊東漢刑徒墓地》120頁（文），附圖412。

永初 012
刑徒完城旦嚴贖葬磚二種

永初元年（107）五月四日物故。1964年河南省偃師市佃莊鎮西大郊村發掘出土。一磚長16、寬23.5、厚11.5釐米；文1行4字。一磚長30、寬23、厚10.4釐米；文4行，行5至9字。未見圖版。墓磚編號T2M69。

錄文著錄：

《漢魏洛陽故城南郊東漢刑徒墓地》120頁。

永初 013
刑徒髡鉗陳幼葬磚

永初元年（107）五月五日物故。1964年河南省偃師市佃莊鎮西大郊村發掘出土。磚長27、寬23.5、厚11.3釐米。文4行，行5至9字。隸書。

著錄：

《漢魏洛陽故城南郊東漢刑徒墓地》120 頁（文），附圖 407。

永初 014

刑徒髡鉗朱延葬磚

永初元年（107）五月七日物故。1964 年河南省偃師市佃莊鎮西大郊村發掘出土。磚長 18、寬 23.5、厚 11.3 釐米；文 4 行，前 3 行行 7 至 8 字，末行 2 字。隸書。

著錄：

《漢魏洛陽故城南郊東漢刑徒墓地》120 頁（文），附圖 402。

永初 015

刑徒髡鉗王少葬磚二種

永初元年（107）五月九日物故。1964 年河南省偃師市佃莊鎮西大郊村發掘出土。一磚長 27、寬 23.5、厚 11.5 釐米；文 5 行，行 4 至 7 字。一磚長 15、寬 23.5、厚 11.2 釐米；1 行 4 字。隸書。

文著錄：

《漢魏洛陽故城南郊東漢刑徒墓地》119 頁（文）、附圖 390、391（2）。

永初 016

刑徒髡鉗項漢葬磚二種

永初元年（107）五月十日物故。1964 年河南省偃師市佃莊鎮西大郊村發掘出土。一磚長 18、寬 23.5、厚 11.7 釐米；文 1 行 2 字。一磚長 24、寬 23.5、厚 11.9 釐米；文 5 行，行 4 至 6 字。隸書。

著錄：

《漢魏洛陽故城南郊東漢刑徒墓地》120 頁（文），附圖 401（1）、400。

永初 017

刑徒髡鉗楊宗葬磚

永初元年（107）五月十一日物故。1964 年河南省偃師市佃莊鎮西大郊村發掘出土。磚長 24、寬 23.5、厚 11.9 釐米。文 5 行，前 4 行行 5 至 7 字，末行 2 字。隸書。

著錄：

《漢魏洛陽故城南郊東漢刑徒墓地》120 頁（文），附圖 399。

永初 018

刑徒髡鉗□午葬磚

永初元年（107）五月十一日物故。1964 年河南省偃師市佃莊鎮西大郊村發掘出土。磚長 20、寬 23、厚 12 釐米。文存 27 字，未見圖版。墓磚編號 T2M75：1。

錄文著錄：

《漢魏洛陽故城南郊東漢刑徒墓地》120 頁。

永初 019

刑徒司寇任克葬磚

永初元年（107）五月十二日物故。1964 年春河南省洛陽地區偃師縣佃莊鄉西大郊村出土，藏中國社會科學院考古研究所洛陽工作站。磚長 23、寬 23.5、厚 11.8 釐米。5 行，行 4 至 6 字不等，隸書。

著錄：

《中國古代磚刻銘文集》上、下冊編號 0120。（圖、文）

《漢魏洛陽故城南郊東漢刑徒墓地》119 頁（文）、附圖 397。

永初 020

髡鉗宋文葬磚二種

永初元年（107）五月十四日卒。1964 年春河南省洛陽地區偃師縣佃莊鄉西大郊村出土，藏中國社會科學院考古研究所洛陽工作站。一磚長 25、寬 23.5、厚 11.5 釐米；文 4 行，行 5 至 9 字不等。一磚長 13、寬 23.5、厚 11.7 釐米；文 1 行 2 字，隸書。

著錄：

《中國磚銘》圖版上冊 164 頁下。（圖）

《中國古代磚刻銘文集》上、下冊編號 0121。（圖、文）

《漢魏六朝碑刻校注》1 冊 80 頁（圖）、83 頁（文）。

《漢魏洛陽故城南郊東漢刑徒墓地》119 頁（文），附圖 393、391（3）。

《漢魏六朝碑刻校注·總目提要》編號 0115。（目）

漢　代　717

永初 021

刑徒髡鉗左□葬磚

永初元年（107）五月十七日物故。1964 年河南省偃師市佃莊鎮西大郊村發掘出土。磚長 22、寬 17、厚 11.5 釐米。文 5 行，行 3 至 7 字。隸書。

著錄：

《漢魏洛陽故城南郊東漢刑徒墓地》120 頁（文），附圖 405。

永初 022

髡鉗趙棠葬磚二種

永初元年（107）五月廿一日。1964 年春河南省洛陽地區偃師縣佃莊鄉西大郊村出土，藏中國社會科學院考古研究所洛陽工作站。一磚長 17、寬 23.5、厚 11 釐米；1 行 4 字。隸書。一磚長 26.5、寬 23.5、厚 11.5 釐米；未見圖版。

著錄：

《中國古代磚刻銘文集》上、下冊編號 0122。（圖、文）

《漢魏洛陽故城南郊東漢刑徒墓地》119 頁（文），附圖 389（2）。

永初 023

完城旦謝金葬磚二種

永初元年（107）五月廿三日物故。1964 年春河南省洛陽地區偃師縣佃莊鄉西大郊村出土，藏中國社會科學院考古研究所洛陽工作站。一磚長 17、寬 17、厚 12 釐米；文 1 行 2 字。一磚長 18、寬 23.5、厚 11.5 釐米；文 5 行，行 4 至 6 字不等。隸書。

著錄：

《中國古代磚刻銘文集》上、下冊編號 0123。（圖、文）

《漢魏洛陽故城南郊東漢刑徒墓地》119 頁（文），附圖 386（4）、388。

永初 024

刑徒髡鉗朐平葬磚

永初元年（107）五月廿五日卒。河南省偃師市西大郊村出土，現存洛陽。磚長、寬均 23 釐米。隸書，5 行，行 4 至 7 字不等。

著錄：

《東漢刑徒磚攟存》11 頁。（圖、文）

永初 025

髡鉗陳便葬磚二種

永初元年（107）五月廿五日卒。1964 年春河南省洛陽地區偃師縣佃莊鄉西大郊村出土，藏中國社會科學院考古研究所洛陽工作站。一磚長 16、寬 23.7、厚 12 釐米；正、背兩面刻，正面 1 行 5 字，背面 1 行 2 字。一磚長 30、寬 24.8、厚 5.5 釐米；文 5 行，行 4 至 6 字不等。隸書。

著錄：

《中國磚銘》圖版上冊 165 頁上、223 頁上—下。（圖）

《中國古代磚刻銘文集》上、下冊編號 0124、0125。（圖、文）

《漢魏六朝碑刻校注》1 冊 80 頁（圖）、83 頁（文）。

《漢魏洛陽故城南郊東漢刑徒墓地》119 頁（文），附圖 386（2、3）、387。

《漢魏六朝碑刻校注·總目提要》編號 0115。（目）

永初 026

刑徒髡鉗仇平葬磚二種

永初元年（107）五月廿五日。1964 年春河南省洛陽地區偃師縣佃莊鄉西大郊村出土，藏中國社會科學院考古研究所洛陽工作站。一磚長 8.5、寬 23、厚 11.5 釐米；文 1 行 4 字。隸書。一磚長 23.5、寬 23.5、厚 12 釐米；文計 27 字，未見圖版。

著錄：

《中國古代磚刻銘文集》上、下冊編號 0126。（圖、文）

《漢魏洛陽故城南郊東漢刑徒墓地》119 頁（文），附圖 386（1）。

永初 027

刑徒髡鉗魏仲葬磚

永初元年（107）五月廿七日物故。1964 年河南省偃師市佃莊鎮西大郊村出土。磚長 26、寬 23.4、厚 12 釐米。文 5 行，前 4 行行 5 至 7 字，末行 3 字。隸書。

著錄：

《漢魏洛陽故城南郊東漢刑徒墓地》119 頁（文），附圖 385。

永初 028

刑徒鬼新張便葬磚二種

永初元年（107）五月廿八日卒。1964 年春河南省洛陽地區偃師縣佃莊鄉西大郊村出土，藏中國社會科學院考古研究所洛陽工作站。一磚長 15、寬 23、厚 11.5 釐米；文 1 行 4 字。一磚長 26、寬 23、厚 11.5 釐米；文 6 行，行 4 至 7 字不等。隸書。

著錄：

《中國古代磚刻銘文集》上、下冊編號 0127。（圖、文）

《漢魏洛陽故城南郊東漢刑徒墓地》119 頁（文），附圖 382（4）、384。

永初 029

刑徒髡鉗張次葬磚

永初元年（107）五月廿九日卒。河南省偃師市西大郊村附近採集，現存洛陽。磚殘長 22.7、寬 17.5 釐米。隸書，存 4 行，滿行 8 字。

著錄：

《東漢刑徒磚擴存》12 頁。（圖、文）

永初 030

刑徒鬼新虞少葬磚二種

永初元年（107）六月四日物故。1964 年河南省偃師市佃莊鎮西大郊村出土。一磚長 16、寬 23、厚 12 釐米；文 1 行 4 字。一磚長 29、寬 23、厚 11.5 釐米；文 5 行，行 4 至 8 字不等。隸書。

著錄：

《漢魏洛陽故城南郊東漢刑徒墓地》119 頁（文），附圖 382（3）、381。

永初 031

刑徒髡鉗孟仲葬磚二種

永初元年（107）六月四日物故。1964 年河南省偃師市佃莊鎮西大郊村出土。一磚長11、寬23.5、厚11.7釐米；文1行2字。一磚長22、寬23.5、厚12釐米；文5行，前4行行5至7字，末行3字。隸書。

著錄：

《漢魏洛陽故城南郊東漢刑徒墓地》119頁（文），附圖382（2）、383。

備考：T2M42∶2誌主"□仲"，據T2M42∶1誌主"孟仲"推測，可能也是"孟仲"，故合併著錄。

永初032

刑徒髡鉗却威葬磚

又作：卻威葬磚。永初元年（107）六月六日卒。1964年河南省偃師市佃莊鎮西大郊村出土，現藏洛陽博物館。磚長30、寬23.5、厚11.5釐米。5行，行4至6字不等，隸書。

著錄：

《中國磚銘》圖版上冊165頁下。（圖）

《洛陽新獲七朝墓誌》2頁。（圖）

《中國古代磚刻銘文集》上、下冊編號0128。（圖、文）

《漢魏洛陽故城南郊東漢刑徒墓地》119頁（文），附圖379。

《東漢刑徒磚擴存》13頁。（圖、文）

論文：

中國科學院考古研究所洛陽工作隊：《東漢洛陽城南郊的刑徒墓地》，《考古》1972年第4期。

永初033

刑徒完城旦朱非葬磚

永初元年（107）六月十一日物故。1964年河南省偃師市佃莊鎮西大郊村出土。磚長29、寬23.5、厚11.5釐米。文5行，後4行行5至7字，首行3字。隸書。

著錄：

《漢魏洛陽故城南郊東漢刑徒墓地》119頁（文），附圖378。

永初 034

刑徒司寇周捐葬磚

永初元年（107）六月十一日卒。1964 年春河南省洛陽地區偃師縣佃莊鄉西大郊村出土，藏中國社會科學院考古研究所洛陽工作站。磚長 23、寬 23.5、厚 12 釐米。文 5 行，前 4 行行 6 至 8 字，末行 3 字，隸書。

著錄：

《中國磚銘》圖版上冊 166 頁上右。（圖）

《洛陽新獲七朝墓誌》3 頁。（圖）

《中國古代磚刻銘文集》上、下冊編號 0129。（圖、文）

《漢魏六朝碑刻校注》1 冊 80 頁（圖）、83 頁（文）。

《漢魏洛陽故城南郊東漢刑徒墓地》118 頁（文），附圖 377。

《東漢刑徒磚攟存》14 頁。（圖、文）

《漢魏六朝碑刻校注·總目提要》編號 0115。（目）

論文：

中國科學院考古研究所洛陽工作隊：《東漢洛陽城南郊的刑徒墓地》，《考古》1972 年第 4 期。

永初 035

刑徒完城旦弟國葬磚二種

永初元年（107）六月十三日物故。1964 年河南省偃師市佃莊鎮西大郊村發掘出土。一磚長 14、寬 23.5、厚 11.7 釐米；文 1 行 2 字。一磚長 28、寬 23.3、厚 11.4 釐米；文 4 行，前 3 行行 7 至 9 字，末行 4 字。隸書。

著錄：

《漢魏洛陽故城南郊東漢刑徒墓地》118 頁（文），附圖 376（4）、375。

永初 036

刑徒完城旦王非葬磚

永初元年（107）六月十五日物故。1964 年河南省偃師市佃莊鎮西大郊村發掘出土。磚長 21.5、寬 23.5、厚 12 釐米。文 5 行，行 4 至 7 字，隸書。

著錄：

《漢魏洛陽故城南郊東漢刑徒墓地》118 頁（文），附圖 371。

永初 037

刑徒髡鉗馮少葬磚

永初元年（107）六月十八日卒。1964 年春河南省洛陽地區偃師縣佃莊鄉西大郊村出土，藏中國社會科學院考古研究所洛陽工作站。磚長 20、寬 23.5、厚 12 釐米。4 行，行 5 至 8 字不等，隸書。

著錄：

《中國磚銘》圖版上冊 166 頁上左及頁下。（圖）

《中國古代磚刻銘文集》上、下冊編號 0130。（圖、文）

《漢魏六朝碑刻校注》1 冊 81 頁（圖）、83 頁（文）。

《漢魏洛陽故城南郊東漢刑徒墓地》118 頁（文），附圖 365。

《漢魏六朝碑刻校注·總目提要》編號 0115。（目）

論文：

中國科學院考古研究所洛陽工作隊：《東漢洛陽城南郊的刑徒墓地》，《考古》1972 年第 4 期。

永初 038

刑徒髡鉗李文葬磚二種

永初元年（107）六月十八日物故。1964 年河南省偃師市佃莊鎮西大郊村發掘出土。一磚長 15、寬 11、厚 11.5 釐米；文 1 行 2 字。一磚長 20、寬 23、厚 11.5 釐米；正背刻字，正面 5 行，行 4 至 6 字；背面 4 行，行 5 至 7 字。隸書。

著錄：

《漢魏洛陽故城南郊東漢刑徒墓地》118 頁（文），附圖 367（4）、369。

永初 039

刑徒完城旦范畫葬磚二種

永初元年（107）六月廿日物故。1964 年河南省偃師市佃莊鎮西大郊村發掘出土。一磚長 17.5、寬 23、厚 11 釐米；文 1 行 5 字。一磚已破碎。文 5 行，前 4 行行 5 至 7 字，末行 2 字，隸書。

著錄：

《漢魏洛陽故城南郊東漢刑徒墓地》118 頁（文），附圖 367（3）、368。

永初 040

刑徒鬼新范雍葬磚

永初元年（107）六月廿五日卒。1964 年春河南省洛陽地區偃師縣佃莊鄉西大郊村出土，藏中國社會科學院考古研究所洛陽工作站。磚長 23、寬 23.5、厚 11.2 釐米。5 行，行 6 至 9 字不等，隸書。

著錄：

《中國古代磚刻銘文集》上、下冊編號 0131。（圖、文）

《漢魏六朝碑刻校注》1 冊 81 頁（圖）、83 頁（文）。

《漢魏洛陽故城南郊東漢刑徒墓地》118 頁（文），附圖 364。

《漢魏六朝碑刻校注·總目提要》編號 0115。（目）

論文：

中國科學院考古研究所洛陽工作隊：《東漢洛陽城南郊的刑徒墓地》，《考古》1972 年第 4 期。

永初 041

刑徒髡鉗曹福代胡非葬磚

永初元年（107）六月廿六日卒。1964 年春河南省洛陽地區偃師縣佃莊鄉西大郊村出土，藏中國社會科學院考古研究所洛陽工作站。磚長 21.5、寬 23.5、厚 11.5 釐米。文 4 行，行 5 至 8 字，隸書。

著錄：

《中國磚銘》圖版上冊 167 頁上左。（圖）

《中國古代磚刻銘文集》上、下冊編號 0132。（圖、文）

《漢魏六朝碑刻校注》1 冊 81 頁（圖）、83 頁（文）。

《漢魏洛陽故城南郊東漢刑徒墓地》118 頁（文），附圖 360。

《漢魏六朝碑刻校注·總目提要》編號 0115。（目）

論文：

中國科學院考古研究所洛陽工作隊：《東漢洛陽城南郊的刑徒墓地》，《考古》1972 年第 4 期。

永初 042
刑徒髡鉗石襄葬磚二種

永初元年（107）六月廿七日物故。1964 年河南省偃師市佃莊鎮西大郊村發掘出土。一磚長 19、寬 14、厚 11.4 釐米；文 1 行 2 字。一磚長 20、寬 23.5、厚 11.5 釐米；文 6 行，行 3 至 6 字不等。隸書。

著錄：

《漢魏洛陽故城南郊東漢刑徒墓地》118 頁（文）、附圖 361（3）、363。

永初 043
刑徒髡鉗謝度葬磚

永初元年（107）六月物故。1964 年河南省偃師市佃莊鎮西大郊村發掘出土。長 20、寬 23.4、厚 11.5 釐米。文 5 行，行 4 至 6 字不等，隸書。

著錄：

《漢魏洛陽故城南郊東漢刑徒墓地》110 頁（文）、附圖 164。

永初 044
刑徒髡鉗李小葬磚三種

永初元年（107）六月物故。1964 年河南省偃師市佃莊鎮西大郊村出土。一磚長 20、寬 23.5、厚 12 釐米；1 行 4 字。一磚已破碎；正反兩面刻字，正面 1 行 3 字，背面 1 行 2 字。一磚長 27、寬 23、厚 11.5 釐米；5 行，行 4 至 6 字。隸書。

著錄：

《中國古代磚刻銘文集》上、下冊編號 0133。（圖、文）

《漢魏洛陽故城南郊東漢刑徒墓地》119 頁（文），附圖 376（1，3）、382（1）、380。

論文：

中國科學院考古研究所洛陽工作隊：《東漢洛陽城南郊的刑徒墓地》，《考古》1972 年第 4 期。

備考：由於 T2M40：1、T2M40：2 誌主皆是"李小"，故推測 T2M40：3 誌主"李□"可能也是"李小"，故合併著錄。

永初 045
刑徒完城旦謝郎葬磚二種

永初元年（107）七月一日卒。1964 年春河南省洛陽地區偃師縣佃莊鄉西大郊村出土，藏中國社會科學院考古研究所洛陽工作站。一磚長 21.5、寬 23.5、厚 11.5 釐米；4 行，前 3 行行 7 至 8 字，末行 3 字。一磚長 23、寬 23.5、厚 11.5 釐米，1 行 4 字。隸書。

著錄：

《中國磚銘》圖版上冊 167 頁下、219 頁左。（圖）

《中國古代磚刻銘文集》上、下冊編號 0134、0135。（圖、文）

《漢魏六朝碑刻校注》1 冊 81 頁（圖）、83 頁（文）。

《漢魏洛陽故城南郊東漢刑徒墓地》118 頁（文），附圖 361（4）、359。

《漢魏六朝碑刻校注·總目提要》編號 0115。（目）

永初 046
刑徒完城旦捐祖葬磚

永初元年（107）七月九日卒。1964 年春河南省洛陽地區偃師縣佃莊鄉西大郊村出土，藏中國社會科學院考古研究所洛陽工作站。分刻於兩磚，一磚長 11、寬 23.5、厚 11.8 釐米；文 2 行，行 5 至 6 字。一磚長 31.5、寬 23.5、厚 11.5 釐米；文 3 行，前 2 行行 6 至 7 字，末行 1 字。隸書。

著錄：

《中國磚銘》圖版上冊 218 頁下。（局部）

《中國古代磚刻銘文集》上、下冊編號 0136。（圖、文）

《漢魏六朝碑刻校注》1 冊 80 頁（圖）、83 頁（文）。

《漢魏洛陽故城南郊東漢刑徒墓地》117 頁（文），附圖 353、354。

《漢魏六朝碑刻校注·總目提要》編號 0115。（目）

永初 047

刑徒完城旦于叔葬磚三種

永初元年（107）七月九日物故。1964 年河南省偃師市佃莊鎮西大郊村出土。一磚長 23、寬 23.5、厚 11.5 釐米；文 4 行，行 5 至 7 字，側刻 1 字。一磚長 22、寬 23.5、厚 11.7 釐米；文 4 行，行 5 至 8 字。一磚長 17、寬 23、厚 11.5 釐米；文 1 行 4 字。隸書。

著錄：

《漢魏洛陽故城南郊東漢刑徒墓地》118 頁（文），附圖 356、350（3）、358、361（1）。

永初 048

刑徒完城旦王少葬磚二種

永初元年（107）七月十三日物故。1964 年河南省偃師市佃莊鎮西大郊村出土。一磚長 14、寬 3.5、厚 11.3 釐米，1 行 2 字；一磚長 29、寬 23、厚 12 釐米；文 5 行，前 4 行行 5 至 7 字，末行 2 字。隸書。

著錄：

《漢魏洛陽故城南郊東漢刑徒墓地》117 頁（文），附圖 350（4）、352。

永初 049

刑徒髡鉗韓少葬磚

永初元年（107）七月十四日物故。1964 年河南省偃師市佃莊鎮西大郊村出土。磚長 21、寬 23.5、厚 11 釐米。文 4 行，前 3 行行 8 至 9 字，末行 3 字。隸書。

著錄：

《漢魏洛陽故城南郊東漢刑徒墓地》117 頁（文），附圖 351。

永初 050

刑徒髡鉗叔孫閏葬磚

永初元年（107）十月七日物故。1964 年河南省偃師市佃莊鎮西大郊村發掘出土。長 21、寬 19、厚 12 釐米。文 6 行，行 3 至 6 字，隸書。

著錄：

《漢魏洛陽故城南郊東漢刑徒墓地》108 頁（文）、附圖 127（2）。

永初 051

刑徒完城旦□□葬磚

永初元年（107）十月。1964 年河南省偃師市佃莊鎮西大郊村發掘出土。長 14.5、寬 3.5、厚 11.5 釐米。文 4 行，前 3 行 6 至 7 字不等，末行 1 字，隸書。

著錄：

《漢魏洛陽故城南郊東漢刑徒墓地》102 頁（文）、附圖 44。

永初 052

刑徒無任□□葬磚

永初元年（107）十月。1964 年河南省偃師市佃莊鎮西大郊村發掘出土。磚長 28.5、寬 22.8、厚 11.5 釐米。文 2 行，行 6 或 9 字，隸書。

著錄：

《漢魏洛陽故城南郊東漢刑徒墓地》119 頁（文）、附圖 398。

永初 053

刑徒髡鉗馬苜葬磚

永初元年（107）十一月十六日。1964 年河南省偃師市佃莊鎮西大郊村出土。尺寸未詳。文計 24 字，未見圖版。墓磚編號：采：4。

錄文著錄：

《漢魏洛陽故城南郊東漢刑徒墓地》120 頁。

永初 054

刑徒完城旦王平葬磚

永初元年（107）十二月十四日卒。1964 年春河南省洛陽地區偃師縣佃莊鄉西大郊村出土，藏中國社會科學院考古研究所洛陽工作站。長 16.5、寬 20、厚 12 釐米。4 行，行 3 至 9 字不等，隸書。

著錄：

《中國磚銘》圖版上冊 164 頁上。（圖）

《中國古代磚刻銘文集》上、下冊編號 0117。（圖、文）

《漢魏六朝碑刻校注》1 冊 80 頁（圖）、83 頁（文）。

《漢魏六朝碑刻校注・總目提要》編號 0115。（目）

《漢魏洛陽故城南郊東漢刑徒墓地》110 頁（文）、附圖 160。

論文：

中國科學院考古研究所洛陽工作隊：《東漢洛陽城南郊的刑徒墓地》，《考古》1972 年第 4 期。

永初 055

刑徒髡鉗陳當葬磚

永初元年（107）十二月十八日物故。1964 年河南省偃師市佃莊鎮西大郊村發掘出土。長 18、寬 27、厚 12 釐米。文 4 行，前 3 行行 8 至 10 字，末行 4 字，隸書。

著錄：

《漢魏洛陽故城南郊東漢刑徒墓地》109 頁（文）、附圖 153。

永初 056

刑徒髡鉗魏朱葬磚

永初元年（107）十二月二十八日。高 24、寬 16 釐米。4 行，行 3 至 8 字不等，隸書。

圖版著錄：

《洛陽新獲墓誌・二〇一五》，1 頁。

永初 057

刑徒髡鉗齊□葬磚

永初元年（107）□月。河南省偃師市西大郊村採集，現存洛陽。磚殘長 22.5、寬 22.2 釐米。隸書，存 4 行，行 4 至 7 字。

著錄：

《東漢刑徒磚攟存》16 頁。（圖、文）

永初 058

刑徒完城旦陳邦葬磚

永初元年（107）□月三日。1964 年河南省偃師市佃莊鎮西大郊村發掘出土。長 20、寬 18、厚 6 釐米。上部 1 行 2 字，下部 3 行，行 5 至 6 字，隸書。

著錄：

《漢魏洛陽故城南郊東漢刑徒墓地》108 頁（文）、附圖 121。

永初 059

刑徒髡鉗李□葬磚

永初元年（107）□月一日物故。1964 年河南省偃師市佃莊鎮西大郊村發掘出土。長 20.5、寬 23.5、厚 11.5 釐米。文 4 行，行 4 至 6 字，隸書。

著錄：

《漢魏洛陽故城南郊東漢刑徒墓地》112 頁（文）、附圖 201。

永初 060

刑徒髡鉗李□葬磚

永初元年（107）□日物故。1964 年河南省偃師市佃莊鎮西大郊村發掘出土。長 19、寬 22.5、厚 11.5 釐米。計 19 字，未見圖版。墓磚編號 P9M35：1。

錄文著錄：

《漢魏洛陽故城南郊東漢刑徒墓地》113 頁。

永初 061

刑徒髡鉗孟伯葬磚二種

永初元年（107）□月十四日物故。1964 年河南省偃師市佃莊鎮西大郊村發掘出土。一磚長 14、寬 23.3、厚 11.5 釐米；文 1 行 2 字。一磚長 19、寬 23.5、厚 12 釐米；文 5 行，前 4 行行 5 至 8 字，末行 3 字。隸書。

著錄：

《漢魏洛陽故城南郊東漢刑徒墓地》118 頁（文），附圖 372（2）、373。

永初 062

刑徒無任尹陽葬磚

永初元年（107）物故。1964 年河南省偃師市佃莊鎮西大郊村發掘出土。磚長 13、寬 23.5、厚 11.6 釐米。文 3 行，行存 4 至 5 字。隸書。

著錄：

《漢魏洛陽故城南郊東漢刑徒墓地》120 頁（文），附圖 396（1）。

永初 063

刑徒完城旦□梁葬磚

永初二年（108）正月二日。1964 年河南省偃師市佃莊鎮西大郊村發掘出土。長 16、寬 23.5、厚 12.5 釐米。文 4 行，行 4 至 7 字，隸書。

著錄：

《漢魏洛陽故城南郊東漢刑徒墓地》109 頁（文）、附圖 150。

永初 064

刑徒完城旦陳隗葬磚

永初二年（108）正月廿二日物故。1964 年河南省偃師市佃莊鎮西大郊村發掘出土。長 20、寬 23、厚 11.5 釐米。文 5 行，行 4 至 8 字不等，隸書。

著錄：

《漢魏洛陽故城南郊東漢刑徒墓地》110 頁（文）、附圖 172。

永初 065

刑徒完城旦謝亥葬磚

永初二年（108）正月廿六日卒。1964 年春河南省洛陽地區偃師縣佃莊鄉西大郊村出土，藏中國社會科學院考古研究所洛陽工作站。磚高 14、寬 23.5 釐米。6 行，前 5 行行 4 至 7 字不等，末行 1 字，隸書。

著錄：

《中國古代磚刻銘文集》上、下冊編號 0137。（圖、文）

《漢魏六朝碑刻校注》1 冊 82 頁（圖）、84 頁（文）。

《漢魏洛陽故城南郊東漢刑徒墓地》110 頁（文）、附圖 162。

《漢魏六朝碑刻校注·總目提要》編號 0115。（目）

論文：

中國科學院考古研究所洛陽工作隊：《東漢洛陽城南郊的刑徒墓地》，《考古》1972 年第 4 期。

永初 066

刑徒髡鉗張熹葬磚

永初二年（108）正月廿七日物故。1964 年河南省偃師市佃莊鎮西大郊村發掘出土。長 16、寬 24、厚 11.5 釐米。文 5 行，行 4 至 9 字，隸書。

著錄：

《漢魏洛陽故城南郊東漢刑徒墓地》110 頁（文）、附圖 157。

永初 067

刑徒髡鉗時叔葬磚

又作：時叔墓磚。永初二年（108）正月廿八日卒。1964 年春河南省洛陽地區偃師縣佃莊鄉西大郊村出土，藏中國社會科學院考古研究所洛陽工作站。磚高 23.5、寬 17 釐米。隸書，前 3 行行 7 至 8 字，末行 4 字。

著錄：

《中國磚銘》圖版上冊 169 頁右。（圖）

《中國古代磚刻銘文集》上、下冊編號 0138。（圖、文）

《漢魏六朝碑刻校注》1 冊 82 頁（圖）、84 頁（文）。

《漢魏洛陽故城南郊東漢刑徒墓地》110 頁（文）、附圖 163。

《漢魏六朝碑刻校注·總目提要》編號 0115。（目）

論文：

中國科學院考古研究所洛陽工作隊：《東漢洛陽城南郊的刑徒墓地》，《考古》1972 年第 4 期。

永初 068

刑徒髡鉗王倪葬磚

永初二年（108）二月四日物故。1964 年河南省偃師市佃莊鎮西大郊村發掘出土。長 19、寬 23.5、厚 12 釐米。文 3 行，前 2 行 7 至 9 字，末行 3 字，隸書。

著錄：

《漢魏洛陽故城南郊東漢刑徒墓地》106 頁（文）、附圖 97。

永初 069

刑徒髡鉗崔長葬磚

永初二年（108）二月八日物故。1964 年河南省偃師市佃莊鎮西大郊村發掘出土。長 13、寬 23.5、厚 12.3 釐米。文 3 行，行 6 至 9 字不等，隸書。

著錄：

《漢魏洛陽故城南郊東漢刑徒墓地》110 頁（文）、附圖 168。

永初 070
刑徒完城旦司馬伯葬磚

永初二年（108）二月十日物故。1964 年河南省偃師市佃莊鎮西大郊村發掘出土。長 17.5、寬 23、厚 12 釐米。文 4 行，滿行 7 字，隸書。

著錄：

《漢魏洛陽故城南郊東漢刑徒墓地》110 頁（文）、附圖 169。

永初 071
刑徒完城旦靳田葬磚

永初二年（108）二月十九日物故。1964 年河南省偃師市佃莊鎮西大郊村發掘出土。長 20、寬 20、厚 11.5 釐米。文 6 行，前 5 行行 4 至 7 字不等，末行 2 字，隸書。

著錄：

《漢魏洛陽故城南郊東漢刑徒墓地》109 頁（文）、附圖 152（1）。

永初 072
刑徒髡鉗番勝墓磚

永初二年（108）三月廿六日物故。1964 年河南省偃師市佃莊鎮西大郊村發掘出土。長 19、寬 23.5、厚 12 釐米。文 6 行，行 2 至 8 字不等，隸書。

著錄：

《漢魏洛陽故城南郊東漢刑徒墓地》110 頁（文）、附圖 171。

永初 073
刑徒髡鉗謝仲葬磚

永初二年（108）三月廿七日卒。2006 年河南省偃師市西大郊村出土，現存洛陽。磚殘長 22、寬 19 釐米。隸書，5 行，行 4 至 7 字不等。

著錄：

《東漢刑徒磚攟存》17 頁。（圖、文）

永初 074

刑徒髠鉗孫土葬磚

永初二年（108）四月十六日物故。1964 年河南省偃師市佃莊鎮西大郊村發掘出土。長 9、寬 23、厚 12 釐米。文 4 行，滿行 9 字，隸書。未見拓本。墓磚編號 P7M14：1。

錄文著錄：

《漢魏洛陽故城南郊東漢刑徒墓地》108 頁（文）。

永初 075

刑徒髠鉗朱耳葬磚

永初二年（108）四月十九日物故。1964 年河南省偃師市佃莊鎮西大郊村發掘出土。長 11、寬 23.5、厚 11.5 釐米。文 4 行，前 3 行行 8 至 9 字，末行 2 字，隸書。

著錄：

《漢魏洛陽故城南郊東漢刑徒墓地》111 頁（文）、附圖 183。

永初 076

刑徒髠鉗晏全葬磚

永初二年（108）五月八日。河南省偃師市西大郊村採集，曾歸洛陽張氏。磚殘長 23、寬 20 釐米。隸書，3 行，滿行 6 字。

著錄：

《東漢刑徒磚攟存》18 頁。（圖、文）

永初 077

刑徒髠鉗龐廣葬磚

永初二年（108）六月廿二日物故。1964 年河南省偃師市佃莊鎮西大郊村發掘出土。長 12、寬 24、厚 12 釐米。文 3 行，行 6 至 10 字不等，隸書。

著錄：

《漢魏洛陽故城南郊東漢刑徒墓地》111 頁（文）、附圖 179。

永初 078
刑徒髡鉗□當葬磚

永初二年（108）六月廿五日物故。1964 年河南省偃師市佃莊鎮西大郊村發掘出土。長 14、寬 23.5、厚 12 釐米。文 3 行，行 8 至 9 字不等，隸書。

著錄：

《漢魏洛陽故城南郊東漢刑徒墓地》111 頁（文）、附圖 177。

永初 079
刑徒髡鉗李叔葬磚

永初二年（108）七月六日死。1964 年河南省偃師市佃莊鎮西大郊村發掘出土。磚已破碎。文 3，首行 2 字，後 2 行行 8 或 10 字，隸書。

著錄：

《漢魏洛陽故城南郊東漢刑徒墓地》110 頁（文）、附圖 166。

永初 080
刑徒髡鉗任平葬磚

永初二年（108）七月廿二日物故。1964 年河南省偃師市佃莊鎮西大郊村發掘出土。長 24、寬 24、厚 12 釐米。文 4 行，前 3 行行 5 至 7 字不等，末行 2 字，隸書。

著錄：

《漢魏洛陽故城南郊東漢刑徒墓地》109 頁（文）、附圖 144。

永初 081
刑徒完城旦呂午葬磚

永初二年（108）七月廿七日物故。1964 年河南省偃師市佃莊鎮西大郊村發掘出土。長 15、寬 23.5、厚 15 釐米。文 4 行，前 2 行行 9 或 13 字，後 2 行行 3 至 6 字不等，隸書。

著錄：

《漢魏洛陽故城南郊東漢刑徒墓地》111 頁（文）、附圖 173。

永初 082
刑徒鬼新下淂葬磚

永初二年（108）七月廿七日。1964 年河南省偃師市佃莊鎮西大郊村發掘出土。長 20、寬 23.5、厚 11.5 釐米。文 4 行，行 4 至 6 字不等，隸書。

著錄：

《漢魏洛陽故城南郊東漢刑徒墓地》109 頁（文）、附圖 143。

永初 083
刑徒髡鉗梁始葬磚

永初二年（108）七月廿八日卒。1964 年春河南省洛陽地區偃師縣佃莊鄉西大郊村出土，藏中國社會科學院考古研究所洛陽工作站。磚高 25、寬 23 釐米。6 行，前 5 行行 3 至 5 字，末行 1 字，隸書。

著錄：

《中國古代磚刻銘文集》上、下冊編號 0139。（圖、文）

《漢魏洛陽故城南郊東漢刑徒墓地》121 頁（文），附圖 427（2）。

永初 084
刑徒完城旦張仲葬磚

永初二年（108）十月廿九日物故。1964 年春河南省洛陽地區偃師縣佃莊鄉西大郊村出土，藏中國社會科學院考古研究所洛陽工作站。磚高 23.5、寬 14 釐米。4 行，前 3 行行 7 至 9 字不等，末行 2 字，隸書。

著錄：

《中國磚銘》圖版上冊 169 頁左。（圖）

《中國古代磚刻銘文集》上、下冊編號 0140。（圖、文）

《漢魏六朝碑刻校注》1 冊 82 頁（圖）、84 頁（文）。

《漢魏洛陽故城南郊東漢刑徒墓地》110 頁（文）、附圖 167。

《漢魏六朝碑刻校注・總目提要》編號 0115。（目）

論文：

中國科學院考古研究所洛陽工作隊：《東漢洛陽城南郊的刑徒墓地》，《考古》1972 年第 4 期。

永初 085
刑徒完城旦□□葬磚

永初二年（108）十一月七日物故。1964 年河南省偃師市佃莊鎮西大郊村發掘出土。長 14、寬 23.5、厚 12 釐米。計 24 字，未見拓本。墓磚編號 P7M21：2。

錄文著錄：

《漢魏洛陽故城南郊東漢刑徒墓地》108 頁（文）。

永初 086
刑徒司寇高史君葬磚

永初二年（108）十一月九日卒。出土時地不詳，據云出土於河南省偃師市。誌殘高 22、寬 16.5 釐米。4 行，滿行 8 字，隸書。

圖版著錄：

《秦晉豫新出墓誌蒐佚續編》1 冊 4 頁。

永初 087
刑徒司寇馮八葬磚

永初二年（108）閏月四日物故。1964 年河南省偃師市佃莊鎮西大郊村出土。磚長 23、寬 23.5、厚 11.5 釐米。文 4 行，前 3 行行 8 至 9 字，末行 4 字。隸書。

著錄：

《漢魏洛陽故城南郊東漢刑徒墓地》118、122 頁（文），附圖 357。

永初 088
刑徒完城旦延□葬磚

永初三年（109）正月廿七日物故。1964 年河南省偃師市佃莊鎮西大郊村發掘出土。長 28.5、寬 13、厚 11.5 釐米。計 27 字，未見拓本。墓磚編號 P7M20：1。

錄文著錄：

《漢魏洛陽故城南郊東漢刑徒墓地》108 頁。

永初 089
刑徒鬼新尹弟葬磚

永初三年（109）三月廿八日卒。河南省偃師市西大郊村採集。磚殘長 26、寬 23 釐米。隸書，4 行，行 5 至 8 字不等。

著錄：

《東漢刑徒磚擴存》19 頁。（圖、文）

永初 090

刑徒完盛（城）旦盖黨葬磚

永初三年（109）四月十五日卒。近年偃師市西大郊村附近採集，現存洛陽張氏。磚殘長 23、寬 18.7 釐米。隸書，4 行，行 4 至 8 字不等。

著錄：

《東漢刑徒磚擴存》20 頁。（圖、文）

永初 091

刑徒髡鉗馬德葬磚

永初三年（109）五月五日物故。1964 年河南省偃師市佃莊鎮西大郊村發掘出土。長 20、寬 23.5、厚 11.5 釐米。文 4 行，行 4 至 9 字不等，隸書。

著錄：

《漢魏洛陽故城南郊東漢刑徒墓地》108 頁（文）、附圖 128。

永初 092

刑徒完城旦黃新葬磚

永初三年（109）十月七日。河南省偃師市西大郊村採集，曾歸洛陽張氏。磚殘長 30、寬 20.2 釐米。隸書，4 行，前 3 行行 6 至 8 字不等，末行 2 字。

著錄：

《東漢刑徒磚擴存》21 頁。（圖、文）

永初 093

刑徒髡鉗□□葬磚

永初三年（109）十月廿八日物故。1964 年以前河南省洛陽地區偃師縣西大郊出土，西北大學藏磚。尺寸未詳。計 22 字。未見圖版。

錄文著錄：

《漢魏洛陽故城南郊東漢刑徒墓地》續附錄三·西 1，178 頁。

永初 094

刑徒髡鉗耿潮代許□葬磚

永初三年（109）十一月十四日卒。2005 年河南省偃師市西大郊村採集，現存洛陽。磚殘長 24.5、寬 23.2 釐米。隸書，5 行，行 3 至 7 字不等。

著錄：

《東漢刑徒磚攟存》22 頁。（圖、文）

永初 095

刑徒完城旦樊平葬磚

永初三年（109）十一月十四日卒。河南省偃師市西大郊村採集，曾歸洛陽張氏。殘長 22、寬 23 釐米。隸書，5 行，行 5 至 7 字不等。

著錄：

《東漢刑徒磚攟存》23 頁。（圖、文）

永初 096

刑徒完城旦邴達葬磚

永初三年（109）十一月十六日卒。河南省偃師市西大郊村採集，曾歸洛陽張氏。殘長 23、寬 15.5 釐米。隸書，4 行，行 5 至 8 字不等。

著錄：

《東漢刑徒磚攟存》24 頁。（圖、文）

永初 097

刑徒髡鉗許少葬磚

永初三年（109）十一月十八日卒。2005 年秋河南省偃師市西大郊村採集，現存洛陽。殘長 26、寬 23 釐米。隸書，4 行，行 5 至 6 字不等。

著錄：

《東漢刑徒磚攟存》25 頁。（圖、文）

永初 098

刑徒完城旦魏建葬磚

永初三年（109）十一月十八日卒。近年河南省偃師市西大郊村附近採集，存處不詳。殘長 21.5、寬 23 釐米。隸書，5 行，行 4 至 7 字不等。

著錄：

《東漢刑徒磚擴存》26 頁。（圖、文）

永初 099

刑徒髠鉗虞幼葬磚

永初三年（109）十一月廿一日卒。河南省偃師市西大郊村採集，曾歸洛陽張氏。殘長 29、寬 23 釐米。隸書，5 行，前 4 行行 5 至 8 字不等，末行 1 字。

著錄：

《東漢刑徒磚擴存》27 頁。（圖、文）

永初 100

刑徒完城旦副也葬磚

永初三年（109）十一月廿六日卒。河南省偃師市西大郊村附近採集，現存洛陽。長 24、寬 22.5 釐米。隸書，5 行，行 3 至 7 字不等。

著錄：

《東漢刑徒磚擴存》28 頁。（圖、文）

永初 101

刑徒完城旦張成葬磚

永初三年（109）十一月卅日卒。河南省偃師市西大郊村採集，曾歸洛陽張氏。殘長 23、寬 19.5 釐米。隸書，4 行，行 6 至 7 字不等。

著錄：

《東漢刑徒磚擴存》29 頁。（圖、文）

永初 102

刑徒髠鉗丁吉葬磚

永初四年（110）七月廿七日卒。河南省偃師市西大郊村採集，曾歸洛陽張氏。殘長 25、寬 23 釐米。隸書，4 行，行 4 至 8 字不等。

著錄：

《東漢刑徒磚擴存》30 頁。（圖、文）

永初 103

刑徒髡鉗虞祿葬磚

永初四年（110）十二月廿七日。河南省偃師市西大郊村採集，曾歸洛陽張氏。殘長23.5、寬15.5釐米。隸書，4行，行4至8字不等。

著錄：

《東漢刑徒磚擴存》31頁。（圖、文）

永初 104

刑徒髡鉗王□葬磚

永初五年（111）四月九日。河南省偃師市西大郊村出土，曾歸洛陽張氏。殘長23.5、寬19.5釐米。隸書，3行，行7至8字。

著錄：

《東漢刑徒磚擴存》32頁。（圖、文）

永初 105

刑徒髡鉗張□葬磚

永初五年（111）五月廿二日。河南省偃師市西大郊村採集，曾歸洛陽張氏。殘長23、寬22釐米。隸書，4行，行3至8字不等。

著錄：

《東漢刑徒磚擴存》33頁。（圖、文）

永初 106

刑徒完城旦張久葬磚

永初五年（111）五月廿八日。河南省偃師市西大郊村採集，曾歸洛陽張氏。殘長23、寬23.5釐米。隸書，4行，行3至8字不等。

著錄：

《東漢刑徒磚擴存》34頁。（圖、文）

永初 107

刑徒鬼新董史葬磚

永初五年（111）五月廿九日。河南省偃師市西大郊村採集，曾歸洛陽張氏。殘長 23、寬 20.5 釐米。隸書，4 行，行 2 至 8 字不等。

著錄：

《東漢刑徒磚擴存》35 頁。（圖、文）

永初 108

刑徒完城旦許腸葬磚

永初五年（111）六月十日。近年河南省偃師市西大郊村附近採集，曾歸洛陽張氏。殘長 23、寬 22 釐米。隸書，4 行，滿行 7 字。

著錄：

《東漢刑徒磚擴存》36 頁。（圖、文）

永初 109

刑徒單甫磚銘

永初五年（111）六月十日。2002 年河南省偃師市出土，旋歸洛陽古玩城朱氏。磚長 23、寬 21.5 釐米。3 行，行 6、7 字不等，隸書。

圖版著錄：

《河洛墓刻拾零》上冊 2 頁。

永初 110

刑徒完城旦陳堅葬磚

永初五年（111）六月廿二日。河南省偃師市西大郊村採集，洛陽李氏存拓。殘長 22、寬 24.4 釐米。隸書，4 行，行 5 至 7 字不等。

著錄：

《東漢刑徒磚擴存》37 頁。（圖、文）

永初 111

刑徒髡鉗馬遊葬磚

永初五年（111）八月四日。河南省偃師市西大郊村採集，曾歸洛陽張氏。殘長 23.5、寬 12.5 釐米。隸書，兩面刻，正面 1 行 2 字，背面 3 行 16 字。

著錄：

《東漢刑徒磚擴存》38 頁。（圖、文）

永初 112

刑徒髡鉗解禾葬磚

永初五年（111）八月廿六日。河南省偃師市西大郊村採集，曾歸洛陽張氏。殘長 23、寬 28 釐米。隸書，4 行，前 3 行行 6 至 7 字，末行 2 字。

著錄：

《東漢刑徒磚擴存》39 頁。（圖、文）

永初 113

刑徒髡鉗顏紀葬磚

永初五年（111）九月十八日。河南省偃師市西大郊村採集，洛陽李氏存拓。殘長 22、寬 24 釐米。隸書，4 行，前 3 行行 6 至 8 字，末行 2 字。

著錄：

《東漢刑徒磚擴存》40 頁。（圖、文）

永初 114

刑徒完城旦□□葬磚

永初六年（112）一月七日。河南省偃師市西大郊村採集，曾歸洛陽張氏。殘長 21、寬 24 釐米。隸書，4 行，行 2 至 7 字不等。

著錄：

《東漢刑徒磚擴存》41 頁。（圖、文）

永初 115

刑徒髡鉗尹生葬磚

永初六年（112）正月十六日。河南省偃師市西大郊村採集，曾歸洛陽張氏。殘長 22、寬 23.5 釐米。隸書，5 行，前 4 行行 5 至 6 字，末行 1 字。

著錄：

《東漢刑徒磚擴存》42 頁。（圖、文）

永初 116

刑徒髡鉗兒潘葬磚

永初六年（112）正月十八日。高、寬均 24 釐米。隸書，5 行，行 2

至 6 字不等。

圖版著錄：

《洛陽新獲墓誌·二〇一五》，2 頁。

永初 117

刑徒鬼新柳怒葬磚

永初六年（112）二月一日。河南省偃師市西大郊村採集，曾歸洛陽張氏。殘長 20.5、寬 23 釐米。隸書，4 行，行 5 至 6 字。

著錄：

《東漢刑徒磚擴存》43 頁。（圖、文）

永初 118

刑徒完城旦夏買葬磚

永初六年（112）二月四日。河南省偃師市西大郊村採集，曾歸洛陽張氏。殘長 21.5、寬 23.5 釐米。隸書，5 行，前 4 行行 5 至 6 字，末行 1 字。

著錄：

《東漢刑徒磚擴存》44 頁。（圖、文）

永初 119

刑徒髡鉗張仲葬磚

永初六年（112）二月五日。河南省偃師市西大郊村採集，現存洛陽。殘長 22.4、寬 24 釐米。隸書，4 行，行 4 至 7 字不等。

著錄：

《東漢刑徒磚擴存》45 頁。（圖、文）

永初 120

刑徒司寇郭陵代王仲葬磚

永初六年（112）二月六日。河南省偃師市西大郊村採集，曾歸洛陽張氏。殘長 23、寬 16 釐米。隸書，4 行，行 3 至 8 字不等。

著錄：

《東漢刑徒磚擴存》46 頁。（圖、文）

永初 121

刑徒完城旦孫度葬磚二種

永初六年（112）二月七日。一磚河南省偃師市西大郊村採集，曾歸洛陽張氏；殘長21.5、寬23釐米；隸書，4行，行5至6字。一磚偃師市西大郊村出土，先歸洛陽張氏，後歸洛陽唐氏；殘長11、寬12.2釐米；隸書，1行2字。

著錄：

《東漢刑徒磚攟存》47、213頁。（圖、文）

備考：兩磚所載當為同一人，故合併著錄。

永初 122

刑徒完城旦王都葬磚

永初六年（112）二月八日。2005年河南省偃師市西大郊村附近採集，現存洛陽。殘長35、寬23釐米。隸書，4行，行3至8字不等。

著錄：

《東漢刑徒磚攟存》48頁。（圖、文）

永初 123

刑徒髡鉗王非葬磚

永初六年（112）二月廿日。河南省偃師市西大郊村採集，曾歸洛陽張氏。殘長21、寬23釐米。隸書，5行，行2至6字不等。

著錄：

《東漢刑徒磚攟存》49頁。（圖、文）

永初 124

刑徒髡鉗陳高葬磚

永初六年（112）九月□日葬。出土時地不詳，據云出土於河南省偃師市。誌殘高22、寬24釐米。文隸書，5行，滿行6字。

圖版著錄：

《秦晉豫新出墓誌蒐佚續編》1冊3頁。

備考：原書作"永初二年"，據圖版，當為"六年"。

永初 125

刑徒髡鉗李彊葬磚

永初六年（112）九月廿五日。河南省偃師市西大郊村採集，現存洛陽。殘長 23、寬 23 釐米。隸書，5 行，前 4 行行 5 至 6 字，末行 1 字。

著錄：

《東漢刑徒磚擴存》50 頁。（圖、文）

永初 126

刑徒完城旦郭劭葬磚

永初六年（112）十月四日。河南省偃師市西大郊村採集，曾歸洛陽張氏。殘長 23、寬 26.5 釐米。隸書，4 行，行 5 至 7 字不等。

著錄：

《東漢刑徒磚擴存》51 頁。（圖、文）

永初 127

刑徒髡鉗韓金葬磚

永初六年（112）十月八日。河南省偃師市西大郊村採集，曾歸洛陽張氏。殘長 22、寬 23.5 釐米。隸書，4 行，行 4 至 7 字不等。

著錄：

《東漢刑徒磚擴存》52 頁。（圖、文）

永初 128

刑徒髡鉗陳齋葬磚

永初六年（112）十月九日。河南省偃師市西大郊村採集，曾歸洛陽張氏。殘長 28、寬 23 釐米。隸書，4 行，行 2 至 7 字不等。

著錄：

《東漢刑徒磚擴存》53 頁。（圖、文）

永初 129

刑徒髡鉗尹文葬磚

永初六年（112）十月十日。河南省偃師市西大郊村採集，曾歸洛陽張氏。殘長 26、寬 22.2 釐米。隸書，4 行，行 3 至 7 字不等。

著錄：

《東漢刑徒磚擴存》54頁。（圖、文）

永初130

刑徒髡鉗同平葬磚

永初六年（112）十月廿二日。河南省偃師市西大郊村採集，曾歸洛陽張氏。殘長26、寬23.5釐米。隸書，4行，行3至8字不等。

著錄：

《東漢刑徒磚擴存》55頁。（圖、文）

永初131

刑徒完城旦王孟葬磚

永初六年（112）十月廿二日。河南省偃師市西大郊村採集，曾歸洛陽張氏。殘長23、寬23.5釐米。隸書，4行，滿行6字。

著錄：

《東漢刑徒磚擴存》56頁。（圖、文）

永初132

刑徒□驕葬磚

永初六年（112）十月廿三日。近年出土，出土地應在河南省洛陽偃師縣一帶，曾歸汝州宗氏。磚殘長25、寬22釐米。隸書，4行，行3至8字不等。

著錄：

《中國古代磚刻銘文集》上、下冊編號0146。（圖、文）

《東漢刑徒磚擴存》15頁。（圖、文）

永初133

刑徒髡鉗趙倉葬磚

永初六年（112）十月廿三日。河南省偃師市西大郊村附近採集，現存洛陽。長22、寬19、厚11.5釐米。隸書，4行，行4至7字不等。

著錄：

《東漢刑徒磚擴存》57頁。（圖、文）

永初 134

刑徒完城旦審正葬磚

永初六年（112）十月廿七日。2005 年河南省偃師市西大郊村附近採集，現存洛陽唐氏。磚高 24.5、寬 23 釐米。隸書，4 行，行 4 至 7 字。

著錄：

《中國古代磚刻銘文集》上、下冊編號 0143。（圖、文）

《東漢刑徒磚擴存》59 頁。（圖、文）

永初 135

刑徒完城旦師昌葬磚

永初六年（112）十月廿九日。2005 年河南省偃師市西大郊村附近採集，現存洛陽唐氏。磚高 26、寬 22.5 釐米。隸書，4 行，行 2 至 8 字不等。

著錄：

《中國古代磚刻銘文集》上、下冊編號 0145。（圖、文）

《東漢刑徒磚擴存》60 頁。（圖、文）

永初 136

刑徒完城旦杜孟葬磚

永初六年（112）十月廿九日。河南省偃師市西大郊村採集，曾歸洛陽張氏。殘長 27、寬 23 釐米。隸書，4 行，行 3 至 8 字不等。

著錄：

《東漢刑徒磚擴存》61 頁。（圖、文）

永初 137

刑徒完城旦趙石葬磚

永初六年（112）十月廿九日。河南省偃師市西大郊村附近出土，現存洛陽。殘長 23、寬 23.5 釐米。隸書，4 行，行 5 至 7 字不等。

著錄：

《東漢刑徒磚擴存》62 頁。（圖、文）

永初 138

刑徒髡鉗田文葬磚

又名：向文刑徒磚。永初六年（112）十月□□日。近年出土，河南省偃師市西大郊村附近採集，現存洛陽。殘長 22.5、寬 19.5、厚 11 釐米。隸書，3 行，滿行 8 字。

著錄：

《中國古代磚刻銘文集》上、下冊編號 0144。（圖、文）

《東漢刑徒磚擴存》58 頁。（圖、文）

永初 139

刑徒髡鉗鄭陵葬磚

永初六年（112）十一月八日。河南省偃師市西大郊村採集，曾歸洛陽張氏。殘長 21.5、寬 23.4 釐米。隸書，5 行，行 2 至 7 字不等。

著錄：

《東漢刑徒磚擴存》63 頁。（圖、文）

永初 140

刑徒髡鉗王伯葬磚

永初六年（112）十二月十八日。河南省偃師市西大郊村採集，曾歸洛陽張氏。殘長 23、寬 21.5 釐米。隸書，5 行，行 2 至 6 字不等。

著錄：

《東漢刑徒磚擴存》64 頁。（圖、文）

永初 141

刑徒髡鉗潘孟葬磚

永初六年（112）十二月十八日。河南省偃師市西大郊村採集，曾歸洛陽張氏。殘長 22、寬 23 釐米。隸書，5 行，行 4 至 6 字不等。

著錄：

《東漢刑徒磚擴存》65 頁。（圖、文）

永初 142

刑徒完城旦卜齊葬磚

永初六年（112）十二月十九日。河南省偃師市西大郊村採集，曾歸洛陽張氏。殘長 30.5、寬 23 釐米。隸書，4 行，行 3 至 8 字不等。

著錄：

《東漢刑徒磚擴存》66 頁。（圖、文）

永初 143

刑徒完城旦趙昌葬磚

永初六年（112）十二月二十七日。高 30、寬 23 釐米。隸書，4 行，行 3 至 9 字不等。

圖版著錄：

《洛陽新獲墓誌·二〇一五》，3 頁。

永初 144

刑徒髡鉗張幼葬磚

永初六年（112）十二月廿八日。河南省偃師市西大郊村採集，洛陽李氏存拓。殘長 23、寬 22 釐米。隸書，4 行，滿行 7 字。

著錄：

《東漢刑徒磚擴存》67 頁。（圖、文）

永初 145

刑徒髡鉗王祕葬磚

永初六年（112）十二月廿九日。河南省偃師市西大郊村採集，曾歸洛陽張氏。殘長 27.4、寬 20.5 釐米。隸書，4 行，行 3 至 8 字不等。

著錄：

《東漢刑徒磚擴存》68 頁。（圖、文）

永初 146

刑徒完城旦魏山葬磚

永初七年（113）正月十一日。出土時地不詳，據云出土於河南省偃師市。殘高 23、寬 25 釐米。文隸書，4 行，滿行 8 字。

圖版著錄：

《秦晉豫新出墓誌蒐佚續編》1 冊 5 頁。

永初 147

刑徒髡鉗陳唐葬磚

永初七年（113）正月十二日。高 24、寬 21 釐米。4 行，行 3 至 7 字不等，隸書。

圖版著錄：

《洛陽新獲墓誌·二〇一五》，4 頁。

永初 148

刑徒髡鉗鄭羌葬磚

永初七年（113）正月十四日。出土時地不詳，據云出土於河南省偃師市。殘高 23、寬 20 釐米。文隸書，4 行，滿行 7 字。

圖版著錄：

《秦晉豫新出墓誌蒐佚續編》1 冊 6 頁。

永初 149

刑徒髡鉗雷樹葬磚

永初七年（113）正月十五日。河南省偃師市西大郊村採集，曾歸洛陽張氏。殘長 23、寬 25 釐米。隸書，4 行，行 4 至 7 字不等。

著錄：

《東漢刑徒磚攎存》69 頁。（圖、文）

永初 150

刑徒鬼新王叔葬磚

永初七年（113）二月十一日。河南省偃師市西大郊村採集，曾歸洛陽張氏。殘長 23.5、寬 22.5 釐米。隸書，4 行，行 4 至 7 字不等。

著錄：

《東漢刑徒磚攎存》70 頁。（圖、文）

永初 151

刑徒完城旦謝多葬磚

永初七年（113）二月十八日。河南省偃師市西大郊村附近採集，曾歸洛陽張氏。殘長 23、寬 15.8 釐米。隸書，3 行，行 6 或 11 字。

著錄：

《東漢刑徒磚擴存》71 頁。（圖、文）

永初 152

刑徒髡鉗□□葬磚

永初七年（113）二月□日。1964 年河南省偃師市佃莊鎮西大郊村出土。尺寸未詳。文 5 行，行 3 至 6 字。隸書。

著錄：

《漢魏洛陽故城南郊東漢刑徒墓地》121 頁（文），附圖 428。

永初 153

刑徒完城旦孫路葬磚

永初七年（113）三月五日。河南省偃師市西大郊村附近採集，現存洛陽。殘長 22、寬 23 釐米。隸書，5 行，滿行 5 字。

著錄：

《東漢刑徒磚擴存》72 頁。（圖、文）

永初 154

刑徒髡鉗蔡非葬磚

永初七年（113）三月七日。河南省偃師市西大郊村採集，曾歸洛陽張氏。殘長 23.5、寬 31 釐米。隸書，5 行，前 4 行行 4 至 5 字，末行 1 字。

著錄：

《東漢刑徒磚擴存》73 頁。（圖、文）

永初 155

刑徒完城旦何賓葬磚

永初七年（113）三月八日葬。出土時地不詳，據云出土於河南省偃師市。殘高 25、寬 22.5 釐米。文隸書，4 行，滿行 7 字。

圖版著錄：

《秦晉豫新出墓誌蒐佚續編》1 冊 7 頁。

永初 156

刑徒髡鉗段䛃葬磚二種

永初七年（113）三月八日。一磚河南省偃師市西大郊村採集，現存洛陽；殘長23、寬22釐米；隸書，4行，行4至7字不等。一磚2005年偃師市西大郊附近採集，曾歸洛陽唐氏；殘長12、寬12釐米；隸書，1行2字。

著錄：

《東漢刑徒磚擴存》74—75頁。（圖、文）

永初157

刑徒完城旦孫胡葬磚

永初七年（113）三月八日。2005年河南省偃師市西大郊附近採集，現存洛陽唐氏；殘長22、寬23釐米。隸書，前4行行4至7字，末行1字。

著錄：

《中國古代磚刻銘文集》上、下冊編號0147。（圖、文）

《東漢刑徒磚擴存》76頁。（圖、文）

永初158

刑徒髡鉗趙度葬磚

永初七年（113）三月九日。河南省偃師市西大郊村採集，現存洛陽。殘長29.4、寬22.7釐米。隸書，4行，行3至7字不等。

著錄：

《東漢刑徒磚擴存》77頁。（圖、文）

永初159

刑徒髡鉗黃平葬磚

永初七年（113）三月九日。河南省偃師市西大郊村採集，曾歸洛陽張氏。殘長24.4、寬21.2釐米。隸書，4行，行4至7字不等。

著錄：

《東漢刑徒磚擴存》78頁。（圖、文）

永初160

刑徒完城旦石小葬磚

永初七年（113）三月九日。河南省偃師市西大郊村採集，曾歸洛陽張氏。殘長18、寬26釐米。隸書，5行，行2至6字不等。

著錄：

《東漢刑徒磚擷存》79 頁。（圖、文）

永初 161
刑徒完城旦闇淵葬磚

永初七年（113）四月十一日。1964 年春河南省洛陽地區偃師縣佃莊鄉西大郊村出土，藏中國社會科學院考古研究所洛陽工作站。磚高 22、寬 17.5 釐米。3 行，行 6 至 8 字，隸書。

著錄：

《中國磚銘》圖版上冊 172 頁右。（圖）

《中國古代磚刻銘文集》上、下冊編號 0148。（圖、文）

《漢魏洛陽故城南郊東漢刑徒墓地》121 頁（文），附圖 421。

永初 162
刑徒髡鉗葛景葬磚

永初七年（113）四月十九日。河南省偃師市西大郊村採集，現存洛陽。長 20.5、寬 22.5、厚 11.5 釐米。隸書，5 行，行 4 至 6 字不等。

著錄：

《東漢刑徒磚擷存》80 頁。（圖、文）

永初 163
刑徒完城旦銅當葬磚

永初七年（113）四月廿七日。河南省偃師市西大郊村採集，曾歸洛陽張氏。殘長 23、寬 22 釐米。隸書，4 行，行 5 至 7 字不等。

著錄：

《東漢刑徒磚擷存》81 頁。（圖、文）

永初 164
刑徒完城旦王丸葬磚

永初七年（113）四月廿九日。河南省偃師市西大郊村出土，曾歸洛陽張氏。磚殘長 23.5、寬 18.5 釐米。文 4 行，行 5 至 8 字，隸書。

著錄：

《東漢刑徒磚擷存》82 頁。（圖、文）

永初 165

刑徒髡鉗韓呈葬磚

永初七年（113）四月卅日。河南省偃師市西大郊村附近採集，現存洛陽。磚長 19.5、寬 23.5、厚 11 釐米。隸書，4 行，行 5 至 6 字。

著錄：

《東漢刑徒磚攟存》83 頁。（圖、文）

永初 166

刑徒完城旦范和葬磚

永初七年（113）四月卅日。河南省偃師市西大郊村採集，曾歸洛陽張氏。殘長 23、寬 21 釐米。隸書，4 行，行 2 至 8 字不等。

著錄：

《東漢刑徒磚攟存》84 頁。（圖、文）

永初 167

刑徒完城旦吳伯葬磚

永初七年（113）五月四日葬。出土時地不詳，據云出土於河南省偃師市。殘高 28、寬 23 釐米。文 4 行，滿行 7 字，隸書。

圖版著錄：

《秦晉豫新出墓誌蒐佚續編》1 冊 8 頁。

永初 168

刑徒完城旦覃祖葬磚

永初七年（113）五月九日。河南省偃師市西大郊村附近採集，現存洛陽。殘長 25、寬 23.2 釐米。隸書，4 行，行 5 至 7 字不等。

著錄：

《東漢刑徒磚攟存》85 頁。（圖、文）

永初 169

刑徒髡鉗馮伯葬磚

永初七年（113）五月十一日。河南省偃師市西大郊村採集，曾歸洛陽張氏。殘長 23.5、寬 24.5 釐米。隸書，4 行，行 3 至 7 字不等。

著錄：

《東漢刑徒磚擴存》86 頁。（圖、文）

永初 170

刑徒完城旦張難葬磚

永初七年（113）五月十一日。河南省偃師市西大郊村採集，曾歸洛陽張氏。殘長 24、寬 23 釐米。隸書，4 行，行 5 至 7 字不等。

著錄：

《東漢刑徒磚擴存》87 頁。（圖、文）

永初 171

刑徒完城旦張魚葬磚

永初七年（113）五月十二日。河南省偃師市西大郊村附近採集，現存洛陽。殘長 23、寬 20.5 釐米。隸書，4 行，行 4 至 8 字不等。

著錄：

《東漢刑徒磚擴存》88 頁。（圖、文）

永初 172

刑徒髡鉗龍倉葬磚

永初七年（113）五月十三日。河南省偃師市西大郊村採集，曾歸洛陽張氏。殘長 23.5、寬 16.5 釐米。隸書，4 行，行 4 至 7 字不等。

著錄：

《東漢刑徒磚擴存》89 頁。（圖、文）

永初 173

刑徒髡鉗泉寵葬磚

永初七年（113）五月十三日。河南省偃師市西大郊村採集，曾歸洛陽張氏。殘長 23、寬 21 釐米。隸書，4 行，行 5 至 6 字不等。

著錄：

《東漢刑徒磚擴存》90 頁。（圖、文）

永初 174

刑徒髡鉗銎崇葬磚

永初七年（113）五月十四日。河南省偃師市西大郊村採集，曾歸洛陽張氏。殘長 23、寬 20 釐米。隸書，4 行，滿行 6 字。

著錄：

《東漢刑徒磚擴存》91 頁。（圖、文）

永初 175

刑徒髡鉗傅魚葬磚

永初七年（113）五月廿日。河南省偃師市西大郊村附近採集，現存洛陽張氏。殘長 22、寬 23、厚 11 釐米。隸書，4 行，行 5 至 6 字不等。

著錄：

《東漢刑徒磚擴存》92 頁。（圖、文）

永初 176

刑徒髡鉗解凡葬磚

永初七年（113）七月廿五日葬。出土時地不詳，據云出土於河南省偃師市。殘高 23、寬 19 釐米。文 3 行，滿行 8 字，隸書。

圖版著錄：

《秦晉豫新出墓誌蒐佚續編》1 冊 9 頁。

永初 177

刑徒髡鉗李輔葬磚

永初七年（113）七月廿五日葬。出土時地不詳，據云出土於河南省偃師市。殘高 22、寬 14 釐米。文 4 行，滿行 7 字，隸書。

圖版著錄：

《秦晉豫新出墓誌蒐佚續編》1 冊 10 頁。

永初 178

刑徒完城旦樊廷葬磚

永初七年（113）七月廿五日。出土時地不詳，據云出土於河南省偃師市。殘高 23、寬 19 釐米。文 4 行，滿行 7 字，隸書。

圖版著錄：

《秦晉豫新出墓誌蒐佚續編》1 冊 11 頁。

永初 179

刑徒髡鉗張次葬磚

永初七年（113）八月五日。2007 年河南省偃師市西大郊村採集，曾歸汝州宗氏。殘長 23、寬 18 釐米。隸書，3 行，行 7 至 8 字不等。

著錄：

《東漢刑徒磚擴存》93 頁。（圖、文）

永初 180

刑徒髡鉗王任代區巡葬磚

永初七年（113）八月九日。河南省偃師市西大郊村採集，曾歸洛陽張氏。殘長 23、寬 21 釐米。隸書，4 行，行 5 至 7 字不等。

著錄：

《東漢刑徒磚擴存》94 頁。（圖、文）

永初 181

刑徒完城旦楊旦葬磚二種

永初七年（113）八月廿二日。一磚河南省偃師市西大郊村採集，曾歸洛陽張氏；殘長 23、寬 21.5 釐米；隸書，4 行，行 5 至 7 字不等。一磚偃師市西大郊村出土，先歸洛陽張氏，後歸洛陽唐氏；殘長 17、寬 14.5 釐米；隸書，1 行 2 字。

著錄：

《東漢刑徒磚擴存》95—96 頁。（圖、文）

永初 182

刑徒完城旦閒土葬磚

永初七年（113）十月廿三日。河南省古代建築保護研究所趙會軍藏拓。拓片長 22、寬 26 釐米。隸書，5 行，滿行 5 字。

著錄：

《東漢刑徒磚擴存》97 頁。（圖、文）

永初 183

刑徒髡鉗朱僧葬磚

永初七年（113）十月廿七日。河南省偃師市西大郊村採集，現存洛陽。殘長23、寬19.2釐米。隸書，4行，行3至7字不等。

著錄：

《東漢刑徒磚攟存》98頁。（圖、文）

永初 184

刑徒司寇馬則葬磚

永初七年（113）十月廿九日。河南省偃師市西大郊村採集，洛陽陳氏存拓。殘長30、寬23釐米。隸書，4行，行4至7字不等。

著錄：

《東漢刑徒磚攟存》99頁。（圖、文）

永初 185

刑徒髡鉗牛侯葬磚

永初七年（113）十一月二日。河南省偃師市西大郊村採集，曾歸洛陽張氏。殘長28.5、寬23釐米。隸書，4行，行4至9字不等。

著錄：

《東漢刑徒磚攟存》100頁。（圖、文）

永初 186

刑徒髡鉗程漢葬磚

永初七年（113）十一月二日。河南省偃師市西大郊村採集，洛陽李氏存拓。殘長23、寬22釐米。隸書，4行，行3至8字不等。

著錄：

《東漢刑徒磚攟存》101頁。（圖、文）

永初 187

刑徒髡鉗張建葬磚

永初七年（113）十一月二日。河南省偃師市西大郊村採集，曾歸洛陽張氏。殘長26、寬22釐米。隸書，4行，行5至8字不等。

著錄：

《東漢刑徒磚擴存》102 頁。（圖、文）

永初 188

刑徒髡鉗張達葬磚

永初七年（113）十一月三日。1964 年以前河南省洛陽地區偃師縣西大郊出土，偃師縣文物管理委員會藏磚。計 22 字，未見圖版。

錄文著錄：

《漢魏洛陽故城南郊東漢刑徒墓地》續附錄三·偃 2，178 頁。

永初 189

刑徒髡鉗無明代萬日葬磚

永初七年（113）十一月九日。河南省偃師市西大郊村採集，曾歸洛陽張氏。殘長 22.5、寬 18 釐米。隸書，4 行，行 6 至 7 字不等。

著錄：

《東漢刑徒磚擴存》103 頁。（圖、文）

永初 190

刑徒髡鉗偃福葬磚

永初七年（113）十一月廿三日。1964 年以前河南省洛陽地區偃師縣西大郊出土，偃師縣文物管理委員會藏磚。計 24 字，未見圖版。

錄文著錄：

《漢魏洛陽故城南郊東漢刑徒墓地》續附錄三·偃 3，178 頁。

永初 191

刑徒髡鉗韓桓葬磚

永初七年（113）十一月廿四日。近年河南省偃師市西大郊村附近採集，現存洛陽。殘長 23.5、寬 22.5 釐米。文 5 行，前 4 行行 5 至 7 字，末行 1 字，隸書。

著錄：

《秦晉豫新出墓誌蒐佚續編》1 冊 12 頁。（圖）

《東漢刑徒磚擴存》104 頁。（圖、文）

永初 192

刑徒髡鉗馬仲葬磚

永初七年（113）十一月廿□日。1964年以前河南省洛陽地區偃師縣西大郊出土，偃師縣文物管理委員會藏磚。尺寸未詳。計24字，未見圖版。

錄文著錄：

《漢魏洛陽故城南郊東漢刑徒墓地》續附錄三·偃1，178頁。

永初 193

刑徒完城旦史齋葬磚

永初七年（113）十二月廿日。1964年河南省偃師市佃莊鎮西大郊村出土。尺寸未詳。文24字，未見圖版。墓磚編號：采：17。

錄文著錄：

《漢魏洛陽故城南郊東漢刑徒墓地》121頁。

永初 194

刑徒髡鉗戴昌葬磚

永初七年（113）閏月一日。河南省偃師市西大郊村採集，曾歸洛陽張氏。殘長23、寬23.5釐米。隸書，4行，行5至6字。

著錄：

《東漢刑徒磚摭存》105頁。（圖、文）

永初 195

刑徒髡鉗胡淡葬磚

永初七年（113）閏月二日。河南省偃師市西大郊村採集，曾歸洛陽張氏。殘長25、寬23.5釐米。隸書，4行，行5至6字。

著錄：

《東漢刑徒磚摭存》106頁。（圖、文）

永初 196

刑徒完城旦王養葬磚

永初七年（113）閏月二日卒。河南省偃師市西大郊村採集，曾歸洛陽張氏。殘長 23、寬 22.5 釐米。隸書，4 行，行 5 至 7 字。

著錄：

《東漢刑徒磚擴存》107 頁。（圖、文）

永初 197

刑徒髡鉗武丑葬磚

永初□年（107—113）四月廿四日。1964 年春河南省洛陽地區偃師縣佃莊鄉西大郊村出土，藏中國社會科學院考古研究所洛陽工作站。磚高 27、寬 20 釐米。隸書，3 行，行 6 至 7 字。

著錄：

《中國磚銘》圖版上冊 172 頁左—173 頁。（圖）

《中國古代磚刻銘文集》上、下冊編號 0149。（圖、文）

《漢魏洛陽故城南郊東漢刑徒墓地》121 頁（文），附圖 430。

永初 198

刑徒司寇劉贖葬磚

永初□年（107—113）□月七日。河南省偃師市西大郊村採集，曾歸洛陽張氏。殘長 20、寬 25 釐米。隸書，4 行，前 3 行行 4 至 6 字，末行 1 字。

著錄：

《東漢刑徒磚擴存》108 頁。（圖、文）

永初 199

刑徒髡鉗吳金葬磚

永初□年（107—113）十二月十九日卒。近年河南省偃師市西大郊村附近採集，現存洛陽。殘長 22.5、寬 21、厚 11 釐米。隸書，4 行，行 5 至 8 字。

著錄：

《東漢刑徒磚擴存》109 頁。（圖、文）

永初 200

刑徒髡鉗石□葬磚

永初□年（107—113）二月二日死。1964 年河南省偃師市佃莊鎮西大郊村發掘出土。長 22、寬 23.5、厚 12 釐米。文 5 行，行 3 至 6 字不等，隸書。

著錄：

《漢魏洛陽故城南郊東漢刑徒墓地》103 頁（文）、附圖 58。

永初 201

刑徒鬼新蘇□葬磚

永初□年（107—113）。1964 年河南省偃師市佃莊鎮西大郊村發掘出土。長 19、寬 23.5、厚 12 釐米。文 3 行，滿行 6 字。未見圖版。墓磚編號 P6M1：1。

錄文著錄：

《漢魏洛陽故城南郊東漢刑徒墓地》106 頁。

永初 202

刑徒完城旦苟□葬磚

永初□年（107—113）五月廿日物故。1964 年河南省偃師市佃莊鎮西大郊村發掘出土。長 22、寬 23.5、厚 12 釐米。文 5 行，前 4 行行 6 或 7 字，末行 2 字，隸書。

著錄：

《漢魏洛陽故城南郊東漢刑徒墓地》109 頁（文）、附圖 140。

永初 203

刑徒司寇麴新葬磚

（永初？）□年（107—113）二月二日。1964 年河南省偃師市佃莊鎮西大郊村發掘出土。長 22、寬 23.5、厚 12 釐米。文 3 行，行 4 或 5 字，隸書。

著錄：

《漢魏洛陽故城南郊東漢刑徒墓地》109 頁（文）、附圖 141。

備考：因磚誌刻於"苟□磚誌"的背面，而前誌為"永初"年間，故附於永初。

永初 204

刑徒完城旦錡始葬磚

永初□年（107—113）九月十九日物故。1964 年河南省偃師市佃莊鎮西大郊村發掘出土。長 21、寬 23、厚 11.5 釐米。文 5 行，首行存 2 字，後 4 行行 4 或 5 字，隸書。

著錄：

《漢魏洛陽故城南郊東漢刑徒墓地》111 頁（文）、附圖 176。

永初 205

刑徒鬼新王大葬磚

永初□年（107—113）□月十六日物故。1964 年河南省偃師市佃莊鎮西大郊村出土。磚長 17.5、寬 23.5、厚 12 釐米。文正背刻字，正面 4 行，前 3 行行存 4 至 7 字，末行 1 字。背面 7 字，未見圖版。隸書。

著錄：

《漢魏洛陽故城南郊東漢刑徒墓地》117 頁（文），附圖 349。

永初 206

刑徒髡鉗黃駭葬磚

永初□年（107—113）六月□日。1964 年河南省偃師市佃莊鎮西大郊村發掘出土。磚長 21、寬 23、厚 12 釐米。文 6 行，前 4 行行 4 至 5 字，末行 1 字，隸書。

著錄：

《漢魏洛陽故城南郊東漢刑徒墓地》118 頁（文），附圖 370。

永初 207

刑徒無任謝明葬磚

永□（初？）年（107—113）□月五日。1964 年河南省偃師市佃莊鎮西大郊村發掘出土。磚長 23、寬 17、厚 12 釐米。文 4 行，行 3 至 5 字，隸書。

著錄：

《漢魏洛陽故城南郊東漢刑徒墓地》118 頁（文），附圖 362。

備考：該磚出土於 T2M15：1，從 T2M8 至 T2M61 皆是永初年間的刑徒磚，故漏字補為"永初"的"初"字。

永初 208

刑徒完城旦屈吳葬磚

東漢永□（初？）□年（107—113）閏月廿七日物故。1964 年河南省偃師市佃莊鎮西大郊村發掘出土。長 16.5、寬 20、厚 12 釐米。文 4 行，行 6 至 7 字，隸書。

著錄：

《漢魏洛陽故城南郊東漢刑徒墓地》110 頁（文）、附圖 158。

備考：東漢以"永"字開頭的年號有"永平"、"永元"、"永初"、"永建"等，因"永初"年間閏月的刑徒磚較多，故暫置"永初"。

元　初

元初 001

刑徒髡鉗李嬈葬磚

元初元年（114）正月十一日。河南省偃師市西大郊村採集，曾歸洛陽張氏。殘長 23、寬 20.5 釐米。隸書，4 行，行 5 至 7 字不等。

著錄：

《東漢刑徒磚擴存》110 頁。（圖、文）

元初 002

刑徒髡鉗毛輔代郭伯葬磚

元初元年（114）正月十三日。近年出土，2005 年河南省偃師市西大郊村附近採集，現存洛陽唐氏。殘長 22.5、寬 24、厚 12 釐米。隸書，5 行，行 3 至 6 字不等。

著錄：

《中國古代磚刻銘文集》上、下冊編號 0150。（圖、文）

《東漢刑徒磚擴存》111 頁。（圖、文）

元初 003

刑徒髡鉗謝睢葬磚

元初元年（114）一月廿六日。河南省偃師市西大郊村採集，現存洛陽張氏。殘長 23、寬 17.5 釐米。隸書，4 行，行 5 至 7 字不等。

著錄：

《東漢刑徒磚擴存》112 頁。（圖、文）

元初 004

刑徒髡鉗曹武葬磚

元初元年（114）二月廿日。河南省偃師市西大郊村採集，曾歸洛陽張氏。殘長 28、寬 22 釐米。隸書，4 行，行 5 至 7 字不等。

著錄：

《東漢刑徒磚擴存》113 頁。（圖、文）

元初 005

刑徒髡鉗桂仲葬磚

元初元年（114）二月廿四日。河南省偃師市西大郊村採集，曾歸洛陽張氏。殘長 23.7、寬 19 釐米。隸書，4 行，行 4 至 7 字不等。

著錄：

《東漢刑徒磚擴存》114 頁。（圖、文）

元初 006

刑徒髡鉗俞衡葬磚

元初元年（114）三月十日。河南省偃師市西大郊村採集，曾歸洛陽張氏。殘長 24.5、寬 21.7 釐米。4 行，行 5 至 6 字，隸書。

著錄：

《洛陽新獲七朝墓誌》4 頁。（圖）

《東漢刑徒磚擴存》115 頁。（圖、文）

元初 007

刑徒鬼新朱叔葬磚

元初元年（114）三月十一日。河南省偃師市西大郊村採集，曾歸洛陽張氏。殘長 23、寬 17 釐米。隸書，4 行，行 3 至 8 字不等。

著錄：

《東漢刑徒磚擴存》116 頁。（圖、文）

元初 008
刑徒髠鉗蘇大葬磚

元初元年（114）三月十四日。近年河南省偃師市西大郊村附近採集，現存洛陽。殘長 31、寬 22.7 釐米。文 4 行，行 5 至 7 字，隸書。

著錄：

《秦晉豫新出墓誌蒐佚續編》1 冊 13 頁。（圖）

《東漢刑徒磚擷存》117 頁。（圖、文）

元初 009
刑徒髠鉗石次葬磚

元初元年（114）四月十五日。1964 年河南省偃師市佃莊鎮西大郊村出土。尺寸未詳。文計 23 字。未見圖版。墓磚編號：采：8。

錄文著錄：

《漢魏洛陽故城南郊東漢刑徒墓地》121 頁。

元初 010
刑徒髠鉗郝仲葬磚

元初元年（114）七月十日。河南省偃師市西大郊村附近採集，曾歸洛陽張氏。殘長 30、寬 23 釐米。隸書，3 行，行 5 至 7 字不等。

著錄：

《東漢刑徒磚擷存》118 頁。（圖、文）

元初 011
刑徒髠鉗涂河葬磚

元初元年（114）七月十六日。河南省偃師市西大郊村附近採集，曾歸洛陽張氏。殘長 23、寬 18 釐米。4 行，前 3 行行 6 至 7 字，末行 1 字，隸書。

著錄：

《洛陽新獲墓誌·二〇一五》，5 頁。（圖）

《東漢刑徒磚擷存》119 頁。（圖、文）

元初 012
刑徒完城旦郭明葬磚二種

元初元年（114）七月廿四日。河南省偃師市西大郊村採集。一磚曾歸洛陽張氏，殘長 25、寬 23.5 釐米；隸書，4 行，行 5 至 7 字不等。一磚殘長 23、寬 11 釐米；隸書，1 行 2 字

著錄：

《東漢刑徒磚攟存》120、121 頁。（圖、文）

備考：此兩郭明當為同一人，故同時著錄。

元初 013

刑徒髠鉗李金葬磚

元初元年（114）八月二日。河南省偃師市西大郊村出土，曾歸洛陽張氏。殘長 22.5、寬 16.5 釐米。隸書，4 行，行 5 至 6 字。

著錄：

《東漢刑徒磚攟存》122 頁。（圖、文）

元初 014

刑徒司寇許驕葬磚

元初元年（114）十二月四日。河南省偃師市西大郊村採集，曾歸洛陽張氏。殘長 30、寬 23 釐米。隸書，4 行，行 4 至 6 字不等。

著錄：

《洛陽新獲七朝墓誌》5 頁。（圖）

《東漢刑徒磚攟存》123 頁。（圖、文）

元初 015

刑徒鬼新馬和葬磚

元初元年（114）十二月八日葬。出土時地不詳，據云出土於河南省偃師市。殘高 23、寬 12 釐米。文 4 行，滿行 6 字，隸書。

圖版著錄：

《秦晉豫新出墓誌蒐佚續編》1 冊 14 頁。

元初 016

刑徒髠鉗鄭土葬磚

元初元年（114）十二月八日葬。出土時地不詳，據云出土於河南省偃師市。殘高 23、寬 19 釐米。文 4 行，滿行 5 字，隸書。

圖版著錄：

《秦晉豫新出墓誌蒐佚續編》1 冊 15 頁。

元初 017
刑徒髡鉗譚山葬磚

元初元年（114）十二月廿六日。河南省偃師市西大郊村附近採集，曾歸汝州宗氏。殘長 19.5、寬 14 釐米。隸書，4 行，前 3 行行 6 或 8 字，末行 1 字。

著錄：

《東漢刑徒磚攟存》124 頁。（圖、文）

元初 018
刑徒鬼新惠偶葬磚

元初二年（115）正月廿日。拓片 2008 年 12 月得於河南省洛陽市天子駕六古玩城。殘長 21.5、寬 16.5 釐米。隸書，4 行，行 3 至 7 字。

著錄：

《東漢刑徒磚攟存》125 頁。（圖、文）

元初 019
刑徒髡鉗向利葬磚

元初二年（115）正月廿一日。河南省偃師市出土，現藏中國歷史博物館。尺寸不詳。隸書，3 行，滿行 7 字。

著錄：

《中國磚銘》圖版上冊 174 頁左。（圖）

《中國古代磚刻銘文集》上、下冊編號 0153。（圖、文）

《漢魏洛陽故城南郊東漢刑徒墓地》續附錄三・歷博 1，178 頁。（文）

元初 020
刑徒髡鉗鏊金葬磚

元初二年（115）正月廿二日。1958 年發現於河南省洛陽地區偃師縣佃莊鄉西大郊村。殘長 23、寬 21.5 釐米。隸書，3 行，行 6 至 8 字。

著錄：

《中國磚銘》圖版上冊 174 頁右。（圖）

《中國古代磚刻銘文集》上、下冊編號0152。（圖、文）

《東漢刑徒磚攟存》126頁。（圖、文）

《漢魏洛陽城刑徒墳場調查記》，《考古通訊》1958年第6期，41頁圖二。

元初021

刑徒髡鉗丁何葬磚

元初二年（115）正月廿三日。1958年發現於河南省洛陽地區偃師縣佃莊鄉西大郊村。殘長22、寬16.5釐米。隸書，3行，行5至8字。

著錄：

《漢魏洛陽城刑徒墳場調查記》，《考古通訊》1958年第6期，41頁圖一。

《中國磚銘》圖版上冊175頁下。（圖）

《中國古代磚刻銘文集》上、下冊編號0155。（圖、文）

《東漢刑徒磚攟存》127頁。（圖、文）

元初022

丁熊葬磚

元初二年（115）正月廿四日。1958年發現於河南省洛陽地區偃師縣佃莊鄉西大郊村，原藏洛陽博物館，現藏中國歷史博物館。尺寸不詳。隸書，4行，行1至8字不等。

著錄：

《中國磚銘》圖版上冊175頁上。（圖）

《中國古代磚刻銘文集》上、下冊編號0154。（圖、文）

《漢魏洛陽城刑徒墳場調查記》，《考古通訊》1958年第6期，42頁圖五。

《漢魏洛陽故城南郊東漢刑徒墓地》續附錄三·歷博6，178頁。（文）（作"于熊"）

元初023

刑徒完城旦董八葬磚

元初二年（115）四月九日。河南省偃師市西大郊村採集，曾歸洛陽張氏。殘長 23.6、寬 28.6 釐米。隸書，5 行，前 3 行行 5 字，第 4 行 3 字，末行 1 字。

著錄：

《東漢刑徒磚擴存》128 頁。（圖、文）

元初 024

刑徒髡鉗胡開葬磚

元初二年（115）五月十五日。1964 年河南省洛陽地區偃師縣佃莊鄉西大郊村出土，藏中國社會科學院考古研究所洛陽工作站。磚高 28、寬 16 釐米。隸書，4 行，行 3 至 6 字不等。

著錄：

《中國磚銘》圖版上冊 176 頁右。（圖）

《中國古代磚刻銘文集》上、下冊編號 0156。（圖、文）

《漢魏洛陽故城南郊東漢刑徒墓地》121 頁（文），附圖 422。

元初 025

刑徒髡鉗張摩取葬磚

元初二年（115）五月十五日。1964 年以前河南省洛陽地區偃師縣西大郊出土，中國歷史博物館藏磚。尺寸不詳。計 24 字。未見圖版。

錄文著錄：

《漢魏洛陽故城南郊東漢刑徒墓地》續附錄三·歷博 2，178 頁。

元初 026

刑徒髡鉗王貴代子生葬磚

元初二年（115）五月十八日。1964 年河南省洛陽地區偃師縣佃莊鄉西大郊村出土，藏中國社會科學院考古研究所洛陽工作站。磚高 21、寬 23 釐米。隸書，4 行，前 3 行行 6 至 7 字，末行 3 字。

著錄：

《中國磚銘》圖版上冊 176 頁左。（圖）

《中國古代磚刻銘文集》上、下冊編號 0157。（圖、文）

《漢魏洛陽故城南郊東漢刑徒墓地》121 頁（文），附圖 423。

元初 027

刑徒髡鉗□□（汝南安城）葬磚

元初二年（115）六月十六日。1958 年發現於河南省洛陽地區偃師縣佃莊鄉西大郊村。殘長 22.7、寬 21.5 釐米。隸書，4 行，行 5 至 7 字不等。

著錄：

《中國磚銘》圖版上冊 177 頁左上。（圖）

《中國古代磚刻銘文集》上、下冊編號 0158。（圖、文）

《東漢刑徒磚擴存》129 頁。（圖、文）

《漢魏洛陽城刑徒墳場調查記》，《考古通訊》1958 年第 6 期，41 頁圖三。

備考：《中國古代磚刻銘文集》作"元初二年六月五日"，按圖版，當"六月十六日"。

元初 028

刑徒髡鉗太史少葬磚

元初二年（115）六月十七日。1958 年發現於河南省洛陽地區偃師縣佃莊鄉西大郊村。尺寸不詳。中國歷史博物館藏磚。隸書，4 行，行 5 至 7 字。

著錄：

《中國磚銘》圖版上冊 177 頁右。（圖）

《中國古代磚刻銘文集》上、下冊編號 0159。（圖、文）

《漢魏洛陽故城南郊東漢刑徒墓地》續附錄三·歷博 4，178 頁。（文）

元初 029

刑徒完城旦王生葬磚

元初二年（115）八月五日物故。1964 年河南省偃師市佃莊鎮西大郊村發掘出土。長 14、寬 24、厚 11.5 釐米。文 3 行，行 7 至 8 字不等，隸書。

著錄：

《漢魏洛陽故城南郊東漢刑徒墓地》111 頁（文）、附圖 182。

元初 030

刑徒鬼新宗□葬磚

□（元）初二年（115）八月廿日物故。1964 年河南省偃師市佃莊鎮西大郊村發掘出土。長 19、寬 23.5、厚 11.5 釐米。文 4 行，行 4 至 6 字，隸書。

著錄：

《漢魏洛陽故城南郊東漢刑徒墓地》108 頁（文）、附圖 123。

備考：因為該墓坑內有一方磚誌時間為元初六年，故遺漏字補為"元"初。

元初 031

刑徒鬼新周田葬磚

元初二年（115）九月一日。2007 年河南省偃師市西大郊村附近採集，現存洛陽。殘長 22、寬 19 釐米。隸書，4 行，行 4 至 5 字。

著錄：

《東漢刑徒磚攟存》130 頁。（圖、文）

元初 032

刑徒完城旦滑常葬磚

元初二年（115）九月十二日。1964 年河南省偃師市佃莊鎮西大郊村發掘出土。長 11、寬 23.5、厚 11.5 釐米。文 4 行，前 3 行行 7 至 8 字，末行 3 字，隸書。

著錄：

《漢魏洛陽故城南郊東漢刑徒墓地》109 頁（文）、附圖 148。

元初 033

刑徒完城旦謝道葬磚

元初二年（115）十月十一日。河南省偃師市西大郊村採集，洛陽李氏存拓。殘長 23.5、寬 14 釐米。隸書，4 行，行 5 至 7 字不等。

著錄：

《東漢刑徒磚攟存》131 頁。（圖、文）

元初 034

刑徒司寇梅叔葬磚

元初三年（116）二月七日。河南省偃師市西大郊村採集，洛陽李氏存拓。殘長23、寬23釐米。隸書，4行，行5至6字。

著錄：

《東漢刑徒磚擴存》132頁。（圖、文）

元初 035

刑徒完成旦宮□□葬磚

少（元？）初三年（116）六月廿日物故。1964年河南省偃師市佃莊鎮西大郊村發掘出土。長17.5、寬23.5、厚6.5釐米。文4行，行4至7字不等，隸書。

著錄：

《漢魏洛陽故城南郊東漢刑徒墓地》107頁（文）、附圖118。

元初 036

刑徒鬼新萬（？）偶葬磚

元初三年（116）六月廿日死。1964年以前河南省洛陽地區偃師縣西大郊出土，現藏洛陽市文物管理委員會。尺寸不詳。計18字。

錄文著錄：

《漢魏洛陽故城南郊東漢刑徒墓地》177頁"續附錄三·洛2"。

元初 037

刑徒完城旦劉平葬磚

元初三年（116）八月三日。尺寸不詳。4行，行4至7字不等，隸書。

圖版著錄：

《中國磚銘》圖版上冊177頁左下。

元初 038

刑徒完城旦桂道葬磚

元初三年（116）十一月十一日。河南省偃師市西大郊村採集，曾歸洛陽張氏。殘長 24、寬 23.5 釐米。隸書，4 行，行 5 或 7 字。

著錄：

《東漢刑徒磚擴存》133 頁。（圖、文）

元初 039

刑徒完城旦尹高葬磚

元初三年（116）十二月十二日。河南省偃師市西大郊村採集，曾歸洛陽張氏。殘長 18.7、寬 23 釐米。隸書，4 行，行 5 或 7 字。

著錄：

《東漢刑徒磚擴存》134 頁。（圖、文）

元初 040

刑徒完城旦沙哀葬磚

元初三年（116）十二月十四日物故。1964 年河南省偃師市佃莊鎮西大郊村發掘出土。磚已破碎。文 4 行，前 3 行行 7 或 10 字，末行 3 字。隸書。

著錄：

《漢魏洛陽故城南郊東漢刑徒墓地》116 頁（文），附圖 303。

元初 041

刑徒髡鉗陳垣葬磚

元初三年（116）十二月廿一日。1964 年以前河南省洛陽地區偃師縣西大郊出土，洛陽市文物管理委員會藏磚。殘長 22.5、寬 16.5 釐米。隸書，4 行，前 3 行行 6 或 7 字，末行 1 字。

著錄：

《東漢刑徒磚擴存》135 頁。（圖、文）

《漢魏洛陽故城南郊東漢刑徒墓地》續附錄三·洛 3，177 頁。（文）

元初 042

刑徒髡鉗郭見葬磚

元初四年（117）四月廿七日。河南省偃師市西大郊村採集，曾歸洛陽張氏。殘長 24、寬 19.3 釐米。隸書，3 行，行 6 至 7 字。

著錄：

《東漢刑徒磚擴存》136 頁。（圖、文）

元初 043

刑徒髡鉗張高葬磚

元初四年（117）五月十二日。近年河南省偃師市西大郊村附近採集，現存洛陽。殘長 20、寬 18.5 釐米。隸書，3 行，行 5 或 7 字。

著錄：

《東漢刑徒磚擴存》137 頁。（圖、文）

《秦晉豫新出墓誌蒐佚續編》1 冊 16 頁。（圖）

元初 044

刑徒完城旦左次葬磚

元初四年（117）五月廿日。河南省偃師市西大郊村附近採集，現存洛陽。殘長 26、寬 18 釐米。隸書，3 行，行 5 至 8 字不等。

著錄：

《東漢刑徒磚擴存》138 頁。（圖、文）

元初 045

刑徒完城旦甕寶葬磚

元初四年（117）六月二日。2005 年河南省偃師市西大郊村附近採集，現存洛陽張氏。殘長 27、寬 22、厚 12 釐米。隸書，3 行，行 5 至 7 字。

著錄：

《東漢刑徒磚擴存》139 頁。（圖、文）

元初 046

刑徒髡鉗江和葬磚

元初四年（117）六月三日。河南省偃師市西大郊村採集，洛陽李氏存拓。殘長 22.5、寬 18 釐米。隸書，3 行，行 6 至 7 字。

著錄：

《東漢刑徒磚擴存》140 頁。（圖、文）

元初 047

刑徒完城旦雷午葬磚

元初四年（117）六月八日。河南省偃師市西大郊村採集，曾歸洛陽張氏。殘長 23.5、寬 24 釐米。文隸書，3 行，行 6 至 7 字。

著錄：

《東漢刑徒磚攟存》141 頁。（圖、文）

元初 048

刑徒髡鉗藍衞葬磚

元初四年（117）六月廿八日死。1964 年河南省偃師市佃莊鎮西大郊村出土。尺寸不詳。文 3 行，行 6 至 7 字，隸書。

著錄：

《漢魏洛陽故城南郊東漢刑徒墓地》121 頁（文），附圖 438。

元初 049

刑徒髡鉗張丞葬磚

元初四年（117）十二月廿二日。河南省偃師市西大郊村採集，曾歸洛陽張氏。殘長 22、寬 23 釐米。隸書，5 行，前 3 行行 5 至 7 字，第 4 行 3 字，末行 1 字。

著錄：

《東漢刑徒磚攟存》142 頁。（圖、文）

元初 050

刑徒完城旦涂千葬磚

元初四年（117）十二月廿五日。河南省偃師市西大郊村採集，曾歸洛陽張氏。殘長 22、寬 21 釐米。隸書，4 行，前 3 行行 6 至 7 字，末行 1 字。

著錄：

《東漢刑徒磚攟存》143 頁。（圖、文）

元初 051

刑徒髡鉗項官葬磚

元初五年（118）正月十日。河南省偃師市西大郊村採集，曾歸洛陽張氏。殘長 23、寬 20 釐米。隸書，4 行，前 3 行行 5 至 7 字，末行 2 字。

著錄：

《東漢刑徒磚攟存》144 頁。（圖、文）

元初 052

刑徒完城旦王□葬磚

元初五年（118）正月廿二日。河南省偃師市西大郊村採集，曾歸洛陽張氏。殘長 22、寬 22 釐米。隸書，4 行，前 3 行行 5 至 7 字不等，末行 2 字。

著錄：

《東漢刑徒磚攟存》145 頁。（圖、文）

元初 053

刑徒髡鉗王勉葬磚

元初五年（118）正月廿三日。河南省偃師市西大郊村採集，曾歸洛陽張氏。殘長 25、寬 23 釐米。隸書，4 行，前 3 行行 5 至 7 字，末行 1 字。

著錄：

《洛陽新獲七朝墓誌》6 頁。（圖）

《東漢刑徒磚攟存》146 頁。（圖、文）

元初 054

刑徒髡鉗孫少葬磚二種

元初五年（118）二月□日。1964 年河南省偃師市佃莊鎮西大郊村出土，尺寸不詳。墓磚編號：采：39—40。前磚 1 行 2 字；後磚 3 行，前 2 行行 8 字，末行 2 字。隸書。

著錄：

《漢魏洛陽故城南郊東漢刑徒墓地》122 頁（文），附圖 439（4）、440。

元初 055

刑徒髡鉗法祥葬磚

元初五年（118）三月□日死。1964 年河南省偃師市佃莊鎮西大郊村發掘出土。長 22、寬 23.5、厚 12 釐米。文 4 行，行 3 至 6 字不等。隸書。

著錄：

《漢魏洛陽故城南郊東漢刑徒墓地》116 頁（文），附圖 308。

元初 056

刑徒髡鉗黃明葬磚

元初五年（118）四月廿日。河南省偃師市西大郊村採集，曾歸洛陽張氏。殘長 22、寬 23 釐米。4 行，前 3 行行 5 至 6 字，末行 2 字，隸書。

著錄：

《洛陽新獲七朝墓誌》7 頁。（圖）

《東漢刑徒磚擴存》147 頁。（圖、文）

元初 057

刑徒髡鉗宗石葬磚

元初五年（118）四月廿日。河南省偃師市西大郊村採集，曾歸洛陽張氏。殘長 23.5、寬 21.5 釐米。3 行，行 5 至 7 字，隸書。

著錄：

《東漢刑徒磚擴存》148 頁。（圖、文）

元初 058

刑徒髡鉗絳叔葬磚

元初五年（118）四月廿三日。河南省偃師市西大郊村採集，曾歸洛陽張氏。殘長 23.5、寬 13 釐米。3 行，行 4 至 9 字不等，隸書。

著錄：

《東漢刑徒磚擴存》149 頁。（圖、文）

元初 059

刑徒髡鉗王妄葬磚

元初五年（118）四月廿五日。1964 年以前河南省洛陽地區偃師縣西大郊出土，現藏洛陽市文物管理委員會。殘長 22.5、寬 23 釐米。3 行，行 5 至 8 字，隸書。

著錄：

《東漢刑徒磚擴存》150 頁。（圖、文）

《漢魏洛陽故城南郊東漢刑徒墓地》177 頁"續附錄三·洛 1"。（文）

漢代　779

元初 060

刑徒髡鉗屈孟葬磚

元初五年（118）十一月十九日。2005 年秋河南省偃師市西大郊村採集，現存洛陽張氏。殘長 23、寬 23.5、厚 11 釐米。4 行，前 3 行行 6 至 8 字，末行 1 字，隸書。

著錄：

《東漢刑徒磚擴存》151 頁。（圖、文）

元初 061

刑徒完城旦□愈葬磚

元初五年（118）十一月廿二日。1964 年以前河南省洛陽地區偃師縣西大郊出土，洛陽市文物管理委員會藏磚。尺寸不詳。計 22 字，未見圖版。

錄文著錄：

《漢魏洛陽故城南郊東漢刑徒墓地》續附錄三·洛 4，177 頁。

元初 062

刑徒鬼新馮元葬磚

元初五年（118）十一月廿三日。河南省偃師市西大郊村採集，曾歸洛陽張氏。殘長 23.5、寬 36 釐米。4 行，行 4 至 6 字，隸書。

著錄：

《東漢刑徒磚擴存》152 頁。（圖、文）

元初 063

刑徒完城旦白定葬磚

元初五年（118）十一月廿三日。河南省偃師市西大郊村採集，曾歸洛陽張氏。殘長 23.5、寬 21.7 釐米。4 行，行 3 至 7 字不等，隸書。

著錄：

《東漢刑徒磚擴存》153 頁。（圖、文）

元初 064

刑徒髡鉗李壽葬磚

元初五年（118）十一月廿七日。河南省偃師市西大郊村採集，現存洛陽。殘長 22.5、寬 24 釐米。4 行，行 3 至 7 字不等，隸書。

著錄：

《東漢刑徒磚擴存》154 頁。（圖、文）

元初 065

刑徒完城旦樊贖葬磚

元初五年（118）十二月四日。河南省偃師市西大郊村採集，曾歸洛陽張氏。殘長 24、寬 23.7 釐米。5 行，行 2 至 7 字不等，隸書。

著錄：

《東漢刑徒磚擴存》155 頁。（圖、文）

元初 066

刑徒髡鉗馬平葬磚

元初五年（118）十二月七日死。1964 年河南省偃師市佃莊鎮西大郊村發掘出土。長 20、寬 24、厚 11.5 釐米。文 4 行，前 3 行行 5 至 6 字，末行 1 字，隸書。

著錄：

《漢魏洛陽故城南郊東漢刑徒墓地》107 頁（文）、附圖 108。

元初 067

刑徒髡鉗袁常葬磚

元初五年（118）十二月十日。河南省偃師市西大郊村採集，曾歸洛陽張氏。殘長 23、寬 21 釐米。4 行，行 4 至 6 字不等，隸書。

著錄：

《東漢刑徒磚擴存》156 頁。（圖、文）

元初 068

刑徒完城旦年英葬磚

元初五年（118）十二月十日。河南省偃師市西大郊村採集，曾歸洛陽張氏。殘長 23.5、寬 26 釐米。5 行，行 3 至 6 字不等，隸書。

著錄：

《東漢刑徒磚擴存》157 頁。（圖、文）

元初 069

刑徒髡鉗榮曾葬磚

元初五年（118）十二月十日。2005 年秋河南省偃師市西大郊村採集，現存洛陽。殘長 24、寬 17 釐米。4 行，行 3 至 6 字不等，隸書。

著錄：

《東漢刑徒磚攟存》158 頁。（圖、文）

元初 070

刑徒完城旦陳孟葬磚

元初五年（118）十二月十一日。河南省偃師市西大郊村採集，曾歸洛陽張氏。殘長 24、寬 18 釐米。4 行，行 5 至 7 字不等，隸書。

著錄：

《東漢刑徒磚攟存》159 頁。（圖、文）

元初 071

刑徒髡鉗李盖葬磚

元初五年（118）十二月十二日。河南省偃師市西大郊村採集，曾歸洛陽張氏。殘長 23.6、寬 25 釐米。5 行，行 2 至 6 字不等，隸書。

著錄：

《東漢刑徒磚攟存》160 頁。（圖、文）

元初 072

刑徒完城旦周年葬磚

元初五年（118）十二月十五日。河南省偃師市西大郊村採集，曾歸洛陽張氏。殘長 23.5、寬 19.5 釐米。兩面刻，正面 4 行，行 5 至 6 字；背面 3 行，行 2 至 5 字不等；隸書。

著錄：

《東漢刑徒磚攟存》161 頁。（圖、文）

元初 073

刑徒完城旦宋建葬磚

元初六年（119）二月三日。河南省偃師市西大郊村採集，現存洛陽劉氏。殘長 22.5、寬 19 釐米。3 行，行 6 字，隸書。

著錄：

《洛陽新獲墓誌·二〇一五》，6 頁。（圖）

《東漢刑徒磚攟存》162 頁。（圖、文）

元初 074

刑徒司寇張孫葬磚

元初六年（119）二月四日。1964 年河南省偃師市佃莊鎮西大郊村發掘出土。長 13.5、寬 24、厚 11 釐米。文 3 行，行 5 至 7 字不等，隸書。

著錄：

《漢魏洛陽故城南郊東漢刑徒墓地》101 頁（文）、附圖 31。

元初 075

刑徒髡鉗周恩葬磚

元初六年（119）二月五日。1964 年河南省洛陽地區偃師縣佃莊鄉西大郊村出土，藏中國社會科學院考古研究所洛陽工作站。長 17、寬 24、厚 11.5 釐米。正、反兩面刻，正面 3 行，行 6 字；背面 1 行 2 字；隸書。

著錄：

《中國磚銘》圖版上冊 179 頁左。（圖）

《中國古代磚刻銘文集》上、下冊編號 0160。（圖、文）

《漢魏洛陽故城南郊東漢刑徒墓地》114 頁（文），附圖 238、240（1）。

元初 076

刑徒髡鉗雅閏葬磚

元初六年（119）二月五日。1964 年河南省偃師市佃莊鎮西大郊村發掘出土。長 19、寬 20、厚 12 釐米。正、反兩面刻字，正面文 4 行，前 3 行行 5 至 6 字，末行 2 字；背面 1 行 2 字；隸書。

著錄：

《漢魏洛陽故城南郊東漢刑徒墓地》114 頁（文），附圖 239、240（2）。

元初 077

刑徒髡鉗楊扈葬磚

元初六年（119）二月九日。河南省偃師市西大郊村採集，現存洛陽。殘長23、寬17.7釐米。4行，前3行行5至7字，末行2字，隸書。

著錄：

《東漢刑徒磚擴存》163頁。（圖、文）

元初078

刑徒髡鉗黃丸葬磚

元初六年（119）二月十四日。2005年秋河南省偃師市西大郊村附近採集，現存洛陽張氏。殘長23、寬14、厚11釐米。3行，行6至8字，隸書。

著錄：

《東漢刑徒磚擴存》164頁。（圖、文）

元初079

刑徒髡鉗竇道葬磚

元初六年（119）二月十四日。河南省偃師市西大郊村附近採集，現存洛陽張氏。殘長19.5、寬23.5釐米。4行，行4至6字，隸書。

著錄：

《東漢刑徒磚擴存》165頁。（圖、文）

元初080

刑徒髡鉗□□葬磚

元初六年（119）二月廿五日。1964年以前省河南省洛陽地區偃師縣西大郊出土，中國歷史博物館藏磚。尺寸不詳。計18字。未見圖版。

錄文著錄：

《漢魏洛陽故城南郊東漢刑徒墓地》續附錄三·歷博5，178頁。

元初081

刑徒完城旦秦潘葬磚

元初六年（119）二月廿六日死。1964年河南省偃師市佃莊鎮西大郊村發掘出土。長11、寬22、厚11.5釐米。文3行，行5至7字不等，隸書。

著錄：

《漢魏洛陽故城南郊東漢刑徒墓地》111頁（文）、附圖181。

元初082
刑徒髠鉗黃武葬磚

元初六年（119）三月廿九日卒。近年出土，出土地應在河南省洛陽地區偃師縣一帶，現存洛陽。磚長32.5、寬18.5、厚12釐米。隸書，3行，行6至8字不等。

著錄：

《中國古代磚刻銘文集》上、下冊編號0161。（圖、文）

《東漢刑徒磚擴存》166頁（圖、文）

元初083
刑徒髠鉗陳橫葬磚

元初六年（119）三月廿九日死。1964年河南省偃師市佃莊鎮西大郊村發掘出土。長23、寬23.5、厚11.8釐米。文4行，前3行5至7字不等，末行2字，隸書。

著錄：

《漢魏洛陽故城南郊東漢刑徒墓地》102頁（文）、附圖39。

元初084
刑徒完城旦仲番葬磚

元初六年（119）三月卅日。1964年河南省偃師市佃莊鎮西大郊村發掘出土。長23、寬23、厚11.5釐米。文3行，行6至7字，隸書。

著錄：

《漢魏洛陽故城南郊東漢刑徒墓地》115頁（文）、附圖290。

元初085
刑徒髠鉗郭難葬磚

元初六年（119）三月卅日。近年出土，出土地應在河南省洛陽地區偃師縣一帶，現存洛陽。長23.5、寬22、厚11釐米。隸書，3行，行6字。

著錄：

《中國古代磚刻銘文集》上、下冊編號0162。（圖、文）

《東漢刑徒磚擴存》167頁。（圖、文）

元初 086

刑徒髡鉗曹閏葬磚

元初六年（119）四月一日。2005年河南省偃師市西大郊村附近採集，現存洛陽。殘長24、寬23.5、厚11.5釐米。3行，行6至7字，隸書。

著錄：

《東漢刑徒磚擴存》168頁。（圖、文）

元初 087

刑徒髡鉗文章葬磚

元初六年（119）四月一日。河南省偃師市西大郊村採集，現存洛陽。殘長23、寬23釐米。3行，行5至7字，隸書。

著錄：

《東漢刑徒磚擴存》169頁。（圖、文）

元初 088

刑徒髡鉗馬常葬磚

元初六年（119）四月二日卒。河南省偃師市西大郊村採集，曾歸洛陽張氏。殘長23、寬23釐米。4行，前3行行5至8字，末行1字，隸書。

著錄：

《東漢刑徒磚擴存》170頁。（圖、文）

元初 089

刑徒髡鉗□□葬磚

元初六年（119）四月廿七日死。1964年河南省偃師市佃莊鎮西大郊村發掘出土。磚長21、寬23、厚11.5釐米。文隸書，4行，行4至6字不等。

著錄：

《漢魏洛陽故城南郊東漢刑徒墓地》117頁（文），附圖335。

元初 090

刑徒髡鉗董買葬磚

元初六年（119）五月廿五日卒。1964 年河南省偃師市佃莊鎮西大郊村發掘出土。長 25、寬 23、厚 12 釐米。5 行，前 3 行行 6 至 7 字，後兩行殘存 2 或 4 字，隸書。

著錄：

《漢魏洛陽故城南郊東漢刑徒墓地》100 頁（文）、附圖 16。

元初 091

刑徒完城旦鹿□葬磚

元初六年（119）五月廿八日死。1964 年河南省偃師市佃莊鎮西大郊村發掘出土。長 12.7、寬 23.5、厚 11.3 釐米。文 3 行，行 6 至 8 字，隸書。

著錄：

《漢魏洛陽故城南郊東漢刑徒墓地》114 頁（文）、附圖 258。

元初 092

刑徒髡鉗雍齋葬磚

元初六年（119）五月卅日死。1964 年河南省偃師市佃莊鎮西大郊村發掘出土。長 11、寬 23、厚 11.5 釐米。正、側刻字，正面文 3 行，行 5 至 7 字；側 1 行 2 字；隸書。

著錄：

《漢魏洛陽故城南郊東漢刑徒墓地》114 頁（文）、附圖 261、262（2）。

元初 093

刑徒鬼新王初葬磚二種

元初六年（119）閏（五）月一日死。1964 年河南省偃師市佃莊鎮西大郊村發掘出土。一磚長 14.5、寬 23、厚 11.5 釐米；文 2 行，行 4 至 6 字，隸書。一磚長 13、寬 23、厚 11 釐米；文 3 行，行 6 至 7 字。隸書。

著錄：

《漢魏洛陽故城南郊東漢刑徒墓地》114 頁（文），附圖 264、265。

備考：據陳垣《二十史朔閏表》，元初六年閏五月，以下同。

元初 094

刑徒髡鉗王讃（？）葬磚

元初六年（119）閏（五）月一日死。1964 年河南省偃師市佃莊鎮西大郊村發掘出土。長 10、寬 23.2、厚 11.5 釐米。文 3 行，行 5 至 7 字，隸書。

著録：

《漢魏洛陽故城南郊東漢刑徒墓地》115 頁（文）、附圖 267。

元初 095

刑徒鬼新黄柏葬磚

元初六年（119）閏（五）月二日死。1964 年河南省偃師市佃莊鎮西大郊村發掘出土。長 30、寬 23.5、厚 12 釐米。計 21 字，未見圖版。墓磚編號 P11M8：1。

録文著録：

《漢魏洛陽故城南郊東漢刑徒墓地》115 頁。

元初 096

刑徒鬼新許石葬磚二種

元初六年（119）閏（五）月二日死。1964 年河南省偃師市佃莊鎮西大郊村發掘出土。一磚長 22、寬 23、厚 11.5 釐米；文 4 行，前 3 行行 5 至 6 字，末行 2 字。一磚長 18、寬 23、厚 11.6 釐米；文正面 3 行，行 4 至 7 字，背面 1 行 4 字。隸書。

著録：

《漢魏洛陽故城南郊東漢刑徒墓地》115 頁（文）、附圖 269—271。

元初 097

刑徒髡鉗胡高葬磚

元初六年（119）閏（五）月三日物故。1964 年河南省偃師市佃莊鎮西大郊村發掘出土。長 14、寬 23.4、厚 11.5 釐米。文 4 行，行 5 至 6 字，隸書。

著録：

《漢魏洛陽故城南郊東漢刑徒墓地》115頁（文）、附圖272。

元初 098
刑徒完城旦霍直葬磚

元初（？）六年（119）閏（五）月三日死。1964年河南省偃師市佃莊鎮西大郊村發掘出土。長29、寬24、厚11.5釐米。文4行，行5至6字，隸書。

著錄：

《漢魏洛陽故城南郊東漢刑徒墓地》115頁（文）、附圖273。

元初 099
刑徒髡鉗胡□葬磚

元初六年（119）閏（五）月四日物故。1964年河南省偃師市佃莊鎮西大郊村發掘出土。長23、寬36.5、厚11釐米。文3行，前2行行8至9字，末行3字，隸書。

著錄：

《漢魏洛陽故城南郊東漢刑徒墓地》115頁（文）、附圖274。

元初 100
刑徒髡鉗趙巨葬磚

元初六年（119）閏（五）月四日物故。1964年春河南省洛陽地區偃師縣佃莊鄉西大郊村出土，藏中國社會科學院考古研究所洛陽工作站。長33、寬23.5、厚11.6釐米。隸書，4行，行2至7字不等。

著錄：

《中國磚銘》圖版上冊179頁右。（圖）

《中國古代磚刻銘文集》上、下冊編號0163（圖、文）。

《漢魏六朝碑刻校注》1冊82頁（圖）、84頁（文）。

《漢魏洛陽故城南郊東漢刑徒墓地》115頁（文）、附圖275。

《漢魏六朝碑刻校注·總目提要》編號0115。（目）

元初 101
刑徒髡鉗蔡仲葬磚二種

元初六年（119）閏（五）月五日死。1964年河南省偃師市佃莊鎮西大郊村發掘出土。一磚長11、寬23.5、厚11.9釐米；文2行，行4至6字。一磚長24.5、寬23、厚11.7釐米；文4行，滿行5字。隸書。

著錄：

《漢魏洛陽故城南郊東漢刑徒墓地》115頁（文），附圖277、279。

元初102

刑徒髡鉗王勤葬磚

元初六年（119）閏（五）月六日卒，1964年春河南省洛陽地區偃師縣佃莊鄉西大郊村出土，藏中國社會科學院考古研究所洛陽工作站。磚長27、寬23.5、厚11.5釐米。4行，行4至5字不等，隸書。

著錄：

《中國磚銘》圖版上冊180頁上。（圖）

《洛陽新獲墓誌·二〇一五》，7頁。（圖）

《中國古代磚刻銘文集》上·下冊編號0164。（圖、文）

《漢魏六朝碑刻校注》1冊82頁（圖）、84頁（文）。

《漢魏洛陽故城南郊東漢刑徒墓地》115頁（文）、附圖280。

《東漢刑徒磚攎存》172頁。（圖、文）

《漢魏六朝碑刻校注·總目提要》編號0115。（目）

元初103

刑徒髡鉗王豪葬磚

元初六年（119）閏（五）月八日死。1964年河南省偃師市佃莊鎮西大郊村發掘出土。長18、寬23、厚11.5釐米。文4行，行4至5字，隸書。

著錄：

《漢魏洛陽故城南郊東漢刑徒墓地》115頁（文）、附圖285。

元初104

刑徒髡鉗張升葬磚二種

元初六年（119）閏（五）月九日死。1964年河南省偃師市佃莊鎮西大郊村發掘出土。一磚長25、寬21、厚11釐米；文5行，行3至5字。一磚長13、寬23.5、厚11.5釐米；文4行，前3行行5至6字，末行 3 字，隸書。

著錄：

《漢魏洛陽故城南郊東漢刑徒墓地》115 頁（文），附圖 286、287。

元初 105

刑徒髡鉗馬商葬磚

元初六年（119）閏（五）月九日死。1964 年河南省偃師市佃莊鎮西大郊村發掘出土。長 24、寬 23、厚 11.5 釐米。文 5 行，行 2 至 6 字不等，隸書。

著錄：

《漢魏洛陽故城南郊東漢刑徒墓地》115 頁（文）、附圖 283（1）。

元初 106

刑徒髡鉗涉金葬磚

元初六年（119）閏（五）月九日死。1964 年河南省偃師市佃莊鎮西大郊村發掘出土。長 20、寬 23.5、厚 11.5 釐米。文 3 行，滿行 6 字，隸書。

著錄：

《漢魏洛陽故城南郊東漢刑徒墓地》115 頁（文）、附圖 284。

元初 107

刑徒完城旦許仲葬磚

元初六年（119）閏（五）月十一日死。1964 年河南省偃師市佃莊鎮西大郊村發掘出土。磚已破碎，文 4 行，前 3 行行 6 至 8 字，末行 1 字，隸書。

著錄：

《漢魏洛陽故城南郊東漢刑徒墓地》115 頁（文）、附圖 288。

元初 108

刑徒司寇幷昌葬磚

元初六年（119）閏（五）月十二日死。1964 年河南省偃師市佃莊鎮西大郊村發掘出土。長 22、寬 23、厚 11.4 釐米。文 5 行，行 3 至 5 字，隸書。

著錄：

《漢魏洛陽故城南郊東漢刑徒墓地》115頁（文）、附圖289。

元初109

刑徒髡鉗虞幼葬磚二種

元初六年（119）閏（五）月十二日死。1964年河南省偃師市佃莊鎮西大郊村發掘出土。一磚長12.5、寬3.5、厚11.6釐米；文3行，行6至7字。一磚長17、寬19、厚11.7釐米；正背刻字，正面4行，行1至4字不等，背面1行2字，隸書。

著錄：

《漢魏洛陽故城南郊東漢刑徒墓地》116頁（文），附圖292、294、295（2）。

元初110

刑徒髡鉗王□葬磚

元初六年（119）閏（五）月十二日。1964年河南省偃師市佃莊鎮西大郊村發掘出土。長11、寬23、厚11.5釐米。計19字，未見圖版。墓磚編號P11M35：1。

錄文著錄：

《漢魏洛陽故城南郊東漢刑徒墓地》116頁。

元初111

刑徒髡鉗貫紀葬磚二種

元初六年（119）閏（五）月十二日死。1964年河南省偃師市佃莊鎮西大郊村發掘出土。一磚長15、寬23、厚11釐米；文4行，行3至6字不等。一磚長16、寬20、厚11.5釐米；文3行，行2至4字不等，隸書。

著錄：

《漢魏洛陽故城南郊東漢刑徒墓地》116頁（文），附圖296、297。

元初112

刑徒完城旦顏客葬磚

元初六年（119）閏（五）月十四日。1964年河南省偃師市佃莊鎮西大郊村發掘出土。長30、寬21、厚11.5釐米。文4行，行5至6字，隸書。

著錄：

《漢魏洛陽故城南郊東漢刑徒墓地》116頁（文）、附圖291。

元初113

刑徒髡鉗孔奴葬磚二種

元初六年（119）閏（五）月十四日死。1964年河南省偃師市佃莊鎮西大郊村發掘出土。一磚長19.5、寬23、厚11.5釐米；文5行，前4行行4至5字，末行2字。一磚已破碎，文3行，行1至2字不等，隸書。

著錄：

《漢魏洛陽故城南郊東漢刑徒墓地》116頁（文），附圖298、299。

元初114

刑徒髡鉗□□葬磚

元初六年（119）閏（五）月十四日死。1964年河南省偃師市佃莊鎮西大郊村發掘出土。磚長24、寬23、厚11.5釐米；文4行，行4至5字，隸書。

著錄：

《漢魏洛陽故城南郊東漢刑徒墓地》116頁（文），附圖302。

元初115

刑徒髡鉗張午葬磚

元初六年（119）閏（五）月十（或作"廿"）四日死。1964年河南省偃師市佃莊鎮西大郊村發掘出土，藏中國社會科學院考古研究所洛陽工作站。磚長24、寬23.5、厚12釐米。文4行，行4至6字不等。隸書。

著錄：

《中國古代磚刻銘文集》上、下冊編號0168。（圖、文）

《漢魏洛陽故城南郊東漢刑徒墓地》117頁（文），附圖333。

元初116

刑徒鬼新胡生代路次葬磚

元初六年（119）閏（五）月十四日卒。1964年河南省洛陽地區偃師縣佃莊鄉西大郊村出土，藏中國社會科學院考古研究所洛陽工作站。磚長20、寬16、厚11.5釐米。隸書，正、側面刻字，面4行，行4至5字；側續刻4字。

著錄：

《中國磚銘》圖版上冊178頁左下。（圖）

《中國古代磚刻銘文集》上、下冊編號0165。（圖、文）

《漢魏洛陽故城南郊東漢刑徒墓地》116頁（文），附圖300、301。

《漢魏六朝碑刻校注》1冊82頁（圖）、84頁（文）。

《漢魏六朝碑刻校注・總目提要》編號0115。（目）

元初117

刑徒髡鉗鄭故葬磚

元初六年（119）閏（五）月十四日死。1964年河南省偃師市佃莊鎮西大郊村發掘出土。長24、寬23.5、厚11.1釐米。文4行，行6字，第3行3字，隸書。

著錄：

《漢魏洛陽故城南郊東漢刑徒墓地》115頁（文）、附圖268。

元初118

刑徒髡鉗高孟葬磚

元初六年（119）閏（五）月十四日死。1964年河南省偃師市佃莊鎮西大郊村發掘出土。一磚長19、寬23.4、厚11.4釐米。文4行，行3至7字不等，隸書。

著錄：

《漢魏洛陽故城南郊東漢刑徒墓地》116頁（文），附圖309。

元初119

刑徒髡鉗周路葬磚

元初六年（119）閏（五）月十五日。1964年河南省偃師市佃莊鎮西大郊村發掘出土。長15、寬23、厚11.5釐米。文4行，前3行行7至8字，末行1字，隸書。

著錄：

《漢魏洛陽故城南郊東漢刑徒墓地》115頁（文）、附圖266。

元初120
刑徒髡鉗吳奴葬磚二種

元初六年（119）閏（五）月十五日死。1964年河南省偃師市佃莊鎮西大郊村發掘出土。一磚長20、寬23.5、厚11.5釐米；文4行，滿行6字。一磚長20、寬23、厚11.7釐米；文2行，行4或6字，隸書。

著錄：

《漢魏洛陽故城南郊東漢刑徒墓地》116頁（文），附圖304、305。

元初121
刑徒髡鉗沈漢葬磚二種

元初六年（119）閏（五）月十五日死。1964年河南省偃師市佃莊鎮西大郊村發掘出土。一磚長16、寬23.5、厚12釐米；文3行，行6至8字。一磚長11.5、寬23、厚10釐米；文2行，行4或6字，隸書。

著錄：

《漢魏洛陽故城南郊東漢刑徒墓地》116頁（文），附圖306、307。

元初122
刑徒鬼薪史嬰葬磚

元初六年（119）閏（五）月十六日死。1964年河南省偃師市佃莊鎮西大郊村發掘出土。磚長28、寬23、厚11釐米。文4行，行5字，隸書。

著錄：

《漢魏洛陽故城南郊東漢刑徒墓地》116頁（文），附圖318。

元初123
刑徒鬼薪張卿葬磚

元初六年（119）閏（五）月十七日死。1964年河南省偃師市佃莊鎮西大郊村發掘出土。一磚長19、寬23.5、厚11.7釐米。文4行，行4至6字，隸書。

著錄：

《漢魏洛陽故城南郊東漢刑徒墓地》116頁（文），附圖311。

元初 124
刑徒髡鉗孟贖葬磚二種

元初六年（119）閏（五）月十七日死。1964 年河南省偃師市佃莊鎮西大郊村發掘出土。一磚長 19、寬 23、厚 11.4—11.7 釐米；文 3 行，行 3 至 4 字。一磚長 21.5、寬 23.5、厚 11.5 釐米；文 5 行，行 2 至 5 字，隸書。

著錄：

《漢魏洛陽故城南郊東漢刑徒墓地》116 頁（文），附圖 312、313。

元初 125
刑徒司寇木召葬磚二種

元初六年（119）閏（五）月十八日死。1964 年河南省洛陽地區偃師縣佃莊鄉西大郊村出土，藏中國社會科學院考古研究所洛陽工作站。一磚長 17.7、寬 23.5、厚 12 釐米；文 4 行，行 4 至 6 字不等。一磚長 16、寬 23、厚 11.5 釐米。文 3 行，行 6 至 7 字，隸書。

著錄：

《中國磚銘》圖版上冊 180 頁下。（圖）

《中國古代磚刻銘文集》上、下冊編號 0166。（圖、文）

《漢魏六朝碑刻校注》1 冊 82 頁（圖）、84 頁（文）。

《漢魏洛陽故城南郊東漢刑徒墓地》116 頁（文），附圖 314、315。

《漢魏六朝碑刻校注·總目提要》編號 0115。（目）

元初 126
刑徒完城旦謝官葬磚二種

元初六年（119）閏（五）月十九日死。1964 年河南省偃師市佃莊鎮西大郊村發掘出土。一磚長 18.5、寬 23.5、厚 12 釐米；文 4 行，前 3 行行 6 至 7 字。一磚長 18、寬 17、厚 11.3 釐米；文 3 行，行 3 至 4 字，隸書。

著錄：

《漢魏洛陽故城南郊東漢刑徒墓地》116 頁（文），附圖 319、320。

元初 127
刑徒髡鉗譚肥葬磚二種

元初六年（119）閏（五）月十九日死。1964 年河南省偃師市佃莊鎮西大郊村發掘出土。一磚長26、寬24、厚12釐米；文4行，行4至6字。一磚長14、寬23、厚12釐米；文2行，行4至6字，隸書。

著錄：

《漢魏洛陽故城南郊東漢刑徒墓地》116頁（文），附圖321、322。

元初 128

刑徒髡鉗黃日葬磚二種

元初六年（119）閏（五）月十九日死。1964年河南省偃師市佃莊鎮西大郊村發掘出土。一磚長25、寬23.5、厚11.5釐米；文4行，行4至6字。一磚長14、寬23、厚11釐米；文2行，行4至6字，隸書。

著錄：

《漢魏洛陽故城南郊東漢刑徒墓地》116頁（文），附圖323、324。

元初 129

刑徒髡鉗金（？）陵葬磚二種

元初六年（119）閏（五）月廿日死。1964年河南省偃師市佃莊鎮西大郊村發掘出土。一磚長9.5、寬20、厚11.22釐米；文2行，行5字，隸書。一磚長24、寬23.5、厚11.7釐米；文計19字，未見圖版。

著錄：

《漢魏洛陽故城南郊東漢刑徒墓地》116頁（文），附圖325。

元初 130

刑徒完城旦渭陽葬磚二種

元初六年（119）閏（五）月廿三日死。1964年河南省偃師市佃莊鎮西大郊村發掘出土。一磚長19、寬27、厚5.3釐米；文4行，行4至6字。一磚長12、寬23.5、厚8釐米；文3行，行7字，隸書。

著錄：

《漢魏洛陽故城南郊東漢刑徒墓地》117頁（文），附圖326、327。

元初 131

刑徒髡鉗乾廬葬磚二種

元初六年（119）閏（五）月廿三日卒，1964年河南省洛陽地區偃師縣佃莊鄉西大郊村出土，藏中國社會科學院考古研究所洛陽工作站。

一磚長 24、寬 23.5、厚 12 釐米；一磚長 11、寬 23.5、厚 11 釐米。文皆 3 行，行 6 至 7 字，隸書。

著錄：

《中國古代磚刻銘文集》上、下冊編號 0167。（圖、文）

《漢魏洛陽故城南郊東漢刑徒墓地》117 頁（文），附圖 328、329。

元初 132

刑徒髡鉗吳捐葬磚

元初六年（119）閏（五）月廿五日卒，1964 年河南省洛陽地區偃師縣佃莊鄉西大郊村出土，藏中國社會科學院考古研究所洛陽工作站。磚長 16、寬 24、厚 12 釐米。隸書，4 行，前 3 行行 6 至 7 字，末行 1 字。

著錄：

《中國古代磚刻銘文集》上、下冊編號 0169。（圖、文）

《漢魏洛陽故城南郊東漢刑徒墓地》117 頁（文），附圖 334。

元初 133

刑徒髡鉗陳元葬磚二種

元初六年（119）閏（五）月廿六日死。1964 年河南省偃師市佃莊鎮西大郊村發掘出土。一磚長 18、寬 23、厚 11.5 釐米；文 3 行，前 2 行行 4 或 5 字，末行 1 字。一磚長 26、寬 23、厚 11.4 釐米；文 4 行，行 4 至 6 字。隸書。

著錄：

《漢魏洛陽故城南郊東漢刑徒墓地》117 頁（文），附圖 337、338。

元初 134

刑徒髡鉗董未葬磚二種

元初六年（119）閏（五）月廿七日死。1964 年河南省洛陽地區偃師縣佃莊鄉西大郊村出土，藏中國社會科學院考古研究所洛陽工作站。一磚長 10.5、寬 23、厚 11.5 釐米；文 3 行，行 6 至 8 字不等。一磚長 16、寬 23.5、厚 11.5 釐米；文 4 行，前 3 行行 5 至 8 字，末行 1 字。隸書。

著錄：

《中國古代磚刻銘文集》上、下冊編號 0170。（圖、文）
《漢魏洛陽故城南郊東漢刑徒墓地》117 頁（文），附圖 339、340。

元初 135

刑徒完城旦應丁葬磚二種

元初六年（119）閏（五）月廿九日死。1964 年河南省偃師市佃莊鎮西大郊村出土。一磚長 24、寬 16、厚 11.5 釐米；文 3 行，行 5 至 6 字。一磚長 20、寬 23、厚 11.5 釐米；文 3 行，行 3 至 10 字不等。隸書。

著錄：

《漢魏洛陽故城南郊東漢刑徒墓地》117 頁（文），附圖 341、342。

元初 136

刑徒完城旦池建葬磚二種

元初（六年？119）閏（五）月廿九日。1964 年河南省洛陽地區偃師縣佃莊鄉西大郊村出土，藏中國社會科學院考古研究所洛陽工作站。一磚長 13、寬 23.5、厚 12 釐米；文 2 行，行 5 或 6 字。一磚長 24、寬 23.5、厚 11.5 釐米；6 行，行 2 至 5 字不等。隸書。

著錄：

《中國古代磚刻銘文集》上、下冊編號 0171。（圖、文）
《漢魏洛陽故城南郊東漢刑徒墓地》117 頁（文），附圖 343、344。

元初 137

刑徒髡鉗□故葬磚

元初六年（119）閏（五）月。1964 年河南省偃師市佃莊鎮西大郊村發掘出土。磚長 29、寬 22、厚 11.5 釐米。文計 16 字，未見圖版。墓磚編號 P11M41：2。

錄文著錄：

《漢魏洛陽故城南郊東漢刑徒墓地》116 頁。

元初 138

刑徒完城旦趙賓葬磚

元初六年（119）六月五日死。1964 年河南省偃師市佃莊鎮西大郊村出土。磚長 18、寬 23.5、厚 12 釐米。文 5 行，前 4 行行 4 至 6 字，末行

1 字，隸書。

著錄：

《漢魏洛陽故城南郊東漢刑徒墓地》117 頁（文），附圖 345。

元初 139

刑徒髡鉗孫樂葬磚

元初六年（119）六月十六日物故。1964 年河南省偃師市佃莊鎮西大郊村發掘出土。長 15、寬 16.5、厚 6.8 釐米。文 4 行，第 3 行 1 字，餘行 6 至 13 字不等，隸書。

著錄：

《漢魏洛陽故城南郊東漢刑徒墓地》101 頁（文）、附圖 33。

元初 140

刑徒鬼新蔡安葬磚

元初六年（119）六月廿日。1964 年河南省偃師市佃莊鎮西大郊村發掘出土。長 22.5、寬 23.5、厚 12 釐米。文 4 行，行 4 至 8 字，隸書。

著錄：

《漢魏洛陽故城南郊東漢刑徒墓地》114 頁（文）、附圖 236。

元初 141

刑徒司寇胡高葬磚

元初六年（119）六月廿七日死。1964 年河南省偃師市佃莊鎮西大郊村發掘出土。磚已破碎。文 4 行，行 4 至 6 字，隸書。

著錄：

《漢魏洛陽故城南郊東漢刑徒墓地》112 頁（文）、附圖 209。

元初 142

刑徒髡鉗王柱葬磚二種

元初六年（119）六月廿□。1964 年河南省偃師市佃莊鎮西大郊村發掘出土。一磚長 15.5、寬 24、厚 11.5 釐米；1 行 2 字。一磚長 20、寬 23.5、厚 12 釐米；正、背刻字，正面計 17 字，背面 2 字。隸書。

著錄：

《漢魏洛陽故城南郊東漢刑徒墓地》99 頁（文）、附圖 14（1）。

元初 143

刑徒完城旦魏山葬磚

元初六年（119）八月廿六日死。1964 年河南省偃師市佃莊鎮西大郊村發掘出土。長 12、寬 20、厚 11.5 釐米。文 4 行，滿行 6 字，隸書。

著錄：

《漢魏洛陽故城南郊東漢刑徒墓地》101 頁（文）、附圖 35。

元初 144

刑徒髡鉗任安葬磚二種

元初六年（119）八月廿六日死。1964 年河南省偃師市佃莊鎮西大郊村發掘出土。一磚長 28、寬 23.5、厚 11.5 釐米；文 4 行，行 4 至 6 字。一磚長 20.5、寬 23.5、厚 11.5 釐米。2 行，行 4 至 5 字；隸書。

著錄：

《漢魏洛陽故城南郊東漢刑徒墓地》113 頁（文）、附圖 215、216。

元初 145

刑徒髡鉗杜孟葬磚

元初六年（119）八月廿七日死。1964 年河南省偃師市佃莊鎮西大郊村發掘出土。長 27、寬 23.5、厚 12 釐米。正側刻字，正面文 4 行，前 3 行行 6 至 7 字，末行 1 字；側 4 字，隸書。

著錄：

《漢魏洛陽故城南郊東漢刑徒墓地》113 頁（文）、附圖 217。

元初 146

刑徒髡鉗張利葬磚二種

元初六年（119）八月廿七日。1964 年河南省偃師市佃莊鎮西大郊村發掘出土。一磚長 26.5、寬 23.5、厚 11.5 釐米；文 3 行，行 5 至 7 字。一磚長 18、寬 23.4、厚 11.5 釐米；文 2 行，行 4 或 5 字；隸書。

著錄：

《漢魏洛陽故城南郊東漢刑徒墓地》113 頁（文），附圖 227、228。

元初 147
刑徒髡鉗魯久葬磚二種

元初六年（119）八月廿七日死。1964 年河南省偃師市佃莊鎮西大郊村發掘出土。一磚長 20、寬 23.5、厚 11.8 釐米；文 4 行，行 4 至 7 字。一磚長 14、寬 23、厚 12 釐米；3 行，前 2 行行 4 或 5 字，末行 1 字；隸書。

著錄：

《漢魏洛陽故城南郊東漢刑徒墓地》113 頁（文）、附圖 223、224。

元初 148
刑徒鬼新亥奉葬磚二種

元初六年（119）八月廿九日死。1964 年河南省偃師市佃莊鎮西大郊村發掘出土。一磚長 23.6、寬 23.4、厚 11.5 釐米；文 4 行，行 4 至 6 字；一磚長 26.5、寬 23.5、厚 11.5 釐米；2 行，行 3 至 6 字；隸書。

著錄：

《漢魏洛陽故城南郊東漢刑徒墓地》113 頁（文）、附圖 221、222。

元初 149
刑徒髡鉗遂政葬磚

元初六年（119）八月卅日死。1964 年河南省偃師市佃莊鎮西大郊村發掘出土。一磚長 26.5、寬 23、厚 12 釐米；文 4 行，行 3 至 6 字；一磚長 20.5、寬 23.5、厚 12 釐米；文 4 行，行 3 至 4 字；隸書。

著錄：

《漢魏洛陽故城南郊東漢刑徒墓地》113 頁（文），附圖 225、226。

元初 150
刑徒完城旦鵠□葬磚

元初六年（119）八月卅日死。1964 年河南省偃師市佃莊鎮西大郊村發掘出土。長 26.5、寬 23.5、厚 11.5 釐米。文 4 行，前 3 行行 6 至 7 字，末行 1 字，隸書。

著錄：

《漢魏洛陽故城南郊東漢刑徒墓地》113 頁（文）、附圖 232。

元初 151

刑徒髠鉗張耳葬磚

元初六年（119）九月一日。1964 年河南省偃師市佃莊鎮西大郊村發掘出土。長 31、寬 23、厚 11.5 釐米。正面文 3 行，行 4 至 9 字不等，隸書。側 1 行 2 字。

著錄：

《漢魏洛陽故城南郊東漢刑徒墓地》114 頁（文）、附圖 241、240（3）。

元初 152

刑徒鬼新張錄葬磚

元初六年（119）九月二日卒。河南省偃師市西大郊村採集，曾歸洛陽張氏。殘長 21、寬 23 釐米。4 行，行 3 至 6 字不等，隸書。

著錄：

《東漢刑徒磚攟存》171 頁。（圖、文）

元初 153

刑徒髠鉗夏文葬磚

元初六年（119）九月三日死。1964 年河南省偃師市佃莊鎮西大郊村發掘出土。長 19.5、寬 23.5、厚 12 釐米。文 3 行，前 2 行 7 至 9 字，末行 3 字，隸書。

著錄：

《漢魏洛陽故城南郊東漢刑徒墓地》106 頁（文）、附圖 101。

元初 154

刑徒無任□□□葬磚

元初六年（119）九月三日死。1964 年河南省偃師市佃莊鎮西大郊村發掘出土。長 23、寬 23、厚 12 釐米。文 4 行，滿行 4 字，隸書。

著錄：

《漢魏洛陽故城南郊東漢刑徒墓地》114 頁（文）、附圖 244。

元初 155

刑徒髡鉗寧猛葬磚

元初六年（119）九月三日死。1964 年河南省偃師市佃莊鎮西大郊村發掘出土。長 18、寬 23.5、厚 12 釐米。文 4 行，前 3 行行 4 至 7 字，末行 1 字，隸書。

著錄：

《漢魏洛陽故城南郊東漢刑徒墓地》114 頁（文）、附圖 249。

元初 156

刑徒完城旦張諸葬磚

元初六年（119）九月三日。1964 年河南省偃師市佃莊鎮西大郊村發掘出土。長 15、寬 23.5、厚 11 釐米。文 4 行，前 3 行行 5 至 6 字，末行 3 字，隸書。

著錄：

《漢魏洛陽故城南郊東漢刑徒墓地》114 頁（文）、附圖 256。

元初 157

刑徒司寇涂始葬磚

元初六年（119）九月四日死。1964 年河南省偃師市佃莊鎮西大郊村發掘出土。長 21.5、寬 23.5、厚 12 釐米。文 4 行，前 3 行行 5 至 6 字，末行 1 字，隸書。

著錄：

《漢魏洛陽故城南郊東漢刑徒墓地》114 頁（文）、附圖 246。

元初 158

刑徒髡鉗張寶葬磚

元初六年（119）九月四日死。1964 年河南省偃師市佃莊鎮西大郊村發掘出土。長 15、寬 23、厚 11.5 釐米。文 3 行，行 4 至 9 字不等，隸書。

著錄：

《漢魏洛陽故城南郊東漢刑徒墓地》114 頁（文）、附圖 253。

元初 159
刑徒完城旦周王葬磚二種

元初六年（119）九月五日死。1964 年河南省偃師市佃莊鎮西大郊村發掘出土。一磚長 27.4、寬 23.5、厚 12 釐米；文 4 行，前 3 行行 5 至 7 字，末行 1 字。一磚長 21.3、寬 23、厚 11.5 釐米；3 行，行 6 至 8 字。隸書。

著錄：

《漢魏洛陽故城南郊東漢刑徒墓地》114 頁（文），附圖 248、250。

元初 160
刑徒髡鉗何陵葬磚

元初六年（119）九月五日死。1964 年河南省偃師市佃莊鎮西大郊村發掘出土。長 26.5、寬 23、厚 12 釐米。文 4 行，前 3 行 5 至 6 字，末行 3 字，隸書。

著錄：

《漢魏洛陽故城南郊東漢刑徒墓地》112 頁（文）、附圖 195。

元初 161
刑徒髡鉗崔旦葬磚

元初六年（119）九月五日死。1964 年河南省偃師市佃莊鎮西大郊村發掘出土。長 24、寬 23.5、厚 11 釐米。正、側刻字，正面文 4 行，首行 2 字，後 3 行行 4 至 5 字，側 1 行 2 字，隸書。

著錄：

《漢魏洛陽故城南郊東漢刑徒墓地》112 頁（文）、附圖 206、203（3）。

元初 162
刑徒完城旦王寄葬磚

元初六年（119）九月五日死。1964 年河南省偃師市佃莊鎮西大郊村發掘出土。長 28、寬 23.5、厚 11.5 釐米。文 4 行，行 4 至 7 字不等，隸書。

著錄：

漢 代 805

《漢魏洛陽故城南郊東漢刑徒墓地》113 頁（文）、附圖 230。

元初 163
刑徒髡鉗宋盃葬磚

元初六年（119）九月五日死。1964 年河南省偃師市佃莊鎮西大郊村發掘出土。長 22、寬 23、厚 12 釐米。文 4 行，行 3 至 6 字不等，隸書。

著錄：

《漢魏洛陽故城南郊東漢刑徒墓地》114 頁（文）、附圖 243。

元初 164
刑徒髡鉗□橫葬磚二種

元初六年（119）九月六日死。1964 年河南省偃師市佃莊鎮西大郊村發掘出土。一磚長 20.5、寬 23、厚 12 釐米；文 5 行，前 4 行行 4 至 6 字不等，末行 1 字，隸書。一磚長 30、寬 23、厚 12 釐米；10 字，未見圖版。

著錄：

《漢魏洛陽故城南郊東漢刑徒墓地》114 頁（文）、附圖 242。

元初 165
刑徒司寇趙寄葬磚

元（初?）六年（119）九月十日物故。1964 年河南省偃師市佃莊鎮西大郊村發掘出土。長 21、寬 23.5、厚 12 釐米。文 4 行，前 3 行 5 至 6 字，末行 2 字，隸書。

著錄：

《漢魏洛陽故城南郊東漢刑徒墓地》106 頁（文）、附圖 99。

備考：東漢以"元"開頭的年號僅"元初"。

元初 166
刑徒無任魯王葬磚

元初六年（119）九月廿日死。1964 年河南省偃師市佃莊鎮西大郊村發掘出土。磚已破碎。計 13 字，未見圖版。墓磚編號 P9M30：1。

錄文著錄：

《漢魏洛陽故城南郊東漢刑徒墓地》112 頁。

元初 167

刑徒完城旦□寧慶葬磚

元初六年（119）九月廿二日死。1964 年河南省偃師市佃莊鎮西大郊村發掘出土。長 22、寬 23、厚 11.5 釐米。文 4 行，行 4 至 6 字，隸書。

著錄：

《漢魏洛陽故城南郊東漢刑徒墓地》113 頁（文）、附圖 213。

備考：圖版末行的"同奇"二字，當是另一刑徒。

元初 168

刑徒髡鉗戴高葬磚

元初六年（119）九月廿二日死。1964 年河南省偃師市佃莊鎮西大郊村發掘出土。長 17、寬 23、厚 11.5 釐米。文 4 行，行 4 至 7 字，隸書。

著錄：

《漢魏洛陽故城南郊東漢刑徒墓地》112 頁（文）、附圖 198。

元初 169

刑徒完城旦陳扶葬磚

元初六年（119）九月廿四日死。1964 年河南省偃師市佃莊鎮西大郊村發掘出土。長 26、寬 23.5、厚 10.5 釐米。文 4 行，行 3 至 7 字不等，隸書。

著錄：

《漢魏洛陽故城南郊東漢刑徒墓地》111 頁（文）、附圖 189。

元初 170

刑徒完城旦翁□葬磚

元初六年（119）十月二日死。1964 年河南省偃師市佃莊鎮西大郊村發掘出土。長 26.5、寬 13.5、厚 11.5 釐米。文 3 行，前 2 行 9 至 10 字，末行 1 字，隸書。

著錄：

《漢魏洛陽故城南郊東漢刑徒墓地》112 頁（文）、附圖 199。

元初 171

刑徒髡鉗馬始葬磚

元初六年（119）十月二日死。1964 年河南省偃師市佃莊鎮西大郊村發掘出土。長 18.5、寬 23.5、厚 12 釐米。文 3 行，行 4 至 7 字，隸書。

著錄：

《漢魏洛陽故城南郊東漢刑徒墓地》108 頁（文）、附圖 124。

元初 172

刑徒髡鉗馮次葬磚

元初六年（119）十月廿三日死。1964 年河南省偃師市佃莊鎮西大郊村發掘出土。長 22、寬 23、厚 11.5 釐米。文 4 行，行存 4 至 6 字不等，隸書。

著錄：

《漢魏洛陽故城南郊東漢刑徒墓地》112 頁（文）、附圖 193。

元初 173

刑徒髡鉗□□葬磚

元初六年（119）十月廿八日物故。1964 年河南省偃師市佃莊鎮西大郊村發掘出土。長 15、寬 23.5、厚 11.5 釐米。文 3 行，前 2 行行 9 或 11 字，末行 4 字，隸書。

著錄：

《漢魏洛陽故城南郊東漢刑徒墓地》108 頁（文）、附圖 133。

元初 174

刑徒髡鉗張□葬磚

□（元？）初六年（119）十二月。1964 年河南省偃師市佃莊鎮西大郊村發掘出土。磚長 20、寬 21、厚 11 釐米。文 4 行，行存 3 至 6 字，隸書。

著錄：

《漢魏洛陽故城南郊東漢刑徒墓地》117 頁（文），附圖 331。

元初 175

刑徒髡鉗魯畢葬磚

元初六年（119）□月二日死。1964 年河南省偃師市佃莊鎮西大郊村發掘出土。長 24、寬 23.5、厚 11.5 釐米。文 4 行，行 4 至 6 字，隸書。

著錄：

《漢魏洛陽故城南郊東漢刑徒墓地》113 頁（文）、附圖 233。

元初 176
刑徒髡鉗囗叔葬磚

元初六年（119）囗月三日。1964 年河南省偃師市佃莊鎮西大郊村發掘出土。長 18、寬 23、厚 10.5 釐米。文 4 行，行存 4 至 5 字不等，隸書。

著錄：

《漢魏洛陽故城南郊東漢刑徒墓地》112 頁（文）、附圖 192。

元初 177
刑徒司寇周非葬磚

元初六年（119）囗月八日死。1964 年河南省偃師市佃莊鎮西大郊村發掘出土。磚長 15、寬 23.5、厚 11.5 釐米。正、背刻字，正面文 4 行，前 3 行行 5 至 8 字不等，末行 1 字；背面 1 行 2 字。隸書。

著錄：

《漢魏洛陽故城南郊東漢刑徒墓地》116 頁（文），附圖 317。

元初 178
刑徒髡鉗魯申葬磚

元初六年（119）物故。1964 年河南省偃師市佃莊鎮西大郊村發掘出土。長 16、寬 23.5、厚 11.5 釐米。正、側刻字，正面文 3 行，行 5 至 6 字；側面 1 行 2 字，隸書。

著錄：

《漢魏洛陽故城南郊東漢刑徒墓地》114 頁（文）、附圖 263、262(3)。

元初 179
刑徒完城旦關吳葬磚

元初六年（119）囗月七日死。1964 年河南省偃師市佃莊鎮西大郊村發掘出土。長 30、寬 23、厚 11.5 釐米。文 4 行，前 3 行行 4 至 7 字，末行 1 字，隸書。

著錄：

《漢魏洛陽故城南郊東漢刑徒墓地》115頁（文）、附圖282。

元初 180
刑徒完城旦涂孫葬磚三種

元初七年（120）二月廿日死。1964年河南省偃師市佃莊鎮西大郊村發掘出土。一磚長25、寬23、厚7釐米；文4行，行4至6字。一磚長20、寬23.5、厚11.7釐米；1行2字。一磚長20、寬17、厚11.3釐米；2字，未見圖版。隸書。

著錄：

《漢魏洛陽故城南郊東漢刑徒墓地》105頁（文）、附圖85、84（2）。

元初 181
刑徒髡鉗王朝葬磚二種

元初七年（120）二月廿日死。1964年河南省偃師市佃莊鎮西大郊村發掘出土。一磚在坑北，長13、寬17、厚11.7釐米；文4行，前3行滿行6字，末行1字。一磚在坑中，磚已破碎，2行，行1或10字。隸書。

著錄：

《漢魏洛陽故城南郊東漢刑徒墓地》105頁（文）、附圖87。

元初 182
刑徒呂野葬磚

元初七年（120）二月廿三日死。1964年河南省偃師市佃莊鎮西大郊村發掘出土，磚已破碎。計15字，未見拓本。墓磚編號P4M29：3。

錄文著錄：

《漢魏洛陽故城南郊東漢刑徒墓地》104頁。

元初 183
刑徒髡鉗張超葬磚

元初七年（120）二月廿六日死。1964年河南省偃師市佃莊鎮西大郊村發掘出土。長20、寬23.5、厚11.5釐米。文3行，行5至8字，隸書。

著錄：

《漢魏洛陽故城南郊東漢刑徒墓地》104頁（文）、附圖69。

元初 184

刑徒髡鉗寧叩葬磚三種

元初七年（120）二月廿七日死。1964 年河南省偃師市佃莊鎮西大郊村發掘出土。一磚長24、寬23.4、厚11.4 釐米；文4行，行4至7字，隸書。一磚長14、寬23、厚11.3 釐米；1 行2 字，隸書。一磚長14，寬23.4、厚11 釐米；2 字，未見圖版。

著錄：

《漢魏洛陽故城南郊東漢刑徒墓地》106 頁（文）、附圖 94、93（2）。

元初 185

刑徒髡鉗□□葬磚

元初七年（120）四月。河南省偃師市西大郊村採集，曾歸洛陽張氏。殘長17、寬20.5 釐米。3 行，行4 至5 字，隸書。

著錄：

《東漢刑徒磚擴存》173 頁。（圖、文）

元初 186

刑徒髡鉗薛宗葬磚

元初七年（120）五月一日。河南省偃師市西大郊村採集，曾歸洛陽張氏。殘長24、寬29 釐米。4 行，前3 行行5 至7 字，末行1 字，隸書。

著錄：

《東漢刑徒磚擴存》174 頁。（圖、文）

元初 187

刑徒髡鉗孫己葬磚

元初七年（120）十一月二日。河南省偃師市西大郊村採集，曾歸洛陽張氏。殘長21、寬23 釐米。4 行，行5 至7 字，隸書。

著錄：

《東漢刑徒磚擴存》175 頁。（圖、文）

元初 188

刑徒完城旦江鹿葬磚

元初□年（114—120）三月廿三日。近年河南省偃師市西大郊村採集，曾歸汝州宗氏。磚長 21.5、寬 15.5 釐米。3 行，行 5 至 7 字，隸書。

著錄：

《東漢刑徒磚擴存》176 頁。（圖、文）

元初 189

刑徒髠鉗置□葬磚

元初□年（114—120）。河南省偃師市西大郊村採集，曾歸汝州宗氏。殘長 13、寬 13 釐米。3 行，行存 1、4、5 字，隸書。

著錄：

《東漢刑徒磚擴存》177 頁。（圖、文）

元初 190

刑徒完城旦鹿伯葬磚

元初年間（114—120）。1964 年河南省偃師市佃莊鎮西大郊村發掘出土。長 16、寬 24、厚 11 釐米。文 3 行，行 3 至 6 字，隸書。

著錄：

《漢魏洛陽故城南郊東漢刑徒墓地》105 頁（文）、附圖 92。

元初 191

刑徒完城旦黃初葬磚

元初年間（114—120）十二日物故。1964 年河南省偃師市佃莊鎮西大郊村發掘出土。長 26.5、寬 26、厚 6 釐米。文 5 行，前 3 行行 6 至 8 字，後 2 行行 3 字，隸書。

著錄：

《漢魏洛陽故城南郊東漢刑徒墓地》112 頁（文）、附圖 202。

元初 192

刑徒髠鉗曾元葬磚

元□（初？）□年（114—120）三月卅日死。1964 年河南省偃師市佃莊鎮西大郊村發掘出土。長 20、寬 23.5、厚 12 釐米。文 3 行，行存 6 字，隸書。

著錄：

《漢魏洛陽故城南郊東漢刑徒墓地》114 頁（文）、附圖 237。

元初 193

刑徒完城旦秦房葬磚

元初□年（114—120）正月七日死。1964 年河南省偃師市佃莊鎮西大郊村發掘出土。長 25、寬 23、厚 11.5 釐米。文 3 行，行存 4 至 5 字，隸書。

著錄：

《漢魏洛陽故城南郊東漢刑徒墓地》114 頁（文）、附圖 255。

元初 194

刑徒完城旦劉丫葬磚

元初（114—120）五月十五日。1964 年以前河南省洛陽地區偃師縣西大郊出土，中國歷史博物館藏磚。尺寸不詳。計 21 字。未見圖版。

錄文著錄：

《漢魏洛陽故城南郊東漢刑徒墓地》續附錄三·歷博 3，178 頁。

永　寧

永寧 001

刑徒鬼新陳幼葬磚

永寧元年（120）二月三日。1964 年河南省偃師市佃莊鎮西大郊村發掘出土。長 13、寬 24、厚 11.5 釐米。文 5 行，行 3 至 5 字不等，隸書。

著錄：

《漢魏洛陽故城南郊東漢刑徒墓地》101 頁（文）、附圖 37。

永寧 002

刑徒髡鉗陳賢葬磚

永寧元年（120）五月一日死。1964 年河南省偃師市佃莊鎮西大郊村發掘出土。長 23、寬 23、厚 11 釐米。文 4 行，前 3 行 5 至 7 字不等，末行 2 字，隸書。

著錄：

《漢魏洛陽故城南郊東漢刑徒墓地》103 頁（文）、附圖 65。

漢　代　813

永寧003

刑徒髡鉗彭洛葬磚

永寧元年（120）五月十日死。1964年河南省偃師市佃莊鎮西大郊村發掘出土。長20、寬23.5、厚11.5釐米。文4行，前3行行6至7字不等，末行2字，隸書。

著錄：

《漢魏洛陽故城南郊東漢刑徒墓地》104頁（文）、附圖67。

永寧004

刑徒完城旦委文葬磚三種

永寧元年（120）五月十一日。1964年河南省洛陽地區偃師縣佃莊鄉西大郊村出土，藏中國社會科學院考古研究所洛陽工作站。一磚長20、寬23.5、厚11.7釐米；1行2字。一磚長28、寬23.7、厚10釐米；1行2字。一磚長23、寬23.4、厚11.5釐米，5行，行3至6字不等。隸書。

著錄：

《中國古代磚刻銘文集》上、下冊編號0172（圖、文）。

《漢魏洛陽故城南郊東漢刑徒墓地》104頁（文）、附圖70（1，2）、71。

永寧005

刑徒鬼新張伯葬磚二種

永寧元年（120）五月十六日死。1964年河南省偃師市佃莊鎮西大郊村發掘出土。一磚長14、寬14、厚11.7釐米；1行2字。一磚長26、寬24、厚11.5釐米；文4行，行4至6字。隸書。

著錄：

《漢魏洛陽故城南郊東漢刑徒墓地》104頁（文）、附圖74（4）、75。

永寧006

刑徒髡鉗□玉葬磚

永寧元年（120）八月廿四日死。1964年河南省偃師市佃莊鎮西大郊村發掘出土。長32.3、寬16.4、厚6.4釐米。文3行，行5至9字不等，隸書。

著錄：

《漢魏洛陽故城南郊東漢刑徒墓地》101 頁（文）、附圖 32。

永寧 007

無任髠鉗涂次葬磚二種

永寧元年（120）十一月三日死。1964 年河南省偃師市佃莊鎮西大郊村發掘出土。一磚長 19.5、寬 23.5、厚 11.5 釐米；文 3 行，行 6 至 8 字不等，隸書。一磚長 17、寬 33、厚 12 釐米；2 字，未見圖版。

著錄：

《漢魏洛陽故城南郊東漢刑徒墓地》100 頁（文）、附圖 22。

永寧 008

刑徒無任完城旦胡蒲葬磚

永寧元年（120）十二月廿三日死。1964 年河南省偃師市佃莊鎮西大郊村發掘出土。長 28、寬 24、厚 12 釐米。文 4 行，行 5 至 6 字不等，隸書。

著錄：

《漢魏洛陽故城南郊東漢刑徒墓地》98 頁（文）、附圖 2。

永寧 009

刑徒無任孟孫葬磚

永寧二年（121）六月十二日死。1964 年河南省偃師市佃莊鎮西大郊村發掘出土。長 26、寬 13、厚 6 釐米。文 3 行，行 5 至 7 字不等，隸書。

著錄：

《漢魏洛陽故城南郊東漢刑徒墓地》101 頁（文）、附圖 28。

建　光

建光 001

刑徒髠鉗□□葬磚

建光二年（122）四月六日物故。1964 年河南省偃師市佃莊鎮西大郊村出土。尺寸不詳。文 4 行，前 3 行行 6 至 9 字，末行 2 字，隸書。

著錄：

《漢魏洛陽故城南郊東漢刑徒墓地》121頁（文），附圖435。

延 光

延光001

刑徒髡鉗許崇葬磚

延光元年（122）七月。河南省偃師市西大郊村附近採集，現存洛陽。殘長23、寬23.2釐米。隸書，4行，首行磨泐，餘3行行存4至5字。

著錄：

《東漢刑徒磚擴存》179頁。（圖、文）

延光002

刑徒髡鉗□□葬磚

延光元年（122）十二月十□日。1964年河南省偃師市佃莊鎮西大郊村發掘出土。磚已破碎。文4行，行3至7字不等，隸書。

著錄：

《漢魏洛陽故城南郊東漢刑徒墓地》112頁（文）、附圖207。

延光003

刑徒完城旦安達葬磚

延光二年（123）□月三日卒。2005年河南省偃師市西大郊村附近採集，現存洛陽張氏。殘長21.5、寬12.7、厚11釐米。隸書，4行，行3至6字不等。

著錄：

《東漢刑徒磚擴存》180頁。（圖、文）

延光004

刑徒完城旦李壽葬磚

延光三年（124）十二月十五日。1964年河南省偃師市佃莊鎮西大郊村發掘出土。長22.5、寬23.5、厚12釐米。文4行，行5至7字，隸書。

著錄：

《漢魏洛陽故城南郊東漢刑徒墓地》114頁（文）、附圖235。

延光 005

刑徒髡鉗□□葬磚

延光三年（124）死。1964年河南省偃師市佃莊鎮西大郊村發掘出土。長24.5、寬18、厚4.2釐米。文2行，行存4字，隸書。

著錄：

《漢魏洛陽故城南郊東漢刑徒墓地》107頁（文）、附圖110。

延光 006

刑徒司寇宋志代范保葬磚

延光四年（125）八月十五日卒。近年河南省偃師市西大郊村附近採集，現存洛陽張氏。殘長25、寬23釐米。隸書，4行，首行存2字，後3行行5至6字。

著錄：

《秦晉豫新出墓誌蒐佚續編》1冊18頁。（圖）

《東漢刑徒磚攟存》181頁。（圖、文）

延光 007

刑徒完城旦夏侯當葬誌

延光四年（125）九月一日。隸書。

碑目著錄：

《石刻名彙》11/183b，《新編》2/2/1119上。

《蒿里遺文目錄》3下/4a，《新編》2/20/14986上。

延光 008

刑徒完城旦梁奴葬磚

延光四年（125）十月廿二日卒，1964年春河南省洛陽地區偃師縣佃莊鄉西大郊村出土，藏中國社會科學院考古研究所洛陽工作站。磚高30.5、寬23.5釐米。隸書，4行，行4至7字不等。

著錄：

《中國磚銘》圖版上冊184頁下。（圖）

《中國古代磚刻銘文集》上、下冊編號0173。（圖、文）

《漢魏洛陽故城南郊東漢刑徒墓地》120頁（文），附圖418。

延光 009

刑徒完城旦□俟□葬磚

延光四年（125）物故。文4行，行4至7字。1958年河南省偃師縣出土。

錄文著錄：

黃士斌：《漢魏洛陽城刑徒墳場調查記》，《考古通訊》1958年第6期，43頁（八）。

永　建

永建 001

刑徒許伯左達葬磚

永建三年（128）四月。1964年以前河南省洛陽地區偃師縣西大郊出土，北京大學藏磚。尺寸不詳。計10字。未見圖版。

錄文著錄：

《漢魏洛陽故城南郊東漢刑徒墓地》續附錄三·北3，178頁。

永建 002

刑徒髡鉗高盖葬磚

永建四年（129）八月十五日。河南省偃師市西大郊村附近採集，存處不詳。殘長23.2、寬22.5釐米。隸書，5行，行3至6字不等。

著錄：

《東漢刑徒磚攟存》182頁。（圖、文）

永　和

永和 001

刑徒完城旦史國葬磚

永和三年（138）□月。河南省偃師出土。文4行，行4至6字，隸書。

錄文著錄：

黃士斌《漢魏洛陽城刑徒墳場調查記》，《考古通訊》1958年第6

期，42 頁（一）。

建　寧

建寧 001
刑徒紆便葬磚

建寧元年（168）七月十六日卒。河南省偃師縣出土，現藏中國歷史博物館。磚長23、寬22釐米。隸書，4行，行5至6字。

著錄：

《中國古代磚刻銘文集》上、下冊編號0181。（圖、文）

《蒿里遺文目錄》3下/4a，《新編》2/20/14986上。（目）

熹　平

熹平 001
刑徒髡鉗宣曉葬磚

又名：汝南山桑墓磚。熹平元年（172）十二月十九日物故。清末河南省偃師縣出土，曾歸端方，又歸張仁蠡，後歸北京大學文科研究所，1952年上截留北京大學歷史學系，下截歸故宮博物院；一說今存吉首大學博物館。磚上截高18、寬22釐米；下截高29、寬22釐米。隸書，3行，行6至9字不等。《東漢刑徒磚攟存》云：該磚有偽造刻石者，刻石者為贗品。

圖版著錄：

《草隸存》卷4，《新編》4/3/117。（磚）

《中國磚銘》圖版上冊208頁。（磚）

《中國古代磚刻銘文集》上冊編號0184。（磚）

《漢碑全集》4冊1448—1449頁。（石）

《漢魏六朝碑刻校注》1冊342頁。（石）

《東漢刑徒磚攟存》225頁。（石）

錄文著錄：

《匋齋藏甎記》卷上/15b，《新編》1/11/8445上。（節文）

《雪堂專錄·恒農專錄》11a－b，《羅雪堂先生全集》五編3冊

1201—1202 頁。

《中國古代磚刻銘文集》下冊編號 0184。

《漢碑全集》4 冊 1449 頁。

《漢魏六朝碑刻校注》1 冊 343 頁。

《東漢刑徒磚攈存》225 頁。

碑目題跋著錄：

《匋齋藏甎記》卷上/15b，《新編》1/11/8445 上。

《石刻名彙》11/184a，《新編》2/2/1119 下。

《崇雅堂碑錄補》1/2b，《新編》2/6/4551 下。

《蒿里遺文目錄》3 下/4b，《新編》2/20/14986 上。

《古誌彙目》1/1b，《新編》3/37/6。

《增補校碑隨筆・偽刻》（修訂本）416 頁。

《漢魏六朝碑刻校注・總目提要》編號 0332。

《碑帖鑒定》"新舊偽造各代石刻"，471 頁。

論文：

盧芳玉：《新見漢代志墓刻銘研究札記》，《中國書法》2004 年第 11 期。

張敏波：《吉首大學博物館藏宣曉刑徒磚》，《文物》2011 年第 7 期。

邱亮、毛遠明：《東漢"宣曉"刑徒磚真偽考辨》，《古籍整理研究學刊》2015 年第 6 期。

備考：《漢碑全集》、《漢魏六朝碑刻校注》、《東漢刑徒磚攈存》所載"熹平元年墓石""宣曉墓石"即是仿《髠鉗宣曉刑徒磚》刻於石上者，故云近年新發現於河南省鞏義市，實則該刑徒磚清末已經出土。《校碑隨筆》《碑帖鑒定》以其為贗品，蓋指刻石者。刻石者為贗品，引用圖版和錄文時尤需注意。

東漢無年號

東漢無年號 001

刑徒孫崔葬磚

東漢（25—220）。端方舊藏。高七寸二分，寬三寸三分。隸書。

著錄：

《匋齋藏甎記》卷下/11b，《新編》1/11/8451 上。（文、跋）

《石刻名彙》11/185a，《新編》2/2/1120 上。（目）

備考：因其與刑徒磚放置一起，故疑其也是刑徒磚。

東漢無年號 002

刑徒（髡）鉗郲伯葬磚

東漢（25—220）元□□年五月廿八日。河南省偃師市西大郊村採集，曾歸汝州宗氏。殘長 15、寬 22 釐米。隸書，殘存 4 行，行存 3 至 6 字不等。

著錄：

《東漢刑徒磚攈存》183 頁。（圖、文）

東漢無年號 003

刑徒鬼新張松葬磚

東漢（25—220）□□元年五月□日。河南省偃師市西大郊村附近採集，現存洛陽閱古堂。殘長 22、寬 23、厚 11 釐米。隸書，殘存 4 行，行存 4 至 6 字。

著錄：

《東漢刑徒磚攈存》184 頁。（圖、文）

東漢無年號 004

刑徒髡鉗丁同葬磚

東漢（25—220）二月六日。河南省偃師市西大郊村採集，洛陽韓氏存拓。長 23、寬 12.5 釐米。隸書，3 行，滿行 6 字。

著錄：

《東漢刑徒磚攈存》185 頁。（圖、文）

東漢無年號 005

刑徒完城旦石□葬磚

東漢（25—220）三月六日卒。2006 年秋河南省偃師市西大郊村出土，現存洛陽。殘長 23.5、寬 11.4、厚 11 釐米。隸書，存 3 行，行存 5 至 6 字。

著錄：

《東漢刑徒磚攈存》186 頁。（圖、文）

東漢無年號 006

刑徒完城旦祝德葬磚

東漢（25—220）五月二十日卒。河南省偃師市西大郊村採集，曾歸洛陽張氏。殘長 26.5、寬 13.5 釐米。隸書，3 行，前 2 行行 7 至 8 字，末行 1 字。

著錄：

《東漢刑徒磚擴存》187 頁。（圖、文）

東漢無年號 007

刑徒髡鉗侯慎葬磚

東漢（25—220）五月廿日卒。河南省偃師市西大郊村採集，洛陽古玩城存拓。殘長 17.5、寬 17.5 釐米。隸書，3 行，行 5 字。

著錄：

《東漢刑徒磚擴存》188 頁。（圖、文）

東漢無年號 008

刑徒髡鉗孫彪葬磚

東漢（25—220）六月一日卒。河南省偃師市西大郊村附近採集，曾歸汝州宗氏。殘長 31、寬 22、厚 11.5 釐米。隸書，3 行，行 4 字至 8 字。

著錄：

《東漢刑徒磚擴存》189 頁。（圖、文）

東漢無年號 009

刑徒完城旦楊寄葬磚

東漢（25—220）十二月十二日卒。河南省偃師市西大郊村採集，現存洛陽。殘長 23、寬 12 釐米。隸書，3 行，前 2 行行 7 或 9 字，末行 2 字。

著錄：

《東漢刑徒磚擴存》190 頁。（圖、文）

東漢無年號 010

刑徒髡鉗若□葬磚

東漢（25—220）五年十一月。河南省偃師市西大郊村採集，曾歸汝州宗氏。殘長 11、寬 14 釐米。隸書，2 行，行存 2 或 5 字。

著錄：

《東漢刑徒磚擴存》191 頁。（圖、文）

東漢無年號 011

刑徒完城旦錢宗葬磚

東漢（25—220）。河南省偃師市西大郊村採集，曾歸洛陽張氏。殘長 23、寬 24 釐米。隸書，4 行，可辨者 9 字。

著錄：

《東漢刑徒磚擴存》192 頁。（圖、文）

東漢無年號 012

刑徒鬼新陳□葬磚

東漢（25—220）。河南省偃師市西大郊村採集，曾歸汝州宗氏。殘長 14.4、寬 12.5 釐米。隸書，存 2 行，行 4 字。

著錄：

《東漢刑徒磚擴存》193 頁。（圖、文）

東漢無年號 013

刑徒舞陽王升葬磚

東漢（25—220）。河南省偃師市西大郊村出土，現存洛陽。殘長 13、寬 15 釐米。隸書，3 行，行存 2 至 4 字。

著錄：

《東漢刑徒磚擴存》195 頁。（圖、文）

東漢無年號 014

刑徒申令次葬磚

東漢（25—220）。河南省偃師市西大郊村附近採集，現存洛陽。殘長 23.4、寬 13 釐米。兩面刻，隸書，正面 1 行 3 字；背面 1 行 4 字。

著錄：

《東漢刑徒磚擴存》214 頁。（圖、文）

東漢無年號 015

刑徒鬼新鄭宗葬誌

東漢□和（25—220）二年正（二）月廿五日，或作章和二年。《中國磚銘》作"鬼新郭□墓磚"。清末河南省偃師縣出土，曾歸端方，後歸南皮張仁蠡，又歸北京大學文科研究所，1952年後藏故宫博物院。磚高24.5、寬21.5釐米。文隸書，3行，行3至10字不等。

著錄：

《中國磚銘》圖版上冊242頁。（圖）

《中國古代磚刻銘文集》上、下冊編號0034。（圖、文）

《匋齋藏甎記》卷上/4b，《新編》1/11/8439下。（文、跋）

《雪堂專錄·恒農專錄》3a－b，《羅雪堂先生全集》五編3冊1185—1186頁。（文）

《石刻名彙》11/182a，《新編》2/2/1118下。（目）

《蒿里遺文目錄》3下/1b，《新編》2/20/14984下。（目）

東漢無年號016

刑徒扶風武江完城旦殘葬磚

東漢（25—220）□□元年三月十日。清末河南省偃師縣出土，曾歸端方，又歸張仁蠡，後歸北京大學文科研究所，1952年移交北京大學歷史系。磚高32、寬22釐米。隸書，3行，行5至7字。

著錄：

《中國磚銘》圖版上冊240頁。（圖）

《中國古代磚刻銘文集》上、下冊編號0188。（圖、文）

《雪堂專錄·恒農專錄》12a，《羅雪堂先生全集》五編3冊1203頁。（文）

《匋齋藏甎記》卷下/1a，《新編》1/11/8446上。（文、跋）

《石刻名彙》11/186a，《新編》2/2/1120下。（目）

《蒿里遺文目錄》3下/4b，《新編》2/20/14986上。（目）

東漢無年號017

髡鉗□開葬磚

東漢（25—220）□□二年。清末河南省偃師縣出土，曾歸端方，又歸張仁蠡，後歸北京大學文科研究所，1952年後藏故宫博物院。磚高32、寬22釐米。隸書，3行，行4至6字。

著錄：

《中國古代磚刻銘文集》上、下冊編號0193。（圖、文）

《雪堂專錄·恒農專錄》11b,《羅雪堂先生全集》五編3冊1202頁。（文）

《蒿里遺文目錄》3下/4b,《新編》2/20/14986上。（目）

東漢無年號018

刑徒髠鉗東陽葬磚

又名：髠鉗貝國葬磚。東漢（25—220）三年四月廿一日。清末河南省偃師縣出土，曾歸端方，又歸張仁蠡，後歸北京大學文科研究所，1952年後藏故宮博物院。磚高32、寬22.5釐米。隸書，3行，行4至7字不等。

著錄：

《中國磚銘》圖版上冊237頁。（圖）

《中國古代磚刻銘文集》上、下冊編號0196。（圖、文）

《雪堂專錄·恒農專錄》12b,《羅雪堂先生全集》五編3冊1204頁。（文）

《蒿里遺文目錄》3下/4b,《新編》2/20/14986上。（目）

東漢無年號019

刑徒髠鉗田□葬磚

東漢（25—220）四年二月十八日。清末河南省偃師縣出土，曾歸端方，又歸張仁蠡，後歸北京大學文科研究所，1952年後藏故宮博物院。磚高29.5、寬22.5釐米。隸書，3行，行4至8字不等。

著錄：

《中國古代磚刻銘文集》上、下冊編號0198。（圖、文）

《匋齋藏甎記》卷下/1b–2a,《新編》1/11/8446上—下。（文、跋）

《石刻名彙》11/185b,《新編》2/2/1120上。（目）

東漢無年號020

刑徒髠鉗張少殘葬磚二種

又名：育陽髠鉗殘葬甎。東漢（25—220）□□四年三月一日。清末河南省偃師縣出土，曾歸端方，又歸張仁蠡，後歸北京大學文科研究所，1952年後藏故宮博物院。一磚高27、寬22釐米；文3行，行4至7字不等。一磚長17.5、寬19.5、厚12釐米；正背刻字，皆1行4字。隸書。

著錄：

《中國磚銘》圖版上冊239頁。(圖)

《中國古代磚刻銘文集》上、下冊編號0199。(圖、文)

《漢魏洛陽故城南郊東漢刑徒墓地》99頁，附圖7（1，2）。(圖、文)

《雪堂專錄・恒農專錄》12b－13a，《羅雪堂先生全集》五編3冊1204—1205頁。(文)

《匋齋藏甎記》卷下/2a，《新編》1/11/8446下。(文、跋)

《石刻名彙》11/186a，《新編》2/2/1120下。(目)

《蒿里遺文目錄》3下/5a，《新編》2/20/14986下。(目)

東漢無年號021

刑徒髠鉗崔元殘葬磚

東漢（25—220）□□四年卒。清末河南省偃師縣出土，曾歸端方，又歸張仁蠡，後歸北京大學文科研究所，1952年後藏故宮博物院。磚高29、寬21、厚10釐米。正、側面均刻字，隸書，面4行，行2至5字；側1行3字。

著錄：

《中國磚銘》圖版上冊236頁上左。(圖)

《中國古代磚刻銘文集》上、下冊編號0201。(圖、文)

《匋齋藏甎記》卷下/5b－6a，《新編》1/11/8448上—下。(文)

《雪堂專錄・恒農專錄》13a，《羅雪堂先生全集》五編3冊1205頁。(文)

《石刻名彙》11/184b，《新編》2/2/1119下。(目)

《蒿里遺文目錄》3下/5a，《新編》2/20/14986下。(目)

東漢無年號022

刑徒雒陽完城旦殘甎

東漢（25—220）六月廿九日。清末河南省偃師縣出土，曾歸端方，又歸張仁蠡，後歸北京大學文科研究所，1952年後藏故宮博物院。僅存殘塊，磚高、寬均 22 釐米。隸書，3 行，行 2 至 4 字。

著錄：

《中國古代磚刻銘文集》上、下冊編號 0214。（圖、文）

《匋齋藏甎記》卷下/6a，《新編》1/11/8448 下。（文、跋）

東漢無年號 023

刑徒無任□世葬磚

又名：五年殘專。東漢（25—220）□□五年。清末河南省偃師縣出土，曾歸端方，又歸張仁蠡，後歸北京大學文科研究所，1952 年後藏故宮博物院。磚高 24、寬 21 釐米。隸書，3 行，行 1 至 7 字不等。

著錄：

《中國古代磚刻銘文集》上、下冊編號 0202。（圖、文）

《雪堂專錄·恒農專錄》13a–b，《羅雪堂先生全集》五編 3 冊 1205—1206 頁。（文）

《蒿里遺文目錄》3 下/5a，《新編》2/20/14986 下。（目）

東漢無年號 024

刑徒無任車少葬磚

又名：萬少殘甎。東漢（25—220）□□二年二月。清末河南省偃師縣出土，曾歸端方，又歸張仁蠡，後歸北京大學文科研究所，1952 年後藏故宮博物院。僅存碎塊，磚高 12、寬 22 釐米。隸書，3 行，行 2 至 4 字。

著錄：

《中國古代磚刻銘文集》上、下冊編號 0204。（圖、文）

《雪堂專錄·恒農專錄》13b，《羅雪堂先生全集》五編 3 冊 1206 頁。（文）

《匋齋藏甎記》卷下/4b，《新編》1/11/8447 下。（文、跋）

《石刻名彙》11/184b，《新編》2/2/1119 下。（目）

《蒿里遺文目錄》3 下/5a，《新編》2/20/14986 下。（目）

東漢無年號 025

刑徒完城旦殘葬甎

東漢（25—220）九月四日。清末河南省偃師縣出土，曾歸端方，又歸張仁蠡，後歸北京大學文科研究所，1952 年後藏故宮博物院。磚高 32、寬 22.5 釐米，上半殘缺。隸書，3 行，行存 4 字。

著錄：

《中國磚銘》圖版上冊 233 頁上。（圖）

《中國古代磚刻銘文集》上、下冊編號 0218。（圖、文）

《匋齋藏甎記》卷下/4b–5a，《新編》1/11/8447 下—8448 上。（文、跋）

東漢無年號 026

刑徒完城旦張粟殘葬專

東漢（25—220）。長一尺，廣四寸三分，分書。

著錄：

《匋齋藏甎記》卷下/5a–b，《新編》1/11/8448 上。（文、跋）

《石刻名彙》11/185b，《新編》2/2/1120 上。（目）

東漢無年號 027

刑徒（完?）城旦張□殘葬誌

東漢（25—220）□月十五日。清末河南省偃師縣出土，曾歸端方，又歸張仁蠡，後歸北京大學文科研究所，1952 年後藏故宮博物院。磚高 13.5、寬 18 釐米。文隸書，3 行，計存 8 字。

著錄：

《中國古代磚刻銘文集》上、下冊編號 0237。（圖、文）

《雪堂專錄·恒農專錄》17a，《雪堂先生全集》五編 3 冊 1214 頁。（文）

《蒿里遺文目錄》3 下/6b，《新編》2/20/14987 上。

東漢無年號 028

刑徒□（無?）任張永葬磚

東漢（25—220）十月廿日。河南省偃師縣出土。僅存碎塊，尺寸不詳。隸書，4 行，行字不等，存 13 字。

著錄：

《中國磚銘》圖版上冊 236 頁下。（圖）

《中國古代磚刻銘文集》上、下冊編號 0222。（圖、文）

東漢無年號 029

刑徒完城旦高仲葬磚

東漢□年（25—220）十二月廿一日。清末河南省偃師縣出土，曾歸端方，又歸張仁蠡，後歸北京大學文科研究所，上截 1952 年後藏故宮博物院。磚上截高 11、寬 14 釐米；下截高 12、寬 21 釐米。隸書，4 行，計存 19 字。

著錄：

《中國磚銘》圖版上冊 224 頁下（下截）、227 頁上（上截）。（圖）

《中國古代磚刻銘文集》上、下冊編號 0226。（圖、文）

《雪堂專錄・恒農專錄》15b–16a，《羅雪堂先生全集》五編 3 冊 1210—1211 頁。（文）

《蒿里遺文目錄》3 下/5b，《新編》2/20/14986 下。（目）

東漢無年號 030

刑徒髡鉗田幼葬磚

東漢（25—220）□月六日。清末河南省偃師縣出土，曾歸端方，又歸張仁蠡，後歸北京大學文科研究所，1952 年後藏故宮博物院。磚僅存碎塊，高 21、寬 20 釐米。隸書，4 行，行 3 至 4 字。

著錄：

《中國磚銘》圖版上冊 233 頁下。（圖）

《中國古代磚刻銘文集》上、下冊編號 0233。（圖、文）

《雪堂專錄・恒農專錄》16b，《羅雪堂先生全集》五編 3 冊 1212 頁。（文）

《石刻名彙》11/186a，《新編》2/2/1120 下。（目）

《蒿里遺文目錄》3 下/6a，《新編》2/20/14987 上。（目）

東漢無年號 031

刑徒謝浮殘葬磚

東漢（25—220）。清末河南省偃師縣出土，曾歸端方，又歸張仁蠡，後歸北京大學文科研究所，1952 年後藏故宮博物院。磚高 13、寬 12.5 釐米。隸書，1 行 2 字。

著錄：

《中國古代磚刻銘文集》上、下冊編號 0307。（圖、文）

《匋齋藏甎記》卷下/14a，《新編》1/11/8452 下。（文）

《雪堂專錄·恒農專錄》23a，《羅雪堂先生全集》五編 3 冊 1225 頁。（文）

《石刻名彙》11/184b，《新編》2/2/1119 下。（目）

《蒿里遺文目錄》3 下/8b，《新編》2/20/14988 上。（目）

東漢無年號 032

刑徒路孫殘葬誌

東漢（25—220）。

錄文著錄：

《雪堂專錄·恒農專錄》23a，《羅雪堂先生全集》五編 3 冊 1225 頁。

碑目著錄：

《蒿里遺文目錄》3 下/8b，《新編》2/20/14988 上。

東漢無年號 033

刑徒□文葬磚

東漢（25—220）九日。清末河南省偃師縣出土，曾歸端方，又歸張仁蠡，後歸北京大學文科研究所，1952 年後藏故宮博物院。磚僅存碎塊，高 16、寬 22.5 釐米。隸書，2 行，行 3 至 4 字。

著錄：

《中國古代磚刻銘文集》上、下冊編號 0234。（圖、文）

《雪堂專錄·恒農專錄》17a，《羅雪堂先生全集》五編 3 冊 1213 頁。（文）

《蒿里遺文目錄》3 下/6a，《新編》2/20/14987 上。（目）

東漢無年號 034

刑徒育陽殘葬誌

東漢（25—220）□年六月十四日。清末河南省偃師縣出土，曾歸端方，又歸張仁蠡，後歸北京大學文科研究所，1952 年後藏故宮博物院。磚高 36、寬 21、厚 10 釐米。正、側面刻字，隸書，面 3 行，行 1 至 7 字不等；側 1 行 3 字。

著錄：

《中國古代磚刻銘文集》上、下冊 0210。（圖、文）

《蒿里遺文目錄》3 下/5a，《新編》2/20/14986 下。（目）

東漢無年號 035

刑徒謝□葬磚

東漢（25—220）。河南省偃師市西大郊村採集，曾歸汝州宗氏。殘長 8、寬 23.5 釐米。文隸書，存 3 行 7 字。

著錄：

《東漢刑徒磚擴存》194 頁。（圖、文）

東漢無年號 036

刑徒車弘葬磚

東漢（25—220）。清末河南省偃師縣出土，曾歸端方，又歸張仁蠡，後歸北京大學文科研究所，1952 年後藏故宮博物院。磚高 24.5、寬 22、厚 11 釐米。兩面刻，隸書，面 1 行存 2 字，側 1 行 2 字。

著錄：

《中國古代磚刻銘文集》上、下冊編號 0241。（圖、文）

《雪堂專錄·恒農專錄》23b，《羅雪堂先生全集》五編 3 冊 1226 頁。（文）

《石刻名彙》11/184b，《新編》2/2/1119 下。（目）

《蒿里遺文目錄》3 下/8b，《新編》2/20/14988 上。（目）

東漢無年號 037

刑徒陳敞葬磚

東漢（25—220）。清末河南省偃師縣出土，曾歸端方，又歸張仁蠡，後歸北京大學文科研究所，1952 年後藏故宮博物院。磚高 12.5、寬 10 釐米。隸書，1 行 3 字。

著錄：

《中國古代磚刻銘文集》上、下冊編號 0242。（圖、文）

《雪堂專錄·恒農專錄》21a，《羅雪堂先生全集》五編 3 冊 1221 頁。

（文）

《蒿里遺文目錄》3 下/7b，《新編》2/20/14987 下。（目）

東漢無年號 038
刑徒崔伯葬磚

東漢（25—220）。清末河南省偃師縣出土，曾歸端方，又歸張仁蠡，後歸北京大學文科研究所，1952 年後藏故宮博物院。磚高 15、寬 9.5 釐米。隸書，1 行 3 字。

著錄：

《中國古代磚刻銘文集》上、下冊編號 0244。（圖、文）

《雪堂專錄·恒農專錄》21b，《羅雪堂先生全集》五編 3 冊 1222 頁。（文）

《蒿里遺文目錄》3 下/8a，《新編》2/20/14988 上。（目）

東漢無年號 039
刑徒王衡葬誌

東漢（25—220）。

錄文著錄：

《雪堂專錄·恒農專錄》21b，《羅雪堂先生全集》五編 3 冊 1222 頁。

碑目著錄：

《蒿里遺文目錄》3 下/8a，《新編》2/20/14988 上。

東漢無年號 040
刑徒關元葬磚

東漢（25—220）。清末河南省偃師縣出土，曾歸端方，又歸張仁蠡，後歸北京大學文科研究所，1952 年後藏故宮博物院。磚高 23、寬 11 釐米。刻於磚側，1 行 3 字，隸書。

著錄：

《中國古代磚刻銘文集》上、下冊編號 0248。（圖、文）

《匋齋藏甎記》卷下/12b–13a，《新編》1/11/8451 下—8452 上。（文）

《雪堂專錄·恒農專錄》20b，《羅雪堂先生全集》五編 3 冊 1220 頁。

（文）

《石刻名彙》11/185a，《新編》2/2/1120 上。（目）

《蒿里遺文目錄》3 下/7b，《新編》2/20/14987 下。（目）

東漢無年號 041

刑徒焦少等字殘葬磚

東漢（25—220）。清末河南省偃師縣出土，曾歸端方，又歸張仁蠡，後歸北京大學文科研究所，1952 年後藏故宮博物院。磚僅存碎塊，高 13、寬 11 釐米。隸書，2 行，行 2 至 3 字。

著錄：

《中國古代磚刻銘文集》上、下冊編號 0255。（圖、文）

《雪堂專錄·恒農專錄》19b，《羅雪堂先生全集》五編 3 冊 1218 頁。（文）

《蒿里遺文目錄》3 下/7a，《新編》2/20/14987 下。（目）

東漢無年號 042

刑徒李代葬磚

東漢（25—220）。清末河南省偃師縣出土，曾歸端方，又歸張仁蠡，後歸北京大學文科研究所，1952 年後藏故宮博物院。磚高 22.5、寬 12 釐米。刻於磚側，隸書，1 行 3 字。

著錄：

《中國古代磚刻銘文集》上、下冊編號 0262。（圖、文）

《匋齋藏甎記》卷下/12b，《新編》1/11/8451 下。（文）

《雪堂專錄·恒農專錄》20b，《羅雪堂先生全集》五編 3 冊 1220 頁。（文）

《石刻名彙》11/185a，《新編》2/2/1120 上。（目）

《蒿里遺文目錄》3 下/7b，《新編》2/20/14987 下。（目）

東漢無年號 043

刑徒李建殘葬磚

東漢（25—220）。清末河南省偃師縣出土，曾歸端方，又歸張仁蠡，後歸北京大學文科研究所，1952 年後藏故宮博物院。磚僅存碎塊，高 20、寬13.5釐米。隸書，存2行，行1或4字。

著錄：

《中國古代磚刻銘文集》上、下冊編號0263。（圖、文）

《匋齋藏甎記》卷下/13b，《新編》1/11/8452上。（文）

《雪堂專錄·恒農專錄》18b，《羅雪堂先生全集》五編3冊1216頁。（文）

《石刻名彙》11/185b，《新編》2/2/1120上。（目）

《蒿里遺文目錄》3下/6b，《新編》2/20/14987上。（目）

東漢無年號044

刑徒城旦朱少墓磚

又名：城旦朱殘甎。東漢（25—220）。高六寸，寬三寸三分，分書。端方舊藏。

錄文著錄：

《匋齋藏甎記》卷下/13a–b，《新編》1/11/8452上。

《雪堂專錄·恒農專錄》18b，《羅雪堂先生全集》五編3冊1216頁。

碑目著錄：

《石刻名彙》11/186a，《新編》2/2/1120下。

《蒿里遺文目錄》3下/6b，《新編》2/20/14987上。

東漢無年號045

刑徒趙少殘葬誌

東漢（25—220）。

錄文著錄：

《雪堂專錄·恒農專錄》19a，《羅雪堂先生全集》五編3冊1217頁。

碑目著錄：

《蒿里遺文目錄》3下/7a，《新編》2/20/14987下。

東漢無年號046

刑徒但少殘葬誌

東漢（25—220）。

錄文著錄：

《雪堂專錄·恒農專錄》19a – b，《羅雪堂先生全集》五編 3 册 1217—1218 頁。

碑目著錄：

《蒿里遺文目錄》3 下/7a，《新編》2/20/14987 下。

東漢無年號 047

刑徒李馬少葬磚

東漢（25—220）。清末河南省偃師縣出土，曾歸端方，又歸張仁蠡，後歸北京大學文科研究所，1952 年後藏故宮博物院。磚高 23、寬 10 釐米。隸書，刻於磚側，1 行 3 字。

著錄：

《草隸存》卷 4，《新編》4/3/124。（圖）

《中國古代磚刻銘文集》上、下册編號 0264。（圖、文）

《雪堂專錄·恒農專錄》24a，《羅雪堂先生全集》五編 3 册 1227 頁。（文）

《蒿里遺文目錄》3 下/8b，《新編》2/20/14988 上。（目）

東漢無年號 048

刑徒李鄭少葬磚

東漢（25—220）。清末河南省偃師縣出土，曾歸端方，又歸張仁蠡，後歸北京大學文科研究所，1952 年後藏故宮博物院。磚高 26.5、寬 12 釐米。隸書，1 行 3 字。

著錄：

《草隸存》卷 4，《新編》4/3/123。（圖）

《中國古代磚刻銘文集》上、下册編號 0265。（圖、文）

《雪堂專錄·恒農專錄》24a，《羅雪堂先生全集》五編 3 册 1227 頁。（文）

《蒿里遺文目錄》3 下/9a，《新編》2/20/14988 下。（目）

東漢無年號 049

刑徒馬保葬磚

東漢（25—220）。清末河南省偃師縣出土，曾歸端方，又歸張仁蠡，

後歸北京大學文科研究所，1952年後藏故宮博物院。磚僅存碎塊，高9.5、寬14.5釐米。隸書，1行2字。

著錄：

《中國古代磚刻銘文集》上、下冊編號0267。（圖、文）

《雪堂專錄·恒農專錄》23a，《羅雪堂先生全集》五編3冊1225頁。（文）

《蒿里遺文目錄》3下/8b，《新編》2/20/14988上。（目）

東漢無年號050

刑徒馬富葬磚

東漢（25—220）。清末河南省偃師縣出土，曾歸端方，又歸張仁蠡，後歸北京大學文科研究所，1952年後藏故宮博物院。磚僅存碎塊，高20、寬12.5釐米。隸書，2行，行1或4字。

著錄：

《中國磚銘》圖版上冊217頁上。（圖）

《中國古代磚刻銘文集》上、下冊編號0268。（圖、文）

《雪堂專錄·恒農專錄》19b，《羅雪堂先生全集》五編3冊1218頁。（文）

《蒿里遺文目錄》3下/7a，《新編》2/20/14987下。（目）

東漢無年號051

刑徒馬次殘葬誌

又作"馮次"。東漢（25—220）。

錄文著錄：

《雪堂專錄·恒農專錄》23a，《羅雪堂先生全集》五編3冊1225頁。

碑目著錄：

《蒿里遺文目錄》3下/8b，《新編》2/20/14988上。

東漢無年號052

刑徒髡□孫奴葬誌

東漢（25—220）。

錄文著錄：

《雪堂專錄·恒農專錄》24a,《羅雪堂先生全集》五編 3 冊 1227 頁。
碑目著錄：
《蒿里遺文目錄》3 下/9a,《新編》2/20/14988 下。

東漢無年號 053
刑徒孫□殘葬誌
東漢（25—220）。
碑目著錄：
《蒿里遺文目錄》3 下/9a,《新編》2/20/14988 下。

東漢無年號 054
刑徒孟敞殘葬誌
東漢（25—220）。
錄文著錄：
《雪堂專錄·恒農專錄》20a,《羅雪堂先生全集》五編 3 冊 1219 頁。
碑目著錄：
《蒿里遺文目錄》3 下/7a,《新編》2/20/14987 下。

東漢無年號 055
刑徒馬孫葬磚
東漢（25—220）。清末河南省偃師縣出土，曾歸端方，又歸張仁蠡，後歸北京大學文科研究所，1952 年後藏故宮博物院。磚高、寬均 22 釐米。隸書，1 行 3 字。
著錄：
《中國古代磚刻銘文集》上、下冊編號 0269。（圖、文）
《雪堂專錄·恒農專錄》22a,《羅雪堂先生全集》五編 3 冊 1223 頁。（文）
《匋齋藏甎記》卷下/15a,《新編》1/11/8453 上。（文、跋）
《蒿里遺文目錄》3 下/8a,《新編》2/20/14988 上。（目）

東漢無年號 056
刑徒毛始葬磚
東漢（25—220）。清末河南省偃師縣出土，曾歸端方，又歸張仁蠡，

漢代　837

後歸北京大學文科研究所，1952年後藏故宮博物院。磚高22、寬16釐米。隸書，1行3字。

著錄：

《中國古代磚刻銘文集》上、下冊編號0270。（圖、文）

《匋齋藏甎記》卷下/13a，《新編》1/11/8452上。（文）

《雪堂專錄·恒農專錄》21a，《羅雪堂先生全集》五編3冊1221頁。（文）

《石刻名彙》11/185b，《新編》2/2/1120上。（目）

《蒿里遺文目錄》3下/7b，《新編》2/20/14987下。（目）

東漢無年號057

刑徒蒙惠葬磚

東漢（25—220）。清末河南省偃師縣出土，曾歸端方，又歸張仁蠢，後歸北京大學文科研究所，1952年後藏故宮博物院。磚高23、寬13.5釐米。隸書，1行3字。

著錄：

《中國古代磚刻銘文集》上、下冊編號0271。（圖、文）

《雪堂專錄·恒農專錄》22a，《羅雪堂先生全集》五編3冊1223頁。（文）

《蒿里遺文目錄》3下/8a，《新編》2/20/14988上。（目）

東漢無年號058

刑徒弩文葬磚

東漢（25—220）。清末河南省偃師縣出土，曾歸端方，又歸張仁蠢，後歸北京大學文科研究所，1952年後藏故宮博物院。磚高21.5、寬12.5釐米。隸書，1行3字。

著錄：

《中國古代磚刻銘文集》上、下冊編號0274。（圖、文）

《雪堂專錄·恒農專錄》22a，《羅雪堂先生全集》五編3冊1223頁。（文）

《匋齋藏甎記》卷下/10b-11a，《新編》1/11/8450下—8451上。（文、跋）

《石刻名彙》11/185a，《新編》2/2/1120 上。（目）

《蒿里遺文目錄》3 下/8a，《新編》2/20/14988 上。（目）

東漢無年號 059

刑徒秦仲葬磚

東漢（25—220）。清末河南省偃師縣出土，曾歸端方，又歸張仁蠡，後歸北京大學文科研究所，1952 年後藏故宮博物院。磚僅存碎塊，高 13、寬 9.5 釐米。隸書，存 1 行 2 字。

著錄：

《中國古代磚刻銘文集》上、下冊編號 0276。（圖、文）

東漢無年號 060

刑徒司寇秦鄰葬磚

東漢（25—220）。清末河南省偃師縣出土，曾歸端方，又歸張仁蠡，後歸北京大學文科研究所，1952 年後藏故宮博物院。磚高 24、寬 12 釐米。隸書，2 行，行 5 至 6 字。

著錄：

《中國古代磚刻銘文集》上、下冊編號 0277。（圖、文）

東漢無年號 061

刑徒叔紆葬磚

東漢（25—220）。清末河南省偃師縣出土，曾歸端方，又歸張仁蠡，後歸北京大學文科研究所，1952 年後藏故宮博物院。磚高 22.5、寬 14 釐米。隸書，1 行 3 字。

著錄：

《中國古代磚刻銘文集》上、下冊編號 0285。（圖、文）

《匋齋藏甎記》卷下/11a，《新編》1/11/8451 上。（文）

《雪堂專錄·恒農專錄》21b，《羅雪堂先生全集》五編 3 冊 1222 頁。（文）

《石刻名彙》11/185a，《新編》2/2/1120 上。（目）

《蒿里遺文目錄》3 下/8a，《新編》2/20/14988 上。（目）

東漢無年號 062

刑徒趙汝（淤）葬磚

東漢（25—220）。清末河南省偃師縣出土，曾歸端方，又歸張仁蠡，後歸北京大學文科研究所，1952 年後藏故宮博物院。磚高 22、寬 12 釐米。隸書，存 1 行 3 字。

著錄：

《中國古代磚刻銘文集》上、下冊編號 0326。（圖、文）

《匋齋藏甎記》卷下/11a，《新編》1/11/8451 上。（文）

《雪堂專錄·恒農專錄》21b，《羅雪堂先生全集》五編 3 冊 1222 頁。（文）

《石刻名彙》11/185a，《新編》2/2/1120 上。（目）

《蒿里遺文目錄》3 下/8a，《新編》2/20/14988 上。（目）

東漢無年號 063

髡鉗蘇山葬磚

東漢（25—220）。清末河南省偃師縣出土，曾歸端方，又歸張仁蠡，後歸北京大學文科研究所，1952 年後藏故宮博物院。磚高 38、寬 12 釐米。隸書，存 2 行，行 5 或 7 字。

著錄：

《中國磚銘》圖版上冊 234 頁右。（圖）

《中國古代磚刻銘文集》上、下冊編號 0290。（圖、文）

《匋齋藏甎記》卷下/9b，《新編》1/11/8450 上。（文）

《石刻名彙》11/186a，《新編》2/2/1120 下。（目）

東漢無年號 064

刑徒蘇松葬磚

東漢（25—220）。清末河南省偃師縣出土，曾歸端方，又歸張仁蠡，後歸北京大學文科研究所，1952 年後藏故宮博物院。磚高 22、寬 16 釐米。隸書，1 行 3 字。

著錄：

《中國磚銘》圖版上冊 220 頁下。（圖）

《中國古代磚刻銘文集》上、下冊編號0291。（圖、文）

《匋齋藏甎記》卷下/11a,《新編》1/11/8451上。（文）

《雪堂專錄·恒農專錄》21b,《羅雪堂先生全集》五編3冊1222頁。（文）

《石刻名彙》11/185a,《新編》2/2/1120上。（目）

《蒿里遺文目錄》3下/8a,《新編》2/20/14988上。（目）

東漢無年號065

刑徒孫成葬磚

東漢（25—220）。清末河南省偃師縣出土，曾歸端方，又歸張仁蠡，後歸北京大學文科研究所，1952年後藏故宮博物院。磚高12、寬11釐米。隸書，存2行，行2至3字。

著錄：

《中國磚銘》圖版上冊217頁下。（圖）

《中國古代磚刻銘文集》上、下冊編號0293。（圖、文）

東漢無年號066

刑徒孫客葬磚

又名：孫崔葬甎。東漢（25—220）。清末河南省偃師縣出土，曾歸端方，又歸張仁蠡，後歸北京大學文科研究所，1952年後藏故宮博物院。磚高22、寬9釐米。隸書，1行3字。

著錄：

《中國古代磚刻銘文集》上、下冊編號0294。（圖、文）

《匋齋藏甎記》卷下/11b,《新編》1/11/8451上。（文）

《石刻名彙》11/185a,《新編》2/2/1120上。（目）

東漢無年號067

刑徒張武葬磚

又名：刑徒張式葬甎。東漢（25—220）。清末河南省偃師縣出土，曾歸端方，又歸張仁蠡，後歸北京大學文科研究所，1952年後藏故宮博物院。磚高22.5、寬12釐米。隸書，1行3字。

著錄：

《中國古代磚刻銘文集》上、下冊編號 0320。（圖、文）

《雪堂專錄·恒農專錄》21a，《羅雪堂先生全集》五編 3 冊 1221 頁。（文）

《匋齋藏甎記》卷下/12a，《新編》1/11/8451 下。（文、跋）

《石刻名彙》11/185a，《新編》2/2/1120 上。（目）

《蒿里遺文目錄》3 下/8a，《新編》2/20/14988 上。（目）

東漢無年號 068

刑徒張□殘磚

東漢（25—220）。清末河南省偃師縣出土，曾歸端方，又歸張仁蠡，後歸北京大學文科研究所，1952 年後藏故宮博物院。磚高 15.5、寬 9.5 釐米。隸書，1 行 2 字。

著錄：

《中國磚銘》圖版上冊 218 頁右。（圖）

《中國古代磚刻銘文集》上、下冊編號 0323。（圖、文）

《雪堂專錄·恒農專錄》23b，《羅雪堂先生全集》五編 3 冊 1226 頁。（文）

東漢無年號 069

刑徒宛戚葬磚

東漢（25—220）。清末河南省偃師縣出土，曾歸端方，又歸張仁蠡，後歸北京大學文科研究所，1952 年後藏故宮博物院。磚高 12.5、寬 22.5、厚 11 釐米。隸書，面存 3 行，行 2 至 3 字；側 1 行 3 字。

著錄：

《中國磚銘》圖版上冊 244 頁。（圖）

《中國古代磚刻銘文集》上、下冊編號 0297。（圖、文）

東漢無年號 070

刑徒王富葬磚二種

東漢（25—220）。清末河南省偃師縣出土，曾歸端方，又歸張仁蠡，後歸北京大學文科研究所，1952 年後藏故宮博物院。一磚高 22、寬 11.5 釐米；隸書，1 行 2 字。一磚高 22.5、寬 11 釐米；隸書，1 行 3 字。

著錄：

《中國古代磚刻銘文集》上、下冊編號 0298、0299。（圖、文）

《匋齋藏甎記》卷下/14b，《新編》1/11/8452 下。（文、跋）

《石刻名彙》11/184b，《新編》2/2/1119 下。（目）

東漢無年號 071

刑徒王顏葬磚

東漢（25—220）。清末河南省偃師縣出土，曾歸端方，又歸張仁蠡，後歸北京大學文科研究所，1952 年後藏故宮博物院。磚高 22.5、寬 10 釐米。隸書，1 行 2 字。

著錄：

《中國古代磚刻銘文集》上、下冊編號 0300。（圖、文）

《匋齋藏甎記》卷下/14a–b，《新編》1/11/8452 下。（文）

《雪堂專錄·恒農專錄》23b，《羅雪堂先生全集》五編 3 冊 1226 頁。（文）

《石刻名彙》11/184b，《新編》2/2/1119 下。（目）

《蒿里遺文目錄》3 下/8b，《新編》2/20/14988 上。（目）

東漢無年號 072

刑徒涂綦磚

東漢（25—220）。在山東省蓬萊縣呂家漥。隸書。

著錄：

《匋齋藏甎記》卷下/8a–b，《新編》1/11/8449 下。（文、跋）

《石刻名彙》11/184b，《新編》2/2/1119 下。（目）

東漢無年號 073

刑徒涂萌葬磚

東漢（25—220）。清末河南省偃師縣出土，曾歸端方，又歸張仁蠡，後歸北京大學文科研究所，1952 年後藏故宮博物院。磚高 21、寬 21.5 釐米。隸書，2 行，行 3 或 5 字。

著錄：

《中國古代磚刻銘文集》上、下冊編號 0308。（圖、文）

《雪堂專錄·恒農專錄》19b，《羅雪堂先生全集》五編 3 冊 1218 頁。（文）

《蒿里遺文目錄》3 下/7a，《新編》2/20/14987 下。（目）

東漢無年號 074

刑徒尹仲葬磚

東漢（25—220）。清末河南省偃師縣出土，曾歸端方，又歸張仁蠡，後歸北京大學文科研究所，1952 年後藏故宮博物院。磚高 15、寬 10.5 釐米。隸書，1 行 2 字。

著錄：

《中國古代磚刻銘文集》上、下冊編號 0311。（圖、文）

《匋齋藏甎記》卷下/14a，《新編》1/11/8452 下。（文）

《雪堂專錄·恒農專錄》23a，《羅雪堂先生全集》五編 3 冊 1225 頁。（文）

《石刻名彙》11/184b，《新編》2/2/1119 下。（目）

《蒿里遺文目錄》3 下/8b，《新編》2/20/14988 上。（目）

東漢無年號 075

刑徒袁箱葬磚

東漢（25—220）。清末河南省偃師縣出土，曾歸端方，又歸張仁蠡，後歸北京大學文科研究所，1952 年後藏故宮博物院。磚高 22、寬 11.5 釐米。刻於磚側，隸書，1 行 3 字。

著錄：

《中國古代磚刻銘文集》上、下冊編號 0314。（圖、文）

《匋齋藏甎記》卷下/12b，《新編》1/11/8451 下。（文）

《石刻名彙》11/185a，《新編》2/2/1120 上。（目）

東漢無年號 076

刑徒張少葬磚二種

東漢（25—220）。清末河南省偃師縣出土，曾歸端方，又歸張仁蠡，後歸北京大學文科研究所，1952 年後藏故宮博物院。一磚高 17、寬 13 釐米；隸書，1 行 3 字。一磚高 22.5、寬 10 釐米；刻於磚側，隸書，1 行

3 字。

著錄：

《中國古代磚刻銘文集》上、下冊編號 0317、0318。（圖、文）

《匋齋藏甎記》卷下/13a，《新編》1/11/8452 上。（文）

《雪堂專錄·恒農專錄》22a，《羅雪堂先生全集》五編 3 冊 1223 頁。（文）

《石刻名彙》11/185b，《新編》2/2/1120 上。（目）

《蒿里遺文目錄》3 下/8a，《新編》2/20/14988 上。（目）

東漢無年號 077

刑徒許齋葬誌

東漢（25—220）。

錄文著錄：

《雪堂專錄·恒農專錄》23a，《羅雪堂先生全集》五編 3 冊 1225 頁。

碑目著錄：

《蒿里遺文目錄》3 下/8b，《新編》2/20/14988 上。

東漢無年號 078

刑徒張文葬磚

東漢（25—220）。清末河南省偃師縣出土，曾歸端方，又歸張仁蠡，後歸北京大學文科研究所，1952 年後藏故宮博物院。磚高 19、寬 17.5 釐米。隸書，存 3 行，行 2 至 4 字。

著錄：

《中國磚銘》圖版上冊 230 頁。（圖）

《中國古代磚刻銘文集》上、下冊編號 0319。（圖、文）

《匋齋藏甎記》卷下/6b－7a，《新編》1/11/8448 下—8449 上。（文、跋）

《石刻名彙》11/185b，《新編》2/2/1120 上。（目）

東漢無年號 079

刑徒穀熟司寇葬磚

《石刻名彙》作"穀熹司寇葬磚"。東漢（25—220）。長八寸三分，廣四寸，分書。端方舊藏。

著錄：

《匋齋藏甎記》卷下/7a-b，《新編》1/11/8449 上。（文、跋）

《石刻名彙》11/186a，《新編》2/2/1120 下。（目）

東漢無年號 080

刑徒張他墓甎

東漢（25—220）。端方舊藏。高一尺八分，寬五寸四分，兩面刻，各 1 行，隸書。

著錄：

《雪堂專錄・專誌徵存》1b，《羅雪堂先生全集》五編 3 冊 1266 頁。（文）

《匋齋藏甎記》卷下/7b-8a，《新編》1/11/8449 上—下。（文、跋）

《石刻名彙》11/184b，《新編》2/2/1119 下。（目）

《蒿里遺文目錄》3 上/1a，《新編》2/20/14981 上。（目）

東漢無年號 081

完城旦張仲葬磚

東漢（25—220）。清末河南省偃師縣出土，曾歸端方，又歸張仁蠡，後歸北京大學文科研究所，1952 年後藏故宮博物院。磚高 29.5、寬 17 釐米。隸書，存 3 行，行 3 至 6 字不等。

著錄：

《中國古代磚刻銘文集》上、下冊編號 0321。（圖、文）

《匋齋藏甎記》卷下/5b，《新編》1/11/8448 上。（文）

《雪堂專錄・恒農專錄》18b，《羅雪堂先生全集》五編 3 冊 1216 頁。（文）

《石刻名彙》11/185b，《新編》2/2/1120 上。（目）

《蒿里遺文目錄》3 下/6b，《新編》2/20/14987 上。（目）

東漢無年號 082

刑徒臨沮葬甎

東漢（25—220）。清末河南省偃師縣出土，曾歸端方，又歸張仁蠡，

後歸北京大學文科研究所，1952 年後藏故宮博物院。磚高 11、寬 22 釐米。隸書，存 3 行，計存 8 字。

著錄：

《中國磚銘》圖版上冊 224 頁上。（圖）

《中國古代磚刻銘文集》上、下冊編號 0266。（圖、文）

《雪堂專錄·恒農專錄》24a－b，《羅雪堂先生全集》五編 3 冊 1227—1228 頁。（文）

《匋齋藏甎記》卷下/8b，《新編》1/11/8449 下。（文、跋）

《石刻名彙》11/185b，《新編》2/2/1120 上。（目）

東漢無年號 083

刑徒董祖葬磚二種

東漢（25—220）。1964 年河南省偃師市佃莊鎮西大郊村發掘出土。一磚長 16.5、寬 23、厚 12 釐米；2 字，無圖版。一磚長 23.3、寬 21、厚 12 釐米；1 行 2 字，隸書。

著錄：

《漢魏洛陽故城南郊東漢刑徒墓地》98 頁（文）、附圖 1（1）。

東漢無年號 084

刑徒髡鉗栗偃葬磚

東漢（25—220）十七日物故。1964 年河南省偃師市佃莊鎮西大郊村發掘出土。長 13、寬 14、厚 11 釐米。文殘存 2 行，行殘存 5 字，隸書。

著錄：

《漢魏洛陽故城南郊東漢刑徒墓地》101 頁（文）、附圖 29（2）。

東漢無年號 085

刑徒完城旦綦無遊葬磚

東漢（25—220）。1964 年河南省偃師市佃莊鎮西大郊村發掘出土。長 19、寬 23.5、厚 11.5 釐米。文 4 行，前 2 行行 4 至 5 字，後 2 行行 1 或 2 字，隸書。

著錄：

《漢魏洛陽故城南郊東漢刑徒墓地》101 頁（文）、附圖 38。

東漢無年號 086

刑徒完城旦宣強葬磚

東漢（25—220）。1964 年河南省偃師市佃莊鎮西大郊村發掘出土。長 13、寬 24、厚 11.5 釐米。文 2 行，行 4 字，隸書。

著錄：

《漢魏洛陽故城南郊東漢刑徒墓地》102 頁（文）、附圖 40。

東漢無年號 087

刑徒髡鉗鄧竟葬磚

東漢（25—220）四月四日死。1964 年河南省偃師市佃莊鎮西大郊村發掘出土。長 33、寬 23.5、厚 12 釐米。文 2 行，行 6 至 8 字，隸書。

著錄：

《漢魏洛陽故城南郊東漢刑徒墓地》103 頁（文）、附圖 52。

東漢無年號 088

刑徒髡鉗呂叔葬磚二種

東漢（25—220）四月卅日。1964 年河南省偃師市佃莊鎮西大郊村發掘出土。一磚長 23、寬 23.5、厚 11.7 釐米；文 1 行 2 字，隸書。一磚長 26.5、寬 23、厚 11 釐米；文 3 行，滿行 7 字，隸書。

著錄：

《漢魏洛陽故城南郊東漢刑徒墓地》103 頁（文）、附圖 54（3）、55。

東漢無年號 089

刑徒□□葬磚

東漢（25—220）四月廿九日死。1964 年河南省偃師市佃莊鎮西大郊村發掘出土。長 22、寬 23.5、厚 12 釐米。文 3 行，行 2 至 4 字不等，隸書。

著錄：

《漢魏洛陽故城南郊東漢刑徒墓地》103 頁（文）、附圖 57。

東漢無年號 090

刑徒髡鉗師直葬磚三種

東漢（25—220）五月三日。1964 年河南省偃師市佃莊鎮西大郊村發掘出土。一磚已破碎，文4行，前3行行4至5字，末行1字，隸書。一磚長13、寬23、厚11.5釐米；1行2字，隸書。一磚長17、寬23.5、厚11.7釐米；1行2字，隸書。

著錄：

《漢魏洛陽故城南郊東漢刑徒墓地》103頁（文）、附圖60、61（1，2）。

東漢無年號091

刑徒髡鉗范建葬磚

東漢（25—220）元年二月廿一日。1964年河南省偃師市佃莊鎮西大郊村發掘出土。長23、寬23、厚11釐米。文4行，前3行行6至8字不等，末行2字，隸書。

著錄：

《漢魏洛陽故城南郊東漢刑徒墓地》103頁（文）、附圖66。

東漢無年號092

刑徒完城旦析本葬磚

東漢（25—220）十二月廿四日死。1964年河南省偃師市佃莊鎮西大郊村發掘出土。長21、寬23.5、厚12釐米。文4行，行3至6字不等，隸書。

著錄：

《漢魏洛陽故城南郊東漢刑徒墓地》106頁（文）、附圖98。

東漢無年號093

刑徒髡鉗魏善葬磚二種

東漢（25—220）十二月卅日。1964年河南省偃師市佃莊鎮西大郊村發掘出土。一磚長13.5、寬23.5、厚12釐米；文3行，行4至6字不等，隸書。一磚長23、寬9.5、厚11.3釐米；隸書1行2字。

著錄：

《漢魏洛陽故城南郊東漢刑徒墓地》106頁（文）、附圖102（2）、103。

東漢無年號094

刑徒鬼新尚李葬磚二種

東漢（25—220）四月一日死。1964年河南省偃師市佃莊鎮西大郊村發掘出土。一磚長 28、寬 23.5、厚 11.5 釐米；文 3 行，滿行 5 字，隸書。一磚長 13、寬 15.5、厚 11.5 釐米；1 行 2 字，隸書。

著錄：

《漢魏洛陽故城南郊東漢刑徒墓地》106 頁（文）、附圖 102（3）、104。

東漢無年號 095

刑徒髡鉗能度葬磚二種

東漢（25—220）二月十日死。1964 年河南省偃師市佃莊鎮西大郊村發掘出土。一磚長 15、寬 15、厚 11 釐米；1 行 2 字；一磚長 23.5、寬 22.5、厚 12 釐米；文 4 行，前 3 行行 4 至 5 字不等，末行 1 字。隸書。

著錄：

《漢魏洛陽故城南郊東漢刑徒墓地》106 頁（文）、附圖 102（4）、105。

東漢無年號 096

刑徒髡鉗王廣葬磚

東漢（25—220）。1964 年河南省偃師市佃莊鎮西大郊村發掘出土。長 20、寬 24、厚 11.5 釐米。文 2 行，行 3 至 4 字，隸書。

著錄：

《漢魏洛陽故城南郊東漢刑徒墓地》107 頁（文）、附圖 109。

東漢無年號 097

刑徒完城旦謝□葬磚

東漢（25—220）六年十月。1964 年河南省偃師市佃莊鎮西大郊村發掘出土。長 12、寬 18.5、厚 11.5 釐米。文 3 行，前 2 行行存 3 至 4 字，末行 1 字，隸書。

著錄：

《漢魏洛陽故城南郊東漢刑徒墓地》107 頁（文）、附圖 116（1）。

東漢無年號 098

刑徒完城旦張□葬磚

東漢（25—220）。1964 年河南省偃師市佃莊鎮西大郊村發掘出土。

長19、寬22、厚12釐米。文3行，前2行4至5字，末行2字，隸書。

著錄：

《漢魏洛陽故城南郊東漢刑徒墓地》107頁（文）、附圖117。

東漢無年號099

刑徒完城旦丁勃葬磚二種

東漢（25—220）十一月廿日死。1964年河南省偃師市佃莊鎮西大郊村發掘出土。一磚長19、寬23.5、厚11.5釐米；文4行，前3行行4至6字，末行1字，隸書。一磚長18.5、寬23.5、厚12釐米；1行2字，隸書。

著錄：

《漢魏洛陽故城南郊東漢刑徒墓地》108頁（文）、附圖122、125（1）。

東漢無年號100

刑徒完城旦陳少葬磚

東漢（25—220）七月廿日物故。1964年河南省偃師市佃莊鎮西大郊村發掘出土。長18、寬23.5、厚12釐米。文3行，行7至10字，隸書。

著錄：

《漢魏洛陽故城南郊東漢刑徒墓地》108頁（文）、附圖126。

東漢無年號101

刑徒髡鉗郭陽葬磚

東漢（25—220）二年二月物故。1964年河南省偃師市佃莊鎮西大郊村發掘出土。長24、寬21、厚11.5釐米。文5行，行4至6字不等，隸書。

著錄：

《漢魏洛陽故城南郊東漢刑徒墓地》108頁（文）、附圖132。

東漢無年號102

刑徒無任許度葬磚

東漢（25—220）。1964年河南省偃師市佃莊鎮西大郊村發掘出土。磚長15、寬24、厚12釐米。文1行7字，隸書。

著錄：

《漢魏洛陽故城南郊東漢刑徒墓地》109 頁（文）、附圖 142。

東漢無年號 103

刑徒完城旦趙旦葬磚三種

東漢（25—220）□月廿四日。1964 年河南省偃師市佃莊鎮西大郊村發掘出土。一磚長 24、寬 24、厚 12 釐米；文 1 行 2 字。一磚長 20、寬 23.5、厚 11.5 釐米；文存 2 行，行 5 字。一磚長 14、寬 13、厚 11.5 釐米；1 行 2 字。隸書。

著錄：

《漢魏洛陽故城南郊東漢刑徒墓地》109 頁（文）、附圖 145、146、147（3）。

東漢無年號 104

刑徒完城旦劉便葬磚

東漢（25—220）□月二□。1964 年河南省偃師市佃莊鎮西大郊村發掘出土。長 19、寬 19、厚 11.5 釐米。文存 2 行，行存 2 或 5 字，隸書。

著錄：

《漢魏洛陽故城南郊東漢刑徒墓地》109 頁（文）、附圖 149（3）。

東漢無年號 105

刑徒無任卜文葬磚二種

東漢（25—220）。1964 年河南省偃師市佃莊鎮西大郊村發掘出土。兩磚皆已破碎。一磚文 3 行，前 3 行行 4 至 5 字，末行 1 字，隸書。一磚 1 行 2 字，隸書。

著錄：

《漢魏洛陽故城南郊東漢刑徒墓地》113 頁（文）、附圖 210、211（1）。

東漢無年號 106

刑徒髡鉗蔡威葬磚

東漢（25—220）。1964 年河南省偃師市佃莊鎮西大郊村發掘出土。磚已破碎。文 3 行，滿行 4 字，隸書。

著錄：

《漢魏洛陽故城南郊東漢刑徒墓地》113 頁（文）、附圖 214。

東漢無年號 107

刑徒髡鉗崔旦葬磚

東漢（25—220）。1964 年河南省偃師市佃莊鎮西大郊村發掘出土。長 15、寬 23、厚 12 釐米。文 2 行，滿行 4 字，隸書。

著錄：

《漢魏洛陽故城南郊東漢刑徒墓地》114 頁（文）、附圖 245。

東漢無年號 108

刑徒完城旦郭大葬磚

東漢（25—220）。1964 年河南省偃師市佃莊鎮西大郊村發掘出土。長 20、寬 23.5、厚 11.5 釐米。文 3 行，滿行 4 字，隸書。

著錄：

《漢魏洛陽故城南郊東漢刑徒墓地》114 頁（文）、附圖 247。

東漢無年號 109

刑徒完城旦王寄葬磚

東漢（25—220）。1964 年河南省偃師市佃莊鎮西大郊村發掘出土。長 22.5、寬 23.5、厚 12 釐米。文 3 行，行 3 至 4 字，隸書。

著錄：

《漢魏洛陽故城南郊東漢刑徒墓地》114 頁（文）、附圖 251。

東漢無年號 110

刑徒髡鉗賈狗葬磚

東漢（25—220）。1964 年河南省偃師市佃莊鎮西大郊村發掘出土。長 14.5、寬 23.5、厚 12 釐米。文 2 行，行 3 至 6 字，隸書。

著錄：

《漢魏洛陽故城南郊東漢刑徒墓地》114 頁（文）、附圖 254。

東漢無年號 111

刑徒完城旦孫信諸葬磚

東漢（25—220）。1964 年河南省偃師市佃莊鎮西大郊村發掘出土。

長17、寬23.5、厚11釐米。文3行，行4字，隸書。

著錄：

《漢魏洛陽故城南郊東漢刑徒墓地》114頁（文）、附圖257。

東漢無年號112

刑徒髡鉗江于伯葬磚

東漢（25—220）。1964年河南省偃師市佃莊鎮西大郊村發掘出土。磚長13、寬23.5、厚12釐米。文3行，前2行行5字，末行1字，隸書。

著錄：

《漢魏洛陽故城南郊東漢刑徒墓地》116頁（文），附圖316。

東漢無年號113

刑徒髡鉗陳向葬磚

東漢（25—220）。1964年河南省偃師市佃莊鎮西大郊村發掘出土。磚長14、寬23.5、厚11.3釐米。文2行，行4至5字，隸書。

著錄：

《漢魏洛陽故城南郊東漢刑徒墓地》117頁（文），附圖332。

東漢無年號114

刑徒完城旦羊長葬磚

東漢（25—220）。1964年河南省偃師市佃莊鎮西大郊村發掘出土。磚長16、寬23.5、厚11釐米。文3行，前2行行4至5字，末行1字。隸書。

著錄：

《漢魏洛陽故城南郊東漢刑徒墓地》117頁（文），附圖336。

東漢無年號115

刑徒髡鉗□□葬磚

東漢（25—220）四日。1964年河南省偃師市佃莊鎮西大郊村出土。磚長15、寬16、厚11釐米。文4行，行3至5字，第3行1字。隸書。

著錄：

《漢魏洛陽故城南郊東漢刑徒墓地》117頁（文），附圖346。

東漢無年號 116

刑徒髡鉗杞條葬磚

東漢（25—220）七月九日。1964 年河南省偃師市佃莊鎮西大郊村出土。磚長 12、寬 24、厚 11 釐米。文殘存 12 字，未見圖版。墓磚編號 T2M6：2。

錄文著錄：

《漢魏洛陽故城南郊東漢刑徒墓地》117 頁。

東漢無年號 117

刑徒涂伯葬磚

東漢（25—220）。1964 年河南省偃師市佃莊鎮西大郊村出土。磚長 19.5、寬 24、厚 11.5 釐米。文 1 行 3 字。隸書。

著錄：

《漢魏洛陽故城南郊東漢刑徒墓地》117 頁（文），附圖 350（2）。

東漢無年號 118

刑徒胡度葬磚

東漢（25—220）。1964 年河南省偃師市佃莊鎮西大郊村出土。磚長 15、寬 16、厚 11 釐米。文 1 行 2 字。隸書。

著錄：

《漢魏洛陽故城南郊東漢刑徒墓地》117 頁（文），附圖 347。

東漢無年號 119

刑徒柳掾葬磚

東漢（25—220）。1964 年河南省偃師市佃莊鎮西大郊村出土。磚長 17、寬 23.5、厚 11.4 釐米。文 1 行 2 字。隸書。

著錄：

《漢魏洛陽故城南郊東漢刑徒墓地》117 頁（文），附圖 330（2）。

東漢無年號 120

刑徒泉生葬磚

東漢（25—220）。1964 年河南省偃師市佃莊鎮西大郊村出土。磚長

14、寬 23.5、厚 11.9 釐米。文 1 行 2 字。隸書。

著錄：

《漢魏洛陽故城南郊東漢刑徒墓地》116 頁（文），附圖 295（3）。

東漢無年號 121

刑徒黃建葬磚

東漢（25—220）。1964 年河南省偃師市佃莊鎮西大郊村出土。尺寸不詳。文 1 行 2 字。未見圖版。墓磚編號 P11M12。

錄文著錄：

《漢魏洛陽故城南郊東漢刑徒墓地》115 頁。

東漢無年號 122

刑徒魏未葬磚

東漢（25—220）。1964 年河南省偃師市佃莊鎮西大郊村出土。磚長 15、寬 23、厚 11.5 釐米。文 1 行 2 字。隸書。

著錄：

《漢魏洛陽故城南郊東漢刑徒墓地》115 頁（文），附圖 295（1）。

東漢無年號 123

刑徒武陸殘磚

東漢（25—220）。

錄文著錄：

《雪堂專錄·恒農專錄》24b，《羅雪堂先生全集》五編 3 冊 1228 頁。

東漢無年號 124

刑徒張彤葬磚

東漢（25—220）。清末河南省偃師縣出土，曾歸端方，又歸張仁蠡，後歸北京大學文科研究所，1952 年後藏故宮博物院。磚高 13、寬 9.5 釐米。隸書，1 行 2 字。

著錄：

《中國古代磚刻銘文集》上、下冊編號 0322。（圖、文）

《匋齋藏甎記》卷下/14a，《新編》1/11/8452 下。（文）

《雪堂專錄·恒農專錄》22b，《羅雪堂先生全集》五編 3 冊 1224 頁。

（文）

《石刻名彙》11/184b，《新編》2/2/1119 下。（目）

《蒿里遺文目錄》3 下/8b，《新編》2/20/14988 上。（目）

東漢無年號 125
刑徒趙伯葬磚

東漢（25—220）。清末河南省偃師縣出土，曾歸端方，又歸張仁蠡，後歸北京大學文科研究所，1952 年後藏故宮博物院。磚高 21、寬 10 釐米。隸書，1 行 3 字。

著錄：

《中國古代磚刻銘文集》上、下冊編號 0325。（圖、文）

《雪堂專錄‧恒農專錄》21a，《羅雪堂先生全集》五編 3 冊 1221 頁。（文）

《蒿里遺文目錄》3 下/7b，《新編》2/20/14987 下。（目）

東漢無年號 126
刑徒楊元葬誌

東漢（25—220）。

碑目著錄：

《蒿里遺文目錄》3 下/7b，《新編》2/20/14987 下。

東漢無年號 127
刑徒陳敞葬誌

東漢（25—220）。

錄文著錄：

《雪堂專錄‧恒農專錄》21a，《羅雪堂先生全集》五編 3 冊 1221 頁。

碑目著錄：

《蒿里遺文目錄》3 下/7b，《新編》2/20/14987 下。

東漢無年號 128
刑徒髡鉗趙年葬磚二種

東漢（25—220）。清末河南省偃師縣出土，曾歸端方，又歸張仁蠡，後歸北京大學文科研究所，1952 年後藏故宮博物院。一磚高 9、寬 20 釐米；隸書，存 2 行，行 1 或 2 字。一磚高 13.5、寬 12.5 釐米；隸書，存 3 行，行 2 至 4 字不等。

著錄：

《中國古代磚刻銘文集》上、下冊編號 0327、0328。（圖、文）

《雪堂專錄·恒農專錄》19a，《羅雪堂先生全集》五編 3 冊 1217 頁。（文）

《蒿里遺文目錄》3 下/6b，《新編》2/20/14987 上。（目）

東漢無年號 129

刑徒焦孫葬誌

東漢（25—220）。

錄文著錄：

《雪堂專錄·恒農專錄》21a，《羅雪堂先生全集》五編 3 冊 1221 頁。

碑目著錄：

《蒿里遺文目錄》3 下/7b，《新編》2/20/14987 下。

東漢無年號 130

刑徒姚伯葬磚二種

東漢（25—220）。1964 年河南省偃師市佃莊鎮西大郊村發掘出土。一磚長 20、寬 23.5、厚 11.5 釐米；1 行 2 字。一磚長 19、寬 23.5、厚 12 厘米；1 行 3 字。隸書。

著錄：

《漢魏洛陽故城南郊東漢刑徒墓地》102 頁（文）、附圖 49（2，3）。

東漢無年號 131

刑徒鄭開葬磚

東漢（25—220）。清末河南省偃師縣出土，曾歸端方，又歸張仁蠡，後歸北京大學文科研究所，1952 年後藏故宮博物院。磚高 21、寬 15 釐米。隸書，存 1 行 3 字。

著錄：

《中國古代磚刻銘文集》上、下冊編號 0329。（圖、文）

《雪堂專錄·恒農專錄》21a，《羅雪堂先生全集》五編 3 冊 1221 頁。

（文）

《蒿里遺文目錄》3 下/7b，《新編》2/20/14987 下。（目）

東漢無年號 132

刑徒鄭少葬磚

東漢（25—220）。清末河南省偃師縣出土，曾歸端方，又歸張仁蠡，後歸北京大學文科研究所，1952 年後藏故宮博物院。磚高 25、寬 13.5 釐米。隸書，存 1 行 3 字。

著錄：

《中國古代磚刻銘文集》上、下冊編號 0330。（圖、文）

《雪堂專錄·恒農專錄》21a，《羅雪堂先生全集》五編 3 冊 1221 頁。（文）

《匋齋藏甎記》卷下/12a–b，《新编》1/11/8451 下。（文、跋）

《石刻名彙》11/185a，《新编》2/2/1120 上。（目）

《蒿里遺文目錄》3 下/7b，《新编》2/20/14987 下。（目）

東漢無年號 133

刑徒幹仲葬磚

東漢（25—220）。清末河南省偃師縣出土，曾歸端方，又歸張仁蠡，後歸北京大學文科研究所，1952 年後藏故宮博物院。磚高 22、寬 10.5 釐米。隸書，存 1 行 3 字。

著錄：

《中國古代磚刻銘文集》上、下冊編號 0334。（圖、文）

《雪堂專錄·恒農專錄》21b，《羅雪堂先生全集》五編 3 冊 1222 頁。（文）

《蒿里遺文目錄》3 下/8a，《新编》2/20/14988 上。（目）

東漢無年號 134

髡鉗費免葬磚

東漢永□元年（25—220）六月四日卒。1964 年春河南省洛陽地區偃師縣佃莊鄉西大郊村出土，藏中國社會科學院考古研究所洛陽工作站。磚高 29、寬 23 釐米。隸書，4 行，行 6 至 7 字不等。

著錄：

《中國磚銘》圖版上冊243頁。（圖）

《中國古代磚刻銘文集》上、下冊編號0335。（圖、文）

《漢魏洛陽故城南郊東漢刑徒墓地》120頁，附圖416。（圖、文）

備考：此磚當刻於"永寧"或"永初"元年。

東漢無年號135

刑徒完城旦張達葬磚

東漢（25—220），二年八月廿六日，1964年春河南省洛陽地區偃師縣佃莊鄉西大郊村出土，藏中國社會科學院考古研究所洛陽工作站。磚高25、寬20釐米。隸書，4行，前3行行5至6字，末行2字。

著錄：

《中國磚銘》圖版上冊222頁上。（圖）

《中國古代磚刻銘文集》上、下冊編號0336。（圖、文）

《漢魏洛陽故城南郊東漢刑徒墓地》121頁（文），附圖426。（圖、文）

東漢無年號136

刑徒完城旦潘釘葬磚

東漢（25—220）七年四月三日卒。1964年春河南省洛陽地區偃師縣佃莊鄉西大郊村出土，藏中國社會科學院考古研究所洛陽工作站。磚高24.5、寬17釐米。隸書，4行，前3行行5至6字，末行1字。

著錄：

《中國磚銘》圖版上冊227頁下。（圖）

《中國古代磚刻銘文集》上、下冊編號0337。（圖、文）

《漢魏洛陽故城南郊東漢刑徒墓地》120頁，附圖414。（圖、文）

東漢無年號137

刑徒鬼薪趙孟葬磚

東漢（25—220）二月七日卒，1964年春河南省洛陽地區偃師縣佃莊鄉西大郊村出土，藏中國社會科學院考古研究所洛陽工作站。磚高16、寬23.5釐米。隸書，3行，前2行行6至7字，末行2字。

著錄：

《中國磚銘》圖版上冊 238 頁上。（圖）

《中國古代磚刻銘文集》上、下冊編號 0338。（圖、文）

《漢魏洛陽故城南郊東漢刑徒墓地》120 頁，附圖 415。（圖、文）

東漢無年號 138

刑徒汲鬼新殘葬甎

東漢（25—220）十二月卅日。清末河南省偃師縣出土，曾歸端方，又歸張仁蠡，後歸北京大學文科研究所，1952 年後藏故宮博物院。磚高 26、寬 22 釐米。隸書，3 行，滿行 6 字。

著錄：

《中國磚銘》圖版上冊 236 頁上右。（圖）

《中國古代磚刻銘文集》上、下冊編號 0227。（圖、文）

《匋齋藏甎記》卷下/3a，《新編》1/11/8447 上。（文、跋）

《雪堂專錄・恒農專錄》16a，《羅雪堂先生全集》五編 3 冊 1211 頁。（文）

《石刻名彙》11/186a，《新編》2/2/1120 下。（目）

東漢無年號 139

南平陰鉗殘甎

東漢（25—220）十日。清末河南省偃師縣出土，曾歸端方，又歸張仁蠡，後歸北京大學文科研究所，1952 年後藏故宮博物院。磚高 21、寬 16 釐米。隸書，存 2 行，行 5 字。

著錄：

《中國磚銘》圖版上冊 225 頁下。（圖）

《中國古代磚刻銘文集》上、下冊編號 0273。（圖、文）

《雪堂專錄・恒農專錄》17a，《羅雪堂先生全集》五編 3 冊 1213 頁。（文）

《匋齋藏甎記》卷下/3a–b，《新編》1/11/8447 上。（文、跋）

《續補寰宇訪碑錄》1/2b，《新編》1/27/20303 下。（目）

《石刻名彙》11/186a，《新編》2/2/1120 下。（目）

漢　代　861

東漢無年號 140

鄀髡鉗殘甎

東漢（25—220）□月二日。清末河南省偃師縣出土，曾歸端方，又歸張仁蠡，後歸北京大學文科研究所，1952年後藏故宫博物院。磚高16、寬20釐米。隸書，3行，行2至4字。

著録：

《中國磚銘》圖版上冊228頁下。（圖）

《中國古代磚刻銘文集》上、下冊編號0229。（圖、文）

《雪堂專録·恒農專録》16b，《羅雪堂先生全集》五編3冊1212頁。（文）

《匋齋藏甎記》卷下/3b–4a，《新編》1/11/8447上—下。（文、跋）

《石刻名彙》11/185b，《新編》2/2/1120上。（目）

東漢無年號 141

南陽葉髡鉗殘葬誌

又名：葉髡鉗殘甎、三月殘專。東漢（25—220）□年三月十日。清末河南省偃師縣出土，曾歸端方，又歸張仁蠡，後歸北京大學文科研究所，1952年後藏故宫博物院。磚高18、寬13.5釐米。隸書，3行，滿行4字。

著録：

《中國磚銘》圖版上冊229頁。（圖）

《中國古代磚刻銘文集》上、下冊編號0206。（圖、文）

《雪堂專録·恒農專録》13b，《羅雪堂先生全集》五編3冊1206頁。（文）

《匋齋藏甎記》卷下/4a，《新編》1/11/8447下。（文、跋）

《石刻名彙》11/185b，《新編》2/2/1120上。（目）

《蒿里遺文目録》3下/5a，《新編》2/20/14986下。（目）

東漢無年號 142

萬年髡鉗殘甎

東漢（25—220）□年四月四日。高七寸五分，寬七寸六分，分書。端方舊藏。

著錄：

《匋齋藏甎記》卷下/4a－b，《新編》1/11/8447 下。（文、跋）

《石刻名彙》11/186a，《新編》2/2/1120 下。（目）

東漢無年號 143

□國邯丹殘葬誌

又名：四月殘專。東漢（25—220）□年四月廿□日。

錄文著錄：

《雪堂專錄・恒農專錄》14a，《羅雪堂先生全集》五編 3 冊 1207 頁。

碑目著錄：

《蒿里遺文目錄》3 下/5a，《新編》2/20/14986 下。

東漢無年號 144

刑徒倉寄葬磚

東漢（25—220）。1964 年春河南省洛陽地區偃師縣佃莊鄉西大郊村出土，藏中國社會科學院考古研究所洛陽工作站。磚高 23、寬 17 釐米。隸書，1 行 2 字。

著錄：

《中國磚銘》圖版上冊 241 頁下。（圖）

《中國古代磚刻銘文集》上、下冊編號 0339。（圖、文）

《漢魏洛陽故城南郊東漢刑徒墓地》120 頁，附圖 425（1）。（圖、文）

東漢無年號 145

刑徒戴雅葬磚

東漢（25—220）。1964 年春河南省洛陽地區偃師縣佃莊鄉西大郊村出土，藏中國社會科學院考古研究所洛陽工作站。磚長 23、寬 23.5、厚 11.5 釐米。隸書，1 行 2 字。

著錄：

《中國磚銘》圖版上冊 219 頁右。（圖）

《中國古代磚刻銘文集》上、下冊編號 0340。（圖、文）

《漢魏洛陽故城南郊東漢刑徒墓地》102 頁，附圖 45（3）。（圖、文）

東漢無年號 146

刑徒龔伯葬磚二種

東漢（25—220）。1964 年春河南省洛陽地區偃師縣佃莊鄉西大郊村出土，藏中國社會科學院考古研究所洛陽工作站。一磚長 25、寬 23.5、厚 11.5 釐米。一磚長 20、寬 12.5、厚 5.5 釐米。隸書，皆 1 行 2 字。

著錄：

《中國磚銘》圖版上冊 222 頁下。（圖）

《中國古代磚刻銘文集》上、下冊編號 0341。（圖、文）

《漢魏洛陽故城南郊東漢刑徒墓地》102 頁，附圖 45（1）。（圖、文）

東漢無年號 147

刑徒無任狷根葬磚

東漢（25—220），1964 年春河南省洛陽地區偃師縣佃莊鄉西大郊村出土，藏中國社會科學院考古研究所洛陽工作站。磚長 20、寬 15、厚 11.5 釐米。兩面刻字，隸書，正面 1 行 4 字；背面 3 行，行 2 至 5 字不等。

著錄：

《中國磚銘》圖版上冊 218 頁左上（正）、231 頁右（背）。（圖）

《中國古代磚刻銘文集》上、下冊編號 0342。（圖、文）

《漢魏六朝碑刻校注》1 冊 80 頁（圖）、83 頁（文）。

《漢魏洛陽故城南郊東漢刑徒墓地》117 頁、附圖 355（1-2）。（圖、文）

《漢魏六朝碑刻校注·總目提要》編號 0115。（目）

東漢無年號 148

刑徒王苛葬磚

東漢（25—220）。1964 年春河南省洛陽地區偃師縣佃莊鄉西大郊村出土，藏中國社會科學院考古研究所洛陽工作站。磚高 23.5、寬 18 釐米。隸書，1 行 2 字。

著錄：

《中國磚銘》圖版上冊 232 頁上。（圖）

《中國古代磚刻銘文集》上、下冊編號 0343。（圖、文）

《漢魏洛陽故城南郊東漢刑徒墓地》120 頁，附圖 413（4）。（圖、文）

東漢無年號 149

刑徒夏伯葬磚

東漢（25—220）。1958 年發現於河南省洛陽地區偃師縣佃莊鄉西大郊村。尺寸不詳。隸書，1 行 2 字。

著錄：

《中國磚銘》圖版上冊 228 頁上。（圖）

《漢魏洛陽城刑徒墳場調查記》，《考古通訊》1958 年第 6 期，41 頁圖四。（圖）

《中國古代磚刻銘文集》上、下冊編號 0344。（圖、文）

東漢無年號 150

刑徒趙仲葬磚

東漢（25—220），1964 年春河南省洛陽地區偃師縣佃莊鄉西大郊村出土，藏中國社會科學院考古研究所洛陽工作站。磚長 12.5、寬 23.7、厚 11.5 釐米。隸書，1 行 3 字。

著錄：

《中國磚銘》圖版上冊 223 頁上左。（圖）

《漢魏洛陽故城南郊東漢刑徒墓地》101 頁，附圖 34（4）。（圖）

《中國古代磚刻銘文集》上、下冊編號 0345。（圖、文）

《漢魏六朝碑刻校注》1 冊 80 頁（圖）、83 頁（文）。

《漢魏六朝碑刻校注·總目提要》編號 0115。（目）

東漢無年號 151

刑徒髡鉗趙齋葬磚

東漢（25—220）二月七日卒，近年出土，出土地應在河南省洛陽地區偃師縣一帶。磚高 23、寬 15 釐米。隸書，2 行，行 7 字。

著錄：

《中國古代磚刻銘文集》上、下冊編號 0346。（圖、文）

東漢無年號 152

刑徒髡鉗陳宗葬磚

東漢（25—220）。磚高 26.5、寬 12.5 釐米。隸書，2 行，行 5 至 6 字。

著錄：

《中國古代磚刻銘文集》上、下冊編號0348。（圖、文）

東漢無年號 153

刑徒髡鉗李英葬磚

東漢（25—220）。磚高25.5、寬12釐米。隸書，2行，行5至6字。

著錄：

《中國古代磚刻銘文集》上、下冊編號0349。（圖、文）

東漢無年號 154

刑徒零陵營道□□代雷益葬磚

東漢（25—220）。磚高26.5、寬13.5釐米。隸書，2行，行4至5字。

著錄：

《中國古代磚刻銘文集》上、下冊編號0350。（圖、文）

東漢無年號 155

刑徒完城旦任珍葬磚

東漢（25—220）。磚高25.5、寬12.5釐米。隸書，2行，行5至7字。

著錄：

《中國古代磚刻銘文集》上、下冊編號0351。（圖、文）

東漢無年號 156

刑徒髡鉗唐衆葬磚

東漢（25—220）。磚高25.5、寬13釐米。隸書，2行，行5字。

著錄：

《中國古代磚刻銘文集》上、下冊編號0352。（圖、文）

東漢無年號 157

刑徒無任馬平葬磚

東漢（25—220）。1964年河南省偃師市佃莊鎮西大郊村發掘出土。磚長20、寬23.5、厚11.5釐米。文1行4字，隸書。

著錄：

《漢魏洛陽故城南郊東漢刑徒墓地》118頁（文），附圖361（2）。

東漢無年號 158
刑徒戴路葬磚

東漢（25—220）。1964 年河南省偃師市佃莊鎮西大郊村發掘出土。磚長 15、寬 23、厚 11 釐米。文 6 字，未見圖版。墓磚編號 T2M20：2。

錄文著錄：

《漢魏洛陽故城南郊東漢刑徒墓地》118 頁。

東漢無年號 159
刑徒無任閻文葬磚

東漢（25—220）。1964 年河南省偃師市佃莊鎮西大郊村發掘出土。磚長 17、寬 23.5、厚 11 釐米。文 1 行 4 字，隸書。

著錄：

《漢魏洛陽故城南郊東漢刑徒墓地》118 頁（文），附圖 367（2）。

東漢無年號 160
刑徒無任馮少葬磚

東漢（25—220）。1964 年河南省偃師市佃莊鎮西大郊村發掘出土。磚長 16、寬 23.5、厚 11.5 釐米。文 1 行 4 字，隸書。

著錄：

《漢魏洛陽故城南郊東漢刑徒墓地》118 頁（文），附圖 372（1）。

東漢無年號 161
刑徒髡鉗王扶葬磚

東漢（25—220）。1964 年河南省偃師市佃莊鎮西大郊村發掘出土。一磚長 14.5、寬 23.4、厚 11.8 釐米；文 1 行 2 字。一磚已破碎；文 2 行，行 2 至 7 字。隸書。

著錄：

《漢魏洛陽故城南郊東漢刑徒墓地》118 頁（文），附圖 372（4）、374。

東漢無年號 162
刑徒無任周少葬磚

東漢（25—220）。1964 年河南省偃師市佃莊鎮西大郊村發掘出土。

一磚長22、寬17、厚11.5釐米；文1行6字。隸書。

著錄：

《漢魏洛陽故城南郊東漢刑徒墓地》119頁（文），附圖389（1）。

東漢無年號163

刑徒髡鉗□仲葬磚

東漢（25—220）。1964年河南省偃師市佃莊鎮西大郊村發掘出土。磚長12、寬23.5、厚11.8釐米。文1行8字。隸書。

著錄：

《漢魏洛陽故城南郊東漢刑徒墓地》119頁（文），附圖392。

東漢無年號164

刑徒完城旦朱明葬磚二種

東漢（25—220）五月十四日。1964年河南省偃師市佃莊鎮西大郊村發掘出土。一磚長18、寬23、厚11.3釐米；文1行4字。一磚長23、寬23、厚12釐米；文5行，行4至6字。隸書。

著錄：

《漢魏洛陽故城南郊東漢刑徒墓地》119頁（文），附圖391（4）、394。

東漢無年號165

刑徒無任朱午葬磚

東漢（25—220）。1964年河南省偃師市佃莊鎮西大郊村發掘出土。磚長14、寬23、厚11.5釐米；文1行4字。隸書。

著錄：

《漢魏洛陽故城南郊東漢刑徒墓地》120頁（文），附圖401（2）。

東漢無年號166

刑徒無任左倪葬磚

東漢（25—220）。1964年河南省偃師市佃莊鎮西大郊村發掘出土。磚長16、寬23、厚11釐米；文1行4字。隸書。

著錄：

《漢魏洛陽故城南郊東漢刑徒墓地》120頁（文），附圖401（3）。

東漢無年號 167

刑徒完城旦□□葬磚

東漢□元年（25–220）六月。1964 年河南省偃師市佃莊鎮西大郊村發掘出土。磚長 17.5、寬 23、厚 11.4 釐米。文計 16 字，未見圖版。墓磚編號 T2M66：1。

錄文著錄：

《漢魏洛陽故城南郊東漢刑徒墓地》120 頁（文）。

東漢無年號 168

刑徒無任趙文葬磚二種

東漢（25—220）。1964 年河南省偃師市佃莊鎮西大郊村發掘出土。一磚長 20、寬 23.5、厚 11.5 釐米；一磚長 21、寬 22、厚 10.5 釐米。文皆 1 行 4 字。隸書。

著錄：

《漢魏洛陽故城南郊東漢刑徒墓地》120 頁（文），附圖 403（4，5）。

東漢無年號 169

刑徒無任張麻葬磚

東漢（25—220）。1964 年河南省偃師市佃莊鎮西大郊村發掘出土。磚長 9、寬 23.4、厚 11.4 釐米。文 1 行 4 字。隸書。

著錄：

《漢魏洛陽故城南郊東漢刑徒墓地》120 頁（文），附圖 403（3）。

東漢無年號 170

刑徒無任韓偃葬磚

東漢（25—220）六月四日。1964 年河南省偃師市佃莊鎮西大郊村出土。尺寸不詳。文 3 行，行存 2 至 5 字。隸書。

著錄：

《漢魏洛陽故城南郊東漢刑徒墓地》121 頁（文），附圖 436。

東漢無年號 171

刑徒完城旦劉達延葬磚

東漢（25—220）六年四月六日物故。1964 年河南省偃師市佃莊鎮西

漢　代　869

大郊村出土。尺寸不詳。文4行，前3行行存4字，末行2字。隸書。

著錄：

《漢魏洛陽故城南郊東漢刑徒墓地》121頁（文），附圖437。

東漢無年號172

刑徒無任平氏葬磚

東漢（25—220）。1964年河南省偃師市佃莊鎮西大郊村出土。磚長16、寬27、厚11.5釐米。文1行6字。隸書。

著錄：

《漢魏洛陽故城南郊東漢刑徒墓地》114頁（文），附圖260。

東漢無年號173

刑徒完城旦朱暘葬磚

東漢（25—220）。1964年河南省偃師市佃莊鎮西大郊村出土。磚長18、寬15、厚11釐米。正背刻字，正面2行，行3字；背面1行2字。隸書。

著錄：

《漢魏洛陽故城南郊東漢刑徒墓地》112頁（文），附圖200（1，2）。

東漢無年號174

刑徒無任張陵葬磚

東漢（25—220）。1964年河南省偃師市佃莊鎮西大郊村出土。磚長13、寬24、厚12釐米。上、下刻字，上1行2字，下1行4字。隸書。

著錄：

《漢魏洛陽故城南郊東漢刑徒墓地》112頁（文），附圖194（1）。

東漢無年號175

刑徒髡鉗兒長葬磚

東漢（25—220）八月十一日。1964年以前河南省洛陽地區偃師縣西大郊出土，洛陽市文物管理委員會藏磚。尺寸不詳。計14字，未見圖版。

錄文著錄：

《漢魏洛陽故城南郊東漢刑徒墓地》續附錄三·洛5，177頁。

東漢無年號 176

鄭宇殘葬甎

東漢（25—220）。高三寸三分，寬三寸六分。分書。端方舊藏。4字，"鄭死在此"。

錄文著錄：

《匋齋藏甎記》卷下/9a，《新編》1/11/8450 上。

《雪堂專錄·恒農專錄》25a，《羅雪堂先生全集》五編 3 冊 1229 頁。

碑目著錄：

《石刻名彙》11/186a，《新編》2/2/1120 下。

備考：從刑徒磚多用"死"及"死在此"之語推測，疑其刑徒磚，故附此。

東漢無年號 177

刑徒完城旦□□葬磚

東漢（25－220）□和三年閏月十三日。3 行，行 5 至 10 字。

錄文著錄：

黃士斌：《漢魏洛陽城刑徒墳場調查記》，《考古通訊》1958 年第 6 期，42 頁（二）。

三 國

魏

黃 初

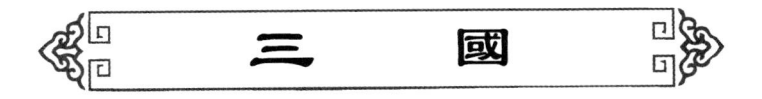

黃初 001

魏橫海將軍呂朗碑

又名：章陵太守呂公碑。夏侯湛撰，楊向勒銘。黃初二年（221）正月卒。在鄧州南陽縣。篆書額題：魏故橫海將軍章陵太守都鄉侯呂君之碑。

錄文著錄：

《隸釋》19/14b－16a，《新編》1/9/6942下—6943下。

（民國）《棗陽縣志·金石志》32/1b－2b，《新編》3/13/471下—472上。

《六藝之一錄》56/1a－2b，《新編》4/5/36上—下。

《全三國文》56/1a－2a，《全文》2冊1361上—下。

《漢魏石刻文學考釋》中冊871—872頁。

碑目題跋著錄：

《隸釋》19/16a－b，《新編》1/9/6943下。

《隸釋》27/8a引《天下碑錄》，《新編》1/9/7039下。

《隸釋刊誤》73b－74a，《新編》1/9/7081上—下。

《金石錄》2/4a，《新編》1/12/8807下。

《中州金石考》8/4a，《新編》1/18/13736下。

《集古錄目》3/1b，《新編》1/24/17956上。

《通志・金石略》卷上/23a、29b，《新編》1/24/18030下、18033下。

《寶刻叢編》3/28b－29a，《新編》1/24/18127下—18128上。

《金石彙目分編》9（4）/61a，《新編》1/28/21066上。

《石刻題跋索引》25頁右，《新編》1/30/22363。

《天下金石志》5/14，《新編》2/2/829下。

《墨華通考》卷7，《新編》2/6/4384下、4385上・下。

《碑藪》，《新編》2/16/11828上。

《隸辨》8/36b－37a，《新編》2/17/13092下—13093上。

《古今碑帖考》10b，《新編》2/18/13167下。

《中州金石目錄》1/10b，《新編》2/20/14690下。

《佩文齋書畫譜・金石》62/1a下，《新編》3/2/51下。

（民國）《棗陽縣志・金石志》32/2b－3a，《新編》3/13/472上—下。

《寒山堂金石林時地攷》卷上/21b，《新編》3/34/500上。

《汪本隸釋刊誤》73b－74a，《新編》3/37/586下—587上。

《漢魏六朝志墓金石例》1/15b－16a，《新編》3/40/403上—下。

《漢魏六朝墓銘纂例》3/5a，《新編》3/40/452上。

《金石備攷・南陽府》，《新編》4/1/62上。

《古今書刻》下編/26a，《新編》4/1/147下。

《六藝之一錄》59/25a，《新編》4/5/95上。

《墨池篇》6/5b，《新編》4/9/669上。

《漢隸字源》101—102頁。

《漢魏石刻文學考釋》中冊870—871頁。

《漢魏石刻文字繫年》156頁。

《漢魏六朝碑刻校注・總目提要》編號0819。

黃初002

黃初□□墓磚

黃初二年（221）四月一日。分書。

碑目著錄：

《補寰宇訪碑錄》1/11a，《新編》1/27/20200上。

《石刻名彙》11/186b,《新編》2/2/1120 下。

《古誌彙目》1/2a,《新編》3/37/7。

黃初 003

豐都市古冢銘

黃初二年（221）葬。

著錄：

《全三國文》56/2a,《全文》2 冊 1361 下。（文、跋）

《漢魏石刻文學考釋》中冊 987—988 頁。（文、跋）

《漢魏六朝碑刻校注・總目提要》編號 0820。（目）

黃初 004

郭秃墓記磚

黃初四年（223）二月七日。磚高 22、寬 22.3 釐米。隸書，3 行，行 4 至 8 字不等。

著錄：

《中國古代磚刻銘文集》上、下冊編號 0704。（圖、文）

《北京大學圖書館藏歷代墓誌拓片目錄》編號 00003。（目）

黃初 005

膠東令王君廟門斷碑

黃初五年（224）。石於山東濟寧出土，今在濟寧。碑只存上截，拓本高 80、寬 54 釐米。文隸書，18 行，滿行 9 字。額隸書，10 字，額題：漢故膠東令王君之廟門。

圖版著錄：

《二銘草堂金石聚》13/73a – 74a,《新編》2/3/2219 上—下。

《古石抱守錄》,《新編》3/1/269。

《北京圖書館藏中國歷代石刻拓本匯編》2 冊 4 頁。

錄文著錄：

《金石萃編》23/27b – 28b,《新編》1/1/414 上—下。（上截）

《隸續》11/12a – 13b,《新編》1/10/7147 下—7148 上。

《兩漢金石記》8/40b – 43a,《新編》1/10/7325 下—7327 上。

《宜祿堂收藏金石記》卷9，《新編》2/5/3397 上。（上截）

《漢碑錄文》4/51a－53a，《新編》2/8/6218 上—6219 上。

《濟州金石志》2/69a－b，《新編》2/13/9499 上。

《全三國文》56/2b－3a，《全文》2 冊 1361 下—1362 上。

《魯迅輯校石刻手稿·碑銘》上冊 381—382 頁。（上截）

《漢魏石刻文學考釋》上冊 465—466 頁。

碑目題跋著錄：

《金石萃編》23/30b－31a，《新編》1/1/415 下—416 上。

《隸續》11/13b－14b，《新編》1/10/7148 上—下。

《兩漢金石記》1/40a、8/41b、8/43b－45a，《新編》1/10/7224 下、7326 上、7327 上—7328 上。

《金石錄》2/3a，《新編》1/12/8807 上。

《金石錄補》25/14b，《新編》1/12/9121 下。

《山左金石志》8/26a，《新編》1/19/14456 下。

《潛研堂金石文跋尾》1/31a，《新編》1/25/18748 上。

《潛研堂金石文字目錄》1/6b，《新編》1/25/19009 下。

《平津讀碑記》2/2b，《新編》1/26/19362 下。

《藝風堂金石文字目》1/16b，《新編》1/26/19530 下。

《寰宇訪碑錄》1/13a，《新編》1/26/19858 上。

《金石彙目分編》10（2）/48a，《新編》1/28/21164 下。

《石刻題跋索引》500 頁右，《新編》1/30/22838。

《天下金石志》16/3，《新編》2/2/871 下。

《二銘草堂金石聚》13/74b，《新編》2/3/2219 下。

《平津館金石萃編》3/1a，《新編》2/4/2446 上。

《宜祿堂金石記》2/2a，《新編》2/6/4218 下。

《崇雅堂碑錄》1/7b，《新編》2/6/4487 上。

《漢碑錄文》4/52a、53a－b，《新編》2/8/6218 下、6219 上。

（宣統）《山東通志·藝文志》卷152，《新編》2/12/9369 上。

《濟州金石志》2/71a－72a，《新編》2/13/9500 上—下。附盛百二《柚堂文集》。

《平安館藏碑目》,《新編》2/18/13386 上。

《古墨齋金石跋》1/33b,《新編》2/19/14079 上。

《竹崦盦金石目錄》6b,《新編》2/20/14549 下。

《山左碑目》2/19a,《新編》2/20/14848 上。

《佩文齋書畫譜・金石》61/22a 下,《新編》3/2/40 下。

《求恕齋碑錄》,《新編》3/2/524 上。

(民國)《濟寧直隸州續志・藝文志》19/20a,《新編》3/26/56 下。

(道光)《重修平度州志・金石》24/3b,《新編》3/27/304 上。

《寒山堂金石林時地攷》卷上/13a,《新編》3/34/496 上。

《石目》,《新編》3/36/45 下。

《竹崦盦金石目錄》6b,《新編》3/37/342 下。

《魏晉石存目》1b,《新編》3/37/533 上。

《碑版廣例》6/11b,《新編》3/40/307 上。

《金石備攷》附錄,《新編》4/1/91 下。

《六藝之一錄》52/16a,《新編》4/4/775 下。

《漢隸字源》122 頁。

《增補校碑隨筆》(修訂本)110 頁。

《漢魏石刻文學考釋》上冊 463—465 頁。

《漢魏石刻文字繫年》142—143、157 頁。

《漢魏六朝碑刻校注・總目提要》編號 0825。

備考:《兩漢金石記》卷八考證,《王君斷碑》所錄文字"上段十八行是敘事之文,下段少一行是四字韻語,判然非一碑,必是二石毀缺,好事者匿而一之,藏碑之家隨行剪貼,故文意錯亂,不可曉解",故在轉載《隸續》碑文時,或分為前、後二碑。引用時需注意。

黃初 006

黃初殘碑

又名:魏十三字殘碑、魏郃陽殘碑、十八字殘碑。黃初五年(224)。清康熙、乾隆年間出土於陝西省郃陽縣,郃陽許秉簡舊藏。拓本為十三字和七字殘碑,拓本高 33、寬 22 釐米。《魏晉石存目》認為其與"黃初殘刻字跡正同，殆是一石"。殘石共四塊，一塊4行共13字，一塊2行共4字，一塊3行共12字，一塊2行共6字半。隸書。

圖版著錄：

《二銘草堂金石聚》13/71a－72a，《新編》2/3/2218 上—下。

《金石屑》2/83a－b，《新編》2/6/4680 下。

《北京圖書館藏中國歷代石刻拓本匯編》2 冊 5 頁。

《中國西北地區歷代石刻匯編》1 冊 29 頁。

錄文著錄：

《金石萃編》23/25b－26a、26b－27a，《新編》1/1/413 上—414 上。

《兩漢金石記》18/13a－b、32b，《新編》1/10/7457 上、7466 下。

《宜祿堂收藏金石記》卷9，《新編》2/5/3396 下。（十三字）

《金石屑》2/84a，《新編》2/6/4681 上。

《魯迅輯校石刻手稿・碑銘》上冊 383—384、394 頁。

《漢魏石刻文學考釋》中冊 875 頁。

碑目題跋著錄：

《八瓊室金石札記》1/26a，《新編》1/8/6145 下。

《兩漢金石記》1/40a、18/13b、18/32b，《新編》1/10/7224 下、7457 上、7466 下。

《金石錄補》5/8a，《新編》1/12/9014 下。

《陝西金石志》6/1a－b，《新編》1/22/16430 上。

《雍州金石記》1/6b－7a，《新編》1/23/17128 下—17129 上。

《潛研堂金石文字目錄》1/6b，《新編》1/25/19009 下。

《平津讀碑記・三續》卷上/2b，《新編》1/26/19476 下。

《寰宇訪碑錄》1/12b，《新編》1/26/19857 下。

《金石彙目分編》12（2）/5a，《新編》1/28/21338 上。

《石刻題跋索引》498 頁右、500 頁右，《新編》1/30/22836、22838。

《二銘草堂金石聚》13/72b，《新編》2/3/2218 下。

《平津館金石萃編》3/1b，《新編》2/4/2446 上。

《宜祿堂收藏金石記》卷9，《新編》2/5/3396 下。

《宜祿堂金石記》2/1b－2a，《新編》2/6/4218 上—下。

《崇雅堂碑錄》1/8a,《新編》2/6/4487下。

《金石屑》2/85a,《新編》2/6/4681下。

《關中金石文字存逸考》8/24b－25a、12/5b,《新編》2/14/10548下—10549上、10639上。

《關中金石記》1/6、7,《新編》2/14/10665上、下。

《語石》9/14b,《新編》2/16/12017下。

《平安館藏碑目》,《新編》2/18/13386上。

《清儀閣題跋》69a－70a,《新編》2/19/13913上—下。

《求是齋碑跋》1/11b－12a,《新編》2/19/14006上—下。

《古墨齋金石跋》1/30a,《新編》2/19/14077下。

《竹崦盦金石目錄》9a,《新編》2/20/14551上。

《寰宇貞石圖目錄》卷上/4a－b、卷下/2b,《新編》2/20/14673上、14678上。

（咸豐）《同州府志·金石志》26/32b－33a,《新編》3/31/704下—705上。

（乾隆）《同州府志·金石志上》55/7b,《新編》3/31/766上。

《石目》,《新編》3/36/79下、80上。

《竹崦盦金石目錄》1/10a,《新編》3/37/344下。

《金石萃編補目》1/2a,《新編》3/37/484下。

《魏晉石存目》1a,《新編》3/37/533上。

《漢石經室金石跋尾》,《新編》3/38/260上。

《清儀閣金石題識》2/22a－23b,《新編》4/7/52下—53上。

《雪堂所藏金石文字簿錄》53b－54a,《新編》4/7/396上－下。

《增補校碑隨筆》（修訂本）110—111頁。

《碑帖鑒定》92—93頁。

《善本碑帖錄》1/42。

《碑帖敘錄》151頁。

《漢魏石刻文學考釋》中冊872—875頁。

《漢魏石刻文字繫年》157頁。

《漢魏六朝碑刻校注·總目提要》編號0824。

淑德大學《中國石刻拓本目錄》"碑碣等刻石" 編號 275、280。

黃初 007

新野侯（文聘？）碑

黃初七年（226）。

碑目題跋著錄：

《通志・金石略》卷上/23b，《新編》1/24/18030 下。

《佩文齋書畫譜・金石》62/1a 下，《新編》3/2/51 下。

《六藝之一錄》56/3b，《新編》4/5/37 上。

《漢魏石刻文字繫年》157 頁。

《漢魏六朝碑刻校注・總目提要》編號 0826。

備考：《三國志》卷一八有新野侯《文聘傳》，為三國時期魏國人，新野侯殆其人。

太　和

太和 001

賈逵祠碑

太和二年（228）卒。碑在項城縣東南二里賈逵廟內。篆書額題：魏故建威將軍豫州刺史陽里亭侯賈君之碑。

錄文著錄：

《漢魏石刻文學考釋》中冊 895 頁。（節文）

碑目題跋著錄：

《金石錄》2/4b，《新編》1/12/8807 下。

《中州金石考》2/2b，《新編》1/18/13678 下。

《集古錄跋尾》4/3b－4a，《新編》1/24/17865 上—下。（節文）

《集古錄目》3/2a，《新編》1/24/17956 下。（節文）

《通志・金石略》卷上/23b，《新編》1/24/18030 下。

《寶刻叢編》5/31a－b，《新編》1/24/18158 上。

《金石彙目分編》9（1）/39b，《新編》1/28/20943 上。

《石刻題跋索引》26 頁左—右，《新編》1/30/22364。

《墨華通考》卷7,《新編》2/6/4369 上。

《石墨考異》卷上,《新編》2/16/11637 下。

《中州金石目錄》1/10a,《新編》2/20/14690 下。

《佩文齋書畫譜・金石》62/1a 下,《新編》3/2/51 下。

(雍正)《平陽府志・古蹟》31/16a,《新編》3/31/324 下。

《金石備攷》附錄,《新編》4/1/87 上。

《六藝之一錄》55/26b,《新編》4/5/32 下。

《墨池篇》6/5b,《新編》4/9/669 上。

《水經注碑錄》卷五編號 133,《北山金石錄》上冊 117—118 頁。

《太平寰宇記碑錄》編號 28,《北山金石錄》上冊 262 頁。

《漢魏石刻文學考釋》中冊 894—895 頁。

《漢魏石刻文字繫年》166—167 頁。

《漢魏六朝碑刻校注・總目提要》編號 0889。

備考:賈逵,《三國志》卷一五有傳。

太和 002

劉鎮南(劉表)碑

東漢建安十三年(208)八月卒,魏太和二年(228)葬。

著錄:

《蔡中郎集》6/2b–5b,景印文淵閣《四庫全書・集部》1063 冊 213 上—214 下。(文)

《蔡中郎文集》3/10b–13b,《四部叢刊初編》第 98 冊。(文)

《全三國文》56/3b–5a,《全文》2 冊 1362 上—1363 上。(文、跋)

《漢魏石刻文學考釋》中冊 875—878 頁。(文、跋)

《漢石例》2/19a,《新編》3/40/153 上。(跋)

《漢魏六朝碑刻校注・總目提要》編號 0828。(目)

備考:劉表,《後漢書》卷七四下、《三國志》卷六均有傳。《全三國文》收錄《劉鎮南碑》時認為撰者缺,但四庫本、四部叢刊本收入《蔡中郎集》或《蔡中郎文集》時,認為蔡邕所撰。然據考證,太和二年時蔡邕已死三十六年。

太和003

大將軍曹真殘碑并陰

又名：曹真祠堂斷碑、大將軍頌斷碑并陰。太和五年（231）三月刻。清道光二十三年陝西省西安出土，長白托活洛氏（端方）、建德周氏、拜石齋胡氏舊藏，今藏北京故宮博物院。拓片均高76、寬99釐米，上為碑陽，下為碑陰。隸書，20行，行多者17字，少者9字不等。碑陰2列，列30行，行多者12字，少者2、3字。

圖版著錄：

《二銘草堂金石聚》13/75a－88a，《新編》2/3/2220上—2226下。

《望堂金石初集》，《新編》2/4/2893上—2904下。

《古石抱守錄》，《新編》3/1/360。（碑陽）

《北京圖書館藏中國歷代石刻拓本匯編》2冊7頁。

《中國西北地區歷代石刻匯編》1冊30頁。

《漢魏六朝碑刻校注》2冊194頁。

錄文著錄：

《八瓊室金石補正》8/3b－7b，《新編》1/6/4122上—4124上。

《十二硯齋金石過眼錄》2/18b－19a、20b－23b，《新編》1/10/7810下—7811上、7811下—7813上。

《匋齋藏石記》3/1a－5a，《新編》1/11/8007上—8009上。

《關中石刻文字新編》1/1a－4a，《新編》1/22/16857－16863。

《績語堂碑錄》，《新編》2/1/94上—96上。

《金石萃編補遺》1/2a－6a，《新編》2/2/1495下—1497下。

《魯迅輯校石刻手稿・碑銘》上冊395—402頁。

《漢魏石刻文學考釋》上冊450—452頁。

《漢魏六朝碑刻校注》2冊195—196頁。

《全三國兩晉南朝文補遺》6—8頁。

碑目題跋著錄：

《八瓊室金石補正》8/7b－10b，《新編》1/6/4124上—4125下。

《十二硯齋金石過眼錄》2/19b－20b，《新編》1/10/7811上—下。

《匋齋藏石記》3/7b－11b，《新編》1/11/8010 上—8012 上。

《集古求真》10/3b－4a，《新編》1/11/8574 上—下。

《集古求真補正》3/36b，《新編》1/11/8680 下。

《陝西金石志》6/1b－2b，《新編》1/22/16430 上—下。附蔡氏《關中金石記附記》。

《藝風堂金石文字目》1/16b，《新編》1/26/19530 下。

《補寰宇訪碑錄》1/11a，《新編》1/27/20200 上。

《補寰宇訪碑錄校勘記》1/3a，《新編》1/27/20287 上。

《金石彙目分編》9（3）/64a、12（1）/1a，《新編》1/28/21022 下、21277 上。

《石刻題跋索引》25 頁右，《新編》1/30/22363。

《二銘草堂金石聚》13/88a－b，《新編》2/3/2226 下。

《望堂金石初集》，《新編》2/4/2905 上—下。

《摹廬金石記》5a－6b，《新編》2/6/4285 上—下。

《崇雅堂碑錄》1/8a，《新編》2/6/4487 下。

《開有益齋金石文字記》1a－2b，《新編》2/8/5804 上—下。

《關中金石文字存逸考》1/6a、11/1a，《新編》2/14/10358 下、10620 上。

《語石》1/3a，《新編》2/16/11860 上。

《平安館藏碑目》，《新編》2/18/13386 下。

《求是齋碑跋》1/14b－16b，《新編》2/19/14007 下—14008 下。

《寶鴨齋題跋》卷上/11b－12a，《新編》2/19/14340 上—下。

《寰宇貞石圖目錄》卷上/4b、卷下/2b，《新編》2/20/14673 上、14678 上。

《蒿里遺文目錄》1 上/2b，《新編》2/20/14938 上。

《佩文齋書畫譜·金石》62/1b 下，《新編》3/2/51 下。

（民國）《咸寧長安兩縣續志·金石考上》12/4b，《新編》3/31/516 下。

《石目》，《新編》3/36/80 上。

《魏晉石存目》1b，《新編》3/37/533 上。

《中國金石學講義・正編》4b,《新編》3/39/126。

《激素飛清閣平碑記》卷 2,《新編》4/1/200 上。

《石交錄》1/29a,《新編》4/6/444 上。

《壬癸金石跋》10a – 12b,《新編》4/7/263 上—264 上。

《雪堂所藏金石文字簿錄》54b – 55a,《新編》4/7/396 下—397 上。

《魯迅輯校石刻手稿・碑銘》上冊 402—403 頁。附《隸篇・再續金石目》。

《綴學堂初稿》4/8a – b。

《增補校碑隨筆》(修訂本) 112—113 頁。

《碑帖鑒定》96—97 頁。

《善本碑帖錄》1/43。

《碑帖敘錄》153 頁。

《漢魏石刻文學考釋》上冊 447—448 頁。

《漢魏石刻文字繫年》157—158 頁。

《漢魏六朝碑刻校注・總目提要》編號 0830。

淑德大學《中國石刻拓本目錄》"碑碣等刻石" 編號 281—284。

論文:

楊樹達:《魏曹真殘碑跋》,《積微居小學金石論叢》,第 310 頁。

葉其峰:《〈曹真碑〉新考》,《故宮博物院院刊》2005 年第 2 期;又載於《古代銘刻論叢》,第 300—307 頁。

備考:曹真,《三國志》卷九有傳。

太和 004

何晏磚誌

太和五年(231)七月四日卒。《石刻名彙》作"咸熙□年"。在廬江縣北十七里。唐景雲二年有人發墓得磚銘。拓片高 34、寬 17 釐米。隸書,5 行,行字不等。

著錄:

《北京圖書館藏中國歷代石刻拓本匯編》2 冊 6 頁。(圖)

《漢魏六朝碑刻校注》2 冊 198—199 頁。(圖、文)

《全三國兩晉南朝文補遺》10頁。（文）

《安徽金石略》6/1a，《新編》1/16/11723上。（目）

《金石彙目分編》5/37b，《新編》1/27/20808上。（目）

《石刻名彙》11/187a，《新編》2/2/1121上。（目）

《古誌彙目》1/2a，《新編》3/37/7。（目）

《太平寰宇記碑錄》編號185，《北山金石錄》上冊304頁。（目）

《漢魏六朝碑刻校注·總目提要》編號0831。（目）

備考：何晏，《三國志》卷九附《曹真傳》。

太和005

曹植陵磚

太和七年（233）三月一日。1977年山東省東阿縣魚山曹植墓出土，藏山東省博物館。磚高43、寬20、厚11釐米。正、背、側三面刻字，隸書，一面2行，行7至8字不等；一面3行，行10至11字不等；側1行10字。

著錄：

《中國磚銘》圖版上冊315—316頁。（圖）

《中國古代磚刻銘文集》上、下冊編號0705。（圖、文）

《漢魏六朝碑刻校注》2冊200—201頁。（圖、文）

《漢魏六朝碑刻校注·總目提要》編號0832。（目）

淑德大學《中國石刻拓本目錄》"磚"編號31。（目）

論文：

顧鐵符：《山東東阿縣魚山曹植墓發現一銘文磚》，《文物》1979年第5期。

盧善煥：《曹植墓磚銘釋讀淺議》，《文物》1996年第10期。

劉玉新：《山東省東阿縣曹植墓的發掘》，《華夏考古》1999年第1期。

備考：曹植，《三國志》卷一九有傳。

青　龍

青龍 001

宋異墓記磚

青龍二年（234）四月十六日卒。清道光二十六年（1846）河南許州（今許昌）出土，尺寸不詳。隸書，2行，行9至10字。

著錄：

《中國古代磚刻銘文集》上、下冊編號0706。（圖、文）

《北山談藝錄續編》154—155頁。（圖、文、跋）

《北山集古錄》卷四"磚文題跋"，《北山金石錄》上冊446頁。（跋）

青龍 002

陳禮墓記磚

青龍二年（234）十一月。清道光二十六年（1846）河南許州（今許昌）出土。磚高29、寬14.5釐米。隸書，3行，行1至7字不等。

著錄：

《中國古代磚刻銘文集》上、下冊編號0707。（圖、文）

《雪堂專錄·專誌徵存》1b，《羅雪堂先生全集》五編3冊1266頁。（文）

《蒿里遺文目錄》3上/1a，《新編》2/20/14981上。（目）

《北京大學圖書館藏歷代墓誌拓片目錄》編號00004。（目）

青龍 003

陳祚冢中記

青龍二年（234）。清道光二十六年（1846）河南許州民穿井時發現出土。隸書。

碑目題跋著錄：

《補寰宇訪碑錄》1/11a，《新編》1/27/20200上。

《金石彙目分編》9（補遺）/1b，《新編》1/28/21082上。

《石刻名彙》11/186b，《新編》2/2/1120下。

《崇雅堂碑錄》1/8a,《新編》2/6/4487 下。

《語石》3/35b,《新編》2/16/11915 上。

《中州金石目錄》1/9b,《新編》2/20/14690 上。

《古誌彙目》1/2a,《新編》3/37/7。

青龍 004

廬江太守范式碑并陰

又名：范巨卿碑。青龍三年（235）正月六日刻。久佚，後重出，乾隆四十三年（1778）得額，五十四年（1789）得石，碑舊在濟州任城縣，今藏濟寧漢碑陳列室。碑僅存上截，拓本額高 50、寬 27 釐米；陽高 100、寬 67 釐米；陰高 81、寬 50 釐米。隸書，存 12 行，行約 15、16 字。碑陰存 4 列，前兩列各存 10 行，第 3 列存 11 行，第 4 列 6 行。額篆書，額題：故廬江太守范府君之碑。

圖版著錄：

《二銘草堂金石聚》13/89a–97a,《新編》2/3/2227 上—2231 上。

《漢碑大觀》第八集,《新編》2/8/6373 下—6376 上。（局部）

《小蓬萊閣金石文字》,《新編》3/1/596 上—609 上。（碑陽）

《北京圖書館藏中國歷代石刻拓本匯編》2 冊 8—9 頁。

《漢魏六朝碑刻校注》2 冊 202—203 頁。

錄文著錄：

《金石萃編》24/1a–5a,《新編》1/1/417 上—419 上。

《隸釋》19/16b–18a,《新編》1/9/6943 下—6944 下。（碑陽）

《隸續》12/22a–b,《新編》1/10/7159 下。（碑陰）

《兩漢金石記》8/45a–47a、21/1a–b、21/2b–4b,《新編》1/10/7328 上—7329 上、7486 上—7487 下。

《金薤琳琅》7/11b–13b,《新編》1/10/7685 上—7686 上。（碑陽）

《金石古文》8/8b–10a,《新編》1/12/9411 下—9412 下。（碑陽）

《宜祿堂收藏金石記》卷 9,《新編》2/5/3397 下、3398 下。

《漢碑錄文》4/45a–46b、48a–50a,《新編》2/8/6215 上—下、6216 下—6217 下。

（宣統）《山東通志・藝文志》卷 150，《新編》2/12/9267 下—9268 上、9268 下—9269 下。

《濟州金石志》2/62a－63a、66a－b，《新編》2/13/9495 下—9496 上、9497 下。

《小蓬萊閣金石文字》，《新編》3/1/609 下、613 上—614 上。

（民國）《濟寧直隸州續志・藝文志》19/23b－24a，《新編》3/26/58 上—下。（碑陰）

《碑版廣例》7/4b－6a，《新編》3/40/315 下—316 下。（碑陽）

《六藝之一錄》51/23b－25a，《新編》4/4/764 上—765 上。

《全三國文》56/5b－6b，《全文》2 冊 1363 上—下。（碑陽）

《魯迅輯校石刻手稿・碑銘》上冊 385—387 頁。（殘文）

《漢魏石刻文學考釋》中冊 882—884 頁。

《漢魏六朝碑刻校注》2 冊 204—205 頁。

碑目題跋著錄：

《金石萃編》24/9b－11a，《新編》1/1/421 上—422 上。

《隸釋》19/18a－b，《新編》1/9/6944 下。

《隸釋》20/5a 引《水經注》，《新編》1/9/6949 上。

《隸釋》23/8a－b 引《集古錄目》，《新編》1/9/6993 下。

《隸釋》27/6b 引《天下碑錄》，《新編》1/9/7038 下。

《隸釋刊誤》74a－b，《新編》1/9/7081 下。

《隸續》12/22b－23a，《新編》1/10/7159 下—7160 上。

《兩漢金石記》1/41a、8/47a－51a、21/1b－2a、21/4b－6a，《新編》1/10/7225 上、7329 上—7331 上、7486 上—下、7487 下—7488 下。

《金薤琳琅》7/13b－14a，《新編》1/10/7686 上—下。

《集古求真》10/3a－b，《新編》1/11/8574 上。

《集古求真補正》3/36b－37a，《新編》1/11/8680 下—8681 上。

《金石錄》2/4a、20/3a，《新編》1/12/8807 下、8917 上。

《山左金石志》8/26a－b，《新編》1/19/14456 下。

《集古錄目》3/2a，《新編》1/24/17956 下。

《通志・金石略》卷上/14b、24a，《新編》1/24/18026 上、18031 上。

《寶刻類編》1/9b，《新編》1/24/18411 上。

《潛研堂金石文跋尾》2/3a－4a，《新編》1/25/18751 上—下。

《潛研堂金石文字目錄》1/7a，《新編》1/25/19010 上。

《授堂金石三跋·一跋》3/3a－b，《新編》1/25/19101 上。

《平津讀碑記》2/2b－3a，《新編》1/26/19362 下—19363 上。

《藝風堂金石文字目》1/17a，《新編》1/26/19531 上。

《寰宇訪碑錄》1/13a，《新編》1/26/19858 上。

《寰宇訪碑錄校勘記》1/6b，《新編》1/27/20104 下。

《續補寰宇訪碑錄》1/7b，《新編》1/27/20306 上。

《金石彙目分編》10（2）/48a，《新編》1/28/21164 下。

《石刻題跋索引》25 頁右—26 頁左，《新編》1/30/22363－22364。

《天下金石志》3/7，《新編》2/2/817 上。

《二銘草堂金石聚》13/97b，《新編》2/3/2231 上。

《平津館金石萃編》3/1b，《新編》2/4/2446 上。

《宜祿堂收藏金石記》卷 9，《新編》2/5/3398 下。附黃易跋。

《宜祿堂金石記》2/2a，《新編》2/6/4218 下。

《墨華通考》2/26a、卷 8，《新編》2/6/4315 下、4391 上。

《崇雅堂碑錄》1/8a，《新編》2/6/4487 下。

《漢碑錄文》4/46b－47b、50b，《新編》2/8/6215 下—6216 上、6217 下。

（宣統）《山東通志·藝文志》卷 150，《新編》2/12/9268 上—下、9269 下—9270 上。

《濟州金石志》2/64a－66a、2/67b－68a、8/76a－b，《新編》2/13/9496 下—9497 下、9498 上—下、9732 下。附《天下名勝志》《名碑總目》等跋。

《碑藪》，《新編》2/16/11830 上。

《語石》13a、3/2a、3/8a，《新編》2/16/11860 上、11898 下、11901 下。

《隸辨》8/38a，《新編》2/17/13093 下。

《平安館藏碑目》，《新編》2/18/13387 上。

《古墨齋金石跋》1/33b－34b，《新編》2/19/14079 上—下。

《集古錄補目補》卷上/17a－b，《新編》2/20/14517 下。

《竹崦盦金石目錄》9a，《新編》2/20/14551 上。

《寰宇貞石圖目錄》卷上/4b、卷下/2b，《新編》2/20/14673 上、14678 上。

《山左碑目》2/19b，《新編》2/20/14848 上。

《古林金石表》7b，《新編》2/20/14897 上。

《蒿里遺文目錄》1 上/2b，《新編》2/20/14938 上。

《小蓬萊閣金石文字》，《新編》3/1/609 下—612 下、614 上—下。附翁方綱題識。

《佩文齋書畫譜·金石》62/1b 上，《新編》3/2/51 下。

（光緒）《嘉祥縣志·方輿》1/19a，《新編》3/26/161 上。

《寒山堂金石林時地攷》卷上/13a，《新編》3/34/496 上。

《石目》，《新編》3/36/45 下。

《菉竹堂碑目》2/4a，《新編》3/37/277 下。

《諸史碑銘錄目·魏書金石》，《新編》3/37/331 下。

《竹崦盦金石目錄》1/10a，《新編》3/37/344 下。

《魏晉石存目》1b，《新編》3/37/533 上。

《汪本隸釋刊誤》74a–b，《新編》3/37/587 上。

《碑帖跋》35—36 頁，《新編》3/38/183–184、4/7/423 下。

《漢石經室金石跋尾》，《新編》3/38/258 下—259 上。

《蘇齋題跋》卷上/36a–39b，《新編》3/38/634 下—636 上。

《中國金石學講義·正編》11a，《新編》3/39/139。

《漢魏六朝墓銘纂例》3/5b，《新編》3/40/452 上。

《金石備攷·兗州府》，《新編》4/1/48 上。

《古今書刻》下編/6b、28a，《新編》4/1/137 下、148 下。

《激素飛清閣平碑記》卷 2，《新編》4/1/200 上—下。

《六藝之一錄》51/17a，《新編》4/4/761 上。

《雪堂所藏金石文字簿錄》54b，《新編》4/7/396 下。

《水經注碑錄》卷二編號 42，《北山金石錄》上冊 56—57 頁。

《漢隸字源》102 頁。

《魯迅輯校石刻手稿·碑銘》上冊 387 頁。附李東琪記。

《增補校碑隨筆》（修訂本）111—112 頁。

《碑帖鑒定》93 頁。

《碑帖敘錄》90—91 頁。

《善本碑帖錄》1/44－45。

《漢魏石刻文學考釋》中冊 878、882 頁。

《漢魏石刻文字繫年》158 頁。

《漢魏六朝碑刻校注·總目提要》編號 0833。

淑德大學《中國石刻拓本目錄》"碑碣等刻石"編號 285—286。

論文：

啓功：《〈范式碑〉跋》，載於《啓功全集》（修訂版）第五卷，10 頁。

備考：范式，《後漢書》卷八一有傳。《隸續》將《范巨卿碑陰》誤著錄為《魯峻斷碑陰》。

青龍 005

冀州刺史陳留丁紹頌德碑

青龍三年（235）立。冀州信都縣。

碑目題跋著錄：

《金石彙目分編》3（2）/44b，《新編》1/27/20714 下。

（光緒）《畿輔通志·金石十四》151/4a，《新編》2/11/8616 下。

《京畿金石考》卷下/20a，《新編》2/12/8777 下。

《畿輔待訪碑目》卷上/2b，《新編》2/20/14801 下。

《水經注碑錄》卷二編號 59，《北山金石錄》上冊 68 頁。

《太平寰宇記碑錄》編號 114，《北山金石錄》上冊 285 頁。

備考：《晉書》卷九〇有《丁紹傳》，然此丁紹西晉"永嘉三年（309）"卒，与碑主當非一人。

景　初

景初 001

南部君□陵墓誌

景初三年（239）五月十二日卒，十二月葬。2015 年 5 月在河南省洛陽市新安縣磁澗鎮老井村北一座古墓中出土。磚 5 方，前後續刻，每磚均長 28.5、寬 15 釐米。其中四方為單面刻，一方為兩面刻，刻文共六面。凡 25 行，滿行 11 或 12 字，隸書。

論文：

王曉光：《從新出土〈曹魏南部君墓誌〉看"東晉銘石體"源流》，《中國書法》2017 年第 5 期。（圖、文）

正　始

正始 001

楊伏俱磚誌

正始元年（240）三月二十六日葬。出土時地不詳，據云出土於河南省洛陽市。誌高 36、寬 18 釐米。文 2 行，滿行 6 字，隸書。

圖版著錄：

《秦晉豫新出墓誌蒐佚續編》1 冊 22 頁。

正始 002

魏立漢劉盆子墳碑

正始二年（241）立，在祁州深澤縣出土。《畿輔通志·金石志》歸入北魏，暫從三國魏。

碑目題跋著錄：

《隸釋》27/3a 引《天下碑錄》，《新編》1/9/7037 上。

《通志·金石略》卷上/23b，《新編》1/24/18030 下。

《寶刻叢編》6/57a，《新編》1/24/18192 上。

《金石彙目分編》3（2）/59b，《新編》1/27/20722 上。

《石刻題跋索引》26 頁左，《新編》1/30/22364。

《天下金石志》1/4，《新編》2/2/803 上。

《墨華通考》1/7a，《新編》2/6/4294 上。

（光緒）《畿輔通志·金石十六》153/85a，《新編》2/11/8723 上。

《京畿金石考》卷下/29b，《新編》2/12/8782 上。

《碑藪》，《新編》2/16/11835 上。

《畿輔待訪碑目》卷上/2b，《新編》2/20/14801 下。
《佩文齋書畫譜・金石》62/1b 上，《新編》3/2/51 下。
《寒山堂金石林時地攷》卷上/2a，《新編》3/34/490 下。
《金石備攷・直隸順天府》，《新編》4/1/6 下。
《古今書刻》下編/2a，《新編》4/1/135 下。
《六藝之一錄》56/4a，《新編》4/5/37 下。
《漢魏石刻文學考釋》中冊 884 頁。
《漢魏石刻文字繫年》158 頁。
《漢魏六朝碑刻校注・總目提要》編號 0835。
備考：劉盆子，《後漢書》卷一一有傳。

正始 003

魏太僕荀君碑

正始五年（244）六月卒。有碑陰。隸書，額題：魏故太僕西陽亭成侯荀府君之碑。

碑目題跋著錄：
《金石錄》2/4a、20/3b，《新編》1/12/8807 下、8917 上。（節文）
《通志・金石略》卷上/24a，《新編》1/24/18031 上。
《石刻題跋索引》26 頁左，《新編》1/30/22364。
《佩文齋書畫譜・金石》62/1b 上，《新編》3/2/51 下。
《六藝之一錄》56/5a，《新編》4/5/38 上。
《漢魏石刻文學考釋》中冊 885—886 頁。（節文）
《漢魏石刻文字繫年》159 頁。
《漢魏六朝碑刻校注・總目提要》編號 0838。

正始 004

毌丘儉紀功碑

又名：魏丸都山毌邱儉紀功刻石、魏毌邱儉征高句驪刻石。正始六年（245）五月。20 世紀 30 年代在吉林省集安縣城西板岔嶺出土，光緒三十二年最早被發現。今藏遼寧省博物館。殘碑長 39、寬 30、厚 8—8.5 釐米。隸書，可見 7 行，48 字，另有兩殘字。

圖版著錄：

《北京圖書館藏中國歷代石刻拓本匯編》2 冊 11 頁。

《北山談藝錄續編》215 頁。

《漢魏六朝碑刻校注》2 冊 207 頁。

《遼寧省博物館藏碑誌精粹》44 頁。

錄文著錄：

《希古樓金石萃編》8/23b－24a，《新編》1/5/3909 上—下。

《滿洲金石志》1/1a，《新編》1/23/17235 上。

《漢魏石刻文學考釋》上冊 197—198 頁。

《漢魏六朝碑刻校注》2 冊 208 頁。

《遼寧省博物館藏碑誌精粹》44 頁。

《全三國兩晉南朝文補遺》8 頁。

碑目題跋著錄：

《希古樓金石萃編》8/24a－25a，《新編》1/5/3909 下—3910 上。

《滿洲金石志》1/1b－3b，《新編》1/23/17235 上—17236 上。

《金石彙目分編》2（補遺）/1a，《新編》1/27/20685 上。

《石刻題跋索引》501 頁左，《新編》1/30/22839。

《魏晉石存目》1b，《新編》3/37/533 上。

《北山集古錄》卷三"殘石題跋"，《北山金石錄》上冊 425 頁。

《碑帖鑒定》93—94 頁。

《北山談藝錄續編》214 頁。

《增補校碑隨筆》（修訂本）112 頁。

《漢魏石刻文學考釋》上冊 193—197 頁。

《漢魏石刻文字繫年》158—159 頁。

《漢魏六朝碑刻校注·總目提要》編號 0839。

《遼寧省博物館藏碑誌精粹》45 頁。

淑德大學《中國石刻拓本目錄》"碑碣等刻石"編號 287。

論文：

王國維：《魏冊邱儉丸都山紀功石刻跋》，《觀堂集林》卷 20，下冊第 981—985 頁。

吳其昌：《魏毌丘儉討高句驪丸都山紀功刊石跋尾》，《吳其昌文集》3"史學論叢·上"，第 407—416 頁。

傅仁義：《毌丘儉征高句麗與丸都山紀功碑》，載於傅仁義等著：《東北古文化》，第 173—174 頁。

耿鐵華：《毌丘儉紀功碑考略》，《中國文物報》1988 年 4 月 29 日。

耿鐵華：《同和嶺修道碑與毌丘儉紀功碑》，《東北史地》2010 年第 2 期。

趙紅梅：《毌丘儉紀功碑文補遺——以王國維〈魏毌邱儉丸都山紀功石刻跋〉為中心考察》，《北方論叢》2010 年第 6 期。

張韜、梁啟政：《毌丘儉紀功殘碑發現時間考》，《古籍整理研究學刊》2015 年第 5 期。

備考：毌丘儉，《三國志》卷二八有傳。

正始 005

管寧碑

正始年間（240—249），管寧卒於正始二年（241）。碑在安丘縣西十二里墓前。

碑目題跋著錄：

《隸釋》27/7b 引《天下碑錄》，《新編》1/9/7039 上。

《集古求真續編》6/20a–b，《新編》1/11/8770 下。

《通志·金石略》卷上/23b，《新編》1/24/18030 下。

《寶刻叢編》1/33a，《新編》1/24/18096 上。

《金石彙目分編》10（3）/48b，《新編》1/28/21202 下。

《石刻題跋索引》26 頁右，《新編》1/30/22364。

《天下金石志》3/10，《新編》2/2/818 下。

《墨華通考》1/4b、卷 8，《新編》2/6/4292 下、4395 下。

（宣統）《山東通志·藝文志》卷 152，《新編》2/12/9381 上。

《碑藪》，《新編》2/16/11832 下。

《佩文齋書畫譜·金石》62/2a 上，《新編》3/2/52 上。

《寒山堂金石林時地攷》卷上/15b，《新編》3/34/496 上。

《金石備攷·青州府》，《新編》4/1/50 上。

《古今書刻》下編/29a,《新編》4/1/149 上。

《六藝之一錄》55/28a,《新編》4/5/33 下。

《水經注碑錄》卷七編號 191,《北山金石錄》上冊 165—166 頁。

《漢魏石刻文學考釋》中冊 897—898 頁。

《漢魏石刻文字繫年》167 頁。

《漢魏六朝碑刻校注・總目提要》編號 0840。

備考：管寧,《三國志》卷一一有傳。

嘉　平

嘉平 001

漢靈帝時張道陵碑

嘉平二年（250）三月一日。在四川洪雅縣（或夾江縣）易俗鄉。

碑目題跋著錄：

《輿地碑記目・嘉定府碑記》4/6a,《新編》1/24/18562 下。

《金石彙目分編》16（2）/54a,《新編》1/28/21509 下。

《墨華通考》卷 11,《新編》2/6/4439 下。

《蜀碑記補》7/41,《新編》2/12/8738 上。

《佩文齋書畫譜・金石》61/11a 下,《新編》3/2/35 上。

（嘉慶）《四川通志・輿地志》59/26a－b、27b,《新編》3/14/508 下、509 上。

（嘉慶）《夾江縣志・金石》11/23b,《新編》3/15/461 上。

（嘉慶）《洪雅縣志・藝文》24/4b－5a,《新編》3/15/497 上—下。

《蜀碑記》7/2a、辨偽考異 1/1a,《新編》3/16/331 下、340 上。

《燕庭金石叢稿》,《新編》3/32/578 下。

《紅藕齋漢碑彙鈔集跋》,《新編》3/38/528 上。

《漢隸字源》113—114 頁。

《漢魏石刻文字繫年》134 頁。

《漢魏六朝碑刻校注・總目提要》編號 0444。

備考：漢靈帝時無"嘉平"年號，但諸碑皆云漢靈帝時碑。《四川通志》著錄三次，其中一處著錄為"熹平二年"，地點仍在一地，恐重複著錄。《佩文齋書畫譜》亦作"熹平二年"。西晉劉聰有嘉平年號，暫附三國魏"嘉平"年號下。《畿輔通志·金石志》直接將《張道陵碑》與《米巫祭酒張普題字》合為一碑著錄；《金石彙目分編》也懷疑《巫祭酒張普題》即《張道陵碑》，暫從二書，合併著錄。

嘉平 002

劉靖碑

又名：劉靖戾陵堰碑。嘉平二年（250）。施蟄存《水經注碑錄》考證，疑為三國魏嘉平中（249—254）所立，記開渠建堨事，若薊縣之碑，當是《劉靖祠碑》。

碑目題跋著錄：

（光緒）《順天府志·金石志二》128/6a－7a，《新編》2/12/8816下—8817上。

《六藝之一錄》56/11a，《新編》4/5/41上。

《水經注碑錄》卷三編號82，《北山金石錄》上冊82—83頁。（節文）

嘉平 003

南郡太守卞統碑

嘉平元年（249）十一月卒，嘉平三年（251）四月刻。在曹州宛句縣。碑首題：魏故南郡太守卞府君之表。

碑目題跋著錄：

《金石錄》2/4b、20/3b－4a，《新編》1/12/8807下、8917上—下。（節文）

《金石錄補》25/17a，《新編》1/12/9123上。

《通志·金石略》卷上/24a，《新編》1/24/18031上。

《金石彙目分編》10（3）/1b，《新編》1/28/21179上。

《石刻題跋索引》26頁左，《新編》1/30/22364。

《天下金石志》3/7，《新編》2/2/817上。

《墨華通考》卷7，《新編》2/6/4385下。

《佩文齋書畫譜·金石》62/1b下，《新編》3/2/51下。

《金石備攷・兗州府》，《新編》4/1/48 上。

《六藝之一錄》56/4a，《新編》4/5/37 下。

《漢魏石刻文字繫年》159 頁。

《漢魏石刻文學考釋》中冊 997—998 頁。（節文）

《漢魏六朝碑刻校注・總目提要》編號 0841。

嘉平 004

孫□墓磚

嘉平四年（252）。隸書。

碑目著錄：

《石刻名彙》11/186b，《新編》2/2/1120 下。

《再續寰宇訪碑錄》卷上，《羅振玉學術論著集》第五集，409 頁。

正　元

正元 001

魏太妃郭氏碑

正元二年（255）。在河南府雒陽縣。

碑目題跋著錄：

《通志・金石略》卷上/23b，《新編》1/24/18030 下。

《金石彙目分編》9（3）/64a，《新編》1/28/21022 下。

《墨華通考》卷 7，《新編》2/6/4372 上。

《佩文齋書畫譜・金石》62/1b 下，《新編》3/2/51 下。

（乾隆）《河南府志・金石志》108/7b，《新編》3/28/118 上。

《六藝之一錄》56/4b，《新編》4/5/37 下。

正元 002

襄陽太守劉府君碑

又名：襄州刺史劉君碑。正元三年（256）四月二十日立。在襄陽府襄陽縣。額題：魏故襄陽太守虎威將軍平都亭侯劉府君碑。

碑目題跋著錄：

《金石錄》2/4b，《新編》1/12/8807 下。

（民國）《湖北通志・金石志》2/37b，《新編》1/16/11969 上。

《通志・金石略》卷上/24a，《新編》1/24/18031 上。

《寶刻叢編》3/3b，《新編》1/24/18115 上。

《金石彙目分編》14/17b－18a，《新編》1/28/21391 上—下。

《石刻題跋索引》26 頁左，《新編》1/30/22364。

《佩文齋書畫譜・金石》62/1b 下，《新編》3/2/51 下。

《六藝之一錄》56/4b，《新編》4/5/37 下。

《漢魏石刻文學考釋》中冊 889 頁。

《漢魏石刻文字繫年》159 頁。

《漢魏六朝碑刻校注・總目提要》編號 0843。

正元 003

酸棗令毌丘（邱）悅碑

又名：毌丘悅頌德碑。正元三年（256）。在酸棗縣廢縣內。

碑目題跋著錄：

《隸釋》27/1b－2a 引《天下碑錄》，《新編》1/9/7036 上—下。

《中州金石考》4/14b，《新編》1/18/13698 下。

《通志・金石略》卷上/23a，《新編》1/24/18030 下。

《寶刻叢編》1/23b，《新編》1/24/18091 上。

《金石彙目分編》9（2）/27b，《新編》1/28/20967 下。

《石刻題跋索引》34 頁左，《新編》1/30/22372。

《天下金石志》5/2，《新編》2/2/823 下。

《墨華通考》卷 7，《新編》2/6/4368 上。

《河朔金石待訪目》9b，《新編》2/12/9017 上。

《碑藪》，《新編》2/16/11827 下。

《中州金石目錄》2/5b，《新編》2/20/14694 上。

《佩文齋書畫譜・金石》62/2a 下，《新編》3/2/52 上。

《寒山堂金石林時地攷》卷上/21b，《新編》3/34/500 上。

《金石備攷・開封府》，《新編》4/1/55 下。

《古今書刻》下編/23a，《新編》4/1/146 上。

《六藝之一錄》56/6a，《新編》4/5/38 下。

《漢魏石刻文字繫年》160 頁。

《漢魏六朝碑刻校注‧總目提要》編號 0844。

甘 露

甘露 001

潘氏墓磚

甘露二年（257）八月。浙江山陰吳氏舊藏。正書。

碑目著錄：

《石刻名彙》11/181a，《新編》2/2/1118 上。

甘露 002

王倫表德論碑

甘露二年（257）。王俊撰。

著錄：

《全三國文》53/5b，《全文》2 冊 1352 上。（文、跋）

《漢魏石刻文學考釋》下冊 1472 頁。（文、跋）

《漢魏六朝碑刻校注‧總目提要》編號 0845。（目）

甘露 003

孫炎碑

甘露五年（260）立。在淄州長山縣西南三十里長白山東。

碑目題跋著錄：

《隸釋》27/7b 引《天下碑錄》，《新編》1/9/7039 上。

《通志‧金石略》卷上/23b，《新編》1/24/18030 下。

《寶刻叢編》1/44a，《新編》1/24/18101 下。

《金石彙目分編》10（1）/17a，《新編》1/28/21109 上。

《石刻題跋索引》26 頁左，《新編》1/30/22364。

《墨華通考》卷 8，《新編》2/6/4387 上。

（宣統）《山東通志‧藝文志》卷 152，《新編》2/12/9324 上。

《碑藪》，《新編》2/16/11832 上。

《佩文齋書畫譜・金石》62/1b 下,《新編》3/2/51 下。

《六藝之一錄》56/5a,《新編》4/5/38 上。

《漢魏石刻文學考釋》中冊 889—890 頁。

《漢魏石刻文字繫年》161 頁。

《漢魏六朝碑刻校注・總目提要》編號 0847。

備考:《三國志》卷一三有《孫炎傳》,字叔然,是否碑主,因未見錄文,待考。《天下碑錄》著錄為"孫炎碑并妻碑",當是兩碑皆有,故分別著錄。

景 元

景元 001

張普父、兄墓磚

其一、張普之兄墓磚

景元元年(260)立。清同治初年出土於北京北郊,與張普之父墓磚同時出土,共 2 磚,浙江定海方若舊藏。隸書,一磚 18 字,一磚 8 字。

著錄:

《北京圖書館藏中國歷代石刻拓本匯編》2 冊 17 頁。(圖)

《北山談藝錄續編》156—157 頁。(局部圖、文、跋)。

《增補校碑隨筆》(修訂本)115 頁。(文)

《石刻名彙》11/187a,《新編》2/2/1121 上。(目)

《蒿里遺文目錄》3 上/1b,《新編》2/20/14951 上。(目)

論文:

黃展岳:《早期墓誌的一些問題》,《文物》1995 年第 12 期。(偽刻)

其二、張普之父墓磚

景元元年(260)立。清同治初年出土於北京北郊,浙江定海方若舊藏。拓本高 62、寬 123 釐米。文 4 行,滿行 8 字,隸書。

圖版著錄:

《廣倉專錄》,《新編》4/10/818。

《北京圖書館藏中國歷代石刻拓本匯編》2 冊 17 頁。

《中國磚銘》圖版上冊 320 頁左—321 頁右。
《漢魏六朝碑刻校注》2 冊 209 頁。
錄文著錄：
《八瓊室金石補正》8/11a－b，《新編》1/6/4126 上。
《石交錄》1/7a，《新編》4/6/433 上。
《增補校碑隨筆》（修訂本）115 頁。
《漢魏六朝碑刻校注》2 冊 210 頁。
《全三國兩晉南朝文補遺》13 頁。
碑目題跋著錄：
《八瓊室金石補正》8/11b，《新編》1/6/4126 上。
《唐風樓金石文字跋尾》，《新編》1/26/19841 上。
《石刻題跋索引》677 頁右，《新編》1/30/23015。
《石刻名彙》11/187a，《新編》2/2/1121 上。
《摹廬金石記》4b－5a，《新編》2/6/4284 下—4285 上。
《畿輔碑目》卷上/1b，《新編》2/20/14779 上。
《蒿里遺文目錄》3 上/1b，《新編》2/20/14981 上。
《古誌彙目》1/2a，《新編》3/37/7。
《雪堂金石文字跋尾》2/8a－b，《新編》3/38/291 下。
《北山集古錄》卷四"磚文題跋"，《北山金石錄》上冊 446 頁。
《北山談藝錄續編》156 頁。
《漢魏六朝碑刻校注・總目提要》編號 0848。
論文：
黃展岳：《早期墓誌的一些問題》，《文物》1995 年第 12 期。（偽刻）
備考：黃展岳指出張普之兄、張普之父墓磚偽刻的理由為："魏"通"魏"這種寫法只見於北魏，不見於曹魏；所見磚誌皆陰刻，不留寬邊欄；四磚字體略有別，至少屬三塊印模所制；且一墓而有四葬磚，亦甚罕見，故知為近代偽刻。其判斷的理由至少三條不能成立，因為同時代三國吳潘億墓也出土了兩塊墓記磚——《潘億墓記磚》（太平二年，257），1987 年浙江嵊縣出土，兩磚形制相同，但行款不同，一磚 6 行，行 2 至 7 字不等，一磚 6 行，行 4 至 7 字不等。（見嵊縣文管會：《浙江嵊縣大塘嶺東吳墓》,《考古》1991 年第 3 期）；本索引編號三國吳 "天紀 001" 的《吳氏葬磚》也是兩塊，且尺寸大小不同。可見，一墓出土數磚，且數磚行款、尺寸不同的情況在當時并非特例。此外，"巍" 通 "魏" 這種寫法東漢已出現，如《楊孟文石門頌》和《武梁祠堂畫象題字》中皆有此寫法。暫存疑，附此以備參考。

景元 002

王基斷碑

景元二年（261）四月二十四日卒。清乾隆初年出土於河南洛陽安駕溝村，現存洛陽石刻藝術館。拓本高 113、寬 93 釐米。文隸書，碑字原未刻全，共 19 行，前 3 行行 22 字，後 16 行行 21 字。

圖版著錄：

《二銘草堂金石聚》13/98a – 108b,《新編》2/3/2231 下—2236 下。

《北京圖書館藏中國歷代石刻拓本匯編》2 冊 18 頁。

《漢魏六朝碑刻校注》2 冊 211 頁。

錄文著錄：

《金石萃編》24/11a – 12b,《新編》1/1/422 上—下。

《中州金石記》1/9a – 10a,《新編》1/18/13753 上—下。

《宜祿堂收藏金石記》卷 9,《新編》2/5/3399 上。

《全三國文》56/6b – 7a,《全文》2 冊 1363 下—1364 上。

《魯迅輯校石刻手稿·碑銘》上冊 391—392 頁。

《漢魏六朝碑刻校注》2 冊 212 頁。

《漢魏石刻文學考釋》中冊 893 頁。

碑目題跋著錄：

《金石萃編》24/15a – b,《新編》1/1/424 上。

《集古求真》10/3b,《新編》1/11/8574 上。

《中州金石記》1/10a – b,《新編》1/18/13753 下。

《潛研堂金石文跋尾》2/4a – b,《新編》1/25/18751 下。

《潛研堂金石文字目錄》1/7a,《新編》1/25/19010 上。

《授堂金石三跋·一跋》3/3b – 5b,《新編》1/25/19101 上—

19102 上。

《平津讀碑記》2/3a－b,《新編》1/26/19363 上。

《藝風堂金石文字目》1/17a,《新編》1/26/19531 上。

《寰宇訪碑錄》1/13a,《新編》1/26/19858 上。

《洛陽石刻錄》1a,《新編》1/27/20635 上。

《金石彙目分編》9（3）/1a,《新編》1/28/20991 上。

《石刻題跋索引》26 頁左,《新編》1/30/22364。

《二銘草堂金石聚》13/108b－109b,《新編》2/3/2236 下—2237 上。

《平津館金石萃編》3/1b,《新編》2/4/2446 上。

《宜祿堂收藏金石記》卷9,《新編》2/5/3399 下。附汪氏《述學》。

《宜祿堂金石記》2/2b,《新編》2/6/4218 下。

《崇雅堂碑錄》1/8a,《新編》2/6/4487 下。

《語石》1/3a、2/15a、3/14a、6/31a,《新編》2/16/11860 上、11883 上、11904 下、11978 上。

《平安館藏碑目》,《新編》2/18/13387 下。

《求是齋碑跋》1/13a－14b,《新編》2/19/14007 上—下。

《古墨齋金石跋》1/35a,《新編》2/19/14080 上。

《定庵題跋》32b－33a,《新編》2/19/14301 下—14302 上。

《寶鴨齋題跋》卷上/12a,《新編》2/19/14340 下。

《竹崦盦金石目錄》9a,《新編》2/20/14551 上。

《寰宇貞石圖目錄》卷上/4b,《新編》2/20/14673 上。

《中州金石目錄》1/9b,《新編》2/20/14690 上。

《蒿里遺文目錄》1 上/2b,《新編》2/20/14938 上。

（嘉慶）《洛陽縣志·金石錄》59/1a,《新編》3/29/489 上。

《題嵩洛訪碑圖》5a,《新編》3/29/593 上。

《嵩洛訪碑日記》9a,《新編》3/29/601 上。

《石目》,《新編》3/36/46 上。

《中州金石目》3/1a,《新編》3/36/162 上。

《話雨樓碑帖目錄》1/10a,《新編》3/36/545。

《竹崦盦金石目錄》1/10a,《新編》3/37/344 下。

《魏晉石存目》1b，《新編》3/37/533 上。

《漢石經室金石跋尾》，《新編》3/38/260 下。

《漢魏六朝志墓金石例》1/15b，《新編》3/40/403 上。

《漢魏六朝墓銘纂例》3/6a－b，《新編》3/40/452 下。

《激素飛清閣平碑記》卷 2，《新編》4/1/200 下。

《魯迅輯校石刻手稿·碑銘》上冊 393 頁。附杜夢麟跋。

《增補校碑隨筆》（修訂本）113—114 頁。

《碑帖鑒定》97—98 頁。

《善本碑帖錄》1/45。

《洛陽出土石刻時地記》曹魏 001，5 頁。

《碑帖敘錄》26 頁。

《漢魏石刻文學考釋》中冊 891—892 頁。

《漢魏石刻文字繫年》160 頁。

《漢魏六朝碑刻校注·總目提要》編號 0849。

淑德大學《中國石刻拓本目錄》"碑碣等刻石" 編號 295。

論文：

黃明蘭：《曹魏東武侯王基墓碑考釋》，《中原文物》1981 年特刊；又收入李獻奇、黃明蘭主編：《畫像磚石刻墓誌研究》，第 188—195 頁。

備考：王基，《三國志》卷二七有傳。

景元 003

趙女磚誌

景元二年（261）九月十日葬。2012 年秋河南省洛陽市孟津縣出土，旋歸洛陽市金石文字博物館。磚高 42、寬 9.5 釐米。文隸書，2 行，行 8 或 4 字。

圖版著錄：

《秦晉豫新出墓誌蒐佚續編》1 冊 23 頁。

景元 004

襄陽太守胡烈德政碑

景元四年（263）九月立。碑在襄陽府南漳縣之固城。

錄文著錄：

（嘉慶）《湖北通志・金石一》88/16a,《新編》3/13/10 下。

碑目題跋著錄：

（民國）《湖北通志・金石志》2/38a,《新編》1/16/11969 下。

《輿地碑記目・襄陽府碑記》3/6b,《新編》1/24/18550 下。

《金石彙目分編》14/25b,《新編》1/28/21395 上。

《石刻題跋索引》26 頁左,《新編》1/30/22364。

（光緒）《襄陽府治・金石》18/7b,《新編》3/13/394 上。

《六藝之一錄》57/8a,《新編》4/5/53 下。

《水經注碑錄》卷七編號 205,《北山金石錄》上冊 176—177 頁。

《漢魏石刻文學考釋》上冊 452—453 頁。

《漢魏石刻文字繫年》160 頁。

《漢魏六朝碑刻校注・總目提要》編號 0851。

備考：胡烈,《晉書》卷五七有傳。

咸　熙

咸熙001

陝氏墓磚

咸熙元年（264）。分書，反文。

碑目著錄：

《石刻名彙》11/187a,《新編》2/2/1121 上。

三國魏無年號

無年號001

持節僕射陳郡鮑捐神坐

三國魏（220—265）刻。1923 年陰曆四月出土於河南省洛陽城東北十里楊墳村北，石歸馬叔平，今藏北京故宮博物院。誌高 34.5、寬 7.8 釐米。1 行 13 字，隸書。云：魏故持節僕射陳郡鮑捐之神坐。

圖版著錄：

《漢魏南北朝墓誌集釋》圖版三，《新編》3/3/275。
《北京圖書館藏中國歷代石刻拓本匯編》2 冊 30 頁。
《漢魏六朝碑刻校注》2 冊 221 頁。
《故宮博物院藏歷代墓誌彙編》1 冊 44 頁。

錄文著錄：

《芒洛冢墓遺文四編補遺》1b，《新編》1/19/14308 上。
《漢魏南北朝墓誌彙編》3 頁。
《漢魏石刻文學考釋》上冊 362 頁。
《漢魏六朝碑刻校注》2 冊 222 頁。
《故宮博物院藏歷代墓誌彙編》1 冊 44 頁。
《全三國兩晉南朝文補遺》10 頁。

碑目題跋著錄：

《石刻題跋索引》129 頁左，《新編》1/30/22467。
《石刻名彙》2/18a，《新編》2/2/1033 下。
《漢魏南北朝墓誌集釋》1/1b，《新編》3/3/36。
《國立北平圖書館藏碑目》1a，《新編》3/36/249 上。
《蒿里遺文目錄續編補遺·蒿里馀載》2a，《新編》3/37/545 下。
《石交錄》1/30b，《新編》4/6/444 下。
《碑帖鑒定》98 頁。
《六朝墓誌檢要》（修訂本）6 頁。
《洛陽出土石刻時地記》曹魏 002，5 頁。
《遼居乙稿》，《羅振玉學術論著集》第十集（上），388 頁。
《漢魏石刻文學考釋》上冊 361—362 頁。
《漢魏石刻文字繫年》162 頁。
《漢魏六朝碑刻校注·總目提要》編號 0882。

無年號 002

處士陳郡鮑寄神坐

三國魏（220—265）刻。1923 年陰曆四月洛陽城東北楊墳村出土，鮑寄、鮑捐為兄弟，鮑寄坐出東，鮑捐坐出西，相距五步。石歸徐森玉，今藏北京故宫博物院。誌高30.5、寬7.8釐米。1行11字，隸書。云：魏故處士陳郡鮑寄之神坐。

圖版著錄：

《漢魏南北朝墓誌集釋》圖版四，《新編》3/3/275。

《北京圖書館藏中國歷代石刻拓本匯編》2冊31頁。

《漢魏六朝碑刻校注》2冊223頁。

《故宮博物院藏歷代墓誌彙編》1冊45頁。

錄文著錄：

《芒洛冢墓遺文四編補遺》1b，《新編》1/19/14308上。

《漢魏南北朝墓誌彙編》3頁。

《漢魏石刻文學考釋》上冊362頁。

《漢魏六朝碑刻校注》2冊224頁。

《故宮博物院藏歷代墓誌彙編》1冊45頁。

《全三國兩晉南朝文補遺》11頁。

碑目題跋著錄：

《石刻題跋索引》129頁左，《新編》1/30/22467。

《石刻名彙》2/18a，《新編》2/2/1033下。

《崇雅堂碑錄補》1/10b，《新編》2/6/4555下。

《漢魏南北朝墓誌集釋》1/1b，《新編》3/3/36。

《國立北平圖書館藏碑目》1a，《新編》3/36/249上。

《蒿里遺文目錄續編補遺·蒿里徐載》2a，《新編》3/37/545下。

《石交錄》1/30b，《新編》4/6/444下。

《碑帖鑒定》98頁。

《六朝墓誌檢要》（修訂本）5—6頁。

《洛陽出土石刻時地記》曹魏003，5頁。

《遼居乙稿》，《羅振玉學術論著集》第十集（上），388頁。

《漢魏石刻文學考釋》上冊361—362頁。

《漢魏石刻文字繫年》162頁。

《漢魏六朝碑刻校注·總目提要》編號0890。

無年號 003

西掖門衛士潁川張君神座

三國魏（220—265）。河南洛陽出土，曾歸建德周進。拓本高 35、寬 10 釐米。殘存 8 字，隸書。

圖版著錄：

《北京圖書館藏中國歷代石刻拓本匯編》2 冊 27 頁。

錄文著錄：

《全三國兩晉南朝文補遺》11 頁。

碑目題跋著錄：

《國立北平圖書館藏碑目》1a，《新編》3/36/249 上。

《碑帖鑒定》99 頁。

《六朝墓誌檢要》（修訂本）5 頁。

《漢魏石刻文字繫年》162 頁。

《漢魏六朝碑刻校注·總目提要》編號 0930。

無年號 004

曹植（子建）碑

三國魏（220—265）。在江陵府枝江縣。

碑目題跋著錄：

（民國）《湖北通志·金石志》3/16a，《新編》1/16/11981 下。

《輿地碑記目·江陵府碑記》2/19b，《新編》1/24/18546 上。

《金石彙目分編》14/41b，《新編》1/28/21403 上。

《石刻題跋索引》29 頁右，《新編》1/30/22367。

《漢魏石刻文字繫年》165—166 頁。

《漢魏六朝碑刻校注·總目提要》編號 0871。

備考：曹植，《三國志》卷一九有傳。另隋開皇十三年還有"曹子建廟碑"，非一石。

無年號 005

曹真祠堂碑

三國魏（220—265）。碑在洛陽北邙山。

碑目題跋著錄：

《中州金石考》6/5b，《新編》1/18/13709 上。

《金石彙目分編》9（3）/64a，《新編》1/28/21022 下。

《中州金石目錄》1/10b，《新編》2/20/14690 下。

《佩文齋書畫譜・金石》62/1a 下、1b 下，《新編》3/2/41 上、51 下。

（乾隆）《河南府志・金石志》108/7b，《新編》3/28/118 上。

《六藝之一錄》56/5b，《新編》4/5/38 上。

備考：曹真，《三國志》卷九有傳。

無年號 006
虞歆碑

三國魏（220—265）。

碑目題跋著錄：

《佩文齋書畫譜・金石》62/1b 下，《新編》3/2/51 下。

《六藝之一錄》56/5b，《新編》4/5/38 上。

備考：虞歆，《三國志》卷五七附《虞翻傳》注二"虞翻別傳"。

無年號 007
賈逵墓碑

三國魏（220—265）。碑在山西曲沃縣。

碑目題跋著錄：

《墨華通考》卷 9，《新編》2/6/4400 上。

《石墨考異》卷上，《新編》2/16/11637 下。

《古今碑帖考》10b，《新編》2/18/13167 下。

（光緒）《山西通志・金石記二》90/9b–10a，《新編》3/30/336 上—下。

（雍正）《平陽府志・古蹟》31/16a–b，《新編》3/31/324 下。

《水經注碑錄》卷五編號 133，《北山金石錄》上冊 117—118 頁。

備考：賈逵，《三國志》卷一五有傳。

無年號 008
中郎將涂庶碑

三國魏（220—265）。碑在徐州城內，列置於街右。

碑目題跋著錄：

《佩文齋書畫譜・金石》62/2a 上，《新編》3/2/52 上。

（同治）《徐州府志・碑碣攷》20/8a – b，《新編》3/6/552 下。

《六藝之一錄》56/6a，《新編》4/5/38 下。

《水經注碑錄》卷六編號 166，《北山金石錄》上冊 139—140 頁。

備考：徐庶，《三國志》卷三五附《諸葛亮傳》。

無年號 009

墓田丙舍碑

三國魏（220—265）。鍾繇書，或云王羲之書。

碑目題跋著錄：

《寶刻類編》1/12a，《新編》1/24/18412 下。

《菉竹堂碑目》2/4a，《新編》3/37/277 下。

《漢魏石刻文字繫年》163 頁。

《漢魏六朝碑刻校注・總目提要》編號 0855。

無年號 010

羊續碑

三國魏（220—265）。在兗州。

碑目題跋著錄：

《隸釋》27/5b 引《天下碑錄》，《新編》1/9/7038 上。

《金石彙目分編》10（2）/3b，《新編》1/28/21142 上。

《天下金石志》3/3，《新編》2/2/815 上。

《墨華通考》8/5a，《新編》2/6/4389 上。

《碑藪》，《新編》2/16/11832 下。

《佩文齋書畫譜・金石》62/2a 下，《新編》3/2/52 上。

《寒山堂金石林時地攷》卷上/15b，《新編》3/34/496 上。

《諸史碑銘錄目》，《新編》3/37/331 下。

《金石備攷・兗州府》，《新編》4/1/46 上。

《六藝之一錄》56/7b，《新編》4/5/39 上。

《漢魏石刻文字繫年》163 頁。

《漢魏六朝碑刻校注・總目提要》編號 0877。

備考：羊續，《後漢書》卷三一有傳。

無年號 011

征虜將軍南州刺史王賢思碑

又名：征虜將軍南州刺史王思賢碑。三國魏（220—265）。碑在雍丘縣北五十里義縣鄉墓下。

碑目題跋著錄：

《隸釋》27/2a 引《天下碑錄》，《新編》1/9/7036 下。

《通志・金石略》卷上/23a，《新編》1/24/18030 下。

《寶刻叢編》1/19a，《新編》1/24/18089 上。

《金石彙目分編》9（1）/11b，《新編》1/28/20929 上。

《石刻題跋索引》26 頁右，《新編》1/30/22364。

《墨華通考》卷 7，《新編》2/6/4368 下。

《中州金石目錄》1/10b，《新編》2/20/14690 下。

《佩文齋書畫譜・金石》62/2a 上，《新編》3/2/52 上。

《六藝之一錄》56/7a，《新編》4/5/39 上。

《漢魏石刻文字繫年》163 頁。

《漢魏石刻文學考釋》中冊 896 頁。

《漢魏六朝碑刻校注・總目提要》編號 0876。

無年號 012

魏昕墓磚

又名"從掾鉅鹿魏昕冢中記"。三國魏（220—265）二年四月九日。清道光二十六年（1846）河南許州（今許昌）出土。京兆大興劉氏舊藏。磚高 28.5、寬 14.8 釐米。文隸書，3 行，行 5 至 6 字。

圖版著錄：

《中國古代磚刻銘文集》上冊編號 0710。

錄文著錄：

《續語堂碑錄》，《新編》2/1/96 下。

《雪堂專錄・專誌徵存》2a，《羅雪堂先生全集》五編 3 冊 1267 頁。

《中國古代磚刻銘文集》下冊編號 0710。

碑目題跋著錄：

《補寰宇訪碑錄》1/11a，《新編》1/27/20200 上。

《金石彙目分編》9（補遺）/2a，《新編》1/28/21082 下。

《續語堂碑錄》，《新編》2/1/96 下。附"趙之謙跋"。

《石刻名彙》11/186b，《新編》2/2/1120 下。

《語石》3/35b，《新編》2/16/11915 上。

《中州金石目錄》1/10a，《新編》2/20/14690 下。

《蒿里遺文目錄》3 上/1b，《新編》2/20/14981 上。

《古誌彙目》1/2a，《新編》3/37/7。

備考：《石刻名彙》、《語石》等書直接著錄為"青龍二年"，圖版并未顯示此，不知何據？

無年號 013

趙柱墓記磚

三國魏（220—265）二年八月八日。清道光二十六年河南許州出土，曾歸陽湖呂氏。磚高 26.5、寬 14 釐米。文隸書，3 行，行 5 至 6 字。

著錄：

《中國磚銘》圖版下冊 942 頁。（圖）

《中國古代磚刻銘文集》上、下冊編號 0711。（圖、文）

《八瓊室金石補正》8/10b－11a，《新編》1/6/4125 下—4126 上。（文、跋）

《全三國兩晉南朝文補遺》11 頁。（文）

無年號 014

肥範墓記磚

又名"肥范墓磚"。三國魏（220—265）二年八月九日。清道光二十六年河南許州（今許昌）出土。磚高 29、寬 14.5 釐米。文隸書，3 行，行 5 至 6 字。

圖版著錄：

《中國古代磚刻銘文集》上冊編號 0712。

錄文著錄：

《雪堂專錄・專誌徵存》2a－b，《羅雪堂先生全集》五編 3 冊 1267—1268 頁。

《中國古代磚刻銘文集》下冊編號 0712。

碑目題跋著錄：

《補寰宇訪碑錄》1/11b，《新編》1/27/20200 上。

《金石彙目分編》9（補遺）/2a，《新編》1/28/21082 下。

《石刻名彙》11/186b，《新編》2/2/1120 下。

《語石》3/35b，《新編》2/16/11915 上。

《中州金石目錄》1/10a，《新編》2/20/14690 下。

《蒿里遺文目錄》3 上/1b，《新編》2/20/14981 上。

《古誌彙目》1/2a，《新編》3/37/7。

《北京大學圖書館藏歷代墓誌拓片目錄》編號 00007。

備考：《石刻名彙》、《語石》等書直接著錄為"青龍二年"，圖版並未顯示此，不知何據？

無年號 015

尹尚墓記磚

又名"陽平尹尚冢記"。三國魏（220—265）二年七月六日卒。清道光二十六年河南許州（今許昌）出土，曾歸陽湖呂氏。磚高 27.5、寬 14.5 釐米。3 行，行 5 至 6 字，隸書。

著錄：

《中國磚銘》圖版下冊 967 頁。（圖）

《中國古代磚刻銘文集》上、下冊編號 0713。（圖、文）

《全三國兩晉南朝文補遺》11 頁。（文）

《八瓊室金石補正》8/10b－11a，《新編》1/6/4125 下—4126 上。（文、跋）

無年號 016

許緣冢記

三國魏（220—265）。道光年間許州浚井得之，曾歸陽湖呂氏。高七寸五分，廣四寸五分。3行，行字不一。

著錄：

《八瓊室金石補正》8/10b – 11a，《新編》1/6/4125 下—4126 上。（文、跋）

《全三國兩晉南朝文補遺》11 頁。（文）

無年號017

後殿虎賁張興墓記磚

三國魏（220—265）二年七月廿一日。清道光二十六年河南許州（今許昌）出土。磚高28、寬14.2釐米。文隸書，3行，行8至9字不等。

圖版、錄文著錄：

《中國古代磚刻銘文集》上、下冊編號0714。（圖、文）

《雪堂專錄·專誌徵存》2a，《羅雪堂先生全集》五編3冊1267頁。（文）

碑目題跋著錄：

《補寰宇訪碑錄》1/11b，《新編》1/27/20200 上。

《金石彙目分編》9（補遺）/2a，《新編》1/28/21082 下。

《石刻名彙》11/186b，《新編》2/2/1120 下。

《語石》3/35b，《新編》2/16/11915 上。

《中州金石目錄》1/10a，《新編》2/20/14690 下。

《蒿里遺文目錄》3 上/1b，《新編》2/20/14981 上。

《古誌彙目》1/2a，《新編》3/37/7。

《北京大學圖書館藏歷代墓誌拓片目錄》編號00008。

無年號018

戴倕妻姜氏墓記磚

三國魏（220—265）七月七日。曾歸端方，又歸張仁蠡，後歸北京大學文科研究所，1952年後藏故宮博物院。磚高25、寬12.3、厚6釐米。2行，行6或8字，隸書。

著錄：

《中國磚銘》圖版下冊942頁右。（圖）

《中國古代磚刻銘文集》上、下冊編號 0715。（圖、文）

《全三國兩晉南朝文補遺》146 頁。（文）

《匋齋藏甎記》卷下/18b－19a,《新編》1/11/8454 下—8455 上。（文、跋）

《北京大學圖書館藏歷代墓誌拓片目錄》編號 00005。（目）

無年號 019

邵巨墓記磚

三國魏（220—265）八月三日卒。道光二十六年在河南許州（今許昌）出土。磚高 29、寬 14.8 釐米。文隸書，2 行，行 7 或 8 字。

圖版、錄文著錄：

《中國古代磚刻銘文集》上、下冊編號 0716。（圖、文）

《雪堂專錄·專誌徵存》2b,《羅雪堂先生全集》五編 3 冊 1268 頁。（文）

碑目題跋著錄：

《補寰宇訪碑錄》1/11b,《新編》1/27/20200 上。

《金石彙目分編》9（補遺）/2a,《新編》1/28/21082 下。

《石刻名彙》11/186b,《新編》2/2/1120 下。

《語石》3/35b,《新編》2/16/11915 上。

《中州金石目錄》1/10a,《新編》2/20/14690 下。

《蒿里遺文目錄》3 上/1b,《新編》2/20/14981 上。

《古誌彙目》1/2a,《新編》3/37/7。

《北京大學圖書館藏歷代墓誌拓片目錄》編號 00006。

無年號 020

御史大夫袁渙碑

又作：袁煥碑。三國魏（220—265）。在太康縣。

碑目題跋著錄：

《隸釋》27/2a 引《天下碑錄》,《新編》1/9/7036 下。

《中州金石考》2/4a,《新編》1/18/13679 下。

《通志·金石略》卷上/23a,《新編》1/24/18030 下。

《金石彙目分編》9（1）/40a、41b，《新編》1/28/20943 下、20944 上。

《天下金石志》5/1，《新編》2/2/823 上。

《墨華通考》卷7，《新編》2/6/4368 下。

《碑藪》，《新編》2/16/11827 上。

《中州金石目錄》1/10a，《新編》2/20/14690 下。

《佩文齋書畫譜·金石》62/2a 下，《新編》3/2/52 上。

（民國）《太康縣志·藝文志上》5/20a，《新編》3/28/325 下。

《寒山堂金石林時地攷》卷上/21b，《新編》3/34/500 上。

《金石備攷·開封府》，《新編》4/1/55 下。

《古今書刻》下編/23a，《新編》4/1/146 上。

《六藝之一錄》56/7a，《新編》4/5/39 上。

《漢魏石刻文字繫年》165 頁。

《漢魏六朝碑刻校注·總目提要》編號0881。

備考：袁渙，《三國志》卷一一有傳。

無年號021

陸嚴碑

三國魏（220—265），或作元魏時期，暫置三國魏。在上黨縣西墓下。

碑目題跋著錄：

《隸釋》27/4a 引《天下碑錄》，《新編》1/9/7037 下。

《金石彙目分編》11/56b，《新編》1/28/21255 下。

《天下金石志》4/5，《新編》2/2/822 上。

《墨華通考》卷9，《新編》2/6/4402 上。

《碑藪》，《新編》2/16/11833 上。

《佩文齋書畫譜·金石》62/2b 上，《新編》3/2/52 上。

（光緒）《山西通志·金石記二》90/20b，《新編》3/30/341 下。

《寒山堂金石林時地攷》卷上/9b，《新編》3/34/494 上。

《金石備攷·潞安府》，《新編》4/1/53 上。

《古今書刻》下編/37b，《新編》4/1/153 上。

《六藝之一錄》56/8a，《新編》4/5/39 下。

《漢魏石刻文字繫年》165 頁。

《漢魏六朝碑刻校注・總目提要》編號 0872。

無年號 022

并州刺史王坦碑

又名：并州刺史王垣碑、并州刺史王恆碑。三國魏（220—265），或作北魏，今暫從三國魏。諸家著錄名稱雖異，但從時間、地點皆相同來看，實則一碑。在絳州絳縣東南二里墓旁。

碑目題跋著錄：

《隸釋》27/4a 引《天下碑錄》,《新編》1/9/7037 下。

《通志・金石略》卷上/30a,《新編》1/24/18034 上。

《金石彙目分編》11/48a、11/51b,《新編》1/28/21251 下、21253 上。

《天下金石志》4/3,《新編》2/2/821 上。

《墨華通考》卷 9,《新編》2/6/4399 下。

《碑藪》,《新編》2/16/11833 上。

《佩文齋書畫譜・金石》62/2b 上,《新編》3/2/52 上。

（光緒）《山西通志》90/9b、98/6b,《新編》3/30/336 上、538 下。

《寒山堂金石林時地攷》卷上/9b,《新編》3/34/494 上。

《金石備攷・平陽府》,《新編》4/1/52 下。

《古今書刻》下編/36b,《新編》4/1/152 下。

《六藝之一錄》56/8a、59/25a,《新編》4/5/39 下、95 上。

無年號 023

車騎將軍穆祚碑

三國魏（220—265）。在介休縣南墓下。《古今碑帖考》、《山西通志》著錄為"北魏"，暫置三國魏。

碑目題跋著錄：

《隸釋》27/4b 引《天下碑錄》,《新編》1/9/7037 下。

《通志・金石略》卷上/30a,《新編》1/24/18034 上。

《金石彙目分編》11/69b,《新編》1/28/21262 上。

《天下金石志》4/6,《新編》2/2/822 下。

《墨華通考》卷9，《新編》2/6/4401 下。
《碑藪》，《新編》2/16/11833 下。
《古今碑帖考》12a，《新編》2/18/13168 下。
《佩文齋書畫譜・金石》62/2a 下，《新編》3/2/52 上。
（光緒）《山西通志・金石記二》90/20b，《新編》3/30/341 下。
（民國）《介休縣志・金石》16/2a，《新編》3/31/31 下。
《寒山堂金石林時地攷》卷上/9a，《新編》3/34/494 上。
《金石備攷・汾州府》，《新編》4/1/53 下。
《古今書刻》下編/37b，《新編》4/1/153 上。
《六藝之一錄》56/7b、59/25a，《新編》4/5/39 上、95 上。
《墨池篇》6/7a《新編》4/9/670 上。

無年號 024

耿氏家誌

三國魏（220—265）。在大同府武州山。

碑目題跋著錄：

《佩文齋書畫譜・金石》62/2b 上，《新編》3/2/52 上。
《六藝之一錄》56/8a，《新編》4/5/39 下。

無年號 025

魏鎮東將軍胡質碑

三國魏（220—265）。在下邳縣故城。

碑目題跋著錄：

（同治）《徐州府志・碑碣攷》20/8b – 9a，《新編》3/6/552 下—553 上。
（咸豐）《邳州志・古蹟》19/15a，《新編》3/6/576 上。
《水經注碑錄》卷七編號185，《北山金石錄》上冊162—163 頁。

備考：胡質，《三國志》卷二七有傳，嘉平二年（250）卒。

無年號 026

池陽令張君殘碑

又名：西鄉侯兄張君殘碑、西鄉侯殘碑、征羌侯斷碑。三國魏（220—

265）刻，又有作東漢、晉刻者，暫從三國魏。光緒二十五年（一說二十六年）出土於河南修武縣，長白托活洛氏（端方）、建德周氏舊藏，今石藏北京故宮博物院。拓本高102、寬45釐米。先後出二石，一石存10行，行16至18字不等；後出小石，左上字連，5行，滿行14字，隸書。拓本為大石。

  圖版著錄：

  《古石抱守錄》，《新編》3/1/140。

  《北京圖書館藏中國歷代石刻拓本匯編》2冊26、94—95頁。

  《漢碑全集》4冊1133—1140頁。

  《漢魏六朝碑刻校注》2冊218頁。

  錄文著錄：

  《希古樓金石萃編》8/25b–26a，《新編》1/5/3910上—下。

  《匋齋藏石記》3/11b–12a，《新編》1/11/8012上—下。

  《魯迅輯校石刻手稿·碑銘》上冊417頁。

  《漢魏石刻文學考釋》中冊906頁。

  《漢碑全集》4冊1134頁。

  《漢魏六朝碑刻校注》2冊219頁。

  《全三國兩晉南朝文補遺》9頁。

  碑目題跋著錄：

  《希古樓金石萃編》8/26a–29b，《新編》1/5/3910下—3912上。附吳士鑒跋。

  《匋齋藏石記》3/12a–15a，《新編》1/11/8012下—8014上。

  《藝風堂金石文字目》1/17a，《新編》1/26/19531上。

  《續補寰宇訪碑錄》1/5b，《新編》1/27/20305上。

  《石刻題跋索引》26頁右，《新編》1/30/22364。

  《求是齋碑跋》1/12a–13a，《新編》2/19/14006下—14007上。

  《蒿里遺文目錄》1上/2b，《新編》2/20/14938上。

  《魏晉石存目》2a，《新編》3/37/533下。

  《石交錄》1/29a，《新編》4/6/444上。

  《面城精舍雜文乙編》，《羅振玉學術論著集》第九集，78頁。

  《增補校碑隨筆》（修訂本）114—115頁。

《碑帖鑒定》46—49 頁。

《善本碑帖錄》1/43。

《碑帖敍錄》63 頁。

《漢魏石刻文字繫年》56 頁、111 頁。

《漢魏六朝碑刻校注・總目提要》編號 0874。

論文：

楊樹達：《漢西鄉侯兄張君殘碑跋》，《積微居小學金石論叢》，第 305 頁。

馬子雲：《關於〈漢池陽令張君碑〉殘碑》，《故宮博物院院刊》1979 年第 1 期。

葉葳：《〈西鄉侯兄張君碑〉的解讀與時代》，《神州民俗》（學術版）2013 年第 3 期。

無年號 027

騎督平寇將軍蘇君神道闕

三國魏（220—265），或作北魏。河南洛陽出土，曾歸常熟曾炳章、烏程蔣氏。誌高 38.5、廣 40.5 釐米。5 行，行 4 字，篆書。神道文題：魏故騎督平寇將軍關中侯廣平曲梁蘇君之神道。

圖版著錄：

《古石抱守錄》，《新編》3/1/148。

《古石刻零拾》209—212 頁。

錄文著錄：

《希古樓金石萃編》8/29b–30a，《新編》1/5/3912 上—下。

《芒洛冢墓遺文續補》1a，《新編》1/19/14091 上。

《魯迅輯校石刻手稿・碑銘》上冊 425 頁。

《古石刻零拾》213 頁。

《漢魏石刻文學考釋》上冊 263—264 頁。

《全三國兩晉南朝文補遺》9 頁。

《全北魏東魏西魏文補遺》414 頁。

碑目題跋著錄：

《希古樓金石萃編》8/30a，《新編》1/5/3912 下。

《石刻題跋索引》26 頁右，《新編》1/30/22364。

《石刻名彙》1/4a，《新編》2/2/1026 下。

《崇雅堂碑錄補》1/3a，《新編》2/6/4552 上。

《古誌新目初編》1/1a，《新編》2/18/13692 上。

《定庵題跋》61a，《新編》2/19/14316 上。

《蒿里遺文目錄》6/1b，《新編》2/20/14994 上。

《循園古冢遺文跋尾》1/2b，《新編》3/38/7 下。

《六朝墓誌檢要》（修訂本）5 頁。

《碑帖鑒定》181—182 頁。

《古石刻零拾》213 頁。

《善本碑帖錄》1/45。

《漢魏石刻文學考釋》上冊 263 頁。

《漢魏石刻文字繫年》163—164 頁。

《漢魏六朝碑刻校注·總目提要》編號 0879。

無年號 028

公丘長霍君神道闕

三國魏（220—265）刻，或作北魏。民國初山東出土，後歸天津王氏。拓片高 37、寬 39 釐米。文 4 行，行 3 字，篆書。神道云：魏故公丘長鉅鹿霍君之神道。

圖版著錄：

《北京圖書館藏中國歷代石刻拓本匯編》2 冊 29 頁。

錄文著錄：

《京畿冢墓遺文》卷上/1a，《新編》1/18/13609 上。

《漢魏石刻文學考釋》上冊 264 頁。

《全三國兩晉南朝文補遺》10 頁。

碑目題跋著錄：

《石刻題跋索引》26 頁右，《新編》1/30/22364。

《石刻名彙》2/18a，《新編》2/2/1033 下。

《蒿里遺文目錄》6/1b，《新編》2/20/14994 上。

《循園古冢遺文跋尾》1/2b – 3a，《新編》3/38/7 下—8 上。

《碑帖鑒定》181 頁。

《善本碑帖錄》1/45。

《漢魏石刻文學考釋》上冊 264 頁。

《漢魏石刻文字繫年》164 頁。

《漢魏六朝碑刻校注·總目提要》編號 0884。

淑德大學《中國石刻拓本目錄》"碑碣等刻石" 編號 298。

無年號 029

皇女殘碑

又名：皇女墓碣殘石。三國魏（220—265），《漢碑全集》歸入漢，暫從三國魏。清咸豐五年（1855）漢魏洛陽故城偏北、宮殿遺址東北、文昌閣南出土，今藏故宮博物院。拓本高 90、寬 21 釐米。文隸書，3 行，滿行 22 字。《摹廬金石記》考為宗俱之外孫。

圖版著錄：

《古石抱守錄》，《新編》3/1/180 右。

《漢碑全集》6 冊 2171—2176 頁。

錄文著錄：

《希古樓金石萃編》8/23a – 23b，《新編》1/5/3909 上。

《魯迅輯校石刻手稿·碑銘》上冊 439 頁。

《漢魏石刻文學考釋》中冊 907 頁。

《漢碑全集》6 冊 2172 頁。

《全三國兩晉南朝文補遺》9 頁。

碑目題跋著錄：

《希古樓金石萃編》8/23b，《新編》1/5/3909 上。

《續補寰宇訪碑錄》1/8a，《新編》1/27/20306 下。

《石刻題跋索引》26 頁右，《新編》1/30/22364。

《摹廬金石記》5a，《新編》2/6/4285 上。

《魯迅輯校石刻手稿·碑銘》上冊 439 頁。附《漢晉石刻墨影目錄》。

《碑帖鑒定》66頁。
《善本碑帖錄》1/45。
《洛陽出土石刻時地記》曹魏004，5—6頁。
《漢魏石刻文字繫年》164頁。
《漢魏六朝碑刻校注·總目提要》編號0885。
淑德大學《中國石刻拓本目錄》"碑碣等刻石"編號297。

無年號030

太保任公神道

三國魏（220—265）。神道七字：魏太保任公神道。

碑目題跋著錄：
《金石錄》2/4b，《新編》1/12/8807下。
《通志·金石略》卷上/24b，《新編》1/24/18031上。
《寶刻叢編》20/14a，《新編》1/24/18379下。
《石刻題跋索引》26頁右，《新編》1/30/22364。
《佩文齋書畫譜·金石》62/2b上，《新編》3/2/52上。
《六藝之一錄》56/8b，《新編》4/5/39下。
《漢魏石刻文學考釋》上冊262頁。
《漢魏石刻文字繫年》163頁。
《漢魏六朝碑刻校注·總目提要》編號0878。

無年號031

長安典農中郎將謝君神道

三國魏（220—265）。《石刻名彙》將之歸入"東魏"。出土於河南安陽。拓本高53、寬59釐米。文5行，行3字，篆書。神道云：魏故長安典農中郎將謝府君之神道。

圖版著錄：
《北京圖書館藏中國歷代石刻拓本匯編》2冊32頁。
錄文著錄：
《芒洛冢墓遺文四編補遺》1a—b，《新編》1/19/14308上。
《漢魏石刻文學考釋》上冊263頁。

碑目題跋著錄：

《石刻題跋索引》26 頁右，《新編》1/30/22364。

《石刻名彙》2/18a，《新編》2/2/1033 下。

《崇雅堂碑錄補》1/10b，《新編》2/6/4555 下。

《蒿里遺文目錄》6/1b，《新編》2/20/14994 上。

《循園古冢遺文跋尾》1/2a–b，《新編》3/38/7 下。

《漢魏石刻文學考釋》上冊 262—263 頁。

《漢魏石刻文字繫年》164 頁。

《漢魏六朝碑刻校注·總目提要》編號 0880。

論文：

黃惠賢：《〈謝府君神道碑〉推證》，《魏晉南北朝隋唐史資料》第 13 輯，1994 年。

無年號 032

車騎將軍黃權墓碑

三國魏（220—265）。在南陽縣，共四碑，其二魏明帝立，其二是其子及臣吏所樹。

碑目題跋著錄：

《隸釋》20/29a 引《水經注》，《新編》1/9/6961 上。

《中州金石考》8/4a，《新編》1/18/13736 下。

《金石彙目分編》9（4）/61a，《新編》1/28/21066 上。

《天下金石志》5/14，《新編》2/2/829 下。

《墨華通考》卷 7，《新編》2/6/4384 下。

《中州金石目錄》1/10b，《新編》2/20/14690 下。

《佩文齋書畫譜·金石》62/1b 上，《新編》3/2/51 下。

（光緒）《南陽縣志·藝文下》10/24b–25a，《新編》3/30/198 下—199 上。

《金石備攷·南陽府》，《新編》4/1/62 上。

《古今書刻》下編/25a，《新編》4/1/147 上。

《六藝之一錄》55/31a，《新編》4/5/35 上。

《水經注碑錄》卷九編號 243，《北山金石錄》上冊 206 頁。

備考：黃權，《三國志》卷四三有傳。

無年號 033

何伯申碑

三國魏（220—265）。碑在陳留縣東北十五里。

碑目題跋著錄：

《隸釋》27/2a 引《天下碑錄》，《新編》1/9/7036 下。

《中州金石考》1/6b，《新編》1/18/13671 下。

《寶刻叢編》1/18b，《新編》1/24/18088 下。

《金石彙目分編》9（1）/11a，《新編》1/28/20929 上。

《石刻題跋索引》26 頁右，《新編》1/30/22364。

《天下金石志》5/1，《新編》2/2/823 上。

《碑藪》，《新編》2/16/11827 下。

《中州金石目錄》1/9b，《新編》2/20/14690 上。

《寒山堂金石林時地攷》卷上/21b，《新編》3/34/500 上。

《金石備攷・開封府》，《新編》4/1/55 上。

《古今書刻》下編/23a，《新編》4/1/146 上。

《六藝之一錄》56/6a，《新編》4/5/38 下。

《漢魏石刻文學考釋》中冊 895 頁。

《漢魏石刻文字繫年》165 頁。

《漢魏六朝碑刻校注・總目提要》編號 0888。

無年號 034

鍾繇墓碑

三國魏（220—265）。在尉氏西北三十五里，鍾城南三里，其地北宋割屬中牟。

碑目題跋著錄：

《隸釋》27/2a 引《天下碑錄》，《新編》1/9/7036 下。

《中州金石考》1/10a，《新編》1/18/13673 下。

《通志・金石略》卷上/23a，《新編》1/24/18030 下。

《寶刻叢編》1/20b，《新編》1/24/18089 下。

《金石彙目分編》9（1）/15b，《新編》1/28/20931 上。

《石刻題跋索引》26 頁右，《新編》1/30/22364。

《天下金石志》5/2、5/9，《新編》2/2/823 下、827 上。

《墨華通考》卷 7，《新編》2/6/4368 下。

《偃師金石記》1/4a，《新編》2/14/10070 下。

《偃師金石遺文記》卷上/5b，《新編》2/14/10103 上。

《碑藪》，《新編》2/16/11827 下。

《中州金石目錄》1/9b，《新編》2/20/14690 上。

《佩文齋書畫譜·金石》62/2a 上，《新編》3/2/52 上。

（乾隆）《河南府志·金石志》109/3b，《新編》3/28/129 上。

《寒山堂金石林時地攷》卷上/21a，《新編》3/34/500 上。

《金石備攷》，《新編》4/1/55 下、60 上。

《古今書刻》下編/23a、24b，《新編》4/1/146 上、下。

《六藝之一錄》56/6b，《新編》4/5/38 下。

《漢魏石刻文學考釋》中冊 896—897 頁。

《漢魏石刻文字繫年》168 頁。

《漢魏六朝碑刻校注·總目提要》編號 0891。

備考：鍾繇，《三國志》卷一三有傳。《天下金石志》將《鍾繇碑》誤錄為《鎮縣碑》。

無年號 035

徵士邴原碑

三國魏（220—265）。在安丘縣西南四十里墓前，或云在密州。

碑目題跋著錄：

《隸釋》27/7b 引《天下碑錄》，《新編》1/9/7039 上。

《通志·金石略》卷上/23b，《新編》1/24/18030 下。

《寶刻叢編》1/33a，《新編》1/24/18096 上。

《金石彙目分編》10（3）/48b，《新編》1/28/21202 下。

《石刻題跋索引》26 頁右，《新編》1/30/22364。

《天下金石志》3/10，《新編》2/2/818 下。
《墨華通考》1/4b、卷 7、卷 8，《新編》2/6/4292 下、4369 下、4395 下。
（宣統）《山東通志・藝文志》卷 152，《新編》2/12/9381 上。
《碑藪》，《新編》2/16/11832 上。
《佩文齋書畫譜・金石》62/2a 下，《新編》3/2/52 上。
《寒山堂金石林時地攷》卷上/15b，《新編》3/34/496 上。
《金石備攷・青州府》，《新編》4/1/50 上。
《古今書刻》下編/29b，《新編》4/1/149 上。
《六藝之一錄》55/28b，《新編》4/5/33 下。
《水經注碑錄》卷七編號 192，《北山金石錄》上冊 165—166 頁。
《漢魏石刻文學考釋》中冊 898 頁。
《漢魏石刻文字繫年》165 頁。
《漢魏六朝碑刻校注・總目提要》編號 0883。
備考：邴原，《三國志》卷一一有傳。

無年號 036
張文簡碑

三國魏（220—265）。在相州湯陰縣西一百步。
碑目題跋著錄：
《隸釋》27/3a 引《天下碑錄》，《新編》1/9/7037 上。
《中州金石考》4/5a，《新編》1/18/13694 上。
《寶刻叢編》6/29b，《新編》1/24/18178 上。
《金石彙目分編》9（2）/13b，《新編》1/28/20960 上。
《石刻題跋索引》26 頁右，《新編》1/30/22364。
《中州金石目錄》1/10b、2/6b，《新編》2/20/14690 下、14694 下。
《漢魏石刻文學考釋》中冊 899 頁。
《漢魏石刻文字繫年》166 頁。
《漢魏六朝碑刻校注・總目提要》編號 0892。

無年號 037
中山太守常通碑

三國魏（220—265），或作"後魏"，暫從三國魏。在州城西北三里，一說祁州，一說定州。

　　碑目題跋著錄：

　　《隸釋》27/2b 引《天下碑錄》，《新編》1/9/7036 下。

　　《通志·金石略》卷上/29b，《新編》1/24/18033 下。

　　《寶刻叢編》6/38a，《新編》1/24/18182 下。

　　《金石彙目分編》3（1）/3a、3（2）/46b，《新編》1/27/20688 上、20715 下。

　　《石刻題跋索引》34 頁左，《新編》1/30/22372。

　　《天下金石志》1/4，《新編》2/2/803 上。

　　《墨華通考》1/7a、13a，《新編》2/6/4294 上、4297 上。

　　（光緒）《畿輔通志·金石十五》152/48a，《新編》2/11/8667 下。

　　《京畿金石考》卷下/21a，《新編》2/12/8778 上。

　　《碑藪》，《新編》2/16/11835 上。

　　《畿輔待訪碑目》卷上/3b，《新編》2/20/14802 上。

　　《佩文齋書畫譜·金石》62/2a 下、10b 下，《新編》3/2/52 上、56 上。

　　（民國）《定縣志·志餘》18/7b，《新編》3/24/270 上。

　　《寒山堂金石林時地攷》卷上/2a，《新編》3/34/490 下。

　　《金石備攷·直隸順天府》，《新編》4/1/6 下。

　　《古今書刻》下編/2a，《新編》4/1/135 下。

　　《六藝之一錄》56/7b、59/23b，《新編》4/5/39 上、94 上。

　　《漢魏石刻文字繫年》166 頁。

　　《漢魏六朝碑刻校注·總目提要》編號 0870。

　　備考：《墨華通考》誤"常通"為"韋通"，重複著錄。

無年號 038

馮勣碑

　　三國魏（220—265），《山西通志》附"北魏"時期。在潞州上黨縣南墓下。

　　碑目題跋著錄：

《隸釋》27/4a 引《天下碑錄》,《新編》1/9/7037 下。

《金石彙目分編》11/56b,《新編》1/28/21255 下。

《天下金石志》4/5,《新編》2/2/822 上。

《墨華通考》卷 9,《新編》2/6/4402 上。

《碑藪》,《新編》2/16/11833 上。

《佩文齋書畫譜・金石》62/2b 上,《新編》3/2/52 上。

(光緒)《山西通志・金石記二》90/20b,《新編》3/30/341 下。

《寒山堂金石林時地攷》卷上/9b,《新編》3/34/494 上。

《金石備攷・潞安府》,《新編》4/1/53 上。

《古今書刻》下編/37b,《新編》4/1/153 上。

《六藝之一錄》56/7b,《新編》4/5/39 上。

《漢魏石刻文字繫年》166 頁。

《漢魏六朝碑刻校注・總目提要》編號 0869。

無年號 039

阮籍碑

又名：阮嗣宗碑、散騎常侍步兵校尉東平太守碑。三國魏（220—265）。嵇康撰。在尉氏縣東四十五里阮臺鄉石馬村墓南二十步，文字缺落，惟首尾存。

錄文著錄：

《金石古文》10/5b–7b,《新編》1/12/9419 上—9420 上。

《全三國文》卷 53/3b–4b,《全文》2 冊 1351 上—下。

《漢魏石刻文學考釋》中冊 900—901 頁。

碑目題跋著錄：

《中州金石考》1/8b,《新編》1/18/13672 下。

《通志・金石略》卷上/25a,《新編》1/24/18031 下。

《寶刻叢編》1/17b,《新編》1/24/18088 上。

《金石彙目分編》9（1）/13a,《新編》1/28/20930 上。

《石刻題跋索引》26 頁右、29 頁右,《新編》1/30/22364、22367。

《墨華通考》卷 7,《新編》2/6/4368 下。

《中州金石目錄》1/12a,《新編》2/20/14691 下。

（道光）《尉氏縣志·藝文志》20/84a,《新編》3/28/177 下。

《六藝之一錄》57/31a－b,《新編》4/5/65 上。

《全三國文》53/4b,《全文》2 冊 1351 下。

《太平寰宇記碑錄》編號 4,《北山金石錄》上冊 256 頁。

《漢魏石刻文學考釋》中冊 899 頁。

《漢魏六朝碑刻校注·總目提要》編號 0861。

備考：阮籍,《晉書》卷四九有傳。碑文撰者存在爭論,《全三國文》考訂非嵇康所撰，但又無它證據，待考。

無年號 040

魏立漢鴻臚陳紀碑

三國魏（220—265）刻，陳紀東漢建安四年（199）六月卒。邯鄲淳撰。在鄢城縣。《全三國文》云,《藝文類聚》作鍾紀碑，誤。

錄文著錄：

《藝文類聚》卷 49，上冊 885 頁。（節文）

《金石古文》11/5a－7a,《新編》1/12/9423 上—9424 上。

（民國）《許昌縣志·金石》16/6b－8b,《新編》3/28/335 下—336 下。

《古文苑》19/7a－9b,《新編》4/1/433 上—434 上。

《全三國文》26/2b－4a,《全文》2 冊 1195 下—1196 下。

《漢魏石刻文學考釋》中冊 908—910 頁。

碑目題跋著錄：

《中州金石考》2/10a,《新編》1/18/13682 下。

《金石彙目分編》9（1）/47b,《新編》1/28/20947 上。

《石刻題跋索引》24 頁右,《新編》1/30/22362。

《中州金石目錄》1/7a,《新編》2/20/14689 上。

《漢石例》2/4a、31b,《新編》3/40/145 下、159 上。

《漢魏六朝志墓金石例》1/6b－7a,《新編》3/40/398 下。

《漢魏石刻文學考釋》中冊 907—908 頁。

《漢魏六朝碑刻校注·總目提要》編號 0862。

備考：陳紀，《後漢書》卷六二有傳，附《陳寔傳》。或云邯鄲子禮撰，而邯鄲淳字子叔，與"子禮"有別，當是著錄有誤。

無年號041
敬侯衛覬碑陰文

三國魏（220—265）。聞人牟準撰。舊在猗氏縣。

錄文著錄：

《金石古文》14/1a－b，《新編》1/12/9433上。

《古文苑》17/7a－8a，《新編》4/1/425上—下。

《全三國文》28/11b－12a，《全文》2冊1212上—下。

《漢魏石刻文學考釋》中冊1026—1027頁。

碑目題跋著錄：

《石刻題跋索引》26頁右，《新編》1/30/22364。

（光緒）《山西通志・金石記十》98/5b－6b，《新編》3/30/538上—下。

《全三國文》28/11b，《全文》2冊1212上。

《漢魏石刻文學考釋》中冊1026頁。

《漢魏六朝碑刻校注・總目提要》編號0859。

備考：衛覬，《三國志》卷二一有傳。

無年號042
征南軍司張詹碑陰

又名：魏征南軍司張詹碑。三國魏（220—265）。南朝宋元嘉六年出土，在冠軍縣。正文缺，僅有碑陰文24字。

錄文著錄：

《全三國文》56/5a－b，《全文》2冊1363上。

《漢魏石刻文學考釋》下冊1269頁。

碑目題跋著錄：

《隸釋》20/25a引《水經注》，《新編》1/9/6959上。

《中州金石考》8/8b，《新編》1/18/13738下。

《金石彙目分編》9（4）/66a，《新編》1/28/21068下。

《墨華通考》卷7，《新編》2/6/4385下。

《中州金石目錄》1/10b,《新編》2/20/14690 下。
《佩文齋書畫譜・金石》62/62/2a 上,《新編》3/2/52 上。
《六藝之一錄》55/30b,《新編》4/5/34 下。
《水經注碑錄》卷八編號 222,《北山金石錄》上冊 187 頁。
《太平寰宇記碑錄》編號 193,《北山金石錄》上冊 306 頁。
《漢魏六朝碑刻校注・總目提要》編號 0895。

無年號 043

張廣碑銘

三國魏（220—265）。

著錄：

《全三國文》56/5b,《全文》2 冊 1363 上。（文）

《漢魏石刻文學考釋》下冊 1270 頁。（文、跋）

《漢魏六朝碑刻校注・總目提要》編號 0896。（目）

無年號 044

張盛墓記

三國魏（220—265）。清末河南洛陽出土，後歸濰縣高翰生，又歸建德周進，今藏故宮博物院。高 34、廣 29.5 釐米。文隸書，3 行，滿行 5 字。題云：故左郎中鄧里亭侯沛國豐張盛之墓。據考證，拓本有真偽之分。

圖版、錄文著錄：

《故宮博物院藏歷代墓誌彙編》1 冊 42—43 頁。（圖、文）

碑目題跋著錄：

《石刻名彙》1/4b,《新編》2/2/1026 下。

《崇雅堂碑錄補》1/3b,《新編》2/6/4552 上。

《蒿里遺文目錄》6/2b,《新編》2/20/14994 下。

《國立北平圖書館藏碑目》1a,《新編》3/36/249 上。

《魏晉石存目》3a,《新編》3/37/534 上。

《石交錄》2/26a,《新編》4/6/458 下。

《碑帖鑒定》99 頁。

《善本碑帖錄》1/45。

《六朝墓誌檢要》（修訂本）5 頁。

《漢魏石刻文字繫年》166 頁。

《北京大學圖書館藏曆代墓誌拓片目錄》編號 00009。

論文：

陳邦懷：《魏張盛墓碑跋》，《一得集》上卷，第 237 頁。

備考：《北京圖書館藏中國曆代石刻拓本匯編》1 冊 39 頁、《漢魏六朝碑刻校注》1 冊 88—89 頁、《漢魏南北朝墓誌彙編》1 頁所著錄的"張盛墓記"，其引用拓本為偽刻，末行"元初二年記"屬作偽者加刻。引用時需注意。

無年號 045

御史大夫郗慮碑

三國魏（220—265）。鍾繇書。在濟州墓前。

碑目題跋著錄：

《隸釋》27/7a 引《天下碑錄》，《新編》1/9/7039 上。

《通志·金石略》卷上/15a，《新編》1/24/18026 下。

《寶刻類編》1/12a，《新編》1/24/18412 下。

《金石彙目分編》10（2）/54b，《新編》1/28/21167 下。

《漢魏石刻文字繫年》167 頁。

《漢魏六朝碑刻校注·總目提要》編號 0867。

備考：郗慮，事見《後漢書》卷九《孝獻帝紀》、卷一〇下《獻帝伏皇后紀》、卷三五《鄭玄傳》、卷七〇《孔融傳》等諸處。

無年號 046

太尉滿寵碑

三國魏（220—265）。在金鄉縣墓前。

碑目題跋著錄：

《隸釋》27/7a 引《天下碑錄》，《新編》1/9/7039 上。

《通志·金石略》卷上/23b，《新編》1/24/18030 下。

《天下金石志》3/6，《新編》2/2/816 下。

《濟州金石志》6/12a–b，《新編》2/13/9626 下。

《碑藪》，《新編》2/16/11832 下。

《佩文齋書畫譜・金石》62/2b 上,《新編》3/2/52 上。
《寒山堂金石林時地攷》卷上/15b,《新編》3/34/497 上。
《金石備攷・兗州府》,《新編》4/1/47 下。
《六藝之一錄》56/8b,《新編》4/5/39 下。
《漢魏石刻文字繫年》167 頁。
《漢魏六朝碑刻校注・總目提要》編號 0873。
備考：滿寵,《三國志》卷二六有傳。

無年號 047

樂安長劉世碑

三國魏（220—265）。在彭城縣北。

碑目題跋著錄：

《隸釋》27/5b 引《天下碑錄》,《新編》1/9/7038 上。
《天下金石志》2/15,《新編》2/2/813 上。
《墨華通考》卷 2,《新編》2/6/4321 上。
《碑藪》,《新編》2/16/11837 上。
（同治）《徐州府志・碑碣攷》20/9a,《新編》3/6/553 上。
《寒山堂金石林時地攷》卷上/4a,《新編》3/34/491 下。
《金石備攷・徐州》,《新編》4/1/18 上。
《古今書刻》下編/9a,《新編》4/1/139 上。
《漢魏石刻文字繫年》167 頁。
《漢魏六朝碑刻校注・總目提要》編號 0863。

無年號 048

徐州刺史韓陵碑

三國魏（220—265）。在東明縣南二十里。

碑目題跋著錄：

《隸釋》27/2a 引《天下碑錄》,《新編》1/9/7036 下。
《寶刻叢編》1/24b,《新編》1/24/18091 下。
《金石彙目分編》3（2）/82a,《新編》1/27/20733 下。
（光緒）《畿輔通志・金石十二》149/22b,《新編》2/11/8558 下。

《六藝之一錄》56/6a，《新編》4/5/38 下。

《漢魏石刻文字繫年》168 頁。

《漢魏六朝碑刻校注·總目提要》編號 0866。

無年號 049

河間孔鉎家記磚

三國魏（220—265）二年四月六日。清道光二十六年河南許州出土，藏陽湖呂氏。磚高 18.5、寬 14 釐米。文隸書，3 行，行 4 至 6 字不等。

著錄：

《中國磚銘》圖版下冊 967 頁。（圖）

《中國古代磚刻銘文集》上、下冊編號 0709。（圖、文）

《全三國兩晉南朝文補遺》11 頁。（文）

《八瓊室金石補正》8/10b–11a，《新編》1/6/4125 下—4126 上。（文、跋）

無年號 050

將作大匠毌丘興碑二

三國魏（220—265）。碑在新安縣故城東。毌丘興，毌丘儉之父。

碑目題跋著錄：

《金石彙目分編》9（4）/49a，《新編》1/28/21060 上。

（乾隆）《河南府志·金石志》111/2a，《新編》3/28/152 下。

《水經注碑錄》卷四編號 97，《北山金石錄》上冊 91 頁。

備考：毌丘興，事見《三國志》卷一《武帝曹操本紀》、卷一六《蘇則傳》、卷二八《毌丘儉傳》。《河南府志》作"毌丘興盛"，衍一"盛"字。

無年號 051

汝南太守程曉碑

三國魏（220—265）。汝寧府息縣。

碑目題跋著錄：

《金石彙目分編》9（4）/77b，《新編》1/28/21074 上。

《水經注碑錄》卷八編號 233，《北山金石錄》上冊 193—194 頁。

備考：程曉，《三國志》卷一四附《程昱傳》。

無年號 052

岐安墓碑

三國魏（220—265）。在磁州。

碑目題跋著錄：

（光緒）《畿輔通志·金石十一》148/59a，《新編》2/11/8537 上。

（光緒）《重修廣平府志·金石略下》36/3b，《新編》3/25/131 上。

《太平寰宇記碑錄》編號 104，《北山金石錄》上冊 282 頁。

無年號 053

毌丘歡洛磚

漢魏間，暫附三國魏（220—265）。

題跋著錄：

《循園金石文字跋尾》卷上/9a，《新編》2/20/14470 上。

無年號 054

樂安任照先碑

三國魏（220—265）。在山東平陵縣故城東門外。

碑目題跋著錄：

《金石彙目分編》10（1）/9a，《新編》1/28/21105 上。

（宣統）《山東通志·藝文志》卷 152，《新編》2/12/9324 上。

《濟南金石志》2/3a，《新編》2/13/9799 上。

《水經注碑錄》卷二編號 36，《北山金石錄》上冊 51—53 頁。

無年號 055

雍州刺史郭淮碑

三國魏（220—265）。在長安青門外。

碑目題跋著錄：

《水經注碑錄》卷四編號 116，《北山金石錄》上冊 103—104 頁。

備考：郭淮，《三國志》卷二六有傳。

無年號 056

王府君碑額

三國魏（220—265）。額隸書。

碑目著錄：

《話雨樓碑帖目錄》1/10b，《新編》3/36/546。

無年號 057

江君神道碑

三國魏（220—265）。額隸書。

碑目著錄：

《話雨樓碑帖目錄》1/10b，《新編》3/36/546。

無年號 058

宣鄉文里墓碣并陰

三國魏（220—265）。丁巳年間河南出土，周季木藏石。八分書。

碑目著錄：

《續補寰宇訪碑錄》1/8a，《新編》1/27/20306 下。

無年號 059

劉熹立學生冢碑并陰

三國魏（220—265）。在襄州穀城縣。載生徒百有餘人不終業而夭者。

碑目題跋著錄：

《金石錄》2/4b，《新編》1/12/8807 下。

（民國）《湖北通志·金石志》2/38a，《新編》1/16/11969 下。

《集古錄跋尾》4/3a-b，《新編》1/24/17865 上。

《集古錄目》3/2a-b，《新編》1/24/17956 下。

《通志·金石略》卷上/15b、24a，《新編》1/24/18026 下、18031 上。

《寶刻叢編》3/4a-5a，《新編》1/24/18115 下—18116 上。

《輿地碑記目·襄陽府碑記》3/6b，《新編》1/24/18550 下。

《金石彙目分編》14/26a，《新編》1/28/21395 下。

《石刻題跋索引》501 頁左，《新編》1/30/22839。

《天下金石志》9/4，《新編》2/2/853 下。

《墨華通考》6/6a，《新編》2/6/4355 下。

《集古錄補目補》卷上/17b，《新編》2/20/14517 下。

《佩文齋書畫譜·金石》62/2a 上，《新編》3/2/52 上。

（嘉慶）《湖北通志·金石一》88/16b，《新編》3/12/10 下。

（光緒）《襄陽府治·金石》18/7b，《新編》3/13/394 上。

《金石備考·襄陽府》，《新編》4/1/21 下。

《六藝之一錄》55/28b，《新編》4/5/33 下。

《水經注碑錄》卷七編號 202，《北山金石錄》上冊 174—175 頁。

《漢魏石刻文學考釋》中冊 886—888 頁。

《漢魏石刻文字繫年》167—168 頁。

《漢魏六朝碑刻校注·總目提要》編號 0865。

備考：《通志·金石略》卷上所載《學生碑》在襄州，從地點看，與《魏劉熹學生冢碑》恐是一碑，故一併著錄。

無年號 060

五官掾殘碑

又作：上官掾殘石。三國魏（220—265），或列入漢代，今暫從三國魏。舊藏端方寶華盦。拓片高 30、寬 23 釐米。存 3 行，行 3 至 4 字不等，隸書。

圖版著錄：

《古石抱守錄》，《新編》3/1/180 左。

《北京圖書館藏中國歷代石刻拓本匯編》2 冊 24 頁。

錄文著錄：

《匋齋藏石記》3/15a，《新編》1/11/8014 上。

《魯迅輯校石刻手稿·碑銘》上冊 426 頁。

《漢魏石刻文學考釋》中冊 889 頁。

《全三國兩晉南朝文補遺》10 頁。

碑目題跋著錄：

《匋齋藏石記》3/15b，《新編》1/11/8014 上。

《續補寰宇訪碑錄》1/2b，《新編》1/27/20303 下。

《石刻題跋索引》501 頁左，《新編》1/30/22839。

《魏晉石存目》1b，《新編》3/37/533 上。

《漢魏石刻文字繫年》167 頁。

《漢魏六朝碑刻校注·總目提要》編號 0864。

無年號 061

五大夫碑及陰

又名：魏殘碑陰。三國魏（220—265），一說東漢（25—220），暫從三國魏。在忠州梁山軍界上。

碑目題跋著錄：

《金石錄》2/4b，《新編》1/12/8807 下。

《輿地碑記目·忠州碑記》4/23a，《新編》1/24/18571 上。

《金石彙目分編》16（2）/16b，《新編》1/28/21490 下。

《佩文齋書畫譜·金石》61/19a 上，《新編》3/2/39 上。

（嘉慶）《四川通志·輿地志》60/26a，《新編》3/14/531 下。

《蜀碑記》2/5b，《新編》3/16/318 上。

《燕庭金石叢稿》，《新編》3/32/533 上。

《漢魏石刻文字繫年》152 頁。

《漢魏六朝碑刻校注·總目提要》編號 0690。

無年號 062

鶴鳴殘碑

三國魏（220—265）。光緒六年（1880）河南安陽出土，歸邑人蔣村馬吉樟，一說歸江蘇吳縣吳氏。石高七寸，廣一尺八寸五分。文隸書，存 11 行，行存 3 至 5 字。

著錄：

《魯迅輯校石刻手稿·碑銘》上冊 428—429 頁。（文）

《增補校碑隨筆》（修訂本）118—119 頁。（文）

《全三國兩晉南朝文補遺》14 頁。（文）

《漢魏六朝碑刻校注·總目提要》編號 0729。（目）

無年號 063

夏侯惇墓碣

無年月，暫附三國魏（220—265）。在順義縣葦溝村南浴馬池，清光緒十九年村人掘池邊土發現。

碑目著錄：

(民國)《順義縣志·金石志》15/1a，《新編》3/23/231 上。

備考：夏侯惇，《三國志》卷九有傳。

無年號 064
魏雍州從事張顯墓磚

三國魏（220—265）。2006 年 11 月上旬發現於甘肅省隴西縣城東關人家，據稱購自武山、甘谷一帶，具體出土地點不詳。尺寸不詳。文 4 行，行 12 至 14 字不等，隸書。

著錄：

《隴西金石錄》上冊 4—5 頁。（圖、文、跋）

無年號 065
魏上計掾張胄墓磚

三國魏（220—265）。2006 年 11 月上旬發現於甘肅省隴西縣城東關人家，據稱購自武山、甘谷一帶，具體出土地點不詳。尺寸不詳。文 8 行，行 7 至 8 字不等，隸書。

著錄：

《隴西金石錄》上冊 5 頁。（圖、文、跋）

無年號 066
王府君神道

三國魏（220—265）。1982 年出土於洛陽市孟津。石高 36.5、寬 34 釐米。文 4 行，滿行 3 字，篆書。

圖版著錄：

《邙洛碑誌三百種》3 頁。

無年號 067
朱府君碑額

三國魏（220—265）。額隸書。

碑目著錄：

《話雨樓碑帖目錄》1/10b，《新編》3/36/546。

無年號 068

孟君神道

三國魏（220—265）。出土時地不詳，據云出土於河南省洛陽市孟津縣。拓本高 44、寬 44 釐米。文 4 行，滿行 4 字，篆書。

圖版著錄：

《秦晉豫新出墓誌蒐佚續編》1 冊 24 頁。

備考：《秦晉豫新出墓誌蒐佚續編》著錄為三國魏墓誌，從圖版看，似是神道題字，故著錄為"神道"。

蜀

無年號

無年號 001

涪陵太守龐左神道

三國蜀（221—263）。在四川涪州，左綿任賢良家舊藏。2 行，12 字，云：漢故涪陵太守昌陽龐左神道。

錄文著錄：

《隸續》11/14b，《新編》1/10/7148 下。

《漢魏石刻文學考釋》上冊 258 頁。

碑目題跋著錄：

《隸續》11/14b，《新編》1/10/7148 下。

《輿地碑記目·涪州碑記》4/24a-b，《新編》1/24/18571 下。

《金石彙目分編》16（1）/36b-37a，《新編》1/28/21466 下—21467 上。

《石刻題跋索引》27 頁左，《新編》1/30/22365。

《墨華通考》卷 11，《新編》2/6/4432 上。

《語石》1/3b，《新編》2/16/11860 上。

《佩文齋書畫譜·金石》61/21a 下，《新編》3/2/40 上。

（嘉慶）《四川通志·輿地志》58/31a，《新編》3/14/488 上。

（民國）《綿陽縣志·藝文志》9/1b－2a，《新編》3/15/167 上—下。

（同治）《重修涪州志·輿地志》2/4b，《新編》3/15/297 上。

《蜀碑記》2/7a，《新編》3/16/319 上。

《燕庭金石叢稿》，《新編》3/32/503 下、523 下。

《漢魏六朝墓銘纂例》3/4b，《新編》3/40/451 下。

《六藝之一錄》54/15b，《新編》4/5/10 上。

《漢隸字源》122—123 頁。

《漢魏石刻文學考釋》上冊 257—258 頁。

《漢魏石刻文字繫年》172 頁。

《漢魏六朝碑刻校注·總目提要》編號 0776。

無年號 002

戶部尚書鄧芝闕銘

三國蜀（221—263）。《天下金石志》載在梓潼縣。闕文九字：蜀戶部尚書鄧芝闕銘。

碑目題跋索引：

《寶刻叢編》20/14b，《新編》1/24/18379 下。（文）

《金石彙目分編》16（1）/26b－27a，《新編》1/28/21461 下—21462 上。

《石刻題跋索引》27 頁左，《新編》1/30/22365。

《天下金石志》7/4，《新編》2/2/843 下。

《燕庭金石叢稿》，《新編》3/32/494 下。

《金石備攷·保寧府》，《新編》4/1/75 上。

《古今書刻》下編/40a，《新編》4/1/154 下。

《六藝之一錄》56/27b，《新編》4/5/49 上。

《漢魏石刻文學考釋》上冊 258—259 頁。（文）

《漢魏六朝碑刻校注·總目提要》編號 0842。

《漢魏石刻文字繫年》171 頁。（文）

備考：鄧芝，《三國志》卷四五有傳。

無年號 003

司馬季主墓碑

三國蜀（221—263）。諸葛亮撰。

錄文著錄：

《全三國文》59/9a，《全文》2 冊 1377 上。

《諸葛丞相集》36a，《漢魏六朝百三名家集》1 冊 635 上。

《諸葛亮集箋論》2/313。

《漢魏石刻文學考釋》下冊 1104 頁。

碑目題跋著錄：

《漢魏六朝志墓金石例》1/6a–b，《新編》3/40/398 下。

《漢魏六朝墓銘纂例》3/5a，《新編》3/40/452 上。

《漢魏六朝碑刻校注·總目提要》編號 0899。（疑偽）

備考：司馬季主，《史記》卷一二七有傳。因文集早有此碑文，故存疑。

無年號 004

嚴顏碑

三國蜀（221—263）。在四川忠州。

碑目題跋著錄：

《輿地碑記目·忠州碑記》4/23a–b，《新編》1/24/18571 上。

《金石彙目分編》16（2）/13b，《新編》1/28/21489 上。

《墨華通考》卷 11，《新編》2/6/4432 上。

《蜀碑記補》2/20，《新編》2/12/8732 下。

《語石》1/3b，《新編》2/16/11860 上。

（嘉慶）《四川通志·輿地志》60/26a–b，《新編》3/14/531 下。

《蜀碑記》2/5b，《新編》3/16/318 上。

《燕庭金石叢稿》，《新編》3/32/533 上。

《紅藕齋漢碑彙鈔集跋》，《新編》3/38/526 上。

《古今書刻》下編/40a，《新編》4/1/154 下。

《漢魏石刻文字繫年》171 頁。

《漢魏六朝碑刻校注·總目提要》編號0905。

備考：嚴顏，其事見《三國志》卷三六《張飛傳》。

無年號005

姜維碑

三國蜀（221—263）。在四川省南川縣吹角壩穴內。葉昌熾《語石》認為，《姜維碑》《吹角壩摩崖》和《盧豐碑》"三碑實此一石"，故合併著錄。

碑目題跋著錄：

《輿地碑記目·南平軍碑記》4/28a，《新編》1/24/18573下。

《金石彙目分編》13/3a、16（2）/5b，《新編》1/28/21374上、21485上。

《墨華通考》卷11，《新編》2/6/4438下。

《語石》1/3b，《新編》2/16/11860上。

《佩文齋書畫譜·金石》62/3a上，《新編》3/2/52下。

（嘉慶）《四川通志·輿地志》58/28b，《新編》3/14/486下。

《蜀碑記》2/3a，《新編》3/16/317上。

（道光）《遵義府志·金石》11/3b，《新編》3/23/190上。

《燕庭金石叢稿》，《新編》3/32/521上。

《六藝之一錄》56/27b，《新編》4/5/49上。

《漢魏石刻文字繫年》171頁。

《漢魏六朝碑刻校注·總目提要》編號0906。

備考：姜維，《三國志》卷四四有傳。

無年號006

諸葛亮武侯祠碑

三國蜀（221—263）。在敘州府珙縣南二百一十里落亥堡中，南征後土人所立。

碑目著錄：

《金石彙目分編》16（1）/66a，《新編》1/28/21481下。

（嘉慶）《四川通志·輿地志》59/5b，《新編》3/14/498上。

（光緒）《敘州府志·金石》16/14a，《新編》3/15/638上。

備考：諸葛亮，《三國志》卷三五有傳。

無年號 007

漢將王平墓碣

三國蜀（221—263）。在天水五龍坪。《隴右金石錄》認為，此非三國蜀的將領王平，當是另一同名同姓者。

題跋著錄：

《隴右金石錄》1/26b，《新編》1/21/15965 下。

無年號 008

漢安漢侯王平（字子均）墓石闕

三國蜀（221—263）。雙石闕，在四川大竹縣。

碑目題跋著錄：

《金石彙目分編》16（2）/28b，《新編》1/28/21496 下。

《燕庭金石叢稿》，《新編》3/32/552 下。

無年號 009

蜀漢昭烈皇帝劉備碑

三國蜀（221—263）。在資州。

碑目題跋著錄：

《金石彙目分編》16（1）/29a，《新編》1/28/21463 上。

（嘉慶）《四川通志・輿地志》60/10b，《新編》3/14/523 下。

（光緒）《資州直隸州志・金石志》29/1b，《新編》3/16/29 上。

《燕庭金石叢稿》，《新編》3/32/497 上。

備考：劉備，《三國志》卷三二有傳。

無年號 010

興亭侯李恢墓碑

三國蜀（221—263）。在雲南澂江府河陽縣。

碑目題跋著錄：

《金石彙目分編》19/8b，《新編》1/28/21584 下。

（光緒）《雲南通志・藝文志》212/14b，《新編》3/23/55 下。

備考：李恢，《三國志》卷四三有傳。

無年號 011

中書賈夜宇闕

又名：蜀中書賈公闕。三國蜀（221—263）。在四川省梓潼縣。拓本高約32、寬約50釐米。2行，行存3字，隸書。題云：蜀中書賈公之闕。

圖版著錄：

《金石苑》卷1，《新編》1/9/6280上—6281上。

《二銘草堂金石聚》15/84a–85a，《新編》2/3/2327下—2328上。

《漢碑全集》6冊2047—2048頁。

錄文著錄：

《八瓊室金石補正》9/36b，《新編》1/6/4149下。

《魯迅輯校石刻手稿·碑銘》上冊469頁。

《漢魏石刻文學考釋》上冊262頁。

《漢碑全集》6冊2048頁。

《全三國兩晉南朝文補遺》79頁。

碑目題跋著錄：

《八瓊室金石補正》9/36b–37a，《新編》1/6/4149下—4150上。

《金石苑》卷1，《新編》1/9/6281上。

《藝風堂金石文字目》1/18b，《新編》1/26/19531下。

《補寰宇訪碑錄》1/17a–b，《新編》1/27/20203上。

《金石彙目分編》16（之一）/40a，《新編》1/28/21468下。

《石刻題跋索引》27頁左、29頁右，《新編》1/30/22365、22367。

《石刻名彙》1/4b，《新編》2/2/1026下。

《二銘草堂金石聚》15/85b，《新編》2/3/2328上。

《語石》1/4b、2/16b、5/22a，《新編》2/16/11860下、11883下、11949下。

《金石苑目》"梓潼"，《新編》2/20/14650上。

《蒿里遺文目錄》6/2a，《新編》2/20/14994下。

《燕庭金石叢稿》，《新編》3/32/508上。

《石目》，《新編》3/36/63下。

《魏晉石存目》3b，《新編》3/37/534 上。

《中國金石學講義·正編》11b，《新編》3/39/140。

《越縵堂讀書記》下冊 1072 頁。

《增補校碑隨筆》（修訂本）135 頁。

《善本碑帖錄》1/35。

《漢魏石刻文學考釋》上冊 261 頁。

《漢魏六朝碑刻校注·總目提要》編號 0900。

論文：

陳明達：《漢代的石闕》，《文物》1961 年第 12 期。

孫華、何志國、趙樹中：《梓潼諸闕考述》，《四川文物》1988 年第 3 期。

盧丕承、敬永金：《對〈梓潼諸闕考述〉一文的商榷意見》，《四川文物》1989 年第 1 期。

無年號 012

張休碑

三國蜀（221—263）。2015 年 5 月四川蘆山縣姜城遺址發掘出土。殘碑高 137、寬 121、厚 27 釐米。文 20 行，行存 2 至 4 字，隸書。額題：故府張君之碑。

論文：

郭鳳武、吳偉：《四川蘆山縣姜城遺址新出土〈故府張君之碑〉初探》，《四川文物》2015 年第 6 期。（圖、文）

備考：張休，《三國志》卷五二有傳。

無年號 013

麥孟京妻墓闕

三國蜀（221—263）。在貴州省習水縣三岔河上。摩崖刻。高 118、寬 25 釐米。隸書，1 行 5 字。

著錄：

《中國西南地區歷代石刻匯編》第 19 冊"貴州卷"，2 頁。（圖）

《漢魏六朝碑刻校注》2 冊 229—230 頁。（圖、文）